JN101328

はじめに

日本私立学校振興・共済事業団では、全国の学校法人等からご提出いただいた「学校法人基礎調査」及び「学校法人等基礎調査」のうち、財務関係について集計・分析し、その主要なデータを毎年度『今日の私学財政』として取りまとめています。

『今日の私学財政』を作成した目的は、貴重な時間を費やして「学校法人基礎調査」等にご協力いただいた学校法人等に対し、経営の参考となる財務関係データを提供することにあります。

本冊子は、『今日の私学財政』のうち「幼稚園・特別支援学校編」です。該当する学校法人等において財政運営の参考としてご活用いただければ幸いです。

調査にご協力いただきました各学校法人等には、心から感謝申し上げます。

令和５年８月

日本私立学校振興・共済事業団

私学経営情報センター　私学情報室

目　　次

Ⅰ 調 査 の 概 要

1. 『今日の私学財政』とは

日本私立学校振興・共済事業団は、大学・短期大学・高等専門学校・高等学校等を設置する学校法人を対象とした「学校法人基礎調査」、幼稚園・特別支援学校・専修学校・各種学校を設置する学校法人・その他の法人及び個人（以下、「学校法人等」という。）を対象とした「学校法人等基礎調査」を毎年度実施している。

本冊子は、そのうち幼稚園法人・特別支援学校法人・幼稚園部門・特別支援学校部門にかかる貸借対照表・事業活動収支計算書等の財務データを集計し、私立学校の収入及び支出の実態並びに資産の状況等を明らかにしたものであり、国又は地方公共団体においては、私立学校に関する諸施策を推進するための基礎資料として、また学校法人等においては、財務運営の参考として広く活用されている。

2. 集 計 方 法

● 使用したデータ

集計に当たっては、次のデータを使用した。

令和３、４年度「学校法人基礎調査」及び「学校法人等基礎調査」から

(1) 令和３年度貸借対照表
(2) 令和３年度事業活動収支計算書
(3) 令和３年度資金収支計算書（その他の法人立・個人立を含む）
(4) 令和３、４年度園児等数
(5) 令和３年度教員・職員数

なお、調査票上不備のあった学校法人等については、除外した。

集計数等は**表１**のとおりである。

表１　集計数・集計率一覧

区分		全法人数	集計法人数	集計率
	年度	法人	法人	%
幼稚園法人	平成 29	5,426	5,033	92.8
	30	5,398	4,898	90.7
	令和 元	5,418	4,885	90.2
	2	5,400	4,880	90.4
	3	5,330	4,878	91.5
	年度	法人	法人	%
特別支援学校法人	平成 29	12	12	100.0
	30	12	12	100.0
	令和 元	12	12	100.0
	2	12	12	100.0
	3	12	12	100.0

(注) 令和２年度以前の全法人数は「文部科学大臣所轄学校法人一覧」より引用、令和３年度の全法人数は文部科学省による調査データを使用

区分		全部門数	集計部門数	集計率
	年度	園	園	%
幼稚園部門	平成 29	7,392 (9,998)	6,985 (8,748)	94.5 (87.5)
	30	7,417 (10,559)	6,818 (8,833)	91.9 (83.7)
	令和 元	7,437 (11,071)	6,801 (9,223)	91.4 (83.3)
	2	7,444 (11,411)	6,785 (9,416)	91.1 (82.5)
	3	7,445 (11,673)	6,822 (9,614)	91.6 (82.4)
	年度	校	校	%
特別支援学校部門	平成 29	14	14	100.0
	30	14	14	100.0
	令和 元	14	14	100.0
	2	14	14	100.0
	3	15	15	100.0

(注) 1. 全部門数は「学校基本調査」より引用
2. （ ）内は学校法人以外が設置する部門を含む

● **法人と部門**

本冊子では「幼稚園法人」等、「幼稚園部門」等は次のことを意味している。

幼稚園法人	幼稚園・認定こども園（幼稚園型、幼保連携型）を設置している学校法人で、大学・短期大学・高等専門学校・高等学校・中等教育学校・中学校・義務教育学校・小学校を設置している法人を除く。
特別支援学校法人	特別支援学校を設置している学校法人で、大学・短期大学・高等専門学校・高等学校・中等教育学校・中学校・義務教育学校・小学校・幼稚園・認定こども園（幼稚園型、幼保連携型）を設置している法人を除く。
幼稚園部門	学校法人会計基準第 13 条（資金収支内訳表の記載方法等）及び第 24 条（事業活動収支内訳表の記載方法等）の規定による会計単位としての幼稚園及びその他の法人・個人の設置する幼稚園・認定こども園（幼稚園型、幼保連携型）。 したがって、法人部門等の別部門の数値を含まない。
特別支援学校部門	同上規定による会計単位としての特別支援学校。 したがって、法人部門等の別部門の数値を含まない。

なお、本冊子において、設置者別の学校部門集計における大学法人〜その他の法人及び個人は、右表のことを意味している。

大学法人	大学を設置している学校法人。短期大学等大学以外の学校を設置している場合を含む。
短期大学法人	短期大学（高等専門学校を含む）を設置している学校法人で、大学を設置している法人を除く。
高等学校法人	高等学校を設置している学校法人で、大学・短期大学・高等専門学校を設置している法人を除く。
中等教育学校法人	中等教育学校を設置している学校法人で、大学・短期大学・高等専門学校・高等学校を設置している法人を除く。
中学校法人	中学校を設置している学校法人で、大学・短期大学・高等専門学校・高等学校・中等教育学校を設置している法人を除く。
義務教育学校法人	義務教育学校を設置している学校法人で、大学・短期大学・高等専門学校・高等学校・中等教育学校・中学校を設置している法人を除く。
小学校法人	小学校を設置している学校法人で、大学・短期大学・高等専門学校・高等学校・中等教育学校・中学校・義務教育学校を設置している法人を除く。
その他の法人	幼稚園・認定こども園（幼稚園型、幼保連携型）を設置している宗教法人、社団法人、医療法人等学校法人以外の法人。
個人	幼稚園を個人立において設置している者。

設置学校部門 ＼ 設置者	大学	短期大学	高等学校	中等教育学校	中学校	義務教育学校	小学校	幼稚園	特別支援学校	専修学校	各種学校
大学法人	◎	○	○	○	○	○	○	○ 340園	○ 2校	○	○
短期大学法人		◎	○	○	○	○	○	○ 82園	○ -	○	○
高等学校法人			◎	○	○	○	○	○ 270園	○ -	○	○
中等教育学校法人				◎	○	○	○	○ -	○ -	○	○
中学校法人					◎	○	○	○ 8園	○ -	○	○
義務教育学校法人						◎	○	○ -	○ -	○	○
小学校法人							◎	○ 31園	○ -	○	○
幼稚園法人 （ 4,878 法人）								◎ 6,091園	○ -	○	○
特別支援学校法人 （ 12 法人）									◎ 13校	○	○
専修学校法人										◎	○
各種学校法人											◎
その他の法人								○ 2,568園		○	○
個人								○ 224園		○	○
合計								9,614園	15校		

（注）1.◎は上記設置者が必ず設置している学校部門を指している。
2.○は上記設置者が設置している可能性のある学校部門を指している。
3.その他の法人・個人については○のある設置学校部門のうちいずれかを有しているものを指している。
4.幼稚園数・特別支援学校数は本冊子資金収支計算書で集計した部門数である。

「II　集計結果の概要」では、幼稚園法人について4,878法人の状況を説明し、幼稚園部門は、上の表で設置者が大学法人から幼稚園法人までの6,822園の状況を説明している。また、特別支援学校法人については、12法人の状況を説明し、特別支援学校部門は、15校の状況を説明している。

3. 利用上の留意点

● 収録データ

一定時点における財政状態を把握するために**「貸借対照表」**を、一定期間の経営状況を把握するために**「事業活動収支計算書」**を、これらの数値を総合的に分析把握するための資料として**「財務比率表」**を掲載した。

また、施設・設備の投資額や借入金及び返済額をより明確に把握することができるように**「資金収支計算書」**も掲載している。

なお、幼稚園部門の資金収支計算書には、その他の法人立及び個人立の幼稚園のデータが含まれている。

本冊子に収録している集計表は次（○印）のとおりである。

集計区分		合計額 (H29～R3)	設置者別 (R3)	都道府県別 (R3)
法人集計	貸借対照表	○		○
	事業活動収支計算書	○		○
	資金収支計算書	○		
	財務比率表	○		○
部門集計	事業活動収支計算書	○	○	○
	資金収支計算書	○	○	
	財務比率表	○		○

（注）都道府県の集計数は**表2**参照。なお、集計法人（学校）数が、1又は2となる県の集計値は近隣県の集計値と合算の上表示した。

● 端数調整

集計表においては小数点以下第二位で四捨五入して表示している。このため合計額の数値と各科目の合算額とは一致しない。

● 科目

【資金収支計算書・事業活動収支計算書】

「教育研究（管理）経費」の科目には、管理経費を含めて集計した。

表2　都道府県別集計数一覧

都道府県名	学校法人数	
	幼稚園法人	特別支援学校法人
	法人	法人
北海道	240	0
青森	57	0
岩手	50	1
宮城	92	1
秋田	44	0
山形	60	0
福島	91	0
茨城	139	0
栃木	148	0
群馬	95	1
埼玉	442	0
千葉	292	0
東京	396	4
神奈川	413	2
新潟	64	0
富山	32	0
石川	37	0
福井	26	0
山梨	44	0
長野	55	0
岐阜	59	0
静岡	146	1
愛知	246	0
三重	38	1
滋賀	13	0
京都	107	0
大阪	276	0
兵庫	142	0
奈良	23	0
和歌山	32	0
鳥取	17	0
島根	4	0
岡山	19	0
広島	141	0
山口	66	0
徳島	6	0
香川	25	0
愛媛	59	0
高知	17	1
福岡	234	0
佐賀	62	0
長崎	67	0
熊本	68	0
大分	34	0
宮崎	55	0
鹿児島	84	0
沖縄	21	0
全国	4,878	12

都道府県名	学校部門数	
	幼稚園部門	特別支援学校部門
	園	校
北海道	500【414】	1【1】
青森	270【97】	0【0】
岩手	121【76】	1【1】
宮城	182【145】	2【2】
秋田	94【61】	0【0】
山形	117【83】	0【0】
福島	160【141】	0【0】
茨城	249【184】	0【0】
栃木	178【170】	0【0】
群馬	237【109】	1【1】
埼玉	528【506】	1【1】
千葉	418【383】	0【0】
東京	797【543】	4【4】
神奈川	673【535】	2【2】
新潟	194【99】	0【0】
富山	125【45】	0【0】
石川	140【56】	0【0】
福井	127【29】	0【0】
山梨	95【56】	0【0】
長野	94【82】	0【0】
岐阜	127【95】	0【0】
静岡	312【210】	1【1】
愛知	392【387】	0【0】
三重	89【60】	1【1】
滋賀	67【24】	0【0】
京都	226【140】	0【0】
大阪	657【388】	0【0】
兵庫	243【211】	0【0】
奈良	66【43】	0【0】
和歌山	38【35】	0【0】
鳥取	36【26】	0【0】
島根	24【8】	0【0】
岡山	79【36】	0【0】
広島	250【187】	0【0】
山口	96【94】	0【0】
徳島	44【10】	0【0】
香川	54【35】	0【0】
愛媛	92【80】	0【0】
高知	31【27】	1【1】
福岡	374【323】	0【0】
佐賀	116【82】	0【0】
長崎	149【101】	0【0】
熊本	182【104】	0【0】
大分	149【58】	0【0】
宮崎	122【78】	0【0】
鹿児島	223【138】	0【0】
沖縄	77【28】	0【0】
全国	9,614【6,822】	15【15】

(注)【 】内は、本冊子で集計した、学校法人が設置する部門数である。

Ⅱ　集計結果の概要

●計算書類

●幼稚園

●特別支援学校

●財務比率等の活用について

● 計算書類

1．資金収支計算書について

（１）資金収支計算書の概要

◆資金収支計算書の目的は、以下の２点である。

①当該会計年度の諸活動に対応するすべての収入及び支出（未収入金、未払金等を含む。）の内容を明らかにすること。

②当該会計年度における支払資金の収入及び支出のてん末（期末資金残高）を明らかにすること。

◆決算の額を予算の額と対比して記載し、予算管理の実務に使用する。

（２）各区分の内容

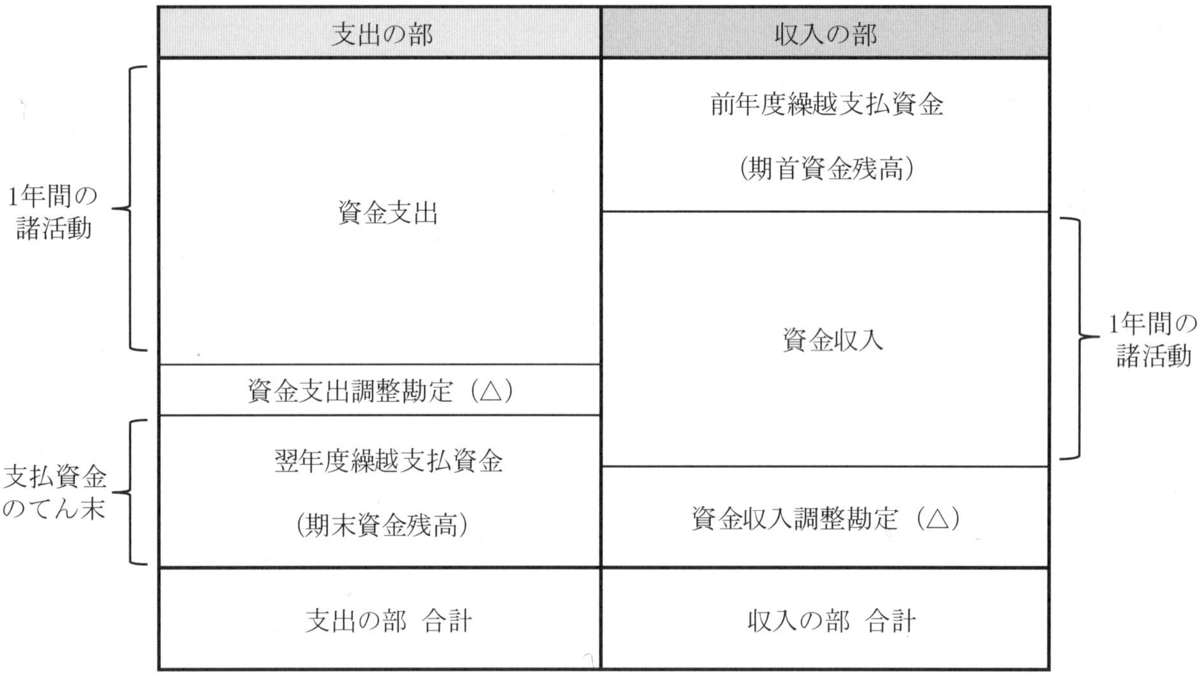

2．事業活動収支計算書について

（1）事業活動収支計算書の概要

◆事業活動収支計算書の目的は、以下の２点である。

①当該会計年度の次に掲げる活動に対応する事業活動収入及び事業活動支出の内容を明らかにすること。

Ⓐ 教育活動収支
Ⓑ 教育活動以外の経常的な活動収支　｝経常的
Ⓒ 特別収支（Ⓐ及びⒷ以外の活動収支）・・・・・臨時的

②上記の各区分の合計から基本金組入額を控除した、当該会計年度の諸活動に対応するすべての事業活動収入及び事業活動支出の均衡の状態を明らかにすること。

◆決算の額を予算の額と対比して記載し、予算管理の実務に使用する。

（2）各区分の内容

区　　分	内　　　　容
Ⓐ教育活動収支	経常的な収支のうち、本業の教育活動の収支状況を見る。
Ⓑ教育活動外収支	経常的な収支のうち、財務活動による収支状況を見る。
経常収支 ＝Ⓐ＋Ⓑ	経常的な収支バランスを見る。
Ⓒ特別収支	資産売却や処分等の臨時的な収支を見る。
基本金組入前当年度収支差額 ＝Ⓐ＋Ⓑ＋Ⓒ	毎年度の収支バランスを見る。
基本金組入額	学校法人を維持するために必要な資産を継続的に保持するための組入額。
当年度収支差額	短期（当年度）の収支バランスを見る。
前年度繰越収支差額	前年度からの繰越収支差額を見る。
翌年度繰越収支差額	長期（過年度＋当年度）の収支バランスを見る。

※基本金組入前当年度収支差額＝事業活動収入－事業活動支出
事業活動収入＝教育活動収入計＋教育活動外収入計＋特別収入計
事業活動支出＝教育活動支出計＋教育活動外支出計＋特別支出計

３．貸借対照表について

（１）貸借対照表の概要

◆貸借対照表は、年度末時点の学校法人の財政状態をまとめた計算書であり、資産、負債、純資産（基本金、繰越収支差額）の状態を明らかにするものである。

◆単年度ではなく、学校法人設立以来の累積の残高である。

（２）各区分の内容

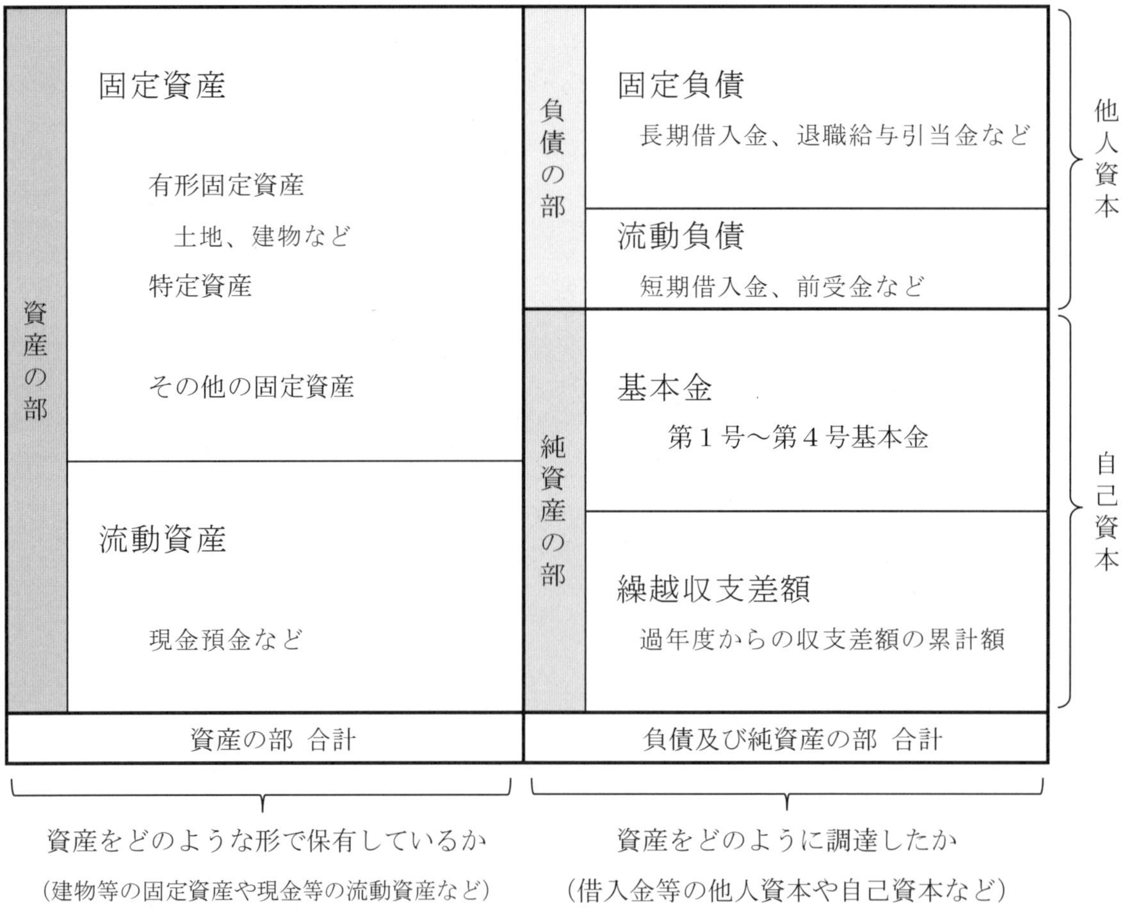

◆左側の資産と右側の負債及び純資産の構成割合を見る。

「資産の部の合計」は「負債の部」、「純資産の部」の合計と常に等しくなることから、「Balance Sheet」、略して「B/S」と呼ばれている。

●幼稚園

1. 幼稚園数・園児数の状況

○ 幼稚園数

(単位：園)

区　分	合　計	国　立		公　立		私　立		私立のうち
			構成比		構成比		構成比	本章集計数
平成 24 年度	13,170	49	0.4%	4,924	37.4%	8,197	62.2%	6,959
25 年度	13,043	49	0.4%	4,817	36.9%	8,177	62.7%	6,976
26 年度	12,905	49	0.4%	4,714	36.5%	8,142	63.1%	7,037
27 年度	13,617	49	0.4%	4,695	34.5%	8,873	65.2%	7,014
28 年度	14,074	49	0.3%	4,579	32.5%	9,446	67.1%	6,915
29 年度	14,551	49	0.3%	4,504	31.0%	9,998	68.7%	6,985
30 年度	14,995	49	0.3%	4,387	29.3%	10,559	70.4%	6,818
令和 元 年度	15,346	49	0.3%	4,226	27.5%	11,071	72.1%	6,801
2 年度	15,545	49	0.3%	4,085	26.3%	11,411	73.4%	6,785
3 年度	15,687	49	0.3%	3,965	25.3%	11,673	74.4%	6,822

○ 園児数

(単位：人)

区　分	合　計	国　立		公　立		私　立		私立のうち
			構成比		構成比		構成比	本章集計数
平成 24 年度	1,604,225	5,930	0.4%	283,327	17.7%	1,314,968	81.9%	1,145,486
25 年度	1,583,610	5,785	0.4%	274,164	17.3%	1,303,661	82.3%	1,156,641
26 年度	1,557,461	5,614	0.4%	264,563	17.0%	1,287,284	82.7%	1,156,107
27 年度	1,683,584	5,510	0.3%	281,964	16.7%	1,396,110	82.9%	1,170,611
28 年度	1,737,348	5,394	0.3%	275,078	15.8%	1,456,876	83.9%	1,151,174
29 年度	1,777,658	5,288	0.3%	268,598	15.1%	1,503,772	84.6%	1,135,212
30 年度	1,811,838	5,330	0.3%	261,833	14.5%	1,544,675	85.3%	1,103,420
令和 元 年度	1,840,790	5,243	0.3%	253,100	13.7%	1,582,447	86.0%	1,068,116
2 年度	1,837,509	5,114	0.3%	240,207	13.1%	1,592,188	86.6%	1,043,009
3 年度	1,805,697	4,902	0.3%	224,985	12.5%	1,575,810	87.3%	1,010,496

※本章集計数は幼稚園及び認定こども園（幼稚園型、幼保連携型）の数・園児数である。

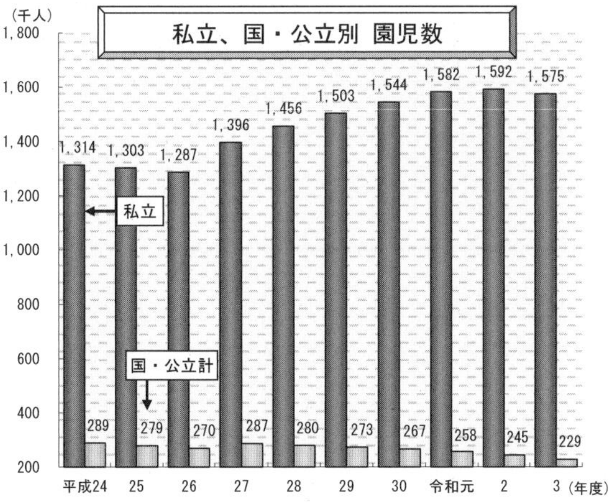

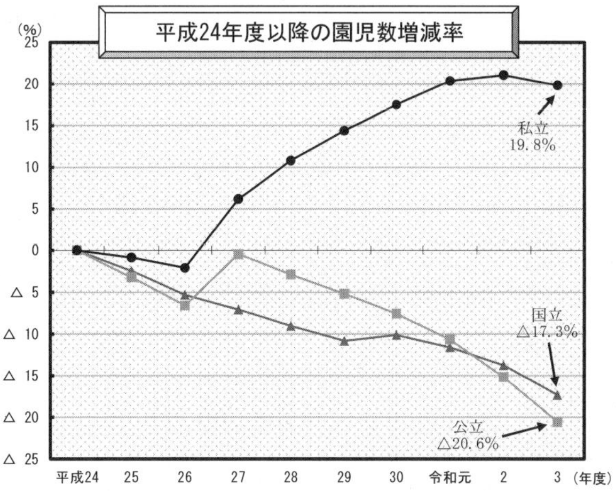

《ポイント》

文部科学省「学校基本調査報告書」より

幼稚園数は 10 年間で 2,517 園増加している。国立の幼稚園数は 49 園と変わらず、公立の幼稚園の減少が大きいものの私立幼稚園は増加している。園児数は 10 年間で国立、公立が減少したものの、私立が約 26 万人増加し、全体では約 20 万 1 千人増加している。私立の構成比は 87.3%と高くなっている。

2. 幼稚園法人の財政状態

○貸借対照表（１法人当たりの金額）

資産の部

（単位：千円）

年度	平成24	25	26	27	28	29	30	令和元	2	3
有形固定資産	378,233	388,965	399,572	413,056	429,304	443,578	460,925	470,176	479,933	490,177
特定資産					52,209	54,106	58,164	61,029	63,617	66,643
その他の固定資産	76,967	78,521	79,473	82,103	32,160	32,765	33,500	32,923	32,769	35,392
流動資産	126,107	132,387	134,673	142,308	153,991	160,947	167,100	172,242	180,368	189,353
（うち現金預金）	112,399	117,193	118,035	124,131	134,290	139,457	145,506	147,838	155,461	163,333
資産の部合計	581,307	599,873	613,718	637,467	667,665	691,397	719,644	736,370	756,687	781,564

※学校法人会計基準の改正により、特定資産（使途が特定された預金等）が中科目として設けられた。

負債及び純資産の部

（単位：千円）

年度	平成24	25	26	27	28	29	30	令和元	2	3
固定負債	36,594	37,728	38,945	41,849	44,912	47,846	51,213	54,206	56,208	57,506
流動負債	22,683	23,457	24,664	24,534	26,823	27,824	27,926	28,228	27,640	27,529
基本金	536,289	552,246	566,024	583,234	606,531	624,842	649,887	666,667	685,163	708,479
繰越収支差額	△ 14,259	△ 13,558	△ 15,915	△ 12,150	△ 10,601	△ 9,115	△ 9,382	△ 12,730	△ 12,323	△ 11,951
負債及び純資産の部計	581,307	599,873	613,718	637,467	667,665	691,397	719,644	736,370	756,687	781,564

※会計基準改正以前の繰越収支差額は消費収支差額を掲載している。

○貸借対照表（１法人当たりの金額）の構成割合

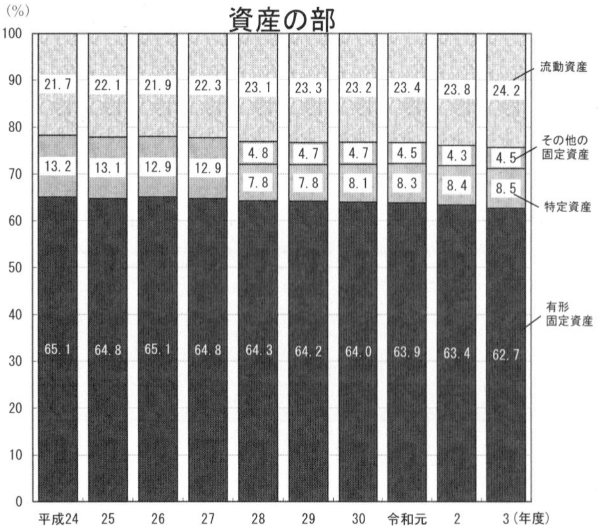

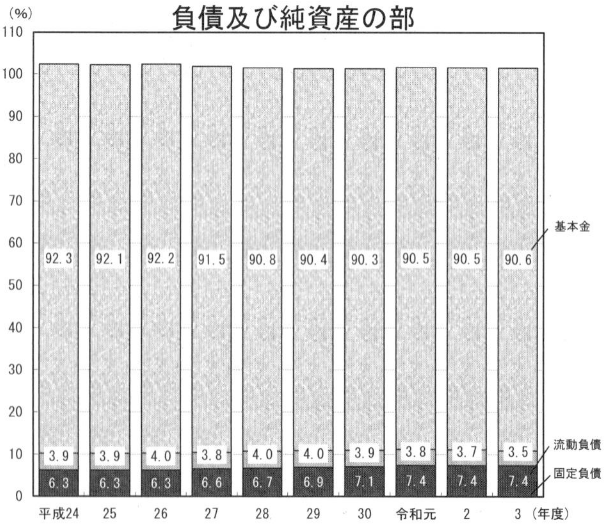

※負債・基本金の割合の合計のうち、100%を超えている部分が繰越収支差額の割合である。

○貸借対照表の構造（令和３年度　１法人当たり）

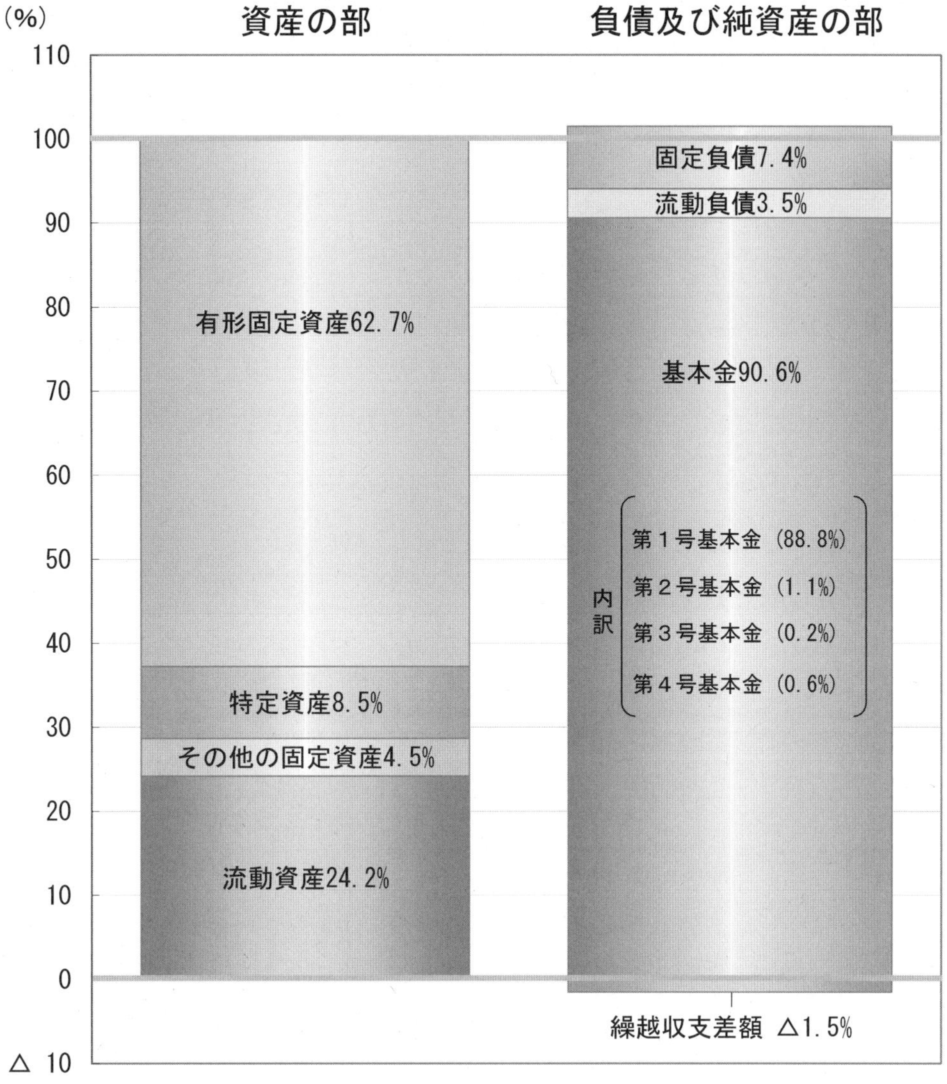

第１号基本金　…　既に取得した固定資産の価額
第２号基本金　…　将来取得する固定資産の取得に充てる金銭その他の資産の額
第３号基本金　…　基金として継続的に保持し、かつ運用する金銭その他の額
第４号基本金　…　恒常的に保持すべき資金の額
なお、高等学校を設置するものを除く都道府県知事を所轄庁とする学校法人は、全部又は一部を組入れないことができる
繰越収支差額　…　事業活動収支計算書の翌年度繰越収支差額と一致する

《ポイント》

資産の部は、固定資産、流動資産ともに前年度から増加している。負債及び純資産の部は固定負債が年々増加傾向にあり、流動負債は前年度から減少している。基本金は10年間で約1億7千万円増加し、約7億1千万円となっている。

資産の構成割合は年度によりばらつきがあるものの、大きな変化はなく、令和３年度は固定資産が全体の75.7%を占めている。なお、そのうち特定資産が8.5%と微増している。

3．幼稚園法人の事業活動収支状況

○事業活動収支計算書（１法人当たりの金額）

収入の部

（単位：千円）

年度	平成24	25	26	27	28	29	30	令和元	2	3
学生生徒等納付金	67,986	67,994	67,026	65,869	65,415	63,508	63,447	57,880	53,639	52,419
補助金	53,242	56,191	60,904	75,579	84,463	95,370	100,562	113,047	124,467	128,775
その他	24,888	26,727	26,805	26,580	26,645	27,017	28,516	28,288	27,094	29,421
事業活動収入	146,116	150,912	154,735	168,028	176,523	185,896	192,525	199,216	205,200	210,614

※会計基準改正以前の事業活動収入は帰属収入を掲載している。

（単位：人）

園児等数	207	209	207	210	209	205	204	198	193	188

支出の部

（単位：千円）

年度	平成24	25	26	27	28	29	30	令和元	2	3
人件費	83,542	86,053	87,832	92,730	98,728	105,175	111,278	116,827	121,548	127,483
経費	47,669	49,652	51,621	53,328	54,151	56,140	58,907	60,227	59,891	62,804
その他	2,361	2,386	1,983	2,384	3,105	2,732	3,227	3,529	2,910	2,546
事業活動支出	133,572	138,091	141,436	148,442	155,985	164,047	173,412	180,584	184,349	192,833
基本金組入前当年度収支差額	12,544	12,822	13,299	19,586	20,538	21,849	19,113	18,632	20,851	17,781
基本金組入額	△ 14,405	△ 16,188	△ 17,118	△ 18,819	△ 21,159	△ 23,002	△ 25,413	△ 24,781	△ 22,115	△ 21,476
当年度収支差額	△ 1,861	△ 3,367	△ 3,819	768	△ 620	△ 1,153	△ 6,299	△ 6,148	△ 1,264	△ 3,695

※会計基準改正以前の事業活動支出は消費支出、基本金組入前当年度収支差額は帰属収支差額、当年度収支差額は消費収支差額をそれぞれ掲載している。

○事業活動収支計算書（１法人当たりの金額）の構成割合

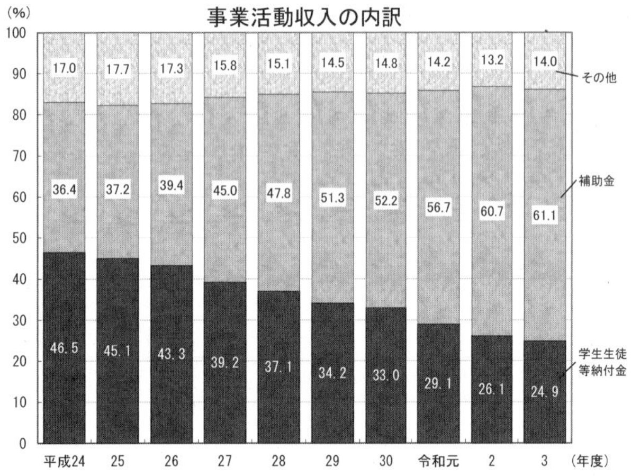

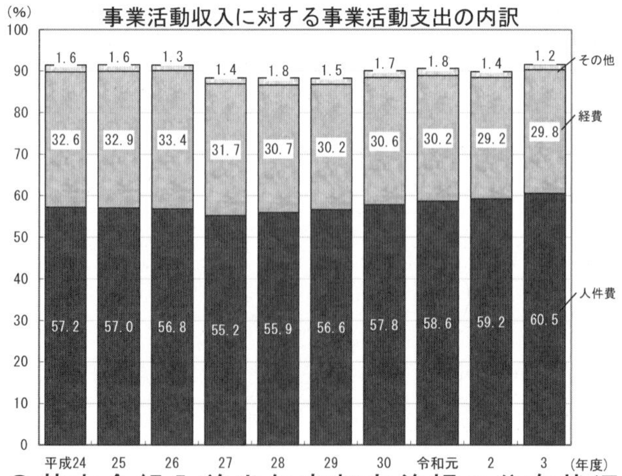

○事業活動収入と園児等数の関係

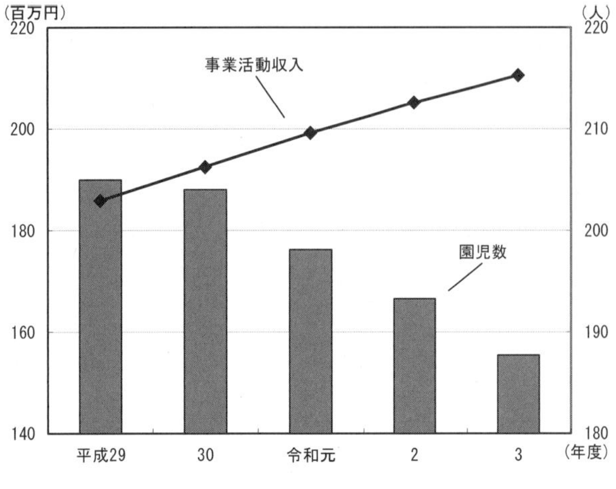

○基本金組入前当年度収支差額の分布状況

年度	集計法人数（A）	基本金組入前当年度収支差額がプラス		基本金組入前当年度収支差額がマイナス	
		法人数（B）	割合（B/A）	法人数（C）	割合（C/A）
平成29	5,033	3,538	70.3%	1,495	29.7%
30	4,898	3,272	66.8%	1,626	33.2%
令和元	4,885	3,362	68.8%	1,523	31.2%
2	4,880	3,487	71.5%	1,393	28.5%
3	4,878	3,195	65.5%	1,683	34.5%

※基本金組入前当年度収支差額が０の場合はプラスに含める。

○地域別状況

地区名	都道府県名	事業活動収支差額比率		園児等１人当たりの学生生徒等納付金		教職員１人当たりの人件費	
		平成29年度	令和3年度	平成29年度	令和3年度	平成29年度	令和3年度
		%	%	千円	千円	千円	千円
全国	―	11.8	8.4	310	279	5,264	5,782
北海道	北海道	15.1	11.3	265	155	4,667	5,367
東北	青森・岩手・宮城 秋田・山形・福島	11.3	8.0	288	210	4,788	4,938
北関東	茨城・栃木・群馬	15.1	8.2	245	141	4,515	4,841
南関東	埼玉・千葉・東京・神奈川	10.2	8.0	371	337	5,985	6,681
甲信越	新潟・山梨・長野	7.8	6.7	273	169	4,105	4,487
北陸	富山・石川・福井	13.7	6.7	287	195	3,998	4,582
東海	岐阜・静岡・愛知・三重	9.7	9.9	295	339	5,496	5,964
近畿	滋賀・京都・大阪 兵庫・奈良・和歌山	10.0	6.3	272	335	5,765	6,195
中国	鳥取・島根・岡山 広島・山口	10.9	10.1	259	190	4,684	4,863
四国	徳島・香川・愛媛・高知	19.8	5.3	270	173	4,660	5,450
九州	福岡・佐賀・長崎・熊本 大分・宮崎・鹿児島・沖縄	16.2	10.3	289	225	4,859	5,701

※教職員１人当たりの人件費においては、兼務教職員給も含んだ人件費を専任教職員数で除した数値である。

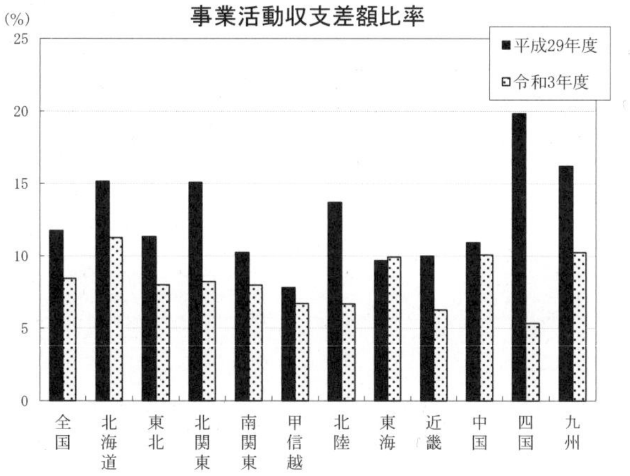

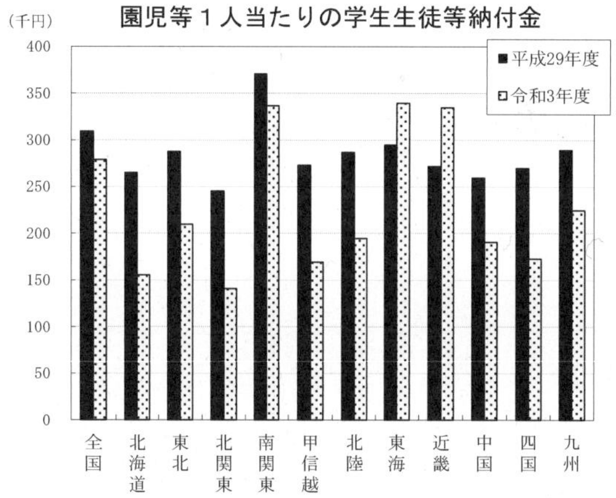

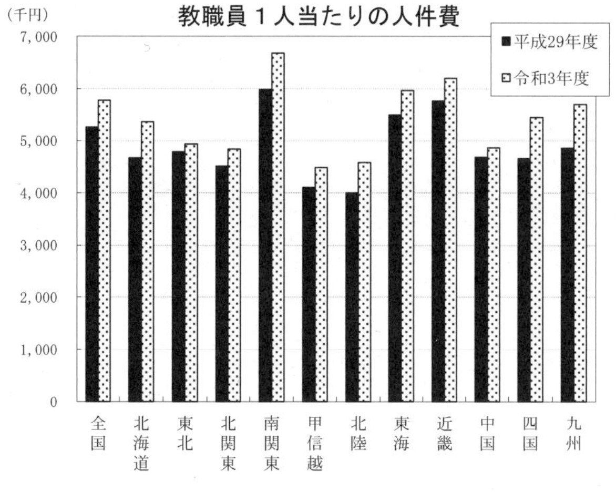

《ポイント》

１法人当たりの事業活動収入は、補助金の増加とともに年々増加し、令和３年度は約２億１千万円となっている。１法人当たりの事業活動支出は、人件費の増加により、令和３年度は約１億９千万円となっている。

なお、学生生徒等納付金が減少し補助金が増加しているが、令和元年10月から始まった幼児教育の無償化等による影響とみられる。

4．幼稚園部門の事業活動収支状況

○事業活動収支計算書（１園当たりの金額）

収入の部

（単位：千円）

年　　度	平成24	25	26	27	28	29	30	令和元	2	3
学生生徒等納付金	51,134	51,310	50,664	49,923	49,534	48,161	48,013	43,871	40,610	39,462
補　　助　　金	39,146	40,432	43,493	56,341	62,844	69,786	73,606	82,585	91,231	93,425
そ　　の　　他	16,814	17,376	17,734	18,523	18,429	18,846	19,610	19,484	18,138	19,980
事業活動収入	107,094	109,118	111,892	124,787	130,807	136,793	141,229	145,940	149,979	152,867

※会計基準改正以前の事業活動収入は帰属収入を掲載している。

（単位：人）

園　　児　　数	165	166	164	167	166	163	162	157	154	148

支出の部

（単位：千円）

年　　度	平成24	25	26	27	28	29	30	令和元	2	3
人　　件　　費	61,732	62,956	64,008	69,555	73,967	78,170	82,522	86,363	89,762	92,825
経　　　　費	34,522	35,843	37,282	39,318	39,964	41,202	43,123	44,051	43,615	45,339
そ　　の　　他	1,457	1,540	1,327	1,626	1,718	1,766	1,823	1,848	1,878	1,609
事業活動支出	97,711	100,339	102,617	110,499	115,649	121,138	127,468	132,262	135,255	139,773
基本金組入前当年度収支差額	9,383	8,779	9,275	14,288	15,157	15,650	13,760	13,678	14,724	13,094
基本金組入額	△ 9,515	△ 10,947	△ 11,843	△ 13,460	△ 14,925	△ 15,823	△ 17,609	△ 16,736	△ 15,262	△ 14,690
当年度収支差額	△ 132	△ 2,168	△ 2,568	829	232	△ 168	△ 3,849	△ 3,058	△ 538	△ 1,596

※会計基準改正以前の事業活動支出は消費支出、基本金組入前当年度収支差額は帰属収支差額、当年度収支差額は消費収支差額をそれぞれ掲載している。

○事業活動収支計算書（１園当たりの金額）の構成割合

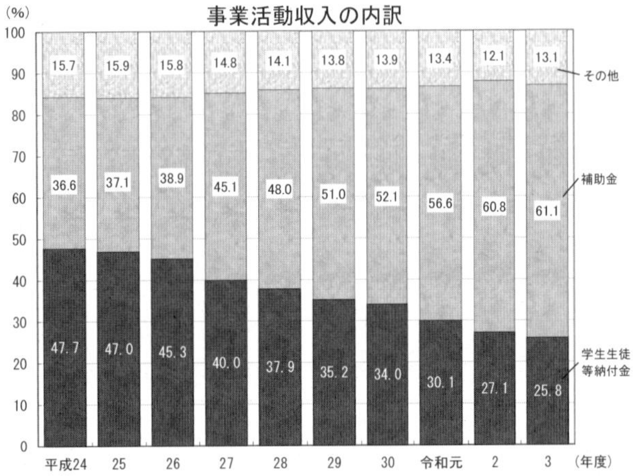

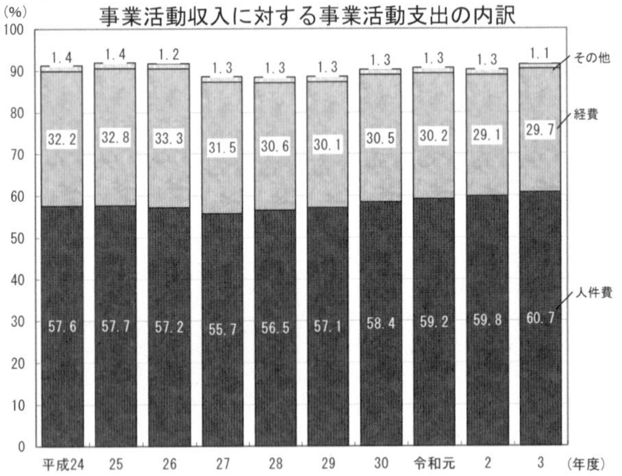

○事業活動収入と園児数の関係

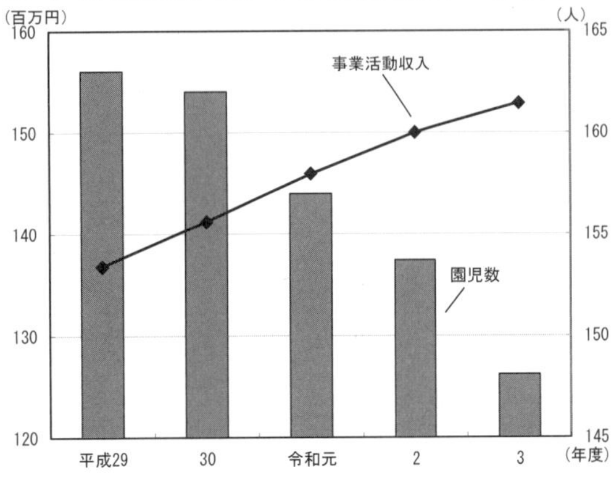

○基本金組入前当年度収支差額の分布状況

年度	集計幼稚園数	基本金組入前当年度収支差額がプラス		基本金組入前当年度収支差額がマイナス	
	（A）	幼稚園数（B）	割合（B/A）	幼稚園数（C）	割合（C/A）
平成29	6,985	4,846	69.4%	2,139	30.6%
30	6,818	4,554	66.8%	2,264	33.2%
令和元	6,801	4,642	68.3%	2,159	31.7%
2	6,785	4,848	71.5%	1,937	28.5%
3	6,822	4,490	65.8%	2,332	34.2%

※基本金組入前当年度収支差額が０の場合はプラスに含める。

○地域別状況

地区名	都道府県名	事業活動収支差額比率		園児１人当たりの学生生徒等納付金		教職員１人当たりの人件費	
		平成29年度	令和3年度	平成29年度	令和3年度	平成29年度	令和3年度
		%	%	千円	千円	千円	千円
全国	—	11.4	8.6	296	266	5,027	5,431
北海道	北海道	16.6	12.3	231	109	4,251	4,928
東北	青森・岩手・宮城 秋田・山形・福島	12.0	7.7	255	199	4,355	4,551
北関東	茨城・栃木・群馬	14.8	8.3	240	134	4,421	4,625
南関東	埼玉・千葉・東京・神奈川	9.7	8.3	364	332	5,682	6,138
甲信越	新潟・山梨・長野	9.0	7.1	278	179	4,106	4,482
北陸	富山・石川・福井	13.4	6.5	280	197	4,086	4,543
東海	岐阜・静岡・愛知・三重	9.5	9.4	260	298	5,202	5,614
近畿	滋賀・京都・大阪 兵庫・奈良・和歌山	8.6	5.4	270	321	5,528	5,881
中国	鳥取・島根・岡山 広島・山口	10.7	10.3	250	184	4,597	4,796
四国	徳島・香川・愛媛・高知	17.5	6.5	261	189	4,521	5,122
九州	福岡・佐賀・長崎・熊本 大分・宮崎・鹿児島・沖縄	16.1	11.4	279	219	4,757	5,439

※教職員１人当たりの人件費においては、兼務教職員給も含んだ人件費を専任教職員数で除した数値である。

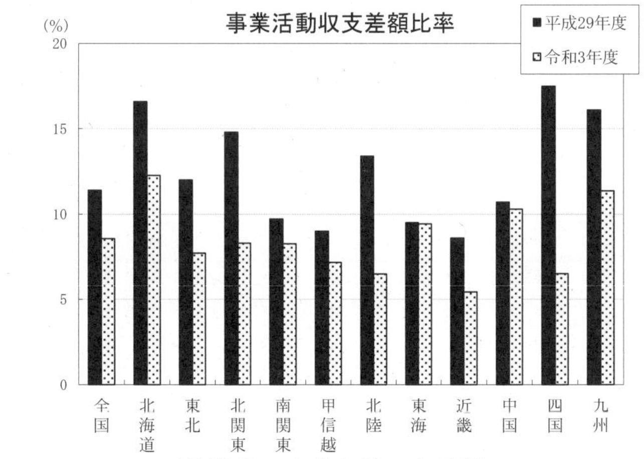

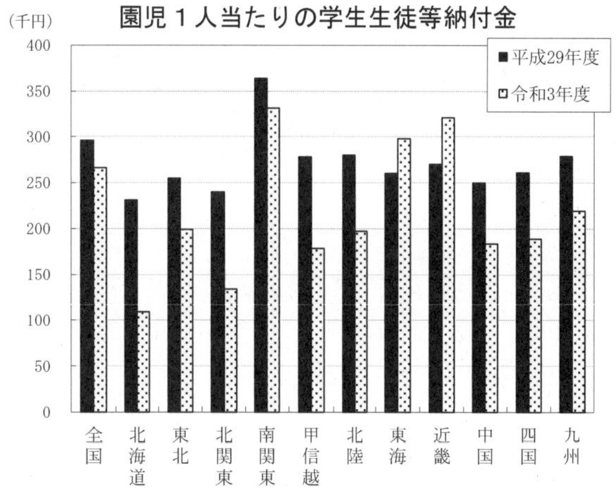

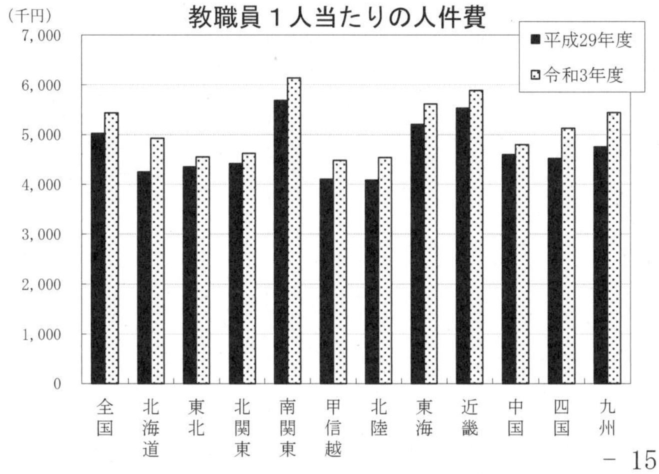

《ポイント》

１園当たりの事業活動収入は、補助金の増加とともに年々増加し、令和３年度は約１億５千万円となっている。１園当たりの事業活動支出は、人件費の増加により、令和３年度には約１億４千万円となっている。

なお、学生生徒等納付金が減少し補助金が増加しているが、令和元年10月から始まった幼児教育の無償化等による影響とみられる。

都道府県別１園当たりの平均等（令和３年度　事業活動収支計算書より）

都道府県名	幼稚園数	1園当たり			
		学生生徒等納付金	経常費等補助金	事業活動収入	人件費
	園	千円	千円	千円	千円
北海道	414	11,633	111,239	143,022	85,770
青森	97	6,435	71,183	92,646	57,789
岩手	76	11,394	98,509	124,063	82,941
宮城	145	43,633	70,787	137,159	81,384
秋田	61	12,278	104,090	129,882	86,928
山形	83	13,856	105,421	142,237	86,453
福島	141	29,352	90,666	147,313	84,707
茨城	184	16,919	112,927	153,258	93,770
栃木	170	24,575	132,041	174,347	109,793
群馬	109	15,855	122,130	156,195	98,681
埼玉	506	55,964	69,690	157,888	96,027
千葉	383	51,527	73,220	149,410	88,590
東京	543	70,915	72,699	174,147	108,030
神奈川	535	50,940	98,247	181,474	107,329
新潟	99	15,702	117,712	157,088	99,099
富山	45	16,924	107,814	137,477	84,836
石川	56	25,368	84,063	121,219	73,667
福井	29	20,134	99,967	134,300	83,419
山梨	56	18,374	89,299	121,365	77,570
長野	82	21,640	77,917	110,095	69,049
岐阜	95	65,272	75,947	161,633	93,643
静岡	210	34,686	90,674	147,563	89,624
愛知	387	54,203	75,042	152,904	90,972
三重	60	51,663	89,519	166,319	100,000
滋賀	24	22,810	93,355	134,723	89,068
京都	140	47,220	53,155	120,964	77,904
大阪	388	61,693	99,973	190,556	115,337
兵庫	211	54,770	97,592	179,350	110,438
奈良	43	58,345	50,881	130,730	79,736
和歌山	35	40,377	77,325	134,819	85,983
鳥取	26	18,540	115,739	159,991	111,066
島根	8	8,848	82,287	96,723	60,559
岡山	36	30,013	113,440	164,446	98,022
広島	187	30,400	86,372	138,863	81,031
山口	94	14,561	85,974	117,306	71,874
徳島	10	37,655	77,311	126,627	83,807
香川	35	25,678	95,847	139,112	82,689
愛媛	80	23,047	100,041	140,938	85,796
高知	27	18,428	102,666	134,265	92,786
福岡	323	47,653	74,611	143,948	80,293
佐賀	82	16,756	109,215	151,079	85,766
長崎	101	13,824	107,942	135,556	85,836
熊本	104	15,833	107,619	133,385	84,912
大分	58	21,513	100,045	135,395	85,434
宮崎	78	7,410	99,452	118,110	74,602
鹿児島	138	13,979	109,706	140,095	90,257
沖縄	28	20,793	85,121	123,537	74,784
全国	6,822	39,462	89,962	152,867	92,825

※幼稚園数は本冊子の集計による、学校法人が設置する幼稚園数である。

※各比率の解説はP.59以降を参照。

1園当たり			事業活動収支差額比率	人件費比率	教員1人当たりの園児数
教育研究（管理）経費	事業活動支出	基本金組入前当年度収支差額	基本金組入前当年度収支差額 / 事業活動収入	人件費 / 経常収入	
千円	千円	千円	%	%	人
36,524	125,489	17,533	12.3	64.5	8
23,568	82,273	10,373	11.2	68.2	7
36,940	120,393	3,670	3.0	67.0	8
43,348	125,897	11,263	8.2	62.1	11
35,499	124,196	5,686	4.4	68.5	6
40,985	130,724	11,513	8.1	64.5	7
46,569	134,066	13,247	9.0	61.1	8
41,351	136,803	16,454	10.7	63.7	11
50,782	161,994	12,353	7.1	65.0	7
45,826	146,234	9,961	6.4	66.3	8
52,745	149,802	8,086	5.1	62.4	13
44,359	134,192	15,219	10.2	61.9	14
52,275	162,180	11,968	6.9	63.6	13
51,665	161,347	20,127	11.1	61.8	12
42,962	145,031	12,057	7.7	68.4	6
45,629	130,909	6,568	4.8	63.1	7
36,580	110,982	10,237	8.4	62.4	7
42,220	126,556	7,744	5.8	62.5	7
35,872	114,664	6,702	5.5	64.4	8
32,143	101,898	8,196	7.4	63.6	7
49,304	143,465	18,168	11.2	59.5	11
44,185	135,646	11,917	8.1	62.9	11
45,122	137,328	15,575	10.2	61.5	13
53,189	155,741	10,579	6.4	60.5	11
38,521	127,884	6,839	5.1	69.5	8
39,923	119,066	1,898	1.6	65.6	11
63,876	180,282	10,274	5.4	61.1	12
55,036	166,644	12,706	7.1	62.6	12
42,174	122,684	8,046	6.2	63.8	10
40,489	126,968	7,851	5.8	63.8	11
45,453	157,290	2,701	1.7	72.5	7
27,552	88,430	8,292	8.6	62.7	8
43,908	142,803	21,643	13.2	59.7	10
40,703	123,282	15,581	11.2	60.9	10
32,194	105,612	11,695	10.0	63.6	10
34,024	118,171	8,457	6.7	66.3	8
40,246	124,008	15,104	10.9	59.6	10
41,411	128,049	12,890	9.1	61.6	10
41,593	144,590	△ 10,325	△ 7.7	70.2	8
44,655	126,667	17,282	12.0	56.7	11
37,591	125,795	25,284	16.7	62.5	9
36,103	123,028	12,528	9.2	64.3	8
32,601	118,148	15,238	11.4	65.2	10
36,800	122,805	12,590	9.3	63.4	10
31,110	106,483	11,627	9.8	64.2	8
35,261	126,897	13,198	9.4	66.2	9
34,716	110,026	13,512	10.9	63.7	8
45,339	139,773	13,094	8.6	62.8	10

都道府県別財務比率一覧

（令和３年度　事業活動収支計算書より）

都道府県名	幼稚園数	学生生徒等納付金比率	経常補助金比率	人件費比率	人件費依存率	教育研究(管理)経費比率	経常収支差額比率	事業活動収支差額比率
	園	%	%	%	%	%	%	%
北海道	414	8.8	83.7	64.5	737.3	27.5	7.7	12.3
青森	97	7.6	84.1	68.2	898.0	27.8	3.8	11.2
岩手	76	9.2	79.5	67.0	727.9	29.8	2.9	3.0
宮城	145	33.3	54.0	62.1	186.5	33.1	4.6	8.2
秋田	61	9.7	82.0	68.5	708.0	28.0	3.4	4.4
山形	83	10.3	78.6	64.5	623.9	30.6	4.7	8.1
福島	141	21.2	65.4	61.1	288.6	33.6	4.8	9.0
茨城	184	11.5	76.7	63.7	554.2	28.1	7.5	10.7
栃木	170	14.6	78.2	65.0	446.8	30.1	4.5	7.1
群馬	109	10.7	82.1	66.3	622.4	30.8	2.7	6.4
埼玉	506	36.4	45.3	62.4	171.6	34.3	3.1	5.1
千葉	383	36.0	51.2	61.9	171.9	31.0	6.9	10.2
東京	543	41.8	42.8	63.6	152.3	30.8	5.3	6.9
神奈川	535	29.3	56.5	61.8	210.7	29.7	8.2	11.1
新潟	99	10.8	81.3	68.4	631.1	29.7	1.5	7.7
富山	45	12.6	80.2	63.1	501.3	33.9	2.8	4.8
石川	56	21.5	71.2	62.4	290.4	31.0	6.5	8.4
福井	29	15.1	74.9	62.5	414.3	31.6	5.3	5.8
山梨	56	15.2	74.1	64.4	422.2	29.8	5.7	5.5
長野	82	19.9	71.8	63.6	319.1	29.6	6.4	7.4
岐阜	95	41.5	48.3	59.5	143.5	31.3	9.0	11.2
静岡	210	24.4	63.7	62.9	258.4	31.0	5.8	8.1
愛知	387	36.6	50.7	61.5	167.8	30.5	7.5	10.2
三重	60	31.3	54.2	60.5	193.6	32.2	7.1	6.4
滋賀	24	17.8	72.8	69.5	390.5	30.1	0.3	5.1
京都	140	39.7	44.7	65.6	165.0	33.6	0.5	1.6
大阪	388	32.7	53.0	61.1	187.0	33.9	4.8	5.4
兵庫	211	31.0	55.3	62.6	201.6	31.2	5.8	7.1
奈良	43	46.7	40.7	63.8	136.7	33.7	2.4	6.2
和歌山	35	30.0	57.4	63.8	212.9	30.0	6.0	5.8
鳥取	26	12.1	75.5	72.5	599.1	29.7	△ 2.5	1.7
島根	8	9.2	85.2	62.7	684.4	28.5	8.4	8.6
岡山	36	18.3	69.1	59.7	326.6	26.8	13.1	13.2
広島	187	22.9	64.9	60.9	266.5	30.6	8.3	11.2
山口	94	12.9	76.1	63.6	493.6	28.5	7.7	10.0
徳島	10	29.8	61.2	66.3	222.6	26.9	6.6	6.7
香川	35	18.5	69.1	59.6	322.0	29.0	11.0	10.9
愛媛	80	16.6	71.9	61.6	372.3	29.7	8.2	9.1
高知	27	13.9	77.7	70.2	503.5	31.5	△ 2.0	△ 7.7
福岡	323	33.6	52.7	56.7	168.5	31.5	11.5	12.0
佐賀	82	12.2	79.5	62.5	511.9	27.4	9.9	16.7
長崎	101	10.4	80.9	64.3	620.9	27.1	8.3	9.2
熊本	104	12.2	82.7	65.2	536.3	25.0	9.5	11.4
大分	58	16.0	74.3	63.4	397.1	27.3	8.9	9.3
宮崎	78	6.4	85.6	64.2	1006.7	26.8	8.8	9.8
鹿児島	138	10.3	80.5	66.2	645.6	25.9	7.6	9.4
沖縄	28	17.7	72.5	63.7	359.7	29.6	6.3	10.9
全国	6,822	26.7	60.8	62.8	235.2	30.7	6.3	8.6

※ 幼稚園数は本冊子の集計による、学校法人が設置する幼稚園数である。

※ 各比率の計算式・解説はP. 59以降を参照。

○令和３年度 設置区分別

区分	集計園数	園児数	専任教職員数	事業活動収支差額比率	園児1人当たり	1園当たり			
					学生生徒等納付金	学生生徒等納付金	経常費等補助金	人件費	教育研究(管理)経費
	園	人	人	%	千円	千円	千円	千円	千円
幼稚園（私学助成のみ）	3,079	523,518	45,814	6.7	396	67,414	47,462	85,247	44,741
幼稚園（施設型給付）	1,067	101,180	12,599	12.7	97	9,164	78,369	62,926	27,870
認定こども園（幼稚園型）	1,044	130,771	17,851	10.8	134	16,777	121,739	95,465	44,978
認定こども園（幼保連携型）	1,630	255,027	40,327	8.5	135	21,047	157,520	125,069	58,160

※種別の不明な園があるため、他ページの集計園数等とは一致しない。

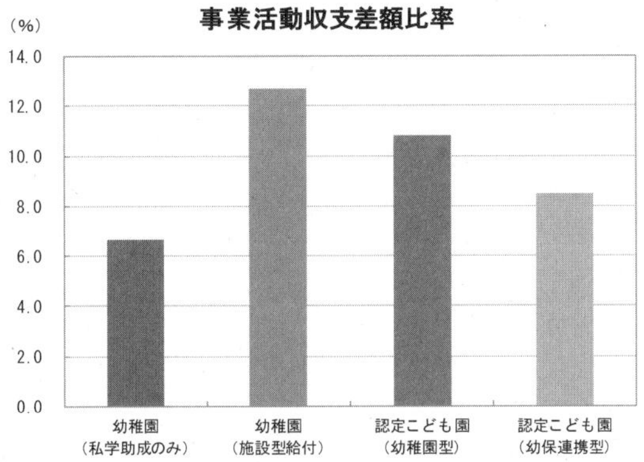

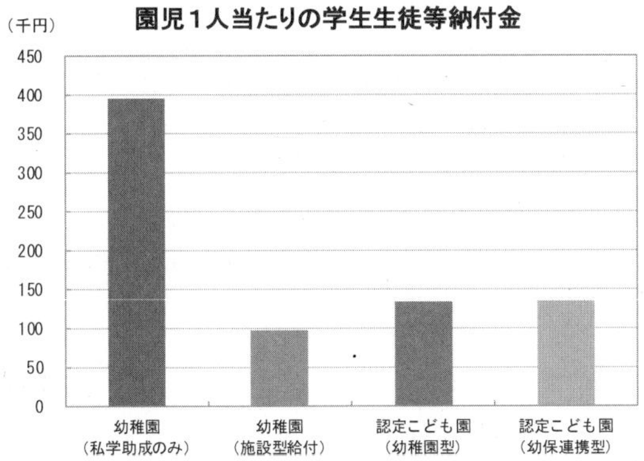

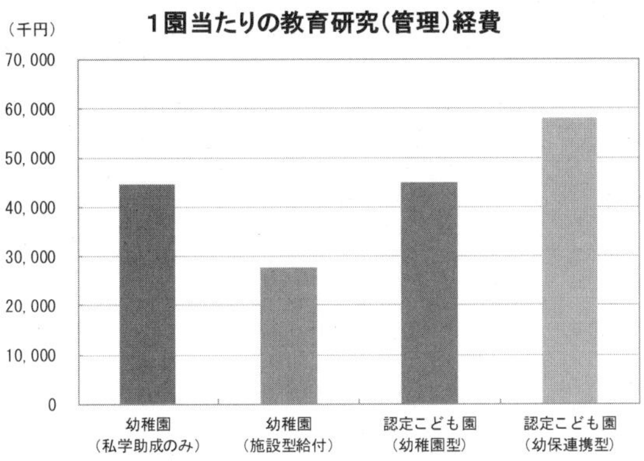

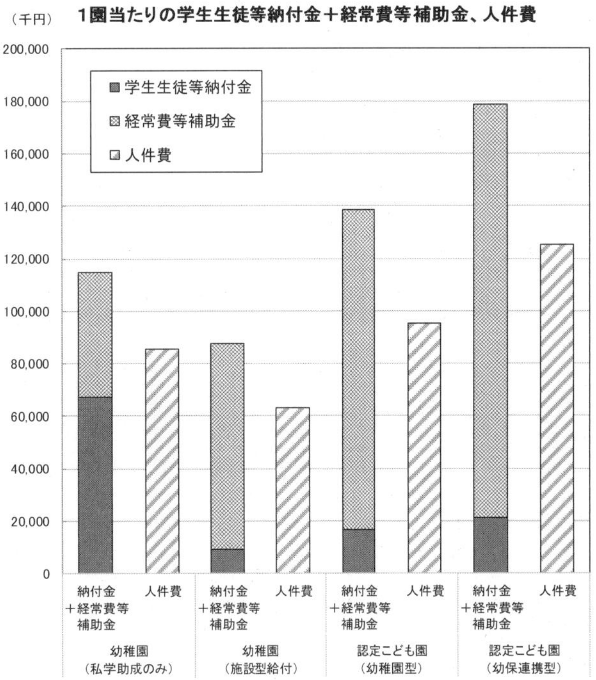

《ポイント》

一般的に、人件費は学生生徒等納付金で賄える範囲内に収まっていることが理想である。

一方で、幼児教育の無償化等により補助金が増加し納付金の軽減が図られている傾向があり、特に幼稚園（施設型給付）や認定こども園（幼稚園型、幼保連携型）においては、納付金に経常費等補助金を加えて評価することも有用である。

●特別支援学校

1．特別支援学校数・児童生徒数の状況

○ 学校数

（単位：校）

区　分	合　計	国　立		公　立		私　立		私立のうち本章集計数
			構成比		構成比		構成比	
平成 24 年度	1,059	45	4.3%	1,000	94.4%	14	1.3%	14
25 年度	1,080	45	4.2%	1,021	94.5%	14	1.3%	14
26 年度	1,096	45	4.1%	1,037	94.6%	14	1.3%	13
27 年度	1,114	45	4.0%	1,056	94.8%	13	1.2%	13
28 年度	1,125	45	4.0%	1,067	94.8%	13	1.2%	13
29 年度	1,135	45	4.0%	1,076	94.8%	14	1.2%	14
30 年度	1,141	45	3.9%	1,082	94.8%	14	1.2%	14
令和 元 年度	1,146	45	3.9%	1,087	94.9%	14	1.2%	14
2 年度	1,149	45	3.9%	1,090	94.9%	14	1.2%	14
3 年度	1,160	45	3.9%	1,100	94.8%	15	1.3%	15

○ 児童生徒数

（単位：人）

区　分	合　計	国　立		公　立		私　立		私立のうち本章集計数
			構成比		構成比		構成比	
平成 24 年度	129,994	3,056	2.4%	126,159	97.0%	779	0.6%	748
25 年度	132,570	3,033	2.3%	128,738	97.1%	799	0.6%	799
26 年度	135,617	3,033	2.2%	131,781	97.2%	803	0.6%	799
27 年度	137,894	3,019	2.2%	134,092	97.2%	783	0.6%	783
28 年度	139,821	2,991	2.1%	136,072	97.3%	758	0.5%	759
29 年度	141,944	2,983	2.1%	138,186	97.4%	775	0.5%	775
30 年度	143,379	2,945	2.1%	139,661	97.4%	773	0.5%	773
令和 元 年度	144,434	2,951	2.0%	140,669	97.4%	814	0.6%	814
2 年度	144,823	2,909	2.0%	141,090	97.4%	824	0.6%	824
3 年度	146,285	2,905	2.0%	142,525	97.4%	855	0.6%	855

※本章集計数は学校法人が設置する特別支援学校数・児童生徒数である。

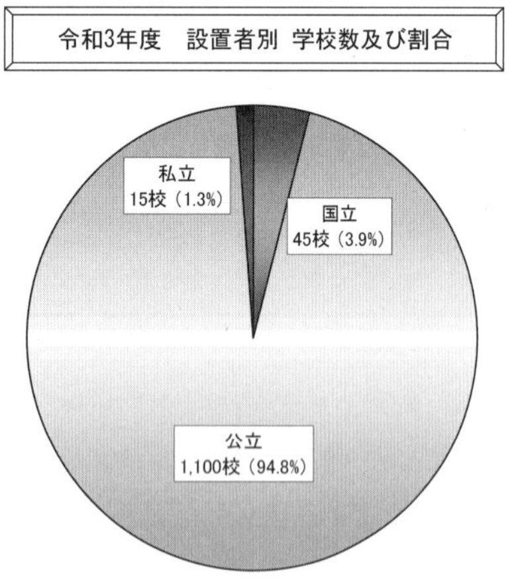

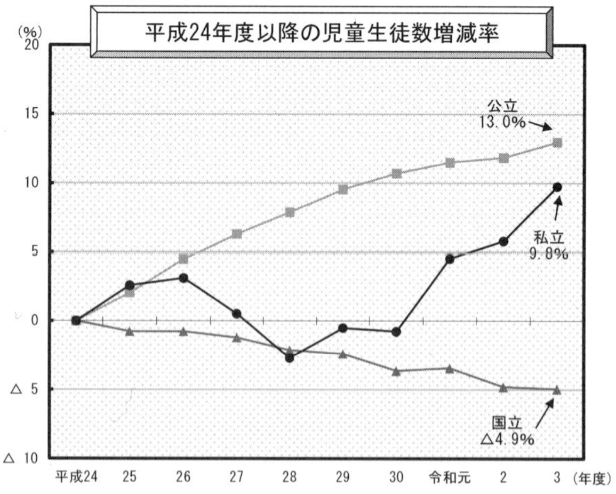

文部科学省「学校基本調査報告書」より

《ポイント》

学校数は 10 年間で 101 校増加している。国立、私立の学校数はほとんど変化がなく、公立校は増加している。児童生徒数は 10 年間で約 1 万 6 千人増加しており、そのほとんどが公立である。

2．特別支援学校法人の財政状態

○貸借対照表（１法人当たりの金額）

資産の部

（単位：千円）

年　　度	平成24	25	26	27	28	29	30	令和元	2	3
有形固定資産	333,725	329,348	386,950	393,215	398,120	401,320	393,781	400,553	396,635	412,827
特定資産					130,604	134,392	144,784	143,116	147,557	141,919
その他の固定資産	98,934	112,005	123,111	127,941	2,205	1,736	1,740	1,787	1,756	1,800
流動資産	215,758	214,866	236,317	236,186	221,658	222,458	214,327	209,724	211,108	227,753
（うち現金預金）	202,275	204,001	210,522	213,317	211,828	208,235	200,752	201,223	195,213	207,578
資産の部合計	648,417	656,219	746,377	757,342	752,587	759,906	754,631	755,181	757,056	784,299

※学校法人会計基準の改正により、特定資産（使途が特定された預金等）が中科目として設けられた。

負債及び純資産の部

（単位：千円）

年　　度	平成24	25	26	27	28	29	30	令和元	2	3
固定負債	27,297	24,906	36,412	33,966	33,162	30,901	29,555	28,834	28,470	37,079
流動負債	22,657	19,185	28,632	29,302	17,446	21,684	23,078	17,166	23,430	29,794
基本金	627,217	641,327	712,647	734,030	745,404	763,812	774,896	796,462	815,040	837,078
繰越収支差額	△ 28,754	△ 29,199	△ 31,314	△ 39,957	△ 43,425	△ 56,491	△ 72,898	△ 87,282	△ 109,884	△ 119,651
負債及び純資産の部計	648,417	656,219	746,377	757,342	752,587	759,906	754,631	755,181	757,056	784,299

※会計基準改正以前の繰越収支差額は消費収支差額を掲載している。

○貸借対照表（１法人当たりの金額）の構成割合

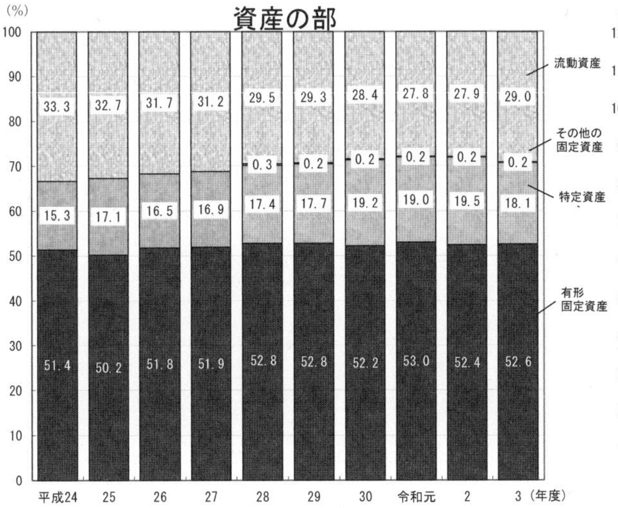

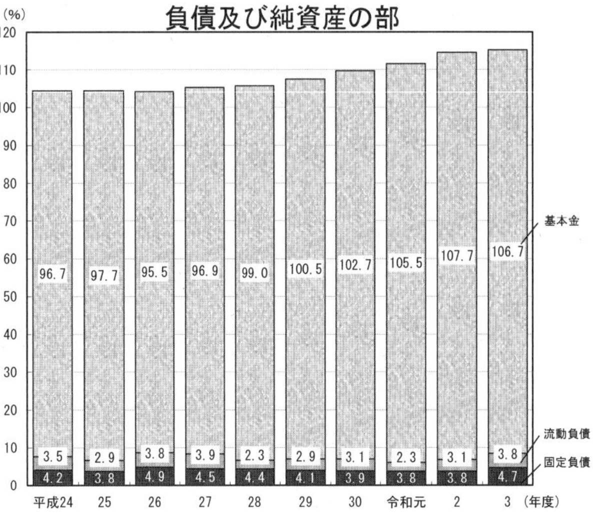

※負債・基本金の割合の合計のうち、100%を超えている部分が繰越収支差額の割合である。

○貸借対照表の構造（令和３年度　１法人当たり）

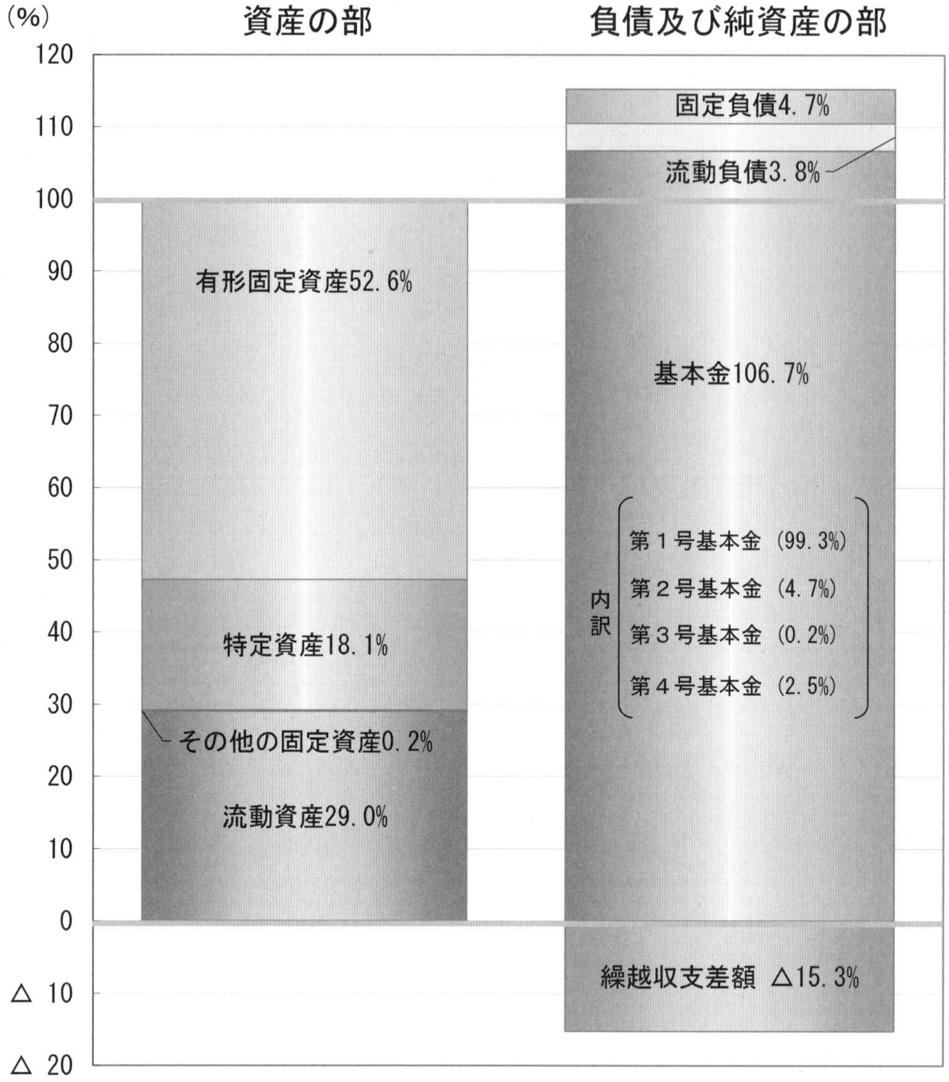

第１号基本金　…　既に取得した固定資産の価額
第２号基本金　…　将来取得する固定資産の取得に充てる金銭その他の資産の額
第３号基本金　…　基金として継続的に保持し、かつ運用する金銭その他の額
第４号基本金　…　恒常的に保持すべき資金の額
　　　　　　　　　なお、高等学校を設置するものを除く都道府県知事を所轄庁とする
　　　　　　　　　学校法人は、全部又は一部を組入れないことができる
繰越収支差額　…　事業活動収支計算書の翌年度繰越収支差額と一致する

《ポイント》

資産の部は、有形固定資産、その他の固定資産、流動資産が前年度から増加し、特定資産が前年度から減少したものの、資産の部合計は増加している。負債及び純資産の部は、固定負債、流動負債、基本金が前年度から増加している。

資産の構成割合は、固定資産の割合が71.0%となり、前年度から減少している。

3．特別支援学校法人の事業活動収支状況

○事業活動収支計算書（1法人当たりの金額）

収入の部

（単位：千円）

年度	平成24	25	26	27	28	29	30	令和元	2	3
学生生徒等納付金	18,839	19,632	21,369	21,269	20,408	20,274	19,063	19,226	20,207	20,525
補助金	192,732	197,993	225,087	224,104	218,157	222,024	220,764	223,704	227,217	242,424
その他	46,349	43,674	41,752	49,767	43,241	45,415	40,153	47,492	36,801	41,030
事業活動収入	257,920	261,299	288,208	295,140	281,806	287,713	279,981	290,423	284,224	303,979

※会計基準改正以前の事業活動収入は帰属収入を掲載している。

（単位：人）

児童生徒数	58	61	67	65	63	63	61	62	62	62

支出の部

（単位：千円）

年度	平成24	25	26	27	28	29	30	令和元	2	3
人件費	176,985	182,109	200,240	202,123	200,128	204,216	208,052	205,391	214,643	213,266
経費	62,136	65,164	73,884	80,027	73,536	76,956	77,060	77,509	73,394	78,159
その他	412	361	1,073	229	237	1,200	192	340	212	284
事業活動支出	239,533	247,634	275,198	282,379	273,901	282,372	285,303	283,240	288,248	291,709
基本金組入前当年度収支差額	18,387	13,665	13,011	12,761	7,905	5,341	△ 5,323	7,183	△ 4,025	12,271
基本金組入額	△ 7,610	△ 14,939	△ 34,939	△ 21,383	△ 12,155	△ 20,564	△ 11,272	△ 22,174	△ 19,322	△ 22,595
当年度収支差額	10,777	△ 1,274	△ 21,928	△ 8,623	△ 4,250	△ 15,222	△ 16,595	△ 14,991	△ 23,346	△ 10,325

※会計基準改正以前の事業活動支出は消費支出、基本金組入前当年度収支差額は帰属収支差額、当年度収支差額は消費収支差額をそれぞれ掲載している。

○事業活動収支計算書（1法人当たりの金額）の構成割合

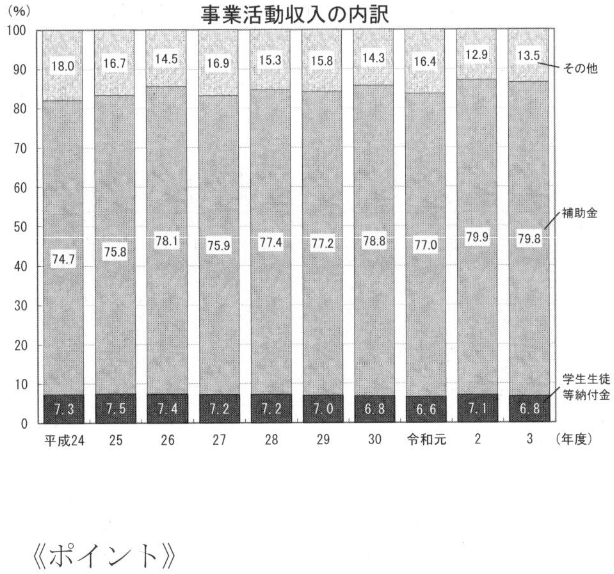

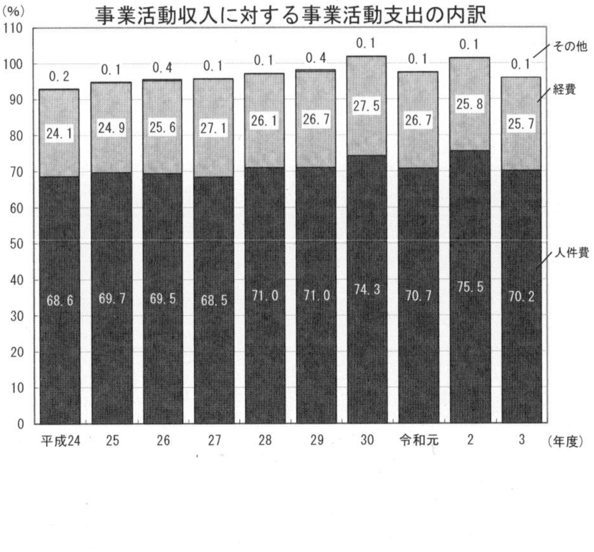

《ポイント》

1法人当たりの事業活動収入は、令和3年度は前年度から増加し、約3億円となっており、1法人当たりの事業活動支出が増加したものの、基本金組入前当年度収支差額がプラスに転じている。

事業活動収入の構成比率は、学生生徒等納付金の割合が前年度から減少し、令和3年度は6.8%となっている。事業活動支出の構成比率は、人件費、経費ともに割合が減少している。

４．特別支援学校部門の事業活動収支状況

○事業活動収支計算書（１校当たりの金額）

収入の部

（単位：千円）

年　度	平成24	25	26	27	28	29	30	令和元	2	3
学生生徒等納付金	17,493	18,230	19,725	19,633	18,839	18,235	17,854	19,129	20,392	19,969
補助金	178,959	183,851	207,773	206,865	201,376	214,121	195,320	200,123	213,202	214,168
その他	42,570	40,127	37,322	45,816	39,628	39,268	35,298	42,431	33,015	35,483
事業活動収入	239,022	242,209	264,820	272,116	259,843	271,624	248,472	261,683	266,609	269,620

※会計基準改正以前の事業活動収入は帰属収入を掲載している。

（単位：人）

児童生徒数	53	57	61	60	58	55	55	58	59	57

支出の部

（単位：千円）

年　度	平成24	25	26	27	28	29	30	令和元	2	3
人件費	163,587	168,417	183,076	185,773	183,922	189,779	195,767	196,821	205,301	195,996
経費	57,089	59,809	67,259	72,984	67,473	76,919	77,323	78,342	74,388	81,085
その他	381	334	950	212	219	1,839	972	1,105	574	676
事業活動支出	221,057	228,560	251,285	258,969	251,614	268,537	274,062	276,268	280,263	277,757
基本金組入前当年度収支差額	17,965	13,648	13,535	13,148	8,229	3,087	△ 25,590	△ 14,585	△ 13,654	△ 8,137
基本金組入額	△ 6,195	△ 13,607	△ 32,251	△ 19,736	△ 11,220	△ 41,311	△ 14,497	△ 22,087	△ 19,284	△ 33,720
当年度収支差額	11,770	41	△ 18,716	△ 6,588	△ 2,991	△ 38,224	△ 40,087	△ 36,673	△ 32,938	△ 41,856

※会計基準改正以前の事業活動支出は消費支出、基本金組入前当年度収支差額は帰属収支差額、当年度収支差額は消費収支差額をそれぞれ掲載している。

○事業活動収支計算書（１校当たりの金額）の構成割合

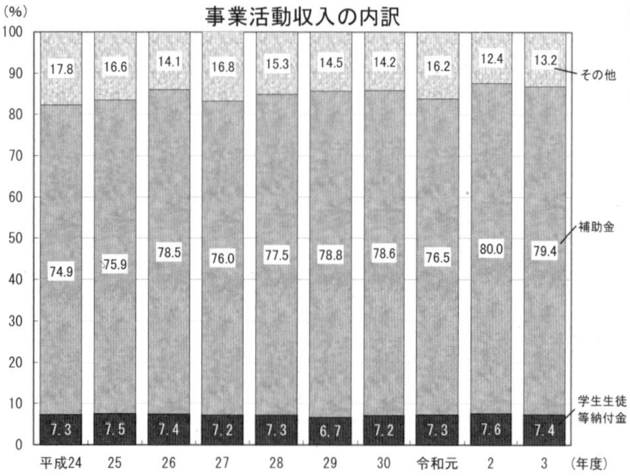

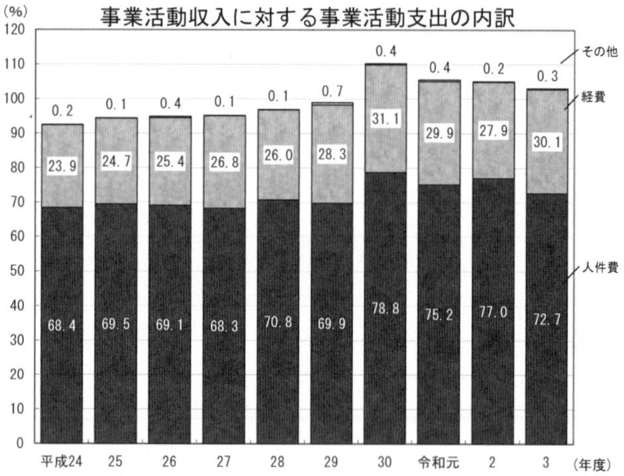

《ポイント》

１校当たりの事業活動収入は、令和３年度は前年度から増加し、約２億７千万円となっている。１校当たりの事業活動支出は、人件費が減少したものの経費が増加したことから、令和３年度は約２億８千万円となり、基本金組入前当年度収支差額がマイナスとなっている。

事業活動収入の構成比率は、学生生徒等納付金の割合が前年度から減少し、令和３年度は7.4％となっている。事業活動支出の構成比率では、人件費の割合が減少し、経費の割合が増加している。

●財務比率等の活用について

『今日の私学財政』は、皆様よりご協力いただいた「学校法人基礎調査」や「学校法人等基礎調査」の財務データを集計したものです。この集計結果をもとに、経営の現状把握や将来計画作成の参考にしていただければと考えております。ここでは、皆様が今悩んでいること、検討されていることについて、その代表的な問題ごとに財務比率等の活用事例を説明します。

学校法人が抱える財務上の課題

財務比率を見ていく上では、「事業活動収支計算書」と「貸借対照表」が必要です。

幼稚園法人１法人当たりの金額（千円単位）から算出したものを、次ページ以降に例示しました。どの科目の金額を使って比率を算出するか、ご確認ください。また、各比率の説明に自己分析欄を設けましたので、自法人の財務諸表（計算書類）から金額を当てはめて、比率を計算してください。

「Ⅲ　利用の手引き」の「１．『今日の私学財政』と財務分析」には、全財務比率について集計値と比較が可能な財務比率比較表（学校法人比較・学校部門比較）も掲載しています。ご活用ください。

1. 現在の経営状況はどうか？

学校法人の活動を永続的に行うためには、各年度の収入の範囲内で支出を賄うことが重要です。

そこで、経営状況を見る財務比率である事業活動収支差額比率を紹介します。この比率がプラスで大きいほど財政面で将来的な余裕につながりますが、マイナスが続く場合は経営悪化の恐れがあります。

事業活動収支計算書（幼稚園法人１法人当たり）
〈令和３年４月１日～令和４年３月31日〉

（単位：千円）

		科　　目	金　額
教育活動収支	事業活動収入の部	学生生徒等納付金	52,419
		手数料	448
		寄付金	1,081
		経常費等補助金	123,302
		付随事業収入	18,450
		雑収入	6,221
		A　教育活動収入計	201,921
	事業活動支出の部	B　人件費	127,483
		教育研究（管理）経費	62,804
		うち減価償却額	15,432
		徴収不能額等	58
		教育活動支出計	190,345
		教育活動収支差額	11,576
教育活動外収支	事業活動収入の部	受取利息・配当金	771
		その他の教育活動外収入	240
		C　教育活動外収入計	1,010
	事業活動支出の部	借入金等利息	518
		その他の教育活動外支出	76
		教育活動外支出計	594
		教育活動外収支差額	416
経常収支差額			11,992
特別収支	事業活動収入の部	資産売却差額	631
		その他の特別収入	7,052
		特別収入計	7,683
	事業活動支出の部	資産処分差額	1,404
		その他の特別支出	490
		特別支出計	1,894
		特別収支差額	5,789
D　基本金組入前当年度収支差額			17,781
基本金組入額合計			△ 21,476
当年度収支差額			△ 3,695
前年度繰越収支差額			△ 11,723
基本金取崩額			3,467
翌年度繰越収支差額			△ 11,951

（参考）

E　事業活動収入計	210,614
事業活動支出計	192,833

事業活動収支差額比率

＜計算式＞

D基本金組入前当年度収支差額÷E事業活動収入計×100

17,781÷210,614×100＝　8.4%（全国平均）

　　　÷　　　×100＝　　%（自己分析）

＜比率の意味＞

プラスが大きくなるほど、自己資本が充実。マイナスが大きくなるほど経営は厳しい。経営に余裕があるかどうかの判断に使用する。

この比率は、単年度の収支状況を見る最も基本となる比率です。プラスが大きくなるほど自己資本が充実しており、経営に余裕があるとみなすことができます。マイナスが大きくなるほど経営は窮迫し、いずれ資金繰りにも困難をきたすことになります。比率が減少したりマイナスが連続している場合等には、原因を探り経営改善を図る必要があります。

2. 教職員の人件費負担は大きくないか？

人事計画を立てずに新規採用を見送り、年齢が高い人が残ると、人件費は年々増加します。逆に早期退職が頻繁にあり新規採用を繰り返すと人件費は抑制されます。しかし、経験豊富な人材が不足し、結果として学校の評判が下がり収入の減少につながるケースもあり、人件費にかかる問題は複雑多岐にわたります。一概に人件費の金額だけでは分析できないこともありますので、収入に対して人件費はどれくらいの割合かを見る人件費比率を紹介します。

人件費比率

＜計算式＞

B 人件費÷経常収入×100

※経常収入：A 教育活動収入計＋C 教育活動外収入計

127,483÷(201,921＋ 1,010)×100＝ 62.8%（全国平均）

____÷(____＋____)×100＝____%（自己分析）

＜比率の意味＞

人件費は支出のなかで大きな部分を占める。高い人件費を下げるのは容易ではないため、計画的に検討する必要がある。

この比率が高くなると、支出全体が膨張し、収支のバランスを崩しかねません。人件費は教職員の給与水準等によって大きく影響を受けます。一度増加した人件費比率を下げることは容易ではありませんので、計画的に取り組んでいかなければなりません。

3. 施設建替えに必要な資産を保有しているか？

老朽化した施設の建替えは学校法人の活動を永続的に行うために必要な事業であり、現在検討中の法人もいらっしゃるかと思います。しかし、計画をいつ実行すれば良いのか分からないということもあるでしょう。そこで、施設建替えに向けた計画を検討する際のポイントをご説明します。大きくは以下の２つではないでしょうか。

①実行するタイミングはいつか？

②資金計画はどうなっているか？

① 実行するタイミングはいつか？

将来の建替えに備えて計画的に建築資金の積み立てを行っている場合もありますが、建築等に必要な額に対して運用可能な資産の保有割合がどの程度かを見ることで、実行するタイミングの目安を知ることができます。

そこで、学校法人が本来保有すべき金額（要積立額）に対する、実際に保有していて使える金額（運用資産）の割合（積立率）から積み立て状況を確認すると良いでしょう。

貸借対照表（幼稚園法人１法人当たり）
〈令和４年３月31日〉

（単位：千円）

資産の部		負債及び純資産の部	
科目	金額	科目	金額
（資産の部）		（負債の部）	
固定資産（ａ）	592,211	固定負債（ｃ）	57,506
有形固定資産	490,177	長期借入金	49,162
土地	219,303	学校債	128
建物	236,452	退職給与引当金	6,640
構築物	14,827	その他	1,576
教育研究用機器備品	8,095	流動負債（ｄ）	27,529
その他	11,500	前受金	4,556
特定資産	66,643	その他	22,973
退職給与引当特定資産	5,484		
その他	61,158	負債の部 合計（総負債）（ｅ） 固定負債（ｃ）＋流動負債（ｄ）	85,035
その他の固定資産	35,392		
有価証券	15,487	（純資産の部）	
収益事業元入金	3,136	基本金	708,479
その他	16,769	繰越収支差額	△ 11,951
流動資産（ｂ）	189,353	純資産の部 合計（ｆ）	696,528
現金預金	163,333		
有価証券	7,327		
その他	18,692		
資産の部 合計（総資産） 固定資産（ａ）＋流動資産（ｂ）	781,564	負債及び純資産の部合計 総負債（ｅ）＋純資産（ｆ）	781,564

積立率

＜計算式＞

運用資産÷要積立額×100

□÷□×100＝□%（自己分析）

※運用資産＝特定資産＋有価証券（固定・流動）＋現金預金
※要積立額＝減価償却累計額（有形固定資産）
＋退職給与引当金＋第２号基本金＋第３号基本金

＜比率の意味＞
学校法人の経営を持続的かつ安定的に継続するために必要となる運用資産の保有状況を表す。

計算した結果、比率が高い場合は、学校法人の経営を持続的かつ安定的に継続するために本来保有すべき金額（要積立額）に対し、一定の運用資産の保有があることになり、比率が 100%以上であれば全額自己資金で建替え資金を賄うことが可能であるといえます。

比率が低い場合は、学校法人が本来保有すべき金額（要積立額）に対し不足していることになります。不足分をどう補っていくのか、建替え資金を何年後までにいくら貯めるといった将来計画を検討した上で、実施時期を決定する必要があります。

※減価償却累計額：有形固定資産のうち時の経過によりその価値を減少する資産で、その資産の減少した価値（減価償却額）の累計額

※第２号基本金：学校法人が新たな学校の設置又は既設の学校の規模の拡大若しくは教育の充実向上のために将来取得する固定資産取得に充てる金銭その他の資産の額

※第３号基本金：基金として継続的に保持し、かつ運用する金銭その他の資産の額

② 資金計画はどうなっているか？

実際に建替えを実施するとなると、手持ちの資金で建替え費用が賄えれば問題は少ないのですが、建築費用は高額になるため、建替え費用の全額を賄うことが難しいこともあり、この場合、建替え費用の不足分を寄付金や金融機関等からの借入金で賄うことになります。借入金が過大になると、利息や元金の返済が負担となり資金繰りに影響するので、金融機関等からの借入をする場合に、現在の負債状況をチェックすることが必要です。そのチェックに使える比率が総負債比率です。

総負債比率

＜計算式＞

総負債÷総資産×100

85,035÷ 781,564×100＝ 10.9％（全国平均）

　　　　÷　　　　×100＝　　　％（自己分析）

＜比率の意味＞

総資産に対して負債がどの程度あるかを判断する。

この比率は、総資産に対する外部負債の比重を評価する極めて重要な比率です。低い値ほど良いとされていますが、50％を超えると負債総額が純資産（基本金＋繰越収支差額）を上回ることになります。また、100％を超えてしまうと債務超過となります。

学校は土地・建物の割合が大きいため、通常は外部負債が多くてもなかなか債務超過とはなりません。しかし、一度この比率が大きくなるとそれを改善するのは難しくなります。新規借入を行う場合でも比率が高くならないように注意する必要があります。

4. 借入金の返済可能額はどの程度か？

借入れを行った場合、借入金が多額なために、元金の返済額が学校法人の資金繰りを圧迫するケースがあります。このようなことを避けるため、年間の元金返済額が学校法人の諸活動の中で生み出されるかどうか（返済可能額）を検討しておく必要があります。

返済可能額を考える際には、返済金額と返済年数の２つがポイントです。まず返済金額ですが、基本金組入前当年度収支差額がプラスであれば、そのプラス分は返済に充てられると考えられます。また、仮に基本金組入前当年度収支差額がマイナスであっても、減価償却額を除いた後に基本金組入前当年度収支差額がプラスになれば、プラス分は返済に充てられると考えられます。減価償却分を返済財源に充てるという考えです。

返済可能額と毎年度の返済額を比べ、返済可能額が大きいようでしたら、借入れによる資金繰りへの影響は少ないと考えられます。逆に、毎年度の返済額が大きい場合は、学校法人の諸活動で返済財源を生み出すことができないことになります。このような場合、借入総額を見直す、借入期間を見直す等を行う必要があり、そのために資金計画自体を見直すことになります。

次に、返済年数です。長期にわたって借入金の返済が可能であるかどうか見極める必要があります。そのために、学生生徒等数の推移や人件費支出の推移などを作成し、長期にわたって返済財源が生み出されるかどうか検証しなければなりません。長期にわたって返済財源が生み出せない状況であれば、借入総額を見直したり、借入期間を見直す等を行う必要があります。なお、既に借入金がある場合、新規借入分の返済に現在返済している金額も考慮する必要がありますので、注意してください。

返済額のチェック

＜計算式＞

基本金組入前当年度収支差額と毎年度の返済額を比較する。

＜評　価＞

基本金組入前当年度収支差額
又は、
基本金組入前当年度収支差額
＋減価償却額
≧ 毎年度の返済額

→ 学校法人の諸活動から返済財源が生み出せている。
資金繰りへの影響が少ない。

基本金組入前当年度収支差額
又は、
基本金組入前当年度収支差額
＋減価償却額
＜ 毎年度の返済額

→ 学校法人の諸活動から返済財源が生み出せない。
借入金の総額、返済期間、資金計画などの見直し。

Ⅲ　利用の手引き

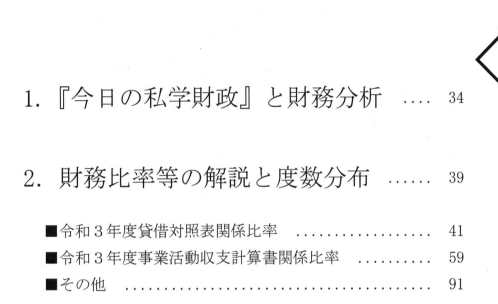

1. 『今日の私学財政』と財務分析

ここでは、『今日の私学財政』を学校法人等の財政運営に活用していただくための方法について、ご案内します。

(1) 中長期経営計画策定の基礎資料に

私立学校は、教育・研究を目的とする恒久的な組織体です。したがって、その組織を維持・発展させるためには、個々の学校法人において、財政及び経営状況を的確に把握した上で、経営基盤の確立を図り、教育研究等の活動に積極的に取り組むことが必要です。経営基盤を確保するためには、長期的構想に基づいて中長期経営計画を策定し、計画的な財政運営を実践していくことが望まれます。特に、就学人口の減少期にある現在、経営計画の必要性が高まっています。

中長期経営計画に基づく計画的な財政運営を実施するためには、自己診断としての財務分析が不可欠です。

一定時点での財政状態を貸借対照表で、一定期間の経営状況や資金の流れを事業活動収支計算書（平成27年度決算までは、旧基準の計算書における消費収支計算書）、資金収支計算書で把握します。これらの数値を分析することによって、学校法人の財政構造が安全かつ健全に維持されているか、収支の内容が妥当であり均衡が保たれているか、さらに資金の調達とその配分に大きな変化がないか、などが検討できます。

現状分析により財政及び経営の状況が把握できれば、その結果を踏まえて将来の課題を見据え、目標値を設定します。そして、目標値に向けて活動を開始することになります。現状分析及び目標値の設定にあたっては、自法人の財務内容を全国的規模における財務数値の動向と比較し、検討することが不可欠といえます。本冊子では、比較や検討を的確に行うために、全国の集計値を提供しています。

(2) 5ヵ年連続表の利用

貸借対照表、事業活動収支計算書及び資金収支計算書の 5 ヵ年連続表は、集計値とともに、全体に対する割合を百分比で示した構成比率及び 5 年前の金額を 100 とした趨勢を掲載しています。さらに、分析を効率的に行うため、ある科目の金額に対する他の科目の金額の割合を財務比率として掲載しています。

構成比率や財務比率の経年変化に着目することで、法人種別や部門別の過去 5 ヵ年の全体的な動向が把握できます。自法人の財政状態や経営状況の趨勢の変化を、集計値にみる平均値と比較して、その動向が異なる場合には、その原因を解明することが必要です。

また、『今日の私学財政』の過年度版を活用し、10 ヵ年の推移を把握することも可能です。10 ヵ年の推移をみることで、科目の増減傾向がより明瞭になります。

(3) 比較対象グループの選択

本冊子には、設置者別、都道府県別に区分して集計した結果表を掲載しています。これらの表の数値を利用することによって、自法人と類似のグループとの比較検討が可能となります。法人合計・部門合計の構成比率との比較のほか、それぞれ該当する設置者区分や都道府県との比較が望まれます。

(4)　単位当たりの実数比較

構成比率や財務比率を用いて分析するほか、単位当たりの金額による分析も重要です。

集計数は毎年異なるので、金額及び金額の伸び等を比較するには、1法人当たり・1部門（園／校）当たり・園児等1人当たりの金額にすることが必要です。法人の各集計表の上段に集計法人数、また部門（園／校）の各集計表の上段に、集計部門数・集計園児等数・専任教員数・専任職員数を記載しています。集計値をこれらの数値で除して単位当たりの実数を算出し、比較検討することができます。

定員増等により園児等数の増減がある部門（園／校）の場合は、園児等1人当たりの金額を算出し、自法人の当該部門（園／校）と比較するのも一つの方法です。

(5)　財務比率の利用

学校法人の財務状況を把握するために企業の経営分析の手法を応用するケースもありますが、学校法人の財務分析の目的は、長期的にみて財政が健全に維持されているかどうか、施設設備が充実しているか、収支の均衡が保たれているか等の観点から財務分析をし、改善方策を検討することにあります。

本冊子には、貸借対照表に関する比率を17項目、事業活動収支計算書に関する比率を15項目掲載しています。

財務比率の解説は、「2. 財務比率等の解説と度数分布」の各ページに掲載しています。

ただし、これらの財務比率は、標準値あるいは絶対的な目標値ではなく、各集計における平均値です。また、一つの比率だけで財政状態や経営状況を判断せず、複数の財務比率をもとに検討することをお勧めします。

(6)　財務比率比較表の利用

次ページ以降に「財務比率比較表」の様式を掲載しています。比較したいグループの平均値と自法人の数値を記入し、分析にご活用ください。なお、集計数が少ないグループは、平均値が大きく偏る場合もありますので、比較する際は注意が必要です。

令和３年度 財務比率比較表（学校法人比較）

（単位：％）

分類	番号	比率名	算式（×100）	本法人	県内 法人平均	全国平均	
						幼稚園法人	特別支援学校法人
貸借対照表関係比率	1	固定資産 構成比率	固定資産 総資産			75.8	71.0
	2	有形固定資産 構成比率	有形固定資産 総資産			62.7	52.6
	3	特定資産 構成比率	特定資産 総資産			8.5	18.1
	4	流動資産 構成比率	流動資産 総資産			24.2	29.0
	5	固定負債 構成比率	固定負債 総負債＋純資産			7.4	4.7
	6	流動負債 構成比率	流動負債 総負債＋純資産			3.5	3.8
	7	内部留保 資産比率	運用資産－総負債 総資産			21.5	36.0
	8	運用資産 余裕比率	運用資産－外部負債 経常支出			1.0	1.0
	9	純資産 構成比率	純資産 総負債＋純資産			89.1	91.5
	10	繰越収支差額 構成比率	繰越収支差額 総負債＋純資産			-1.5	-15.3
	11	固定比率	固定資産 純資産			85.0	77.6
	12	固定長期 適合率	固定資産 純資産＋固定負債			78.5	73.8
	13	流動比率	流動資産 流動負債			687.8	764.4
	14	総負債比率	総負債 総資産			10.9	8.5
	15	負債比率	総負債 純資産			12.2	9.3
	16	前受金保有率	現金預金 前受金			3,584.7	11,156.9
	17	退職給与引当 特定資産保有率	退職給与引当特定資産 退職給与引当金			82.6	100.1

（注）1. 運用資産＝特定資産＋有価証券（固定資産）＋有価証券（流動資産）＋現金預金
2. 外部負債＝借入金＋学校債＋未払金＋手形債務
3. 運用資産余裕比率の単位は（年）である。
4. 県内法人平均は財務比率表（都道府県別）を参照。

令和３年度 財務比率比較表（学校法人比較）

（単位：%）

分類	番号	比率名	算式（×100）	本法人	県内法人平均	全国平均	
						幼稚園法人	特別支援学校法人
事業活動収支計算書関係比率	1	人件費比率	人件費 / 経常収入			62.8	73.6
	2	人件費依存率	人件費 / 学生生徒等納付金			243.2	1,039.0
	3	教育研究(管理)経費比率	教育研究(管理)経費 / 経常収入			30.9	27.0
	4	借入金等利息比率	借入金等利息 / 経常収入			0.3	0.1
	5	事業活動収支差額比率	基本金組入前当年度収支差額 / 事業活動収入			8.4	4.0
	6	基本金組入後収支比率	事業活動支出 / 事業活動収入－基本金組入額			102.0	103.7
	7	学生生徒等納付金比率	学生生徒等納付金 / 経常収入			25.8	7.1
	8	寄付金比率	寄付金 / 事業活動収入			1.0	5.7
	9	経常寄付金比率	教育活動収支の寄付金 / 経常収入			0.5	4.3
	10	補助金比率	補助金 / 事業活動収入			61.1	79.8
	11	経常補助金比率	経常費等補助金 / 経常収入			60.8	80.8
	12	基本金組入率	基本金組入額 / 事業活動収入			10.2	7.4
	13	減価償却額比率	減価償却額 / 経常支出			8.1	5.9
	14	経常収支差額比率	経常収支差額 / 経常収入			5.9	−0.6
	15	教育活動収支差額比率	教育活動収支差額 / 教育活動収入計			5.7	−0.6

（注）1. 寄付金＝教育活動収支の寄付金＋特別収支の寄付金
　　　2. 補助金＝経常費等補助金＋特別収支の補助金

令和３年度 財務比率比較表（学校部門比較）

（単位：％）

分類	番号	比率名	算式（×100）	本部門	県内部門平均	全国平均 幼稚園部門	全国平均 特別支援学校部門
事業活動収支計算書関係比率	1	人件費比率	$\frac{\text{人件費}}{\text{経常収入}}$			62.8	76.1
	2	人件費依存率	$\frac{\text{人件費}}{\text{学生生徒等納付金}}$			235.2	981.5
	3	教育研究(管理)経費比率	$\frac{\text{教育研究(管理)経費}}{\text{経常収入}}$			30.7	31.5
	4	借入金等利息比率	$\frac{\text{借入金等利息}}{\text{経常収入}}$			0.2	0.2
	5	事業活動収支差額比率	$\frac{\text{基本金組入前当年度収支差額}}{\text{事業活動収入}}$			8.6	-3.0
	6	基本金組入後収支比率	$\frac{\text{事業活動支出}}{\text{事業活動収入}-\text{基本金組入額}}$			101.2	117.7
	7	学生生徒等納付金比率	$\frac{\text{学生生徒等納付金}}{\text{経常収入}}$			26.7	7.8
	8	寄付金比率	$\frac{\text{寄付金}}{\text{事業活動収入}}$			1.0	5.2
	9	経常寄付金比率	$\frac{\text{教育活動収支の寄付金}}{\text{経常収入}}$			0.5	3.9
	10	補助金比率	$\frac{\text{補助金}}{\text{事業活動収入}}$			61.1	79.4
	11	経常補助金比率	$\frac{\text{経常費等補助金}}{\text{経常収入}}$			60.8	80.3
	12	基本金組入率	$\frac{\text{基本金組入額}}{\text{事業活動収入}}$			9.6	12.5
	13	減価償却額比率	$\frac{\text{減価償却額}}{\text{経常支出}}$			8.2	8.9
	14	経常収支差額比率	$\frac{\text{経常収支差額}}{\text{経常収入}}$			6.3	-7.8
	15	教育活動収支差額比率	$\frac{\text{教育活動収支差額}}{\text{教育活動収入計}}$			6.2	-7.6

（注）1. 寄付金＝教育活動収支の寄付金＋特別収支の寄付金
　　　2. 補助金＝経常費等補助金＋特別収支の補助金

2. 財務比率等の解説と度数分布

(1) 財務比率の解説

学校法人の財政状態及び経営状況を分析するための財務比率について、計算式と比率の解説を掲載しています。

また、財務分析をする際に、併せて確認が必要な比率も紹介しています。

(2) 度数分布の目的

財務比率は、平均値だけではなく、比率がどのように分散しているかを知ることも必要です。度数分布では、比率のバラツキがどの程度なのか、また自法人の比率が全体の中でどの程度の位置にあるかを知ることができます。

さらに、「Ⅳ　集計結果」の集計表に示された財務比率は、金額の集計値を基礎に算出していることから、資金規模の大きな学校法人・部門に左右されます。よって、資金規模の小さな学校法人・部門は度数分布を参考にして、比較検討してください。

(3) 度数分布の利用方法

ここでは、貸借対照表に関する比率を17項目、事業活動収支計算書に関する比率を15項目、及びその他指標 5 項目について度数分布を掲載しています。度数分布表では、これらの財務比率等の度数分布状況を15階級に分け、グラフとともに掲載しています。自法人の該当階級、全体の幅の中の位置の確認にご利用ください。

なお、度数分布表に示した「平均値」は、個別に算出した比率を単純に合計し、集計数で除したものです（単純平均）。一方、「Ⅱ　集計結果の概要」の地域別状況、都道府県別1園当たりの平均、都道府県別財務比率一覧、「Ⅲ　利用の手引き」の財務比率比較表及び「Ⅳ　集計結果」の集計表の財務比率は、各科目の集計値を各分母分子として算出した比率です（加重平均）。比較検討にあたっては留意してください。

(4) 代表値等の解説

それぞれの財務比率の母集団の特徴を示すために、7つの代表値等を挙げました。

最大値……集団の中で最も大きい比率を表しています。

最小値……集団の中で最も小さい比率を表しています。

平均値……比率の総和を集計数で除した単純平均を表しています。

中央値……比率を大きさの順に並べたとき、その中央に位置する値（または中央に位置する 2 つの項目の平均）を表しています。

最頻値……比率の中で最も個数の多い値を表しています。

標準偏差…比率の平均値に対する偏差の大きさを二乗し、その値の平均値を平方平均したものです。この値が、平均値に対して小さいほど比率が分布の中心付近に集中しており、逆に大きいほど広範囲に分散していることを示しています。

変動係数…標準偏差を平均値で割ったものであり、平均値の異なる標準偏差を相互に比較する場合に使われます。変動係数が大きいほど、分布の拡がりが大きいということがわかります。

なお、他の法人と大きく離れている数値（異常値）がある場合には、代表値等が大きく影響を受けることもありますので、集団の上下各2.5%を削除した代表値等も掲載しています。

財務比率の分類

■貸借対照表関係比率（17 項目）

No.	分　類	比　率　名	計　算　式	ページ
1	自己資本は充実しているか	純資産構成比率	純資産÷(総負債＋純資産)	50
		繰越収支差額構成比率	繰越収支差額÷(総負債＋純資産)	51
2	長期資金で固定資産は賄われているか	固定比率	固定資産÷純資産	52
		固定長期適合率	固定資産÷(純資産＋固定負債)	53
3	資産構成はどうなっているか	固定資産構成比率	固定資産÷総資産	42
		有形固定資産構成比率	有形固定資産÷総資産	43
		特定資産構成比率	特定資産÷総資産	44
		流動資産構成比率	流動資産÷総資産	45
4	負債に備える資産が蓄積されているか	内部留保資産比率	(運用資産－総負債)÷総資産	48
		運用資産余裕比率	(運用資産－外部負債)÷経常支出	49
		流動比率	流動資産÷流動負債	54
		前受金保有率	現金預金÷前受金	57
		退職給与引当特定資産保有率	退職給与引当特定資産÷退職給与引当金	58
5	負債の割合はどうか	固定負債構成比率	固定負債÷(総負債＋純資産)	46
		流動負債構成比率	流動負債÷(総負債＋純資産)	47
		総負債比率	総負債÷総資産	55
		負債比率	総負債÷純資産	56

（注）1. 運用資産＝特定資産＋有価証券（固定資産）＋有価証券（流動資産）＋現金預金
　　　2. 外部負債＝借入金＋学校債＋未払金＋手形債務

■事業活動収支計算書関係比率（15 項目）

No.	分　類	比　率　名	計　算　式	ページ
1	経営状況はどうか	事業活動収支差額比率	基本金組入前当年度収支差額÷事業活動収入	68
2	収入構成はどうなっているか	学生生徒等納付金比率	学生生徒等納付金÷経常収入	72
		寄付金比率	寄付金÷事業活動収入	74
		経常寄付金比率	教育活動収支の寄付金÷経常収入	76
		補助金比率	補助金÷事業活動収入	78
		経常補助金比率	経常費等補助金÷経常収入	80
3	支出構成は適切であるか	人件費比率	人件費÷経常収入	60
		教育研究(管理)経費比率	教育研究（管理）経費÷経常収入	64
		借入金等利息比率	借入金等利息÷経常収入	66
		基本金組入率	基本金組入額÷事業活動収入	82
		減価償却額比率	減価償却額÷経常支出	84
4	収入と支出のバランスはとれているか	人件費依存率	人件費÷学生生徒等納付金	62
		基本金組入後収支比率	事業活動支出÷(事業活動収入－基本金組入額)	70
		経常収支差額比率	経常収支差額÷経常収入	86
		教育活動収支差額比率	教育活動収支差額÷教育活動収入計	88

（注）1. 寄付金＝教育活動収支の寄付金＋特別収支の寄付金
　　　2. 補助金＝経常費等補助金＋特別収支の補助金

■令和３年度貸借対照表関係比率

1. 固定資産構成比率

【計　算　式】

$$\frac{\text{固　定　資　産}}{\text{総　　資　　産}}$$

【比率の解説】

固定資産の総資産に占める構成割合で、流動資産構成比率とともに資産構成のバランスを全体的に見るための指標である。

固定資産は施設設備等の有形固定資産と各種引当特定資産を内容とする特定資産を中心に構成されている。学校法人が行う教育研究事業には多額の設備投資が必要となるため、一般的にはこの比率が高くなることが学校法人の財務的な特徴である。

この比率が学校法人全体の平均に比して特に高い場合、資産の固定化が進み流動性が乏しくなっていると評価することができる。

しかし、固定資産に占める特定資産の比率が高い学校法人においては必ずしもこの評価は適切ではないため、資産の固定化を測る比率として、有形固定資産に焦点をあてた「有形固定資産構成比率」を利用することも有効である。

なお、固定資産構成比率は、流動資産構成比率と表裏をなす関係にある。

【財務分析上併せて確認が必要な比率】

有形固定資産構成比率、特定資産構成比率、固定比率、固定長期適合率

【度数分布表】

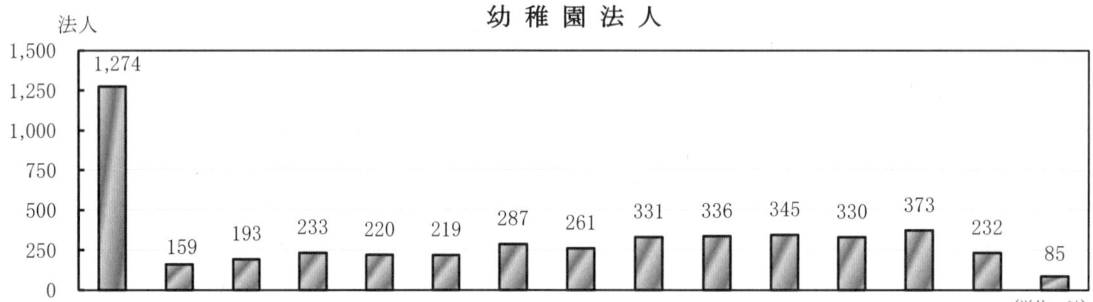

(単位：%)

階級幅 2.5	合計	1	2	3	4	5	6	7	8	9	10	11	12	13	14	15
幼稚園法人	0.9 ～ 100.0	～ 64.9	65.0 ～ 67.4	67.5 ～ 69.9	70.0 ～ 72.4	72.5 ～ 74.9	75.0 ～ 77.4	77.5 ～ 79.9	80.0 ～ 82.4	82.5 ～ 84.9	85.0 ～ 87.4	87.5 ～ 89.9	90.0 ～ 92.4	92.5 ～ 94.9	95.0 ～ 97.4	97.5 ～
度　数	4,878	1,274	159	193	233	220	219	287	261	331	336	345	330	373	232	85

全体	最大値	100.0	最小値	0.9	平均値	74.4	中央値	78.8	最頻値	83.8	標準偏差	17.89	変動係数	24.04
上下 2.5%削除後	最大値	96.9	最小値	31.1	平均値	75.1	中央値	78.8	最頻値	83.8	標準偏差	15.83	変動係数	21.06

(単位：%)

階級幅 2.5	合計	1	2	3	4	5	6	7	8	9	10	11	12	13	14	15
特別支援学校法人	19.7 ～ 92.9	～ 64.9	65.0 ～ 67.4	67.5 ～ 69.9	70.0 ～ 72.4	72.5 ～ 74.9	75.0 ～ 77.4	77.5 ～ 79.9	80.0 ～ 82.4	82.5 ～ 84.9	85.0 ～ 87.4	87.5 ～ 89.9	90.0 ～ 92.4	92.5 ～ 94.9	95.0 ～ 97.4	97.5 ～
度　数	12	4	1	1	1	0	0	1	1	0	1	1	0	1	0	0

全体	最大値	92.9	最小値	19.7	平均値	67.1	中央値	70.2	最頻値		標準偏差	21.65	変動係数	32.24
上下 2.5%削除後	最大値	92.9	最小値	19.7	平均値	67.1	中央値	70.2	最頻値		標準偏差	21.65	変動係数	32.24

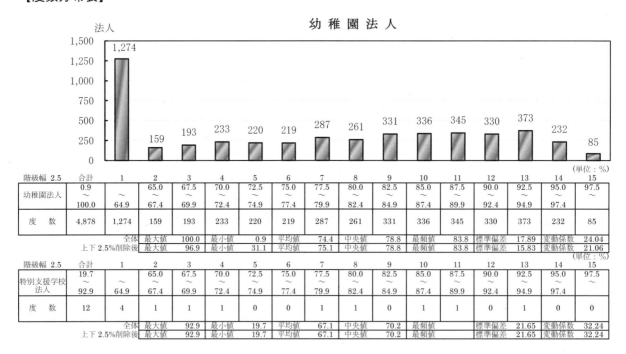

2. 有形固定資産構成比率

【計　算　式】

$$\frac{\text{有形固定資産}}{\text{総資産}}$$

【比率の解説】

有形固定資産の総資産に占める構成割合で、土地・建物等の有形固定資産の構成比が資産構成上バランスがとれているかを評価する指標である。

学校法人では教育研究事業に多額の施設設備投資を必要とするため、この比率が高くなることが財務的な特徴であるが、学校規模に比して設備投資が過剰となる場合は財政を逼迫させる要因ともなるため、注意が必要である。

【財務分析上併せて確認が必要な比率】

固定資産構成比率

【度数分布表】

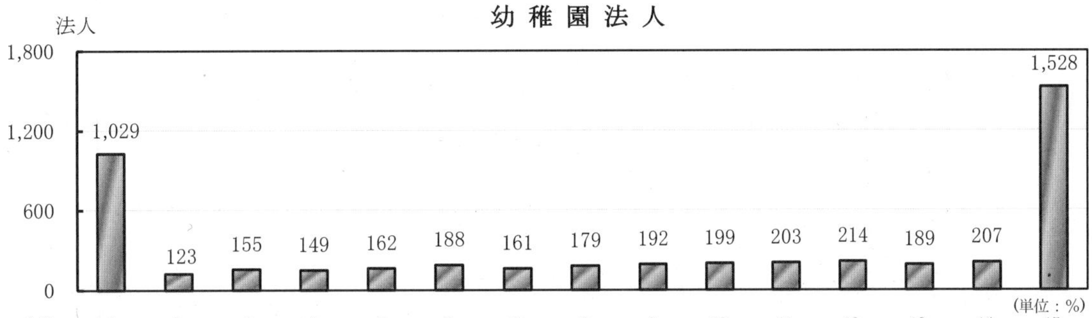

(単位：%)

階級幅 2.5	合計	1	2	3	4	5	6	7	8	9	10	11	12	13	14	15
幼稚園法人	0.9 ～ 99.6	～ 44.9	45.0 ～ 47.4	47.5 ～ 49.9	50.0 ～ 52.4	52.5 ～ 54.9	55.0 ～ 57.4	57.5 ～ 59.9	60.0 ～ 62.4	62.5 ～ 64.9	65.0 ～ 67.4	67.5 ～ 69.9	70.0 ～ 72.4	72.5 ～ 74.9	75.0 ～ 77.4	77.5 ～
度　数	4,878	1,029	123	155	149	162	188	161	179	192	199	203	214	189	207	1,528

全体	最大値	99.6	最小値	0.9	平均値	63.2	中央値	66.2	最頻値	83.8	標準偏差	21.54	変動係数	34.06
上下 2.5%削除後	最大値	94.9	最小値	16.3	平均値	63.7	中央値	66.2	最頻値	83.8	標準偏差	19.69	変動係数	30.90

(単位：%)

階級幅 2.5	合計	1	2	3	4	5	6	7	8	9	10	11	12	13	14	15
特別支援学校法人	19.7 ～ 91.3	～ 44.9	45.0 ～ 47.4	47.5 ～ 49.9	50.0 ～ 52.4	52.5 ～ 54.9	55.0 ～ 57.4	57.5 ～ 59.9	60.0 ～ 62.4	62.5 ～ 64.9	65.0 ～ 67.4	67.5 ～ 69.9	70.0 ～ 72.4	72.5 ～ 74.9	75.0 ～ 77.4	77.5 ～
度　数	12	6	0	0	0	1	0	0	0	0	0	2	1	0	0	2

全体	最大値	91.3	最小値	19.7	平均値	53.6	中央値	48.9	最頻値		標準偏差	22.96	変動係数	42.79
上下 2.5%削除後	最大値	91.3	最小値	19.7	平均値	53.6	中央値	48.9	最頻値		標準偏差	22.96	変動係数	42.79

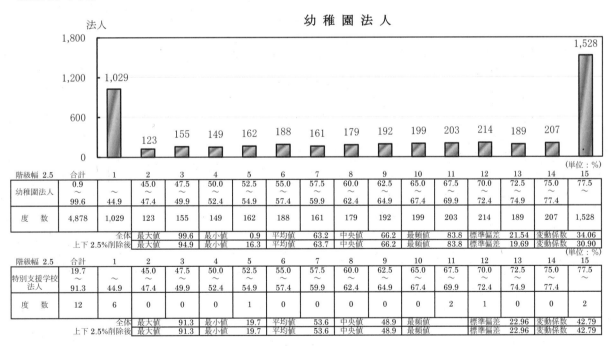

3. 特定資産構成比率

【計　算　式】　$\dfrac{\text{特　定　資　産}}{\text{総　　資　　産}}$

【比率の解説】

特定資産の総資産に占める構成割合で、各種引当特定資産などの長期にわたって特定の目的のために保有する金融資産の蓄積状況を評価する指標である。

一般的には、この比率が高い場合は中長期的な財政支出に対する備えが充実しており、計画的な学校法人経営に資するといえる。

この比率が低い場合には主に二通りの評価が考えられる。一つは固定・流動を合わせた金融資産が少ないため特定資産の形成が困難な場合であり、資金の目的化以前に財政基盤の脆弱さ、資金の流動性の問題が懸念される。

もう一つは金融資産は少なからず保有しているが特定資産を形成していない場合で、この場合は直ちに財政基盤が脆弱であるとはいえない。

しかし、近年では中長期的な視点にたった経営計画の策定と、経営計画の下支えとなる特定資産の重要性が高まっており、また保護者をはじめとした利害関係者への説明責任の観点からも計画的な特定資産形成が望ましい。

【財務分析上併せて確認が必要な比率】

流動資産構成比率

【度数分布表】

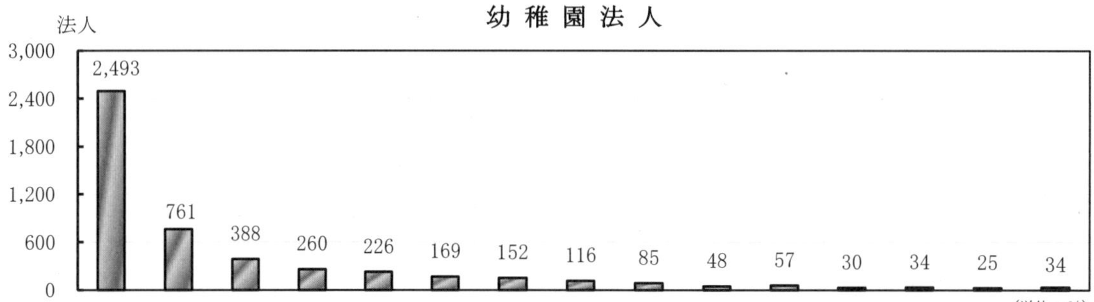

(単位：%)

階級幅 5.0	合計	1	2	3	4	5	6	7	8	9	10	11	12	13	14	15
幼稚園法人	0.0 ～ 87.8	～ 0.0	0.1 ～ 5.0	5.1 ～ 10.0	10.1 ～ 15.0	15.1 ～ 20.0	20.1 ～ 25.0	25.1 ～ 30.0	30.1 ～ 35.0	35.1 ～ 40.0	40.1 ～ 45.0	45.1 ～ 50.0	50.1 ～ 55.0	55.1 ～ 60.0	60.1 ～ 65.0	65.1 ～
度　数	4,878	2,493	761	388	260	226	169	152	116	85	48	57	30	34	25	34

全体	最大値	87.8	最小値	0.0	平均値	7.9	中央値	0.0	最頻値	0.0	標準偏差	14.00	変動係数	175.46
上下 2.5%削除後	最大値	50.2	最小値	0.0	平均値	6.7	中央値	0.0	最頻値	0.0	標準偏差	11.26	変動係数	165.74

(単位：%)

階級幅 5.0	合計	1	2	3	4	5	6	7	8	9	10	11	12	13	14	15
特別支援学校法人	0.0 ～ 46.7	～ 0.0	0.1 ～ 5.0	5.1 ～ 10.0	10.1 ～ 15.0	15.1 ～ 20.0	20.1 ～ 25.0	25.1 ～ 30.0	30.1 ～ 35.0	35.1 ～ 40.0	40.1 ～ 45.0	45.1 ～ 50.0	50.1 ～ 55.0	55.1 ～ 60.0	60.1 ～ 65.0	65.1 ～
度　数	12	2	2	2	1	1	2	1	0	0	0	1	0	0	0	0

全体	最大値	46.7	最小値	0.0	平均値	13.2	中央値	8.3	最頻値	0.0	標準偏差	14.32	変動係数	107.78
上下 2.5%削除後	最大値	46.7	最小値	0.0	平均値	13.2	中央値	8.3	最頻値	0.0	標準偏差	14.32	変動係数	107.78

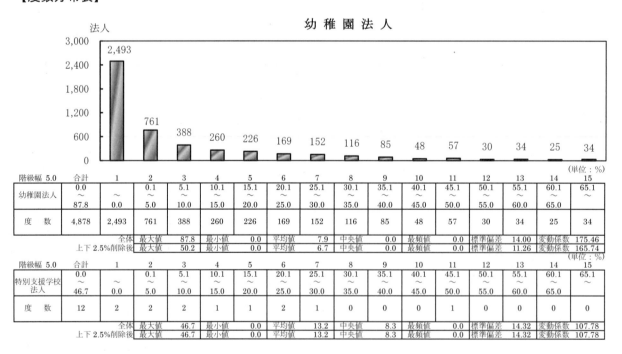

4. 流動資産構成比率

【計　算　式】　$\dfrac{\text{流　動　資　産}}{\text{総　　資　　産}}$

【比率の解説】

流動資産の総資産に占める構成割合で、固定資産構成比率とともに資産構成のバランスを全体的に見るための指標となる。

流動資産は現金預金と短期有価証券のほか、未収入金などで構成されている。

一般的にこの比率が高い場合、現金化が可能な資産の割合が大きく、資金流動性に富んでいると評価できる。逆に著しく低い場合は、資金流動性に欠け、資金繰りが苦しい状況にあると評価できる。

この比率が低い場合であっても、低金利下での有利な運用条件を求めて長期預金や長期有価証券を保有している場合や、将来的な財政基盤の安定化のために金融資産を目的化して特定資産化している場合には、必ずしも流動性に乏しいとはいえないため、特定資産や固定資産の有価証券の保有状況も確認して評価を行う必要がある。

なお、流動資産構成比率は固定資産構成比率と表裏をなす関係にある。

【財務分析上併せて確認が必要な比率】

特定資産構成比率

【度数分布表】

幼 稚 園 法 人

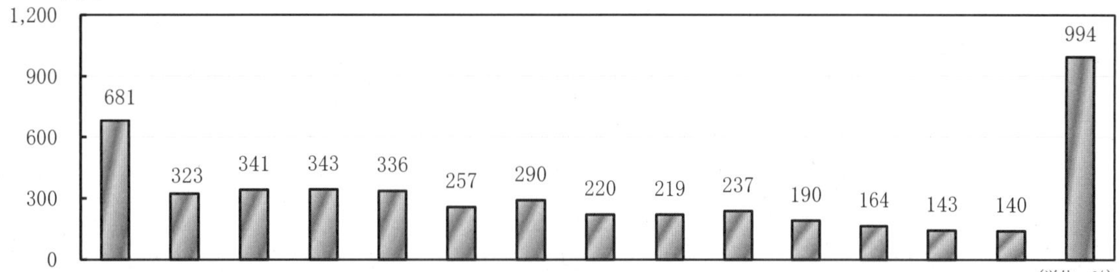

(単位：%)

階級幅 2.5	合計	1	2	3	4	5	6	7	8	9	10	11	12	13	14	15
幼稚園法人	0.0～99.1	～7.4	7.5～9.9	10.0～12.4	12.5～14.9	15.0～17.4	17.5～19.9	20.0～22.4	22.5～24.9	25.0～27.4	27.5～29.9	30.0～32.4	32.5～34.9	35.0～37.4	37.5～39.9	40.0～
度　数	4,878	681	323	341	343	336	257	290	220	219	237	190	164	143	140	994

全体	最大値	99.1	最小値	0.0	平均値	25.5	中央値	21.1	最頻値	16.2	標準偏差	17.89	変動係数	69.98
上下 2.5%削除後	最大値	68.9	最小値	3.1	平均値	24.8	中央値	21.1	最頻値	16.2	標準偏差	15.83	変動係数	63.75

(単位：%)

階級幅 2.5	合計	1	2	3	4	5	6	7	8	9	10	11	12	13	14	15
特別支援学校法人	7.1～80.3	～7.4	7.5～9.9	10.0～12.4	12.5～14.9	15.0～17.4	17.5～19.9	20.0～22.4	22.5～24.9	25.0～27.4	27.5～29.9	30.0～32.4	32.5～34.9	35.0～37.4	37.5～39.9	40.0～
度　数	12	1	0	1	1	0	1	1	0	0	1	1	1	0	0	4

全体	最大値	80.3	最小値	7.1	平均値	32.8	中央値	29.7	最頻値		標準偏差	21.65	変動係数	65.92
上下 2.5%削除後	最大値	80.3	最小値	7.1	平均値	32.8	中央値	29.7	最頻値		標準偏差	21.65	変動係数	65.92

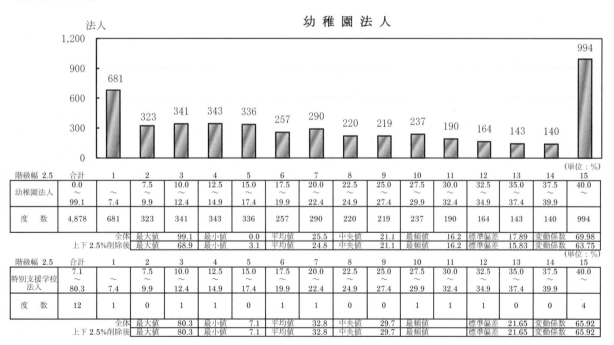

5. 固定負債構成比率

【計　算　式】 $$\frac{\text{固　定　負　債}}{\text{総負債＋純資産}}$$

【比率の解説】

固定負債の「総負債及び純資産の合計額」に占める構成割合で、主に長期的な債務の状況を評価するものであり、流動負債構成比率とともに負債構成のバランスと比重を評価する指標である。

固定負債は主に長期借入金、学校債、退職給与引当金等で構成されており、これらは長期間にわたり償還あるいは支払い義務を負う債務である。

学校の施設設備の拡充や更新の際に、長期借入金を導入した方が財政計画上有利となる場合等もあり、長期借入金が多いことが直ちにネガティブな評価とはならないが、学校法人の施設整備計画や手元資金の状況に比してこの比率が過度に高い場合には、経営上の懸念材料となる点に留意が必要である。

【財務分析上併せて確認が必要な比率】

流動負債構成比率、負債比率、固定資産構成比率

【度数分布表】

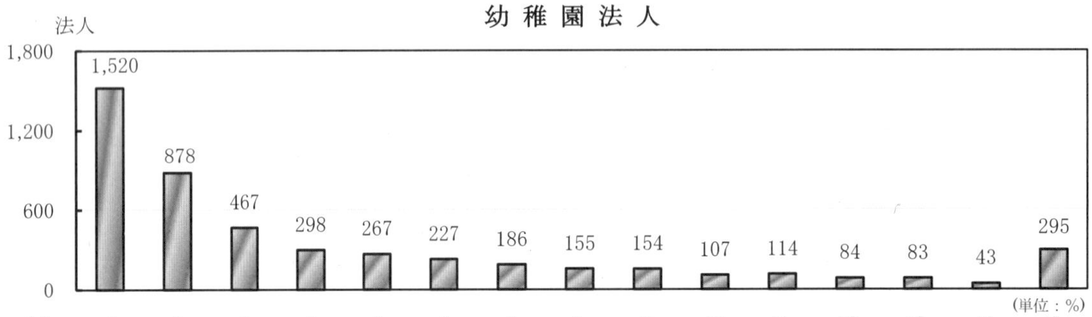

(単位：%)

階級幅 2.5	合計	1	2	3	4	5	6	7	8	9	10	11	12	13	14	15
幼稚園法人	0.0～213.2	～0.0	0.1～2.5	2.6～5.0	5.1～7.5	7.6～10.0	10.1～12.5	12.6～15.0	15.1～17.5	17.6～20.0	20.1～22.5	22.6～25.0	25.1～27.5	27.6～30.0	30.1～32.5	32.6～
度　数	4,878	1,520	878	467	298	267	227	186	155	154	107	114	84	83	43	295

	最大値		最小値		平均値		中央値		最頻値		標準偏差		変動係数	
全体	最大値	213.2	最小値	0.0	平均値	8.7	中央値	2.7	最頻値	0.0	標準偏差	13.84	変動係数	158.85
上下2.5%削除後	最大値	45.0	最小値	0.0	平均値	7.5	中央値	2.7	最頻値	0.0	標準偏差	10.07	変動係数	133.97

(単位：%)

階級幅 2.5	合計	1	2	3	4	5	6	7	8	9	10	11	12	13	14	15
特別支援学校法人	0.0～16.2	～0.0	0.1～2.5	2.6～5.0	5.1～7.5	7.6～10.0	10.1～12.5	12.6～15.0	15.1～17.5	17.6～20.0	20.1～22.5	22.6～25.0	25.1～27.5	27.6～30.0	30.1～32.5	32.6～
度　数	12	3	5	0	0	0	2	1	1	0	0	0	0	0	0	0

	最大値		最小値		平均値		中央値		最頻値		標準偏差		変動係数	
全体	最大値	16.2	最小値	0.0	平均値	4.5	中央値	0.5	最頻値	0.0	標準偏差	6.27	変動係数	138.99
上下2.5%削除後	最大値	16.2	最小値	0.0	平均値	4.5	中央値	0.5	最頻値	0.0	標準偏差	6.27	変動係数	138.99

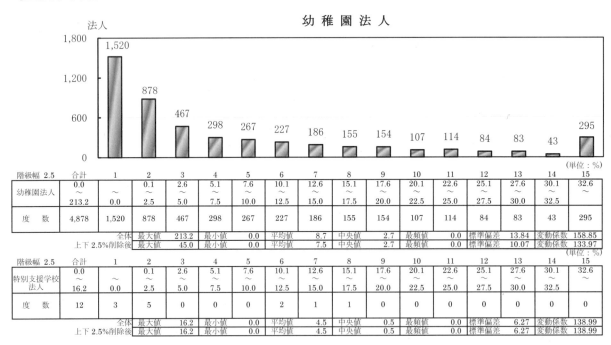

6. 流動負債構成比率

【計　算　式】 $\dfrac{\text{流動負債}}{\text{総負債＋純資産}}$

【比率の解説】

流動負債の「総負債及び純資産の合計額」に占める構成割合で、主に短期的な債務の比重を評価するものであり、固定負債構成比率とともに負債構成のバランスと比重を評価する指標である。

学校法人の財政の安定性を確保するためには、この比率が低い方が好ましいと評価できる。

しかし流動負債のうち、前受金は主として翌年度入学生の納付金がその内容であり、短期借入金とは性格を異にするものであるため、流動負債を分析する上では前受金の状況にも留意する必要がある。

【財務分析上併せて確認が必要な比率】

固定負債構成比率、負債比率、前受金保有率

【度数分布表】

幼稚園法人

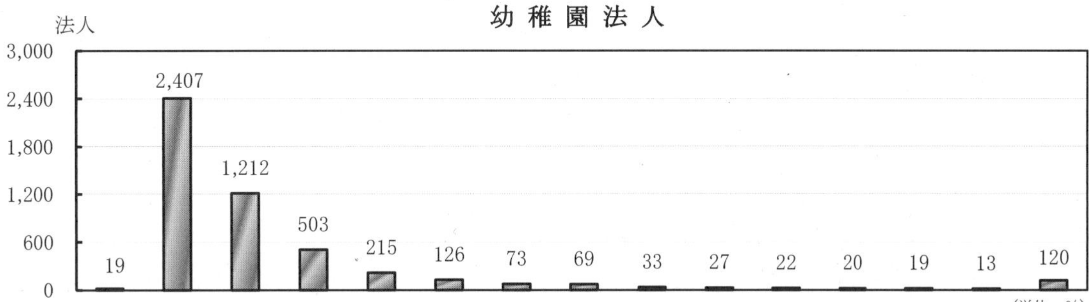

(単位：%)

階級幅 2.0	合計	1	2	3	4	5	6	7	8	9	10	11	12	13	14	15
幼稚園法人	−2.7 ～ 230.9	～ 0.0	0.1 ～ 2.0	2.1 ～ 4.0	4.1 ～ 6.0	6.1 ～ 8.0	8.1 ～ 10.0	10.1 ～ 12.0	12.1 ～ 14.0	14.1 ～ 16.0	16.1 ～ 18.0	18.1 ～ 20.0	20.1 ～ 22.0	22.1 ～ 24.0	24.1 ～ 26.0	26.1 ～
度　数	4,878	19	2,407	1,212	503	215	126	73	69	33	27	22	20	19	13	120

全体	最大値	230.9	最小値	−2.7	平均値	4.4	中央値	2.0	最頻値	0.7	標準偏差	9.99	変動係数	225.66
上下 2.5%削除後	最大値	25.8	最小値	0.2	平均値	3.3	中央値	2.0	最頻値	0.7	標準偏差	3.79	変動係数	114.47

(単位：%)

階級幅 1.0	合計	1	2	3	4	5	6	7	8	9	10	11	12	13	14	15
特別支援学校法人	0.2 ～ 15.5	～ 0.0	0.1 ～ 1.0	1.1 ～ 2.0	2.1 ～ 3.0	3.1 ～ 4.0	4.1 ～ 5.0	5.1 ～ 6.0	6.1 ～ 7.0	7.1 ～ 8.0	8.1 ～ 9.0	9.1 ～ 10.0	10.1 ～ 11.0	11.1 ～ 12.0	12.1 ～ 13.0	13.1 ～
度　数	12	0	1	3	3	1	1	1	0	0	0	0	0	0	0	2

全体	最大値	15.5	最小値	0.2	平均値	4.5	中央値	2.6	最頻値		標準偏差	5.00	変動係数	108.97
上下 2.5%削除後	最大値	15.5	最小値	0.2	平均値	4.5	中央値	2.6	最頻値		標準偏差	5.00	変動係数	108.97

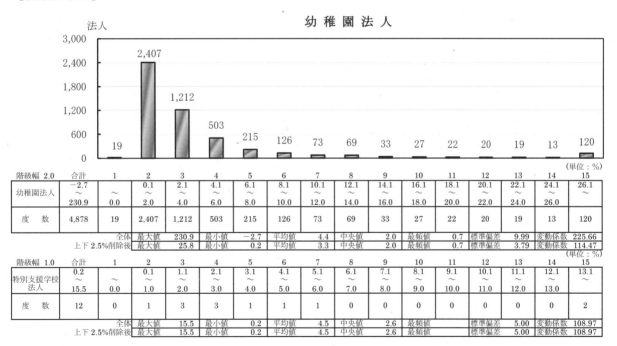

7. 内部留保資産比率

【計　算　式】　$$\frac{\text{運用資産－総負債}}{\text{総　　資　　産}}$$

＊運用資産＝特定資産＋有価証券（固定資産）＋有価証券（流動資産）＋現金預金

【比率の解説】

特定資産（各種引当特定資産）と有価証券（固定資産及び流動資産）と現金預金を合計した「運用資産」から総負債を引いた金額の、総資産に占める割合である。

この比率がプラスとなる場合は運用資産で総負債をすべて充当することができ、結果的に有形固定資産が自己資金で調達されていることを意味している。また、プラス幅が大きいほど運用資産の蓄積度が大きいと評価できる。

一方、この比率がマイナスとなる場合、運用資産より総負債が上回っていることを意味しており、財政上の余裕度が少ないことを表すこととなる。

【財務分析上併せて確認が必要な比率】

運用資産余裕比率、負債比率

【度数分布表】

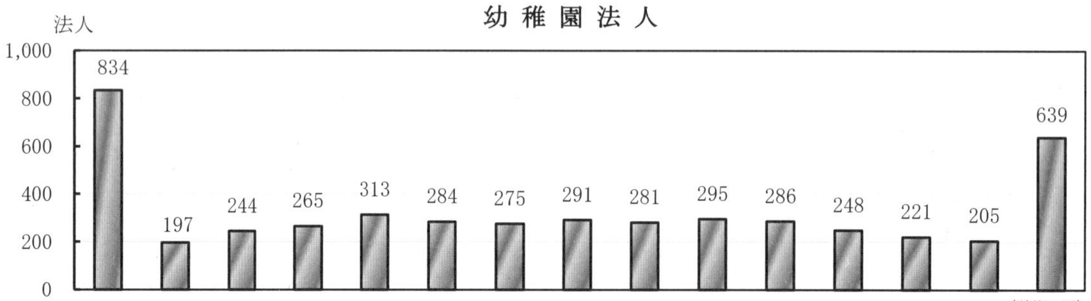

（単位：%）

階級幅 5.0	合計	1	2	3	4	5	6	7	8	9	10	11	12	13	14	15
幼稚園法人	−344.5 ～ 94.9	～ −10.1	−10.0 ～ −5.1	−5.0 ～ −0.1	0.0 ～ 4.9	5.0 ～ 9.9	10.0 ～ 14.9	15.0 ～ 19.9	20.0 ～ 24.9	25.0 ～ 29.9	30.0 ～ 34.9	35.0 ～ 39.9	40.0 ～ 44.9	45.0 ～ 49.9	50.0 ～ 54.9	55.0 ～
度　数	4,878	834	197	244	265	313	284	275	291	281	295	286	248	221	205	639

全体	最大値	94.9	最小値	−344.5	平均値	18.7	中央値	20.3	最頻値	25.9	標準偏差	33.40	変動係数	178.06
上下 2.5%削除後	最大値	75.0	最小値	−50.6	平均値	19.6	中央値	20.3	最頻値	25.9	標準偏差	27.87	変動係数	141.86

（単位：%）

階級幅 5.0	合計	1	2	3	4	5	6	7	8	9	10	11	12	13	14	15
特別支援学校法人	−10.2 ～ 64.8	～ −10.1	−10.0 ～ −5.1	−5.0 ～ −0.1	0.0 ～ 4.9	5.0 ～ 9.9	10.0 ～ 14.9	15.0 ～ 19.9	20.0 ～ 24.9	25.0 ～ 29.9	30.0 ～ 34.9	35.0 ～ 39.9	40.0 ～ 44.9	45.0 ～ 49.9	50.0 ～ 54.9	55.0 ～
度　数	12	1	1	0	0	0	0	1	0	2	2	0	0	1	1	3

全体	最大値	64.8	最小値	−10.2	平均値	34.3	中央値	32.3	最頻値		標準偏差	25.48	変動係数	74.10
上下 2.5%削除後	最大値	64.8	最小値	−10.2	平均値	34.3	中央値	32.3	最頻値		標準偏差	25.48	変動係数	74.10

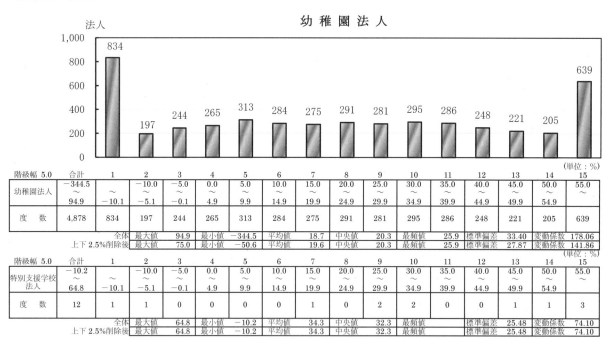

8. 運用資産余裕比率

【計　算　式】

$$\frac{\text{運用資産－外部負債}}{\text{経　常　支　出}}$$

＊運用資産＝特定資産＋有価証券（固定資産）＋有価証券（流動資産）＋現金預金
　外部負債＝借入金＋学校債＋未払金＋手形債務

【比率の解説】

「運用資産（特定資産・有価証券・現金預金の換金可能なもの）」から「外部負債（借入金・学校債・未払金等の外部に返済を迫られるもの）」を差し引いた金額が、事業活動収支計算書上の経常支出の何倍にあたるかを示す比率であり、学校法人の一年間の経常的な支出規模に対してどの程度の運用資産が蓄積されているかを表す指標である。

この比率が 1.0 を超えている場合とは、すなわち一年間の学校法人の経常的な支出を賄えるだけの資金を保有していることを示し、一般的にはこの比率が高いほど運用資産の蓄積が良好であり、経常的な収支が安定しているといえる。

なお、この比率の単位は（年）である。

【財務分析上併せて確認が必要な比率】

特定資産構成比率、経常収支差額比率、内部留保資産比率

【度数分布表】

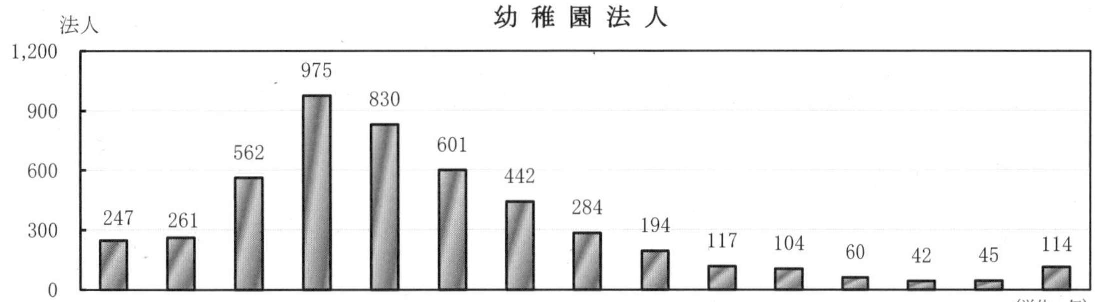

（単位：年）

階級幅 0.5	合計	1	2	3	4	5	6	7	8	9	10	11	12	13	14	15
幼稚園法人	−9.2～19.5	～−1.1	−1.0～−0.6	−0.5～−0.1	0.0～0.4	0.5～0.9	1.0～1.4	1.5～1.9	2.0～2.4	2.5～2.9	3.0～3.4	3.5～3.9	4.0～4.4	4.5～4.9	5.0～5.4	5.5～
度　数	4,878	247	261	562	975	830	601	442	284	194	117	104	60	42	45	114

全体	最大値	19.5	最小値	−9.2	平均値	1.0	中央値	0.6	最頻値	0.3	標準偏差	1.78	変動係数	177.75
上下 2.5%削除後	最大値	5.3	最小値	−1.5	平均値	0.9	中央値	0.6	最頻値	0.3	標準偏差	1.27	変動係数	138.05

（単位：年）

階級幅 0.5	合計	1	2	3	4	5	6	7	8	9	10	11	12	13	14	15
特別支援学校法人	−0.4～4.1	～−1.1	−1.0～−0.6	−0.5～−0.1	0.0～0.4	0.5～0.9	1.0～1.4	1.5～1.9	2.0～2.4	2.5～2.9	3.0～3.4	3.5～3.9	4.0～4.4	4.5～4.9	5.0～5.4	5.5～
度　数	12	0	0	2	0	4	3	1	1	0	0	0	1	0	0	0

全体	最大値	4.1	最小値	−0.4	平均値	1.1	中央値	0.8	最頻値	1.2	標準偏差	1.17	変動係数	104.33
上下 2.5%削除後	最大値	4.1	最小値	−0.4	平均値	1.1	中央値	0.8	最頻値	1.2	標準偏差	1.17	変動係数	104.33

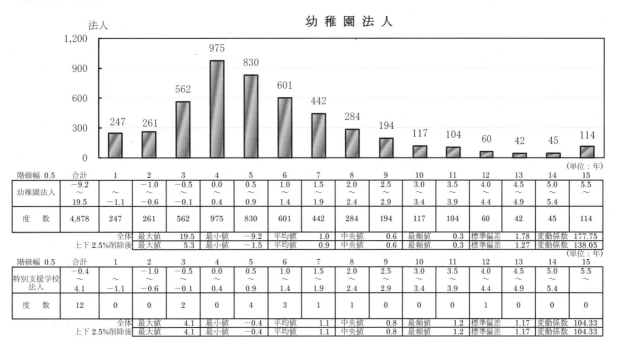

9. 純資産構成比率

【計　算　式】

$$\frac{\text{純　資　産}}{\text{総負債＋純資産}}$$

【比率の解説】

純資産の「総負債及び純資産の合計額」に占める構成割合で、学校法人の資金の調達源泉を分析する上で、最も概括的で重要な指標である。

この比率が高い場合は、自己財源が充実していることを示し、財政的には安定していると評価できる。逆に50%を下回る場合は他人資本が自己資本を上回っていることを示している。

【財務分析上併せて確認が必要な比率】

基本金組入後収支比率、負債比率

【度数分布表】

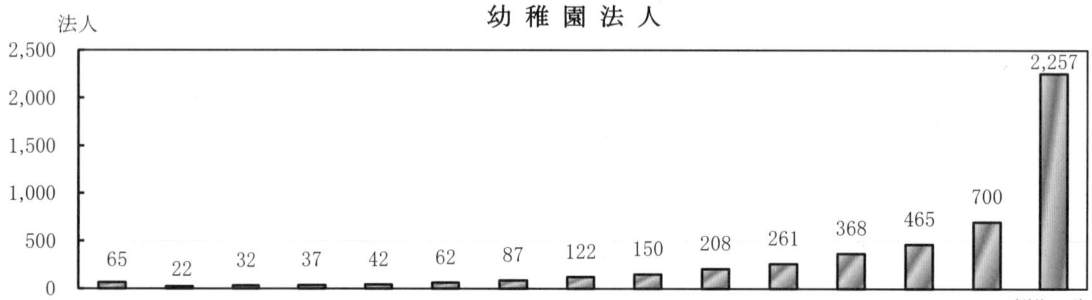

(単位：%)

階級幅 5.0	合計	1	2	3	4	5	6	7	8	9	10	11	12	13	14	15
幼稚園法人	−293.7 ～ 102.7	～ 29.9	30.0 ～ 34.9	35.0 ～ 39.9	40.0 ～ 44.9	45.0 ～ 49.9	50.0 ～ 54.9	55.0 ～ 59.9	60.0 ～ 64.9	65.0 ～ 69.9	70.0 ～ 74.9	75.0 ～ 79.9	80.0 ～ 84.9	85.0 ～ 89.9	90.0 ～ 94.9	95.0 ～
度　数	4,878	65	22	32	37	42	62	87	122	150	208	261	368	465	700	2,257

	最大値		最小値		平均値		中央値		最頻値		標準偏差		変動係数	
全体	最大値	102.7	最小値	−293.7	平均値	86.8	中央値	93.9	最頻値	99.3	標準偏差	19.11	変動係数	22.00
上下2.5%削除後	最大値	99.7	最小値	40.3	平均値	88.4	中央値	93.9	最頻値	99.3	標準偏差	12.84	変動係数	14.51

(単位：%)

階級幅 5.0	合計	1	2	3	4	5	6	7	8	9	10	11	12	13	14	15
特別支援学校法人	71.8 ～ 99.8	～ 29.9	30.0 ～ 34.9	35.0 ～ 39.9	40.0 ～ 44.9	45.0 ～ 49.9	50.0 ～ 54.9	55.0 ～ 59.9	60.0 ～ 64.9	65.0 ～ 69.9	70.0 ～ 74.9	75.0 ～ 79.9	80.0 ～ 84.9	85.0 ～ 89.9	90.0 ～ 94.9	95.0 ～
度　数	12	0	0	0	0	0	0	0	0	0	1	1	0	3	1	6

	最大値		最小値		平均値		中央値		最頻値		標準偏差		変動係数	
全体	最大値	99.8	最小値	71.8	平均値	90.9	中央値	95.0	最頻値		標準偏差	8.83	変動係数	9.71
上下2.5%削除後	最大値	99.8	最小値	71.8	平均値	90.9	中央値	95.0	最頻値		標準偏差	8.83	変動係数	9.71

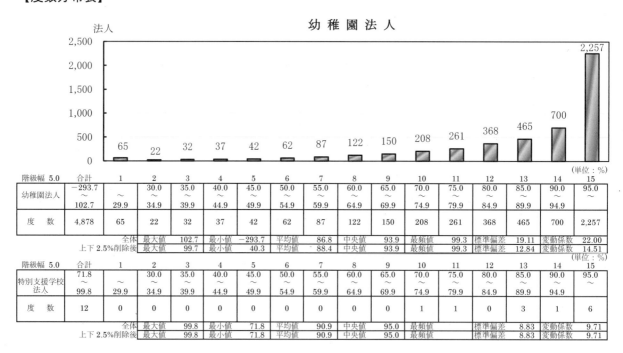

10. 繰越収支差額構成比率

【計　算　式】

$$\frac{\text{繰越収支差額}}{\text{総負債＋純資産}}$$

【比率の解説】

繰越収支差額の「総負債及び純資産の合計額」に占める構成割合である。

繰越収支差額とは、過去の会計年度の事業活動収入超過額又は支出超過額の累計であり、一般的には支出超過（累積赤字）であるよりも収入超過（累積黒字）であることが理想的である。

しかし、単年度の事業活動収支を分析する場合と同様に、事業活動収支差額は各年度の基本金への組入れ状況によって左右される場合もあるため、この比率のみで分析した場合、一面的な評価となるおそれがある。

この比率を用いて評価を行う場合は、基本金の内訳とその構成比率と併せて検討する必要がある。

【財務分析上併せて確認が必要な比率】

基本金組入後収支比率

【度数分布表】

幼稚園法人

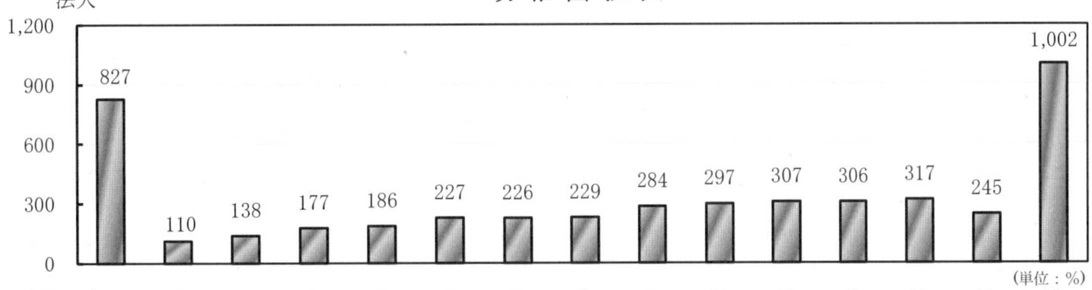

（単位：%）

階級幅 5.0	合計	1	2	3	4	5	6	7	8	9	10	11	12	13	14	15
幼稚園法人	−897.4 ～ 95.8	～ −50.1	−50.0 ～ −45.1	−45.0 ～ −40.1	−40.0 ～ −35.1	−35.0 ～ −30.1	−30.0 ～ −25.1	−25.0 ～ −20.1	−20.0 ～ −15.1	−15.0 ～ −10.1	−10.0 ～ −5.1	−5.0 ～ −0.1	0.0 ～ 4.9	5.0 ～ 9.9	10.0 ～ 14.9	15.0 ～
度　数	4,878	827	110	138	177	186	227	226	229	284	297	307	306	317	245	1,002

全体	最大値	95.8	最小値	−897.4	平均値	−19.0	中央値	−9.4	最頻値	−6.3	標準偏差	54.29	変動係数	−284.32
上下 2.5%削除後	最大値	48.7	最小値	−144.2	平均値	−15.5	中央値	−9.4	最頻値	−6.3	標準偏差	36.45	変動係数	−233.75

（単位：%）

階級幅 5.0	合計	1	2	3	4	5	6	7	8	9	10	11	12	13	14	15
特別支援学校法人	−72.2 ～ 30.4	～ −50.1	−50.0 ～ −45.1	−45.0 ～ −40.1	−40.0 ～ −35.1	−35.0 ～ −30.1	−30.0 ～ −25.1	−25.0 ～ −20.1	−20.0 ～ −15.1	−15.0 ～ −10.1	−10.0 ～ −5.1	−5.0 ～ −0.1	0.0 ～ 4.9	5.0 ～ 9.9	10.0 ～ 14.9	15.0 ～
度　数	12	3	1	0	0	1	0	0	1	0	1	1	0	0	1	3

全体	最大値	30.4	最小値	−72.2	平均値	−17.7	中央値	−13.9	最頻値		標準偏差	36.23	変動係数	−204.62
上下 2.5%削除後	最大値	30.4	最小値	−72.2	平均値	−17.7	中央値	−13.9	最頻値		標準偏差	36.23	変動係数	−204.62

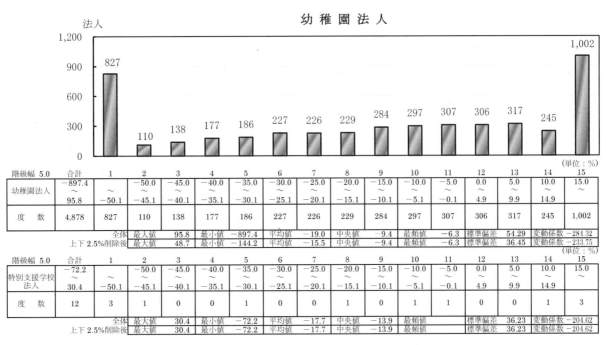

11. 固定比率

【計　算　式】

$$\frac{\text{固定資産}}{\text{純資産}}$$

【比率の解説】

固定資産の純資産に対する割合で、土地・建物・施設等の固定資産に対してどの程度純資産が投下されているか、すなわち資金の調達源泉とその使途とを対比させる比率である。

固定資産は学校法人の教育研究事業にとって必要不可欠であり、永続的にこれを維持・更新していく必要がある。

固定資産に投下した資金の回収は長期間にわたるため、本来投下資金は返済する必要のない自己資金を充てることが望ましい。しかし、実際に大規模設備投資を行う際は外部資金を導入する場合もあるため、この比率が 100%を超えることは少なくない。このような場合、固定長期適合率も利用して判断することが有効である。

なお、固定資産に占める有形固定資産と特定資産の構成比にも留意が必要である。

【財務分析上併せて確認が必要な比率】

有形固定資産構成比率、特定資産構成比率、固定長期適合率

【度数分布表】

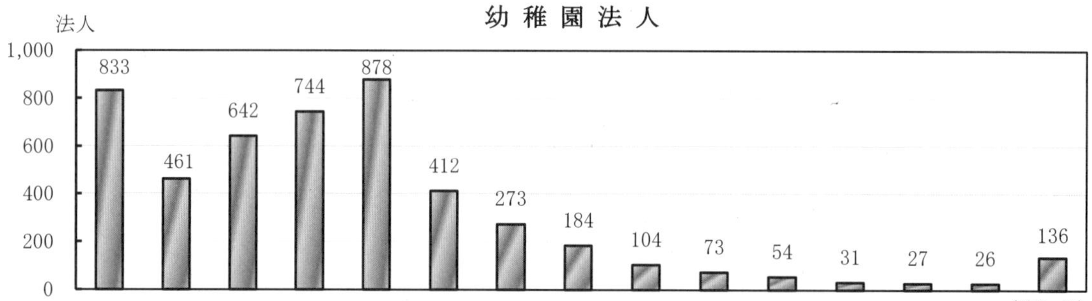

(単位：%)

階級幅 10.0	合計	1	2	3	4	5	6	7	8	9	10	11	12	13	14	15
幼稚園法人	−1,499.7 〜 4,098.6	〜 59.9	60.0 〜 69.9	70.0 〜 79.9	80.0 〜 89.9	90.0 〜 99.9	100.0 〜 109.9	110.0 〜 119.9	120.0 〜 129.9	130.0 〜 139.9	140.0 〜 149.9	150.0 〜 159.9	160.0 〜 169.9	170.0 〜 179.9	180.0 〜 189.9	190.0 〜
度　数	4,878	833	461	642	744	878	412	273	184	104	73	54	31	27	26	136

	区分	最大値		最小値		平均値		中央値		最頻値		標準偏差		変動係数	
	全体	最大値	4,098.6	最小値	−1,499.7	平均値	93.7	中央値	86.9	最頻値	95.9	標準偏差	130.22	変動係数	138.87
	上下 2.5%削除後	最大値	199.2	最小値	31.3	平均値	87.7	中央値	86.9	最頻値	95.9	標準偏差	28.02	変動係数	31.92

(単位：%)

階級幅 10.0	合計	1	2	3	4	5	6	7	8	9	10	11	12	13	14	15
特別支援学校法人	23.1 〜 112.7	〜 59.9	60.0 〜 69.9	70.0 〜 79.9	80.0 〜 89.9	90.0 〜 99.9	100.0 〜 109.9	110.0 〜 119.9	120.0 〜 129.9	130.0 〜 139.9	140.0 〜 149.9	150.0 〜 159.9	160.0 〜 169.9	170.0 〜 179.9	180.0 〜 189.9	190.0 〜
度　数	12	4	0	2	3	1	1	1	0	0	0	0	0	0	0	0

	区分	最大値		最小値		平均値		中央値		最頻値		標準偏差		変動係数	
	全体	最大値	112.7	最小値	23.1	平均値	74.7	中央値	79.8	最頻値		標準偏差	26.39	変動係数	35.31
	上下 2.5%削除後	最大値	112.7	最小値	23.1	平均値	74.7	中央値	79.8	最頻値		標準偏差	26.39	変動係数	35.31

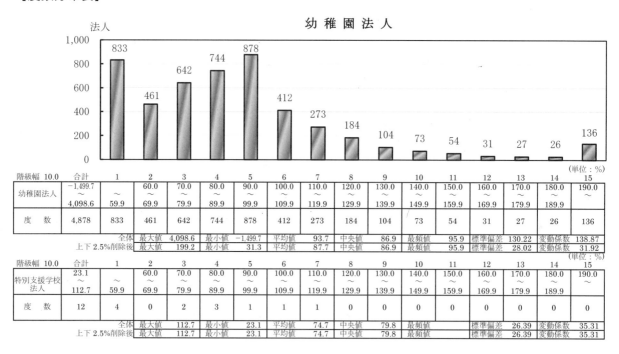

12. 固定長期適合率

【計　算　式】

$$\frac{\text{固　定　資　産}}{\text{純資産＋固定負債}}$$

【比率の解説】

固定資産の、純資産と固定負債の合計値である長期資金に対する割合で、固定比率を補完する役割を担う比率である。

固定資産の取得を行う場合、長期間活用できる安定した資金として、自己資金のほか短期的に返済を迫られない長期借入金でこれを賄うべきであるという原則に対して、どの程度適合しているかを示している。

この比率は100%以下で低いほど理想的とされる。100%を超えた場合、固定資産の調達源泉に短期借入金等の流動負債を導入していると解することができ、財政の安定性に欠け、長期的にみて不安があることを示している。

固定比率が100%以上の法人にあっては、この固定長期適合率を併用するとともに固定資産の内容に注意して分析することが望ましい。

【財務分析上併せて確認が必要な比率】

固定比率、固定負債構成比率、固定資産構成比率

【度数分布表】

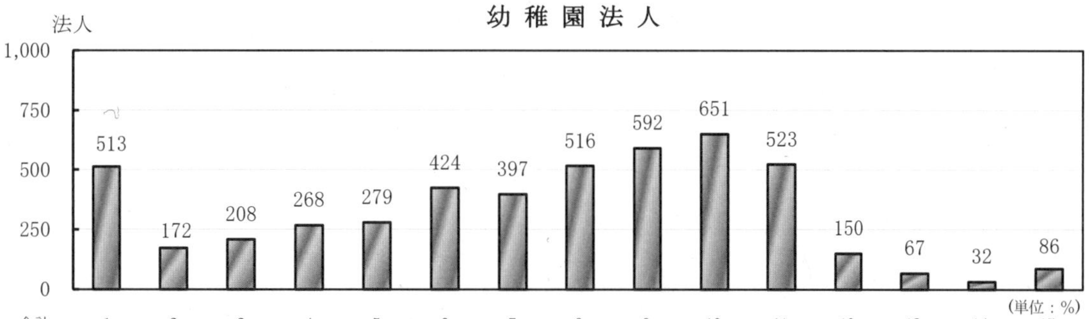

(単位：%)

階級幅 5.0	合計	1	2	3	4	5	6	7	8	9	10	11	12	13	14	15
幼稚園法人	−1,499.7 ～ 3,800.2	～ 49.9	50.0 ～ 54.9	55.0 ～ 59.9	60.0 ～ 64.9	65.0 ～ 69.9	70.0 ～ 74.9	75.0 ～ 79.9	80.0 ～ 84.9	85.0 ～ 89.9	90.0 ～ 94.9	95.0 ～ 99.9	100.0 ～ 104.9	105.0 ～ 109.9	110.0 ～ 114.9	115.0 ～
度　数	4,878	513	172	208	268	279	424	397	516	592	651	523	150	67	32	86

全体	最大値	3,800.2	最小値	−1,499.7	平均値	78.3	中央値	81.5	最頻値	93.5	標準偏差	69.46	変動係数	88.69
上下 2.5%削除後	最大値	109.4	最小値	31.5	平均値	78.1	中央値	81.5	最頻値	93.5	標準偏差	17.14	変動係数	21.94

(単位：%)

階級幅 5.0	合計	1	2	3	4	5	6	7	8	9	10	11	12	13	14	15
特別支援学校法人	22.9 ～ 95.1	～ 49.9	50.0 ～ 54.9	55.0 ～ 59.9	60.0 ～ 64.9	65.0 ～ 69.9	70.0 ～ 74.9	75.0 ～ 79.9	80.0 ～ 84.9	85.0 ～ 89.9	90.0 ～ 94.9	95.0 ～ 99.9	100.0 ～ 104.9	105.0 ～ 109.9	110.0 ～ 114.9	115.0 ～
度　数	12	2	1	1	0	0	2	1	1	2	1	1	0	0	0	0

全体	最大値	95.1	最小値	22.9	平均値	70.0	中央値	75.9	最頻値		標準偏差	22.05	変動係数	31.47
上下 2.5%削除後	最大値	95.1	最小値	22.9	平均値	70.0	中央値	75.9	最頻値		標準偏差	22.05	変動係数	31.47

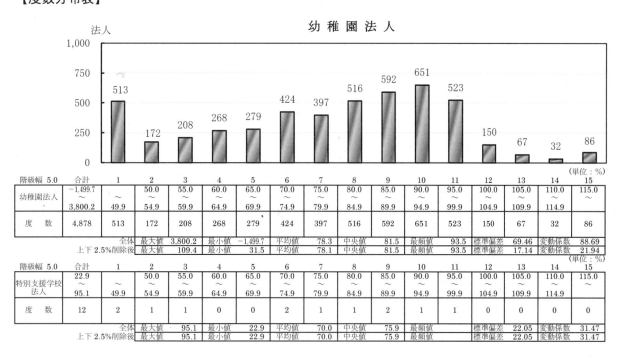

13. 流動比率

【計　算　式】　$\dfrac{\text{流　動　資　産}}{\text{流　動　負　債}}$

【比率の解説】

　流動負債に対する流動資産の割合である。

一年以内に償還又は支払わなければならない流動負債に対して、現金預金又は一年以内に現金化が可能な流動資産がどの程度用意されているかという、学校法人の資金流動性すなわち短期的な支払い能力を判断する重要な指標の一つである。

　一般に金融機関等では、この比率が200%以上であれば優良とみなしている。100%を下回っている場合には、流動負債を固定資産に投下していることが多く、資金繰りに窮していると見られる。

　ただし、学校法人にあっては、流動負債には外部負債とは性格を異にする前受金の比重が大きいことや、流動資産には企業のように多額の「棚卸資産」がなく、ほとんど当座に必要な現金預金であること、さらに、資金運用の点から、長期有価証券へ運用替えしている場合もあり、また、将来に備えて引当特定資産等に資金を留保している場合もあるため、必ずしもこの比率が低くなると資金繰りに窮しているとは限らないので留意されたい。

【財務分析上併せて確認が必要な比率】

流動資産構成比率、流動負債構成比率、特定資産構成比率

【度数分布表】

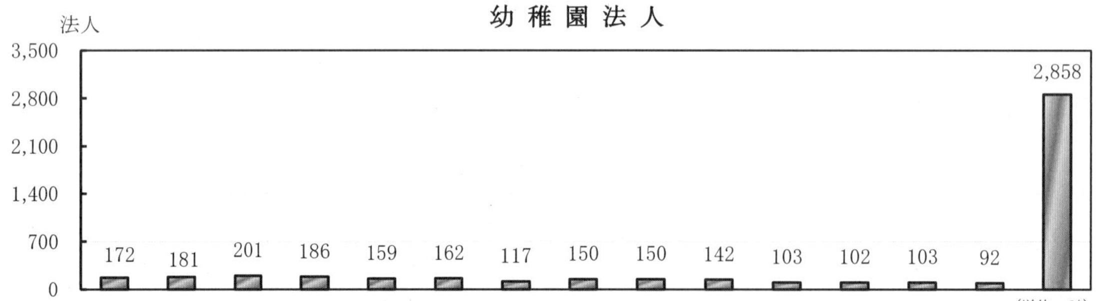

(単位：%)

階級幅 50.0	合計	1	2	3	4	5	6	7	8	9	10	11	12	13	14	15
幼稚園法人	−929.4 ～ 5,611,800.3	～ 49.9	50.0 ～ 99.9	100.0 ～ 149.9	150.0 ～ 199.9	200.0 ～ 249.9	250.0 ～ 299.9	300.0 ～ 349.9	350.0 ～ 399.9	400.0 ～ 449.9	450.0 ～ 499.9	500.0 ～ 549.9	550.0 ～ 599.9	600.0 ～ 649.9	650.0 ～ 699.9	700.0 ～
度　数	4,878	172	181	201	186	159	162	117	150	150	142	103	102	103	92	2,858

	最大値	最小値	平均値	中央値	最頻値	標準偏差	変動係数
全体	5,611,800.3	−929.4	3,825.1	965.4	0.0	80,868.92	2,114.16
上下2.5%削除後	14,835.2	38.9	1,927.5	965.4	140.2	2,488.67	129.11

(単位：%)

階級幅 100.0	合計	1	2	3	4	5	6	7	8	9	10	11	12	13	14	15
特別支援学校法人	214.5 ～ 18,462.9	～ 99.9	100.0 ～ 199.9	200.0 ～ 299.9	300.0 ～ 399.9	400.0 ～ 499.9	500.0 ～ 599.9	600.0 ～ 699.9	700.0 ～ 799.9	800.0 ～ 899.9	900.0 ～ 999.9	1,000.0 ～ 1,099.9	1,100.0 ～ 1,199.9	1,200.0 ～ 1,299.9	1,300.0 ～ 1,399.9	1,400.0 ～
度　数	12	0	0	2	2	0	1	0	0	0	1	0	0	1	0	5

	最大値	最小値	平均値	中央値	最頻値	標準偏差	変動係数
全体	18,462.9	214.5	2,455.5	1,089.8		5,086.13	207.13
上下2.5%削除後	18,462.9	214.5	2,455.5	1,089.8		5,086.13	207.13

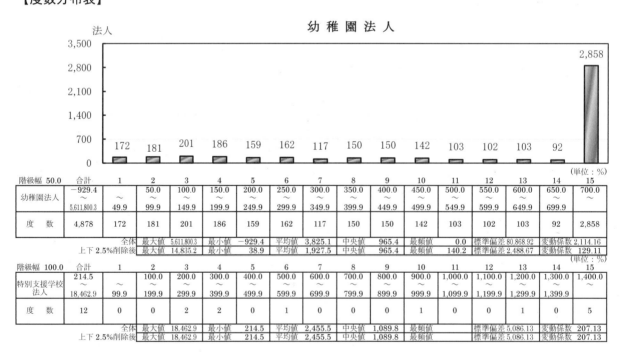

14. 総負債比率

【計　算　式】 $$\frac{\text{総　負　債}}{\text{総　資　産}}$$

【比率の解説】

固定負債と流動負債を合計した負債総額の総資産に対する割合で、総資産に対する他人資本の比重を評価する極めて重要な比率である。

この比率は一般的に低いほど望ましく、50%を超えると負債総額が純資産を上回ることを示し、さらに 100%を超えると負債総額が資産総額を上回る状態、いわゆる債務超過であることを示す。

【財務分析上併せて確認が必要な比率】

純資産構成比率、運用資産余裕比率

【度数分布表】

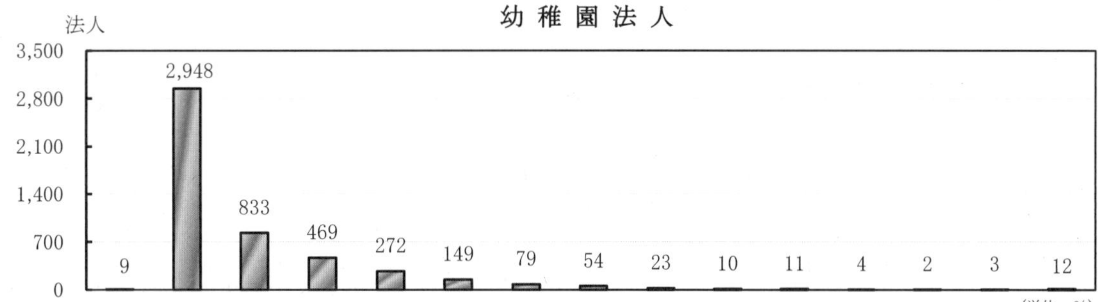

(単位：%)

階級幅 10.0	合計	1	2	3	4	5	6	7	8	9	10	11	12	13	14	15
幼稚園法人	−2.7 ～ 393.7	～ 0.0	0.1 ～ 10.0	10.1 ～ 20.0	20.1 ～ 30.0	30.1 ～ 40.0	40.1 ～ 50.0	50.1 ～ 60.0	60.1 ～ 70.0	70.1 ～ 80.0	80.1 ～ 90.0	90.1 ～ 100.0	100.1 ～ 110.0	110.1 ～ 120.0	120.1 ～ 130.0	130.1 ～
度　数	4,878	9	2,948	833	469	272	149	79	54	23	10	11	4	2	3	12

	最大値		最小値		平均値		中央値		最頻値		標準偏差		変動係数	
全体	最大値	393.7	最小値	−2.7	平均値	13.1	中央値	6.0	最頻値	0.7	標準偏差	19.11	変動係数	145.38
上下 2.5%削除後	最大値	59.7	最小値	0.3	平均値	11.5	中央値	6.0	最頻値	0.7	標準偏差	12.84	変動係数	111.55

(単位：%)

階級幅 10.0	合計	1	2	3	4	5	6	7	8	9	10	11	12	13	14	15
特別支援学校法人	0.2 ～ 28.2	～ 0.0	0.1 ～ 10.0	10.1 ～ 20.0	20.1 ～ 30.0	30.1 ～ 40.0	40.1 ～ 50.0	50.1 ～ 60.0	60.1 ～ 70.0	70.1 ～ 80.0	80.1 ～ 90.0	90.1 ～ 100.0	100.1 ～ 110.0	110.1 ～ 120.0	120.1 ～ 130.0	130.1 ～
度　数	12	0	7	3	2	0	0	0	0	0	0	0	0	0	0	0

	最大値		最小値		平均値		中央値		最頻値		標準偏差		変動係数	
全体	最大値	28.2	最小値	0.2	平均値	9.0	中央値	4.9	最頻値		標準偏差	8.83	変動係数	97.08
上下 2.5%削除後	最大値	28.2	最小値	0.2	平均値	9.0	中央値	4.9	最頻値		標準偏差	8.83	変動係数	97.08

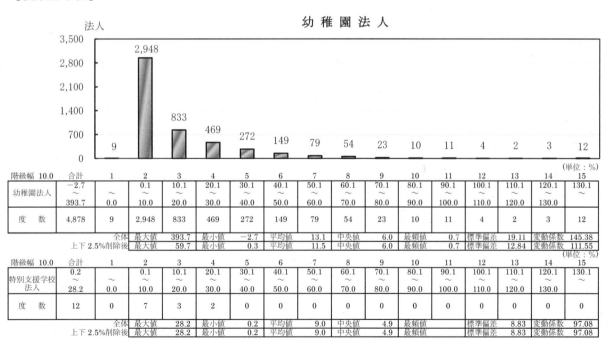

15. 負債比率

【計　算　式】

$$\frac{\text{総　　負　　債}}{\text{純　　資　　産}}$$

【比率の解説】

他人資本と自己資本との割合で、他人資本である総負債が自己資本である純資産を上回っていないかを測る比率であり、100%以下で低い方が望ましい。

この比率は総負債比率、純資産構成比率と相互に関連しているが、これらの比率よりも顕著に差を把握することができる。

【財務分析上併せて確認が必要な比率】

総負債比率、純資産構成比率

【度数分布表】

幼 稚 園 法 人

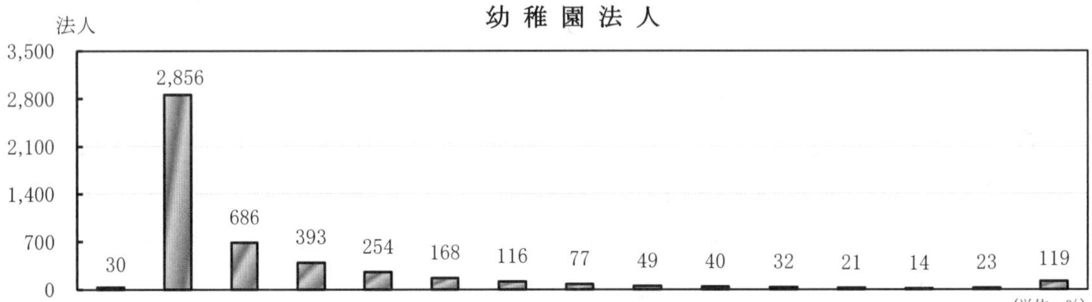

(単位：%)

階級幅 10.0	合計	1	2	3	4	5	6	7	8	9	10	11	12	13	14	15
幼稚園法人	−2,109.2 〜 4,673.4	〜 0.0	0.1 〜 10.0	10.1 〜 20.0	20.1 〜 30.0	30.1 〜 40.0	40.1 〜 50.0	50.1 〜 60.0	60.1 〜 70.0	70.1 〜 80.0	80.1 〜 90.0	90.1 〜 100.0	100.1 〜 110.0	110.1 〜 120.0	120.1 〜 130.0	130.1 〜
度　数	4,878	30	2,856	686	393	254	168	116	77	49	40	32	21	14	23	119

	最大値	最小値	平均値	中央値	最頻値	標準偏差	変動係数
全体	4,673.4	−2,109.2	23.4	6.2	0.7	153.45	653.87
上下 2.5%削除後	128.9	0.3	15.6	6.2	0.7	21.80	139.07

(単位：%)

階級幅 10.0	合計	1	2	3	4	5	6	7	8	9	10	11	12	13	14	15
特別支援学校法人	0.2 〜 39.2	〜 0.0	0.1 〜 10.0	10.1 〜 20.0	20.1 〜 30.0	30.1 〜 40.0	40.1 〜 50.0	50.1 〜 60.0	60.1 〜 70.0	70.1 〜 80.0	80.1 〜 90.0	90.1 〜 100.0	100.1 〜 110.0	110.1 〜 120.0	120.1 〜 130.0	130.1 〜
度　数	12	0	7	3	1	1	0	0	0	0	0	0	0	0	0	0

	最大値	最小値	平均値	中央値	最頻値	標準偏差	変動係数
全体	39.2	0.2	11.0	5.2		11.96	108.04
上下 2.5%削除後	39.2	0.2	11.0	5.2		11.96	108.04

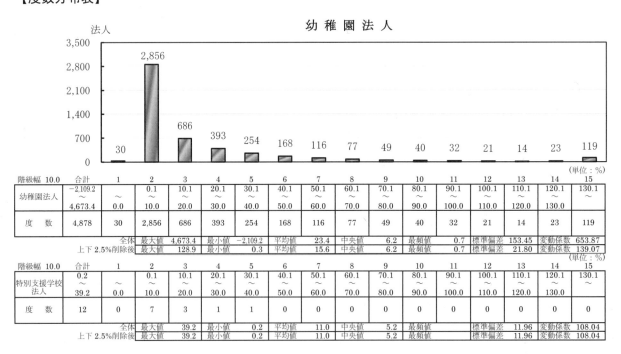

16. 前受金保有率

【計　算　式】

$$\frac{\text{現金預金}}{\text{前受金}}$$

【比率の解説】

前受金と現金預金との割合で、当該年度に収受している翌年度分の授業料や入学金等が、翌年度繰越支払資金である現金預金の形で当該年度末に適切に保有されているかを測る比率であり、100%を超えることが一般的とされている。

この比率が 100%を下回っている場合、主に 2 つの要因が考えられる。1 つには前受金として収受した資金を現金預金以外の形で保有し、短期的な運用を行っている場合であり、この場合は有価証券の状況を確認することで前もって収受している翌年度分の納付金が保有されていることを確認することとなる。

もう 1 つは、翌年度分の納付金として収受した前受金に前年度のうちから手を付けている場合であり、この状況は資金繰りに苦慮している状態を端的に表しているものと見ることができる。

なお、入学前に前受金を収受していない学校ではこの値が高くなる場合があるため、入学前年度における授業料等の納付条件等も確認する必要がある。

【財務分析上併せて確認が必要な比率】

流動負債構成比率

【度数分布表】

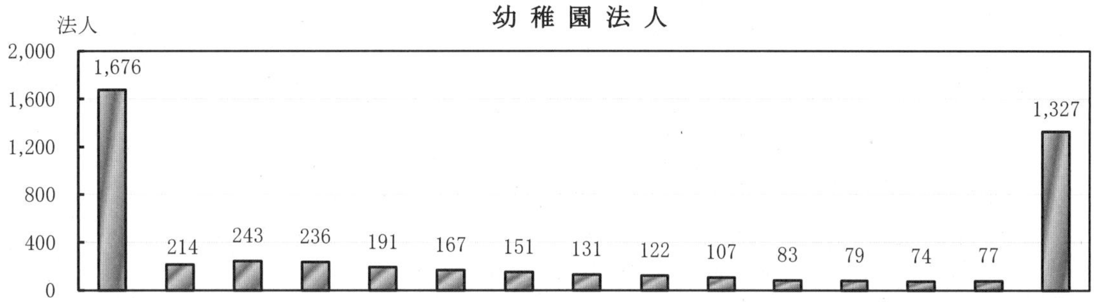

(単位：%)

階級幅 500.0	合計	1	2	3	4	5	6	7	8	9	10	11	12	13	14	15
幼稚園法人	0.0 ～ 11,787,168.3	～ 99.9	100.0 ～ 599.9	600.0 ～ 1,099.9	1,100.0 ～ 1,599.9	1,600.0 ～ 2,099.9	2,100.0 ～ 2,599.9	2,600.0 ～ 3,099.9	3,100.0 ～ 3,599.9	3,600.0 ～ 4,099.9	4,100.0 ～ 4,599.9	4,600.0 ～ 5,099.9	5,100.0 ～ 5,599.9	5,600.0 ～ 6,099.9	6,100.0 ～ 6,599.9	6,600.0 ～
度　数	4,878	1,676	214	243	236	191	167	151	131	122	107	83	79	74	77	1,327

	最大値		最小値		平均値		中央値		最頻値		標準偏差		変動係数	
全体	最大値	11,787,168.3	最小値	0.0	平均値	23,402.9	中央値	1,805.4	最頻値	0.0	標準偏差	248,416.16	変動係数	1,061.47
上下 2.5%削除後	最大値	107,785.5	最小値	0.0	平均値	6,891.5	中央値	1,805.4	最頻値	0.0	標準偏差	13,935.46	変動係数	202.21

(単位：%)

階級幅 500.0	合計	1	2	3	4	5	6	7	8	9	10	11	12	13	14	15
特別支援学校法人	0.0 ～ 404,905.3	～ 99.9	100.0 ～ 599.9	600.0 ～ 1,099.9	1,100.0 ～ 1,599.9	1,600.0 ～ 2,099.9	2,100.0 ～ 2,599.9	2,600.0 ～ 3,099.9	3,100.0 ～ 3,599.9	3,600.0 ～ 4,099.9	4,100.0 ～ 4,599.9	4,600.0 ～ 5,099.9	5,100.0 ～ 5,599.9	5,600.0 ～ 6,099.9	6,100.0 ～ 6,599.9	6,600.0 ～
度　数	12	1	0	0	0	1	0	1	1	1	0	0	0	0	0	7

	最大値		最小値		平均値		中央値		最頻値		標準偏差		変動係数	
全体	最大値	404,905.3	最小値	0.0	平均値	70,527.5	中央値	9,781.6	最頻値		標準偏差	144,716.03	変動係数	205.19
上下 2.5%削除後	最大値	404,905.3	最小値	0.0	平均値	70,527.5	中央値	9,781.6	最頻値		標準偏差	144,716.03	変動係数	205.19

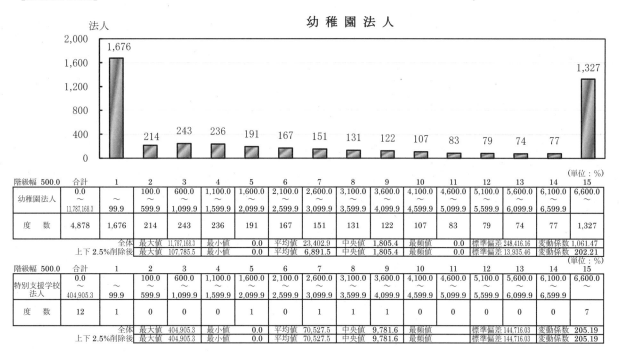

17. 退職給与引当特定資産保有率

【計　算　式】　$\dfrac{\text{退職給与引当特定資産}}{\text{退職給与引当金}}$

【比率の解説】

退職給与引当金と退職給与引当特定資産の充足関係を示す比率で、将来的な支払債務である退職給与引当金に見合う資産を特定資産としてどの程度保有しているかを判断するものであり、一般的には高い方が望ましい。

ただし、学校法人によって退職給与引当率に差異がある場合や、特定資産を形成せず現金預金・有価証券等の形で保有している場合もあり、この比率が低い場合は退職給与引当金の財源をどのように確保しているか、学校法人の状況を念頭に置いて評価する必要がある。

【財務分析上併せて確認が必要な比率】

特定資産構成比率

【度数分布表】

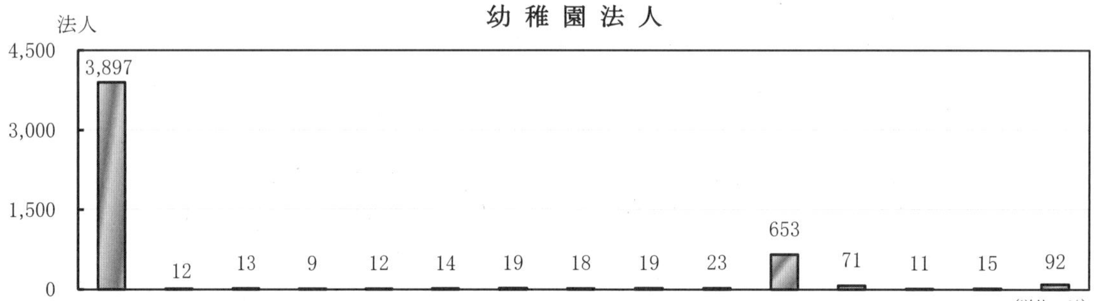

(単位：%)

階級幅 10.0	合計	1	2	3	4	5	6	7	8	9	10	11	12	13	14	15
幼稚園法人	0.0～33,164.7	～0.0	0.1～10.0	10.1～20.0	20.1～30.0	30.1～40.0	40.1～50.0	50.1～60.0	60.1～70.0	70.1～80.0	80.1～90.0	90.1～100.0	100.1～110.0	110.1～120.0	120.1～130.0	130.1～
度　数	4,878	3,897	12	13	9	12	14	19	18	19	23	653	71	11	15	92

全体	最大値	33,164.7	最小値	0.0	平均値	51.8	中央値	0.0	最頻値	0.0	標準偏差	740.79	変動係数	1,429.47
上下 2.5%削除後	最大値	109.6	最小値	0.0	平均値	17.0	中央値	0.0	最頻値	0.0	標準偏差	36.90	変動係数	216.06

(単位：%)

階級幅 10.0	合計	1	2	3	4	5	6	7	8	9	10	11	12	13	14	15
特別支援学校法人	0.0～102.0	～0.0	0.1～10.0	10.1～20.0	20.1～30.0	30.1～40.0	40.1～50.0	50.1～60.0	60.1～70.0	70.1～80.0	80.1～90.0	90.1～100.0	100.1～110.0	110.1～120.0	120.1～130.0	130.1～
度　数	12	9	0	0	0	0	0	0	0	0	0	1	2	0	0	0

全体	最大値	102.0	最小値	0.0	平均値	25.2	中央値	0.0	最頻値	0.0	標準偏差	45.69	変動係数	180.91
上下 2.5%削除後	最大値	102.0	最小値	0.0	平均値	25.2	中央値	0.0	最頻値	0.0	標準偏差	45.69	変動係数	180.91

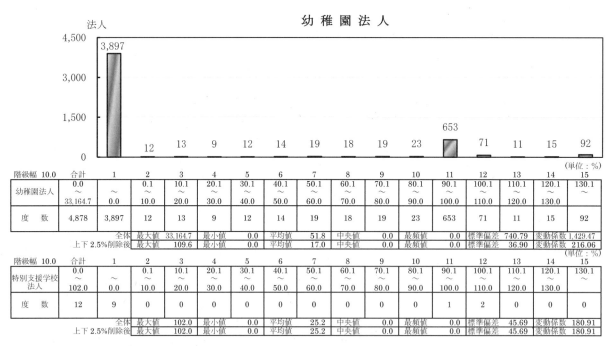

■令和３年度事業活動収支計算書関係比率

1. 人件費比率

【計 算 式】 $\dfrac{\text{人　件　費}}{\text{経 常 収 入}}$

【比率の解説】

人件費の経常収入に占める割合を示す。

人件費は学校における最大の支出要素であることから、この比率が適正水準を超えると経常収支の悪化に繋がる要因ともなる。

教職員１人当たり人件費や園児等に対する教職員数等の教育研究条件等にも配慮しながら、各学校の実態に適った水準を維持する必要がある。

【財務分析上併せて確認が必要な比率】

人件費依存率、教育研究（管理）経費比率、学生生徒等納付金比率

【度数分布表】

幼 稚 園 法 人

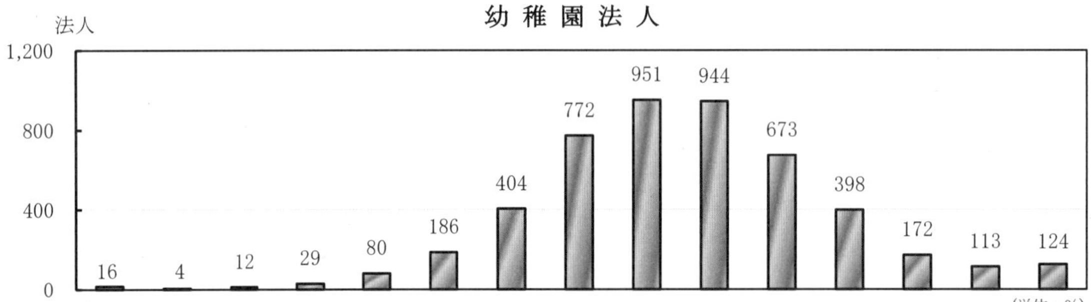

(単位：%)

階級幅 5.0	合計	1	2	3	4	5	6	7	8	9	10	11	12	13	14	15
幼稚園法人	0.0 〜 2,798.8	〜 24.9	25.0 〜 29.9	30.0 〜 34.9	35.0 〜 39.9	40.0 〜 44.9	45.0 〜 49.9	50.0 〜 54.9	55.0 〜 59.9	60.0 〜 64.9	65.0 〜 69.9	70.0 〜 74.9	75.0 〜 79.9	80.0 〜 84.9	85.0 〜 89.9	90.0 〜
度　数	4,878	16	4	12	29	80	186	404	772	951	944	673	398	172	113	124

全体	最大値	2,798.8	最小値	0.0	平均値	66.0	中央値	64.8	最頻値	67.2	標準偏差	42.70	変動係数	64.62
上下 2.5%削除後	最大値	90.1	最小値	44.2	平均値	65.2	中央値	64.8	最頻値	64.3	標準偏差	9.14	変動係数	14.02

(単位：%)

階級幅 5.0	合計	1	2	3	4	5	6	7	8	9	10	11	12	13	14	15
特別支援学校法人	48.5 〜 89.1	〜 24.9	25.0 〜 29.9	30.0 〜 34.9	35.0 〜 39.9	40.0 〜 44.9	45.0 〜 49.9	50.0 〜 54.9	55.0 〜 59.9	60.0 〜 64.9	65.0 〜 69.9	70.0 〜 74.9	75.0 〜 79.9	80.0 〜 84.9	85.0 〜 89.9	90.0 〜
度　数	12	0	0	0	0	0	1	1	0	1	0	3	3	2	1	0

全体	最大値	89.1	最小値	48.5	平均値	72.5	中央値	75.5	最頻値		標準偏差	11.91	変動係数	16.41
上下 2.5%削除後	最大値	89.1	最小値	48.5	平均値	72.5	中央値	75.5	最頻値		標準偏差	11.91	変動係数	16.41

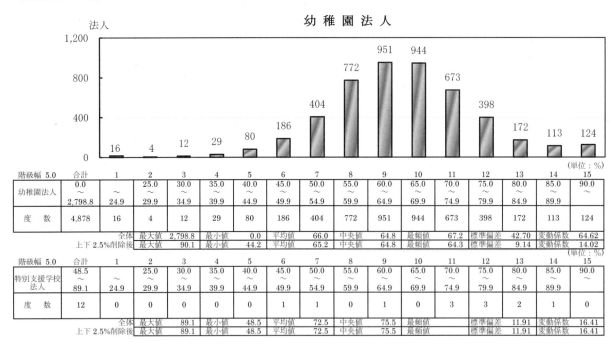

幼 稚 園 部 門

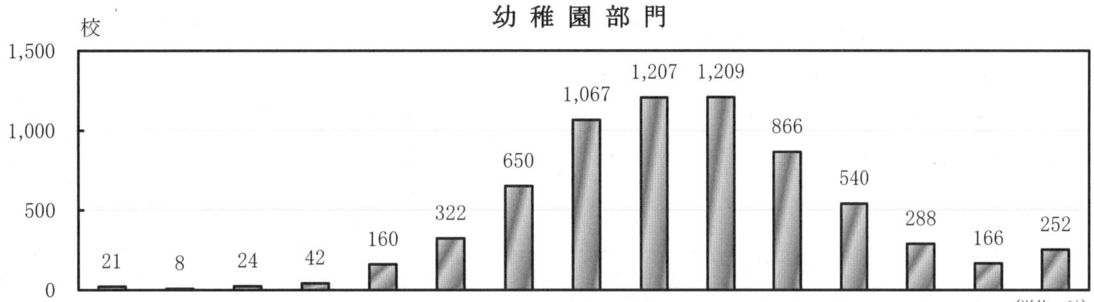

(単位：%)

階級幅 5.0	合計	1	2	3	4	5	6	7	8	9	10	11	12	13	14	15
幼稚園部門	0.0 ～ 2,798.8	～ 24.9	25.0 ～ 29.9	30.0 ～ 34.9	35.0 ～ 39.9	40.0 ～ 44.9	45.0 ～ 49.9	50.0 ～ 54.9	55.0 ～ 59.9	60.0 ～ 64.9	65.0 ～ 69.9	70.0 ～ 74.9	75.0 ～ 79.9	80.0 ～ 84.9	85.0 ～ 89.9	90.0 ～
度　数	6,822	21	8	24	42	160	322	650	1,067	1,207	1,209	866	540	288	166	252

	最大値		最小値		平均値		中央値		最頻値		標準偏差		変動係数	
全体	最大値	2,798.8	最小値	0.0	平均値	66.1	中央値	64.6	最頻値	63.0	標準偏差	40.64	変動係数	61.39
上下 2.5%削除後	最大値	94.9	最小値	42.7	平均値	65.0	中央値	64.6	最頻値	63.0	標準偏差	10.17	変動係数	15.63

(単位：%)

階級幅 5.0	合計	1	2	3	4	5	6	7	8	9	10	11	12	13	14	15
特別支援学校部門	48.5 ～ 149.9	～ 24.9	25.0 ～ 29.9	30.0 ～ 34.9	35.0 ～ 39.9	40.0 ～ 44.9	45.0 ～ 49.9	50.0 ～ 54.9	55.0 ～ 59.9	60.0 ～ 64.9	65.0 ～ 69.9	70.0 ～ 74.9	75.0 ～ 79.9	80.0 ～ 84.9	85.0 ～ 89.9	90.0 ～
度　数	15	0	0	0	0	0	1	1	1	0	1	3	2	2	2	2

全体	最大値	149.9	最小値	48.5	平均値	78.6	中央値	76.7	最頻値		標準偏差	23.43	変動係数	29.77
上下 2.5%削除後	最大値	149.9	最小値	48.5	平均値	78.6	中央値	76.7	最頻値		標準偏差	23.43	変動係数	29.77

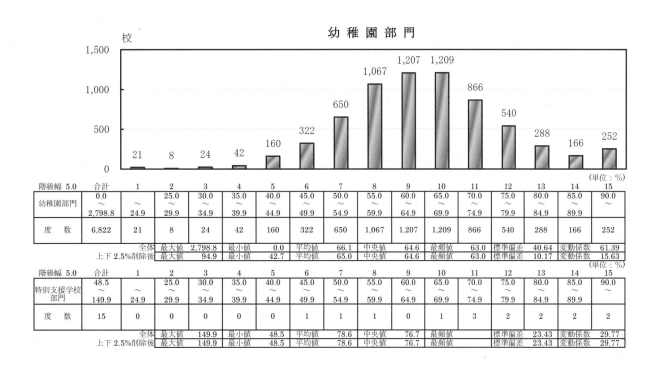

2. 人件費依存率

【計　算　式】　$\dfrac{\text{人件費}}{\text{学生生徒等納付金}}$

【比率の解説】

人件費の学生生徒等納付金に占める割合である。

この比率は人件費比率及び学生生徒等納付金比率の状況にも影響される。一般的に人件費は学生生徒等納付金で賄える範囲内に収まっている（比率が 100%を超えない）ことが理想的である。ただし、特に幼稚園法人や幼稚園部門においては、幼児教育の無償化等により補助金が増加し納付金の軽減が図られている傾向にあり、必ずしもこの範囲に収まらない構造となっている。そのため、分母に経常費等補助金を加えて評価することも有用である。

【財務分析上併せて確認が必要な比率】

人件費比率、学生生徒等納付金比率、教育研究（管理）経費比率

【度数分布表】

幼 稚 園 法 人

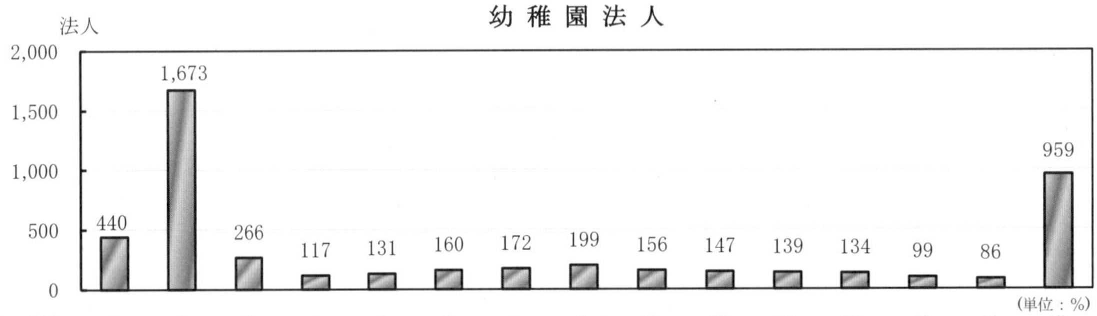

（単位：%）

階級幅 100.0	合計	1	2	3	4	5	6	7	8	9	10	11	12	13	14	15
幼稚園法人	0.0 ～ 363,556.9	～ 99.9	100.0 ～ 199.9	200.0 ～ 299.9	300.0 ～ 399.9	400.0 ～ 499.9	500.0 ～ 599.9	600.0 ～ 699.9	700.0 ～ 799.9	800.0 ～ 899.9	900.0 ～ 999.9	1,000.0 ～ 1,099.9	1,100.0 ～ 1,199.9	1,200.0 ～ 1,299.9	1,300.0 ～ 1,399.9	1,400.0 ～
度　数	4,878	440	1,673	266	117	131	160	172	199	156	147	139	134	99	86	959

	最大値	最小値	平均値	中央値	最頻値	標準偏差	変動係数
全体	363,556.9	0.0	1,427.1	355.2	0.0	7,533.80	527.89
上下 2.5%削除後	7,222.9	70.6	821.4	355.2	104.6	1,089.77	132.67

（単位：%）

階級幅 100.0	合計	1	2	3	4	5	6	7	8	9	10	11	12	13	14	15
特別支援学校法人	555.8 ～ 11,087.2	～ 99.9	100.0 ～ 199.9	200.0 ～ 299.9	300.0 ～ 399.9	400.0 ～ 499.9	500.0 ～ 599.9	600.0 ～ 699.9	700.0 ～ 799.9	800.0 ～ 899.9	900.0 ～ 999.9	1,000.0 ～ 1,099.9	1,100.0 ～ 1,199.9	1,200.0 ～ 1,299.9	1,300.0 ～ 1,399.9	1,400.0 ～
度　数	12	0	0	0	0	0	1	1	3	1	1	0	1	0	0	4

	最大値	最小値	平均値	中央値	最頻値	標準偏差	変動係数
全体	11,087.2	555.8	1,937.7	866.9		2,936.19	151.53
上下 2.5%削除後	11,087.2	555.8	1,937.7	866.9		2,936.19	151.53

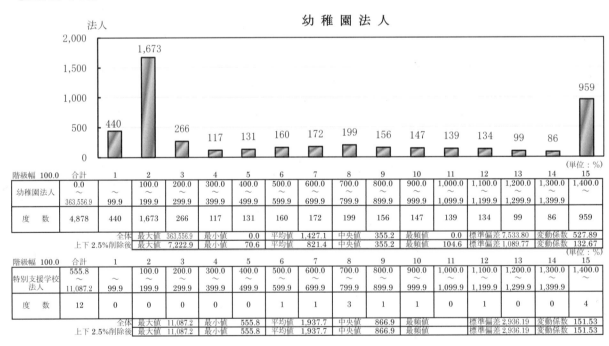

幼稚園部門

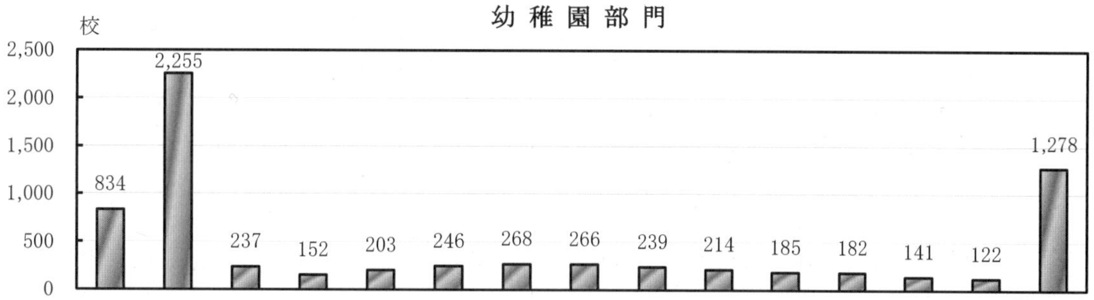

（単位：%）

階級幅 100.0	合計	1	2	3	4	5	6	7	8	9	10	11	12	13	14	15
幼稚園部門	0.0 ～ 363,556.9	～ 99.9	100.0 ～ 199.9	200.0 ～ 299.9	300.0 ～ 399.9	400.0 ～ 499.9	500.0 ～ 599.9	600.0 ～ 699.9	700.0 ～ 799.9	800.0 ～ 899.9	900.0 ～ 999.9	1,000.0 ～ 1,099.9	1,100.0 ～ 1,199.9	1,200.0 ～ 1,299.9	1,300.0 ～ 1,399.9	1,400.0 ～
度　数	6,822	834	2,255	237	152	203	246	268	266	239	214	185	182	141	122	1,278

全体	最大値	363,556.9	最小値	0.0	平均値	1,405.2	中央値	358.3	最頻値	0.0	標準偏差 7,582.29	変動係数	539.59
上下 2.5%削除後	最大値	7,090.4	最小値	0.0	平均値	800.7	中央値	358.3	最頻値	0.0	標準偏差 1,071.85	変動係数	133.85

（単位：%）

階級幅 100.0	合計	1	2	3	4	5	6	7	8	9	10	11	12	13	14	15
特別支援学校部門	476.5 ～ 11,087.2	～ 99.9	100.0 ～ 199.9	200.0 ～ 299.9	300.0 ～ 399.9	400.0 ～ 499.9	500.0 ～ 599.9	600.0 ～ 699.9	700.0 ～ 799.9	800.0 ～ 899.9	900.0 ～ 999.9	1,000.0 ～ 1,099.9	1,100.0 ～ 1,199.9	1,200.0 ～ 1,299.9	1,300.0 ～ 1,399.9	1,400.0 ～
度　数	15	0	0	0	0	1	1	2	3	1	1	0	1	1	0	4

全体	最大値	11,087.2	最小値	476.5	平均値	1,711.1	中央値	843.1	最頻値		標準偏差 2,649.05	変動係数	154.81
上下 2.5%削除後	最大値	11,087.2	最小値	476.5	平均値	1,711.1	中央値	843.1	最頻値		標準偏差 2,649.05	変動係数	154.81

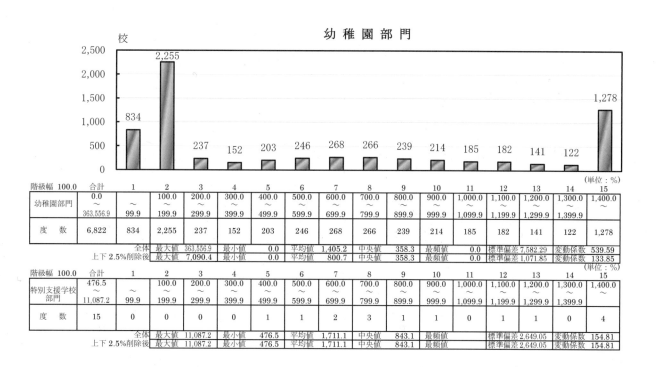

3. 教育研究（管理）経費比率

【計　算　式】

$$\frac{\text{教育研究(管理)経費}}{\text{経　常　収　入}}$$

【比率の解説】

教育研究（管理）経費の経常収入に占める割合である。

教育研究（管理）経費には修繕費、光熱水費、消耗品費、委託費、旅費交通費、印刷製本費等の各種支出に加え、教育研究用固定資産にかかる減価償却額が含まれている。

これらの経費は教育研究活動の維持・充実のため不可欠なものであり、この比率も収支均衡を失しない範囲内で高くなることが望ましい。

なお、教育研究経費と管理経費との区分をしている場合は、「教育研究経費比率」と「管理経費比率」それぞれで分析する必要もある。

【財務分析上併せて確認が必要な比率】

減価償却額比率、経常収支差額比率、教育活動収支差額比率

【度数分布表】

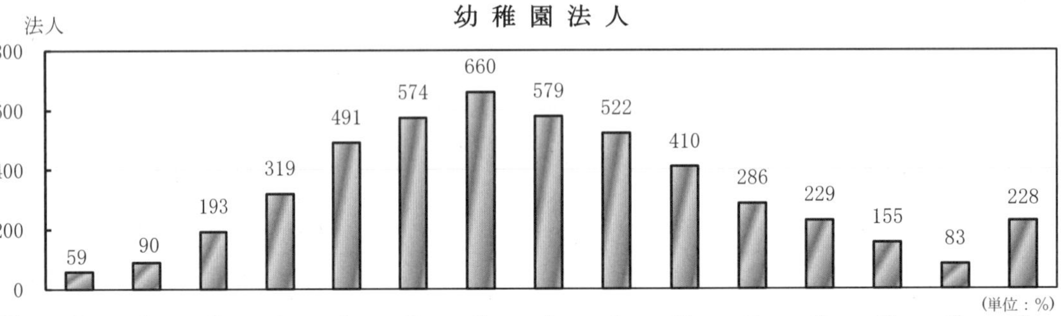

(単位：%)

階級幅 2.5	合計	1	2	3	4	5	6	7	8	9	10	11	12	13	14	15
幼稚園法人	0.0 ～ 60,603.0	～ 14.9	15.0 ～ 17.4	17.5 ～ 19.9	20.0 ～ 22.4	22.5 ～ 24.9	25.0 ～ 27.4	27.5 ～ 29.9	30.0 ～ 32.4	32.5 ～ 34.9	35.0 ～ 37.4	37.5 ～ 39.9	40.0 ～ 42.4	42.5 ～ 44.9	45.0 ～ 47.4	47.5 ～
度　数	4,878	59	90	193	319	491	574	660	579	522	410	286	229	155	83	228

全体	最大値	60,603.0	最小値	0.0	平均値	45.3	中央値	30.1	最頻値	29.6	標準偏差	874.72	変動係数	1,928.63
上下 2.5%削除後	最大値	51.4	最小値	16.9	平均値	30.9	中央値	30.1	最頻値	29.6	標準偏差	7.22	変動係数	23.35

(単位：%)

階級幅 2.5	合計	1	2	3	4	5	6	7	8	9	10	11	12	13	14	15
特別支援学校法人	16.5 ～ 37.8	～ 14.9	15.0 ～ 17.4	17.5 ～ 19.9	20.0 ～ 22.4	22.5 ～ 24.9	25.0 ～ 27.4	27.5 ～ 29.9	30.0 ～ 32.4	32.5 ～ 34.9	35.0 ～ 37.4	37.5 ～ 39.9	40.0 ～ 42.4	42.5 ～ 44.9	45.0 ～ 47.4	47.5 ～
度　数	12	0	3	0	1	2	0	2	1	0	2	1	0	0	0	0

全体	最大値	37.8	最小値	16.5	平均値	26.7	中央値	26.6	最頻値		標準偏差	7.82	変動係数	29.18
上下 2.5%削除後	最大値	37.8	最小値	16.5	平均値	26.7	中央値	26.6	最頻値		標準偏差	7.82	変動係数	29.18

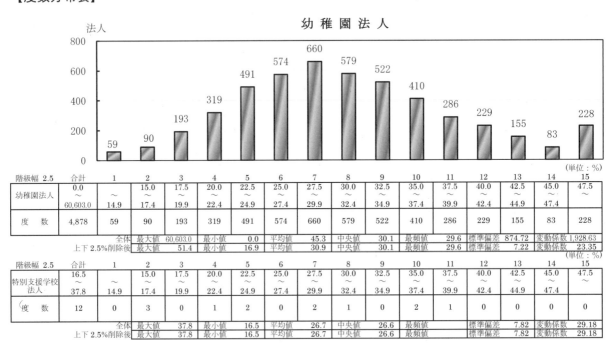

幼稚園部門

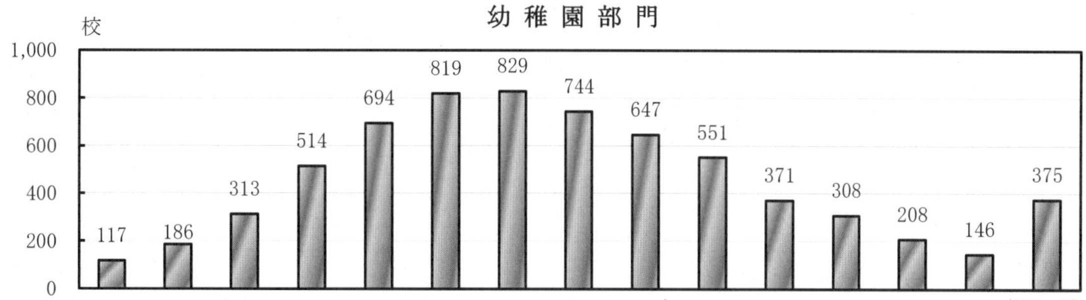

(単位：%)

階級幅 2.5	合計	1	2	3	4	5	6	7	8	9	10	11	12	13	14	15
幼稚園部門	0.0 ～ 60,603.0	～ 14.9	15.0 ～ 17.4	17.5 ～ 19.9	20.0 ～ 22.4	22.5 ～ 24.9	25.0 ～ 27.4	27.5 ～ 29.9	30.0 ～ 32.4	32.5 ～ 34.9	35.0 ～ 37.4	37.5 ～ 39.9	40.0 ～ 42.4	42.5 ～ 44.9	45.0 ～ 47.4	47.5 ～
度　数	6,822	117	186	313	514	694	819	829	744	647	551	371	308	208	146	375

全体	最大値	60,603.0	最小値	0.0	平均値	41.3	中央値	29.7	最頻値	27.1	標準偏差	739.72	変動係数 1,789.54
上下 2.5%削除後	最大値	53.5	最小値	16.0	平均値	30.6	中央値	29.7	最頻値	27.1	標準偏差	7.83	変動係数 25.53

(単位：%)

階級幅 2.5	合計	1	2	3	4	5	6	7	8	9	10	11	12	13	14	15
特別支援学校部門	16.5 ～ 210.5	～ 14.9	15.0 ～ 17.4	17.5 ～ 19.9	20.0 ～ 22.4	22.5 ～ 24.9	25.0 ～ 27.4	27.5 ～ 29.9	30.0 ～ 32.4	32.5 ～ 34.9	35.0 ～ 37.4	37.5 ～ 39.9	40.0 ～ 42.4	42.5 ～ 44.9	45.0 ～ 47.4	47.5 ～
度　数	15	0	3	0	2	2	0	2	1	0	1	1	1	0	0	2

全体	最大値	210.5	最小値	16.5	平均値	40.5	中央値	28.9	最頻値		標準偏差	48.05	変動係数 118.41
上下 2.5%削除後	最大値	210.5	最小値	16.5	平均値	40.5	中央値	28.9	最頻値		標準偏差	48.05	変動係数 118.41

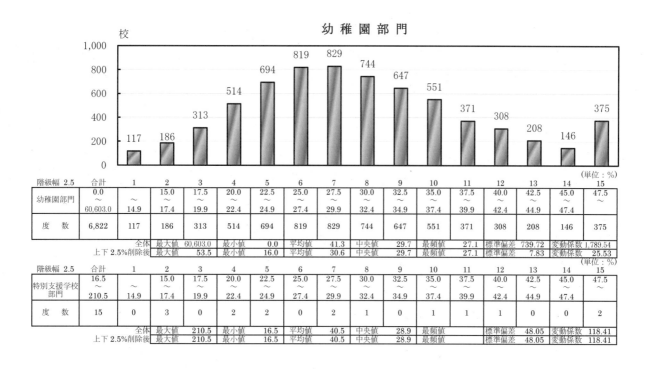

4. 借入金等利息比率

【計　算　式】 $\dfrac{\text{借入金等利息}}{\text{経常収入}}$

【比率の解説】

借入金等利息の経常収入に占める割合である。

この比率は、学校法人の借入金等の額及び借入条件等によって影響を受け、貸借対照表の負債状態が事業活動収支計算書にも反映しているため、学校法人の財務を分析する上で重要な財務比率の一つである。

借入金等利息は外部から調達する有利子負債がなければ発生しないものであるため、この比率は低い方が望ましいとされる。

【財務分析上併せて確認が必要な比率】

総負債比率、固定負債構成比率、流動負債構成比率

【度数分布表】

幼 稚 園 法 人

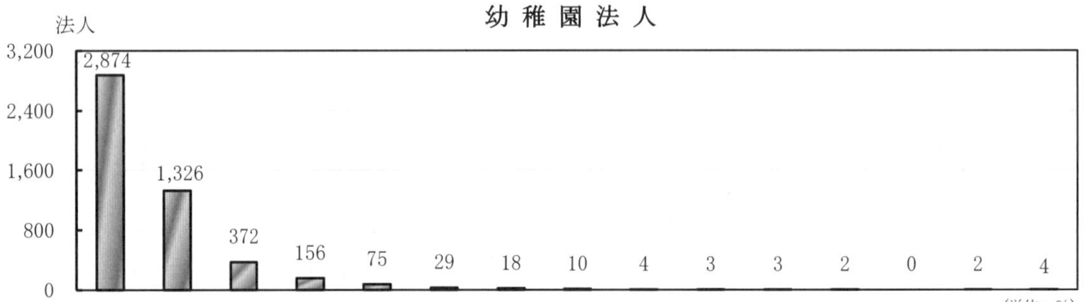

(単位：%)

階級幅 0.5	合計	1	2	3	4	5	6	7	8	9	10	11	12	13	14	15
幼稚園法人	0.0 ～ 1,008.6	～ 0.0	0.1 ～ 0.5	0.6 ～ 1.0	1.1 ～ 1.5	1.6 ～ 2.0	2.1 ～ 2.5	2.6 ～ 3.0	3.1 ～ 3.5	3.6 ～ 4.0	4.1 ～ 4.5	4.6 ～ 5.0	5.1 ～ 5.5	5.6 ～ 6.0	6.1 ～ 6.5	6.6 ～
度　数	4,878	2,874	1,326	372	156	75	29	18	10	4	3	3	2	0	2	4

	最大値		最小値		平均値		中央値		最頻値		標準偏差		変動係数	
全体	最大値	1,008.6	最小値	0.0	平均値	0.4	中央値	0.0	最頻値	0.0	標準偏差	14.51	変動係数	3,102.50
上下 2.5%削除後	最大値	1.7	最小値	0.0	平均値	0.1	中央値	0.0	最頻値	0.0	標準偏差	0.33	変動係数	177.33

(単位：%)

階級幅 0.5	合計	1	2	3	4	5	6	7	8	9	10	11	12	13	14	15
特別支援学校法人	0.0 ～ 0.7	～ 0.0	0.1 ～ 0.5	0.6 ～ 1.0	1.1 ～ 1.5	1.6 ～ 2.0	2.1 ～ 2.5	2.6 ～ 3.0	3.1 ～ 3.5	3.6 ～ 4.0	4.1 ～ 4.5	4.6 ～ 5.0	5.1 ～ 5.5	5.6 ～ 6.0	6.1 ～ 6.5	6.6 ～
度　数	12	10	1	1	0	0	0	0	0	0	0	0	0	0	0	0

全体	最大値	0.7	最小値	0.0	平均値	0.0	中央値	0.0	最頻値	0.0	標準偏差	0.21	変動係数	273.55
上下 2.5%削除後	最大値	0.7	最小値	0.0	平均値	0.0	中央値	0.0	最頻値	0.0	標準偏差	0.21	変動係数	273.55

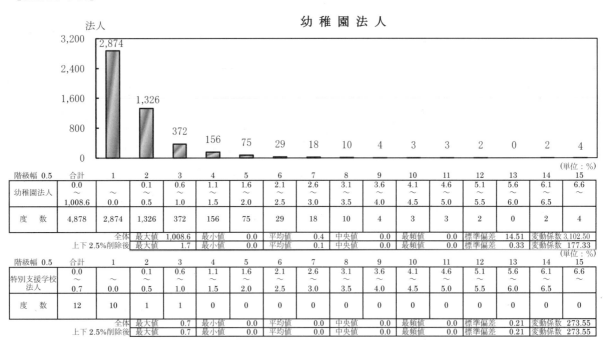

幼稚園部門

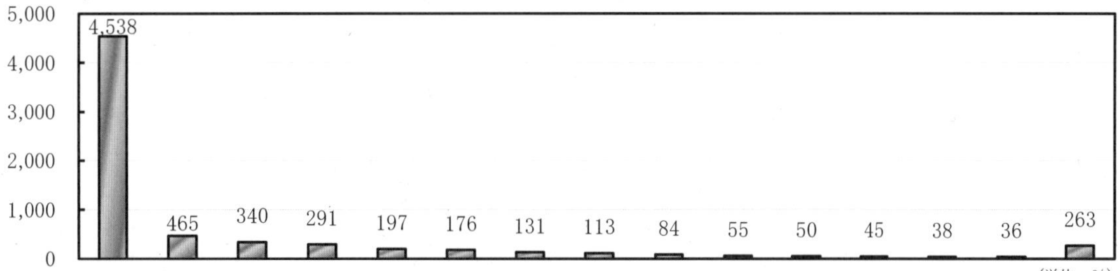

(単位：%)

階級幅 0.1	合計	1	2	3	4	5	6	7	8	9	10	11	12	13	14	15
幼稚園部門	0.0 ～ 1,008.6	～ 0.0	0.1 ～ 0.1	0.2 ～ 0.2	0.3 ～ 0.3	0.4 ～ 0.4	0.5 ～ 0.5	0.6 ～ 0.6	0.7 ～ 0.7	0.8 ～ 0.8	0.9 ～ 0.9	1.0 ～ 1.0	1.1 ～ 1.1	1.2 ～ 1.2	1.3 ～ 1.3	1.4 ～
度　数	6,822	4,538	465	340	291	197	176	131	113	84	55	50	45	38	36	263

全体	最大値	1,008.6	最小値	0.0	平均値	0.3	中央値	0.0	最頻値	0.0	標準偏差	12.27	変動係数	3,306.57
上下 2.5%削除後	最大値	1.6	最小値	0.0	平均値	0.1	中央値	0.0	最頻値	0.0	標準偏差	0.30	変動係数	201.38

(単位：%)

階級幅 0.1	合計	1	2	3	4	5	6	7	8	9	10	11	12	13	14	15
特別支援学校部門	0.0 ～ 1.9	～ 0.0	0.1 ～ 0.1	0.2 ～ 0.2	0.3 ～ 0.3	0.4 ～ 0.4	0.5 ～ 0.5	0.6 ～ 0.6	0.7 ～ 0.7	0.8 ～ 0.8	0.9 ～ 0.9	1.0 ～ 1.0	1.1 ～ 1.1	1.2 ～ 1.2	1.3 ～ 1.3	1.4 ～
度　数	15	12	0	1	0	0	0	0	1	0	0	0	0	0	0	1

全体	最大値	1.9	最小値	0.0	平均値	0.1	中央値	0.0	最頻値	0.0	標準偏差	0.51	変動係数	270.87
上下 2.5%削除後	最大値	1.9	最小値	0.0	平均値	0.1	中央値	0.0	最頻値	0.0	標準偏差	0.51	変動係数	270.87

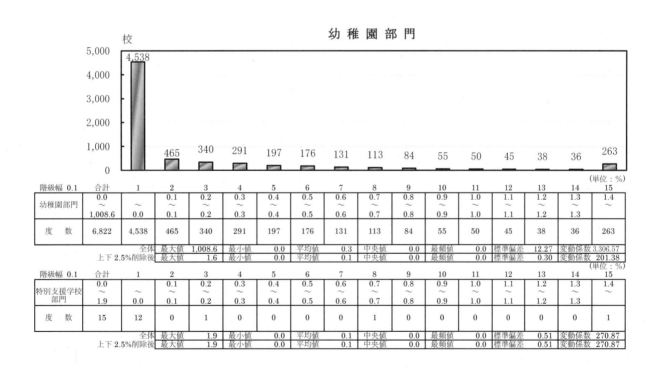

5. 事業活動収支差額比率

【計　算　式】

$$\frac{\text{基本金組入前当年度収支差額}}{\text{事業活動収入}}$$

【比率の解説】

事業活動収入に対する基本金組入前当年度収支差額が占める割合であり、この比率がプラスで大きいほど自己資金が充実し、財政面での将来的な余裕につながるものである。

このプラスの範囲内で基本金組入額が収まっていれば当年度の収支差額は収入超過となり、逆にプラス分を超えた場合は支出超過となる。

この比率がマイナスになる場合は、当年度の事業活動収入で事業活動支出を賄うことができないことを示し、基本金組入前の段階で既に事業活動支出超過の状況にある。

マイナスとなった要因が臨時的なものによる場合は別として、一般的にマイナス幅が大きくなるほど経営が圧迫され、将来的には資金繰りに支障をきたす可能性が否めない。

【財務分析上併せて確認が必要な比率】

基本金組入後収支比率、減価償却額比率

【度数分布表】

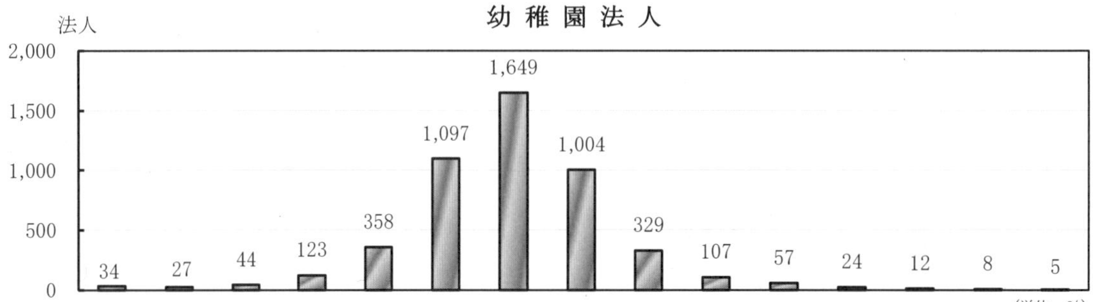

(単位：%)

階級幅 10.0	合計	1	2	3	4	5	6	7	8	9	10	11	12	13	14	15
幼稚園法人	−62,455.0 ～ 100.0	～ −50.1	−50.0 ～ −40.1	−40.0 ～ −30.1	−30.0 ～ −20.1	−20.0 ～ −10.1	−10.0 ～ −0.1	0.0 ～ 9.9	10.0 ～ 19.9	20.0 ～ 29.9	30.0 ～ 39.9	40.0 ～ 49.9	50.0 ～ 59.9	60.0 ～ 69.9	70.0 ～ 79.9	80.0 ～
度　数	4,878	34	27	44	123	358	1,097	1,649	1,004	329	107	57	24	12	8	5

全体	最大値	100.0	最小値	−62,455.0	平均値	−10.8	中央値	4.4	最頻値	2.9	標準偏差	909.15	変動係数	−8,439.50
上下 2.5%削除後	最大値	38.4	最小値	−28.1	平均値	4.5	中央値	4.4	最頻値	2.9	標準偏差	11.58	変動係数	257.95

(単位：%)

階級幅 10.0	合計	1	2	3	4	5	6	7	8	9	10	11	12	13	14	15
特別支援学校法人	−16.0 ～ 33.8	～ −50.1	−50.0 ～ −40.1	−40.0 ～ −30.1	−30.0 ～ −20.1	−20.0 ～ −10.1	−10.0 ～ −0.1	0.0 ～ 9.9	10.0 ～ 19.9	20.0 ～ 29.9	30.0 ～ 39.9	40.0 ～ 49.9	50.0 ～ 59.9	60.0 ～ 69.9	70.0 ～ 79.9	80.0 ～
度　数	12	0	0	0	0	1	4	4	1	1	1	0	0	0	0	0

全体	最大値	33.8	最小値	−16.0	平均値	4.4	中央値	1.2	最頻値		標準偏差	13.88	変動係数	320.07
上下 2.5%削除後	最大値	33.8	最小値	−16.0	平均値	4.4	中央値	1.2	最頻値		標準偏差	13.88	変動係数	320.07

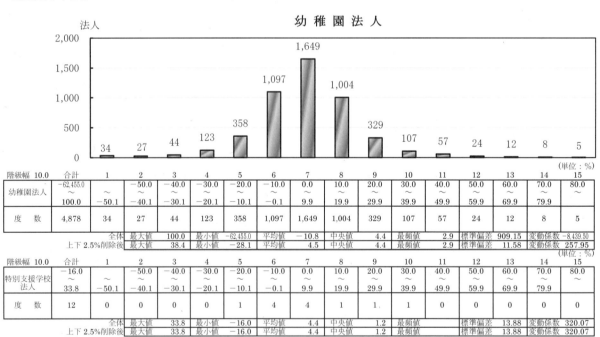

幼稚園部門

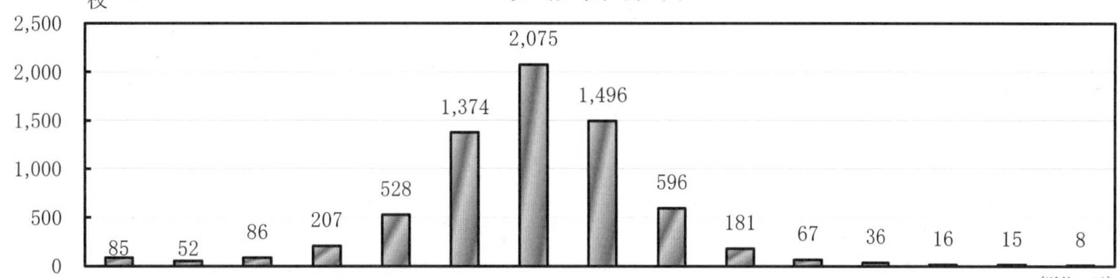

(単位：%)

階級幅 10.0	合計	1	2	3	4	5	6	7	8	9	10	11	12	13	14	15
幼稚園部門	−62,455.0 ～ 100.0	～ −50.1	−50.0 ～ −40.1	−40.0 ～ −30.1	−30.0 ～ −20.1	−20.0 ～ −10.1	−10.0 ～ −0.1	0.0 ～ 9.9	10.0 ～ 19.9	20.0 ～ 29.9	30.0 ～ 39.9	40.0 ～ 49.9	50.0 ～ 59.9	60.0 ～ 69.9	70.0 ～ 79.9	80.0 ～
度　数	6,822	85	52	86	207	528	1,374	2,075	1,496	596	181	67	36	16	15	8

全体	最大値	100.0	最小値	−62,455.0	平均値	−6.9	中央値	5.2	最頻値	5.0	標準偏差	769.16	変動係数	−11,196.93
上下 2.5%削除後	最大値	37.7	最小値	−35.1	平均値	4.8	中央値	5.2	最頻値	5.0	標準偏差	12.90	変動係数	272.39

(単位：%)

階級幅 10.0	合計	1	2	3	4	5	6	7	8	9	10	11	12	13	14	15
特別支援学校部門	−247.6 ～ 33.8	～ −50.1	−50.0 ～ −40.1	−40.0 ～ −30.1	−30.0 ～ −20.1	−20.0 ～ −10.1	−10.0 ～ −0.1	0.0 ～ 9.9	10.0 ～ 19.9	20.0 ～ 29.9	30.0 ～ 39.9	40.0 ～ 49.9	50.0 ～ 59.9	60.0 ～ 69.9	70.0 ～ 79.9	80.0 ～
度　数	15	1	1	0	0	0	5	5	1	1	1	0	0	0	0	0

全体	最大値	33.8	最小値	−247.6	平均値	−15.4	中央値	1.0	最頻値		標準偏差	66.48	変動係数	−432.43
上下 2.5%削除後	最大値	33.8	最小値	−247.6	平均値	−15.4	中央値	1.0	最頻値		標準偏差	66.48	変動係数	−432.43

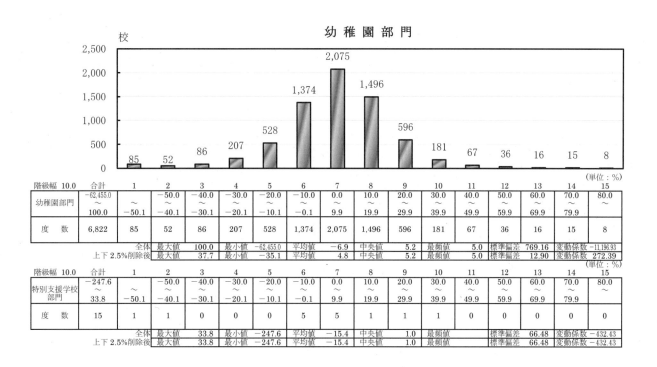

6. 基本金組入後収支比率

【計 算 式】

$$\frac{\text{事業活動支出}}{\text{事業活動収入}-\text{基本金組入額}}$$

【比率の解説】

事業活動収入から基本金組入額を控除した額に対する事業活動支出が占める割合を示す比率である。

一般的には、基本金組入後において収支が均衡する100%前後が望ましいと考えられるが、臨時的な固定資産の取得等による基本金組入れが著しく大きい年度において一時的に急上昇する場合もある。

この比率の評価に際しては、この比率が基本金組入額に大きく影響されるため、基本金組入計画や当該年度の基本金の組入状況及びその内容を考慮する必要がある。

【財務分析上併せて確認が必要な比率】

事業活動収支差額比率、基本金組入率

【度数分布表】

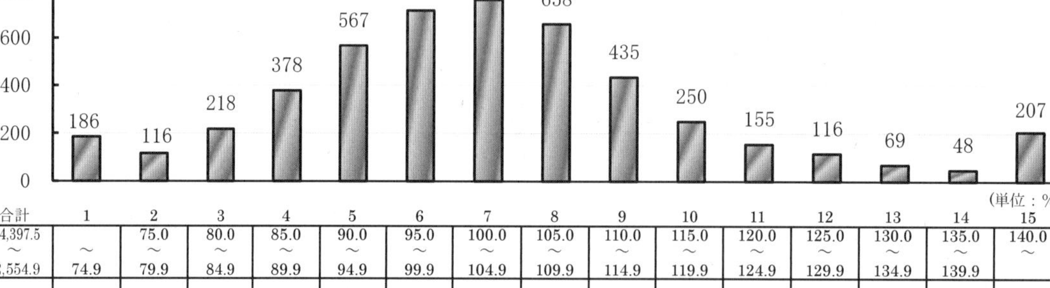

(単位：%)

階級幅 5.0	合計	1	2	3	4	5	6	7	8	9	10	11	12	13	14	15
幼稚園法人	−4,397.5 ～ 62,554.9	～ 74.9	75.0 ～ 79.9	80.0 ～ 84.9	85.0 ～ 89.9	90.0 ～ 94.9	95.0 ～ 99.9	100.0 ～ 104.9	105.0 ～ 109.9	110.0 ～ 114.9	115.0 ～ 119.9	120.0 ～ 124.9	125.0 ～ 129.9	130.0 ～ 134.9	135.0 ～ 139.9	140.0 ～
度　数	4,878	186	116	218	378	567	715	760	658	435	250	155	116	69	48	207

	最大値		最小値		平均値		中央値		最頻値		標準偏差		変動係数	
全体	最大値	62,554.9	最小値	−4,397.5	平均値	119.6	中央値	101.4	最頻値	106.0	標準偏差	924.20	変動係数	772.72
上下 2.5%削除後	最大値	160.4	最小値	68.9	平均値	102.6	中央値	101.4	最頻値	106.0	標準偏差	14.14	変動係数	13.77

(単位：%)

階級幅 5.0	合計	1	2	3	4	5	6	7	8	9	10	11	12	13	14	15
特別支援学校法人	71.9 ～ 134.3	～ 74.9	75.0 ～ 79.9	80.0 ～ 84.9	85.0 ～ 89.9	90.0 ～ 94.9	95.0 ～ 99.9	100.0 ～ 104.9	105.0 ～ 109.9	110.0 ～ 114.9	115.0 ～ 119.9	120.0 ～ 124.9	125.0 ～ 129.9	130.0 ～ 134.9	135.0 ～ 139.9	140.0 ～
度　数	12	1	1	0	0	0	2	1	4	0	1	1	0	1	0	0

	最大値		最小値		平均値		中央値		最頻値		標準偏差		変動係数	
全体	最大値	134.3	最小値	71.9	平均値	104.4	中央値	107.1	最頻値		標準偏差	16.99	変動係数	16.27
上下 2.5%削除後	最大値	134.3	最小値	71.9	平均値	104.4	中央値	107.1	最頻値		標準偏差	16.99	変動係数	16.27

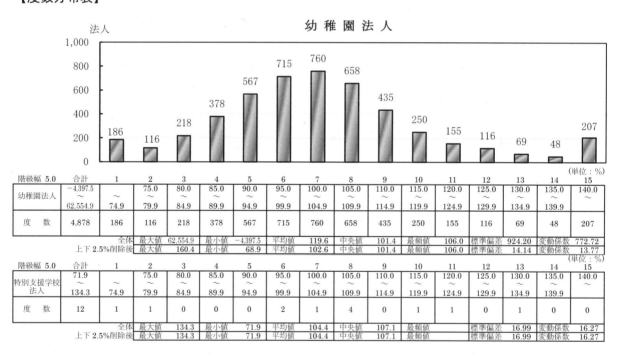

幼稚園部門

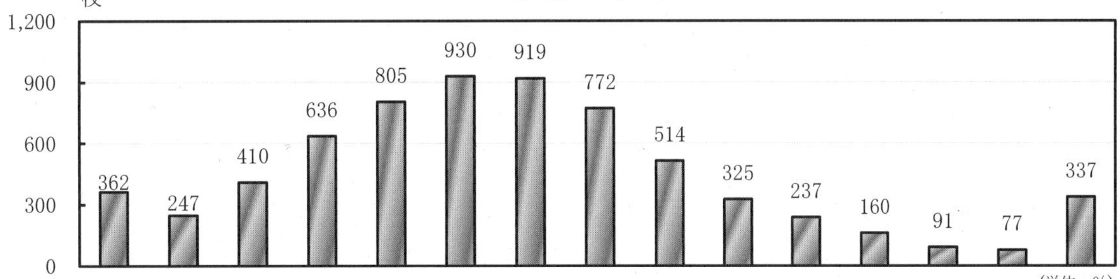

(単位：%)

階級幅 5.0	合計	1	2	3	4	5	6	7	8	9	10	11	12	13	14	15
幼稚園部門	−4,284.3 ～ 337,839.3	～ 74.9	75.0 ～ 79.9	80.0 ～ 84.9	85.0 ～ 89.9	90.0 ～ 94.9	95.0 ～ 99.9	100.0 ～ 104.9	105.0 ～ 109.9	110.0 ～ 114.9	115.0 ～ 119.9	120.0 ～ 124.9	125.0 ～ 129.9	130.0 ～ 134.9	135.0 ～ 139.9	140.0 ～
度　数	6,822	362	247	410	636	805	930	919	772	514	325	237	160	91	77	337

全体	最大値	337,839.3	最小値	−4,284.3	平均値	166.2	中央値	100.0	最頻値	94.8	標準偏差	4,163.70	変動係数	2,504.78
上下 2.5%削除後	最大値	163.6	最小値	65.0	平均値	101.3	中央値	100.0	最頻値	94.8	標準偏差	15.88	変動係数	15.66

(単位：%)

階級幅 5.0	合計	1	2	3	4	5	6	7	8	9	10	11	12	13	14	15
特別支援学校部門	71.9 ～ 429.4	～ 74.9	75.0 ～ 79.9	80.0 ～ 84.9	85.0 ～ 89.9	90.0 ～ 94.9	95.0 ～ 99.9	100.0 ～ 104.9	105.0 ～ 109.9	110.0 ～ 114.9	115.0 ～ 119.9	120.0 ～ 124.9	125.0 ～ 129.9	130.0 ～ 134.9	135.0 ～ 139.9	140.0 ～
度　数	15	1	1	0	0	0	3	0	5	1	0	1	0	1	0	2

全体	最大値	429.4	最小値	71.9	平均値	144.8	中央値	107.0	最頻値		標準偏差	110.26	変動係数	76.14
上下 2.5%削除後	最大値	429.4	最小値	71.9	平均値	144.8	中央値	107.0	最頻値		標準偏差	110.26	変動係数	76.14

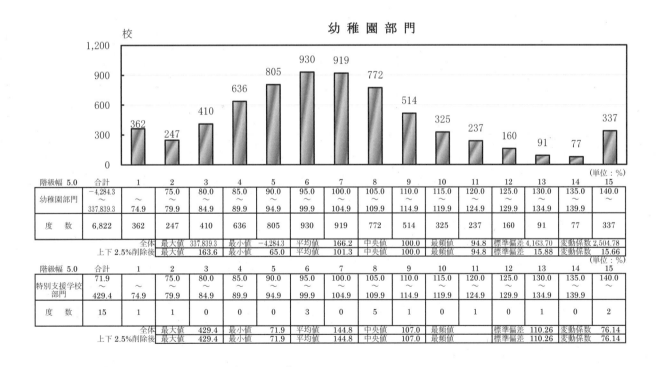

7. 学生生徒等納付金比率

【計　算　式】　$\dfrac{\text{学生生徒等納付金}}{\text{経　常　収　入}}$

【比率の解説】

学生生徒等納付金の経常収入に占める割合である。

学生生徒等納付金は、園児等の増減並びに納付金の水準の高低の影響を受けるが、学校法人の事業活動収入のなかで最大の割合を占めており、補助金や寄付金と比べて外部要因に影響されることの少ない重要な自己財源であることから、この比率が安定的に推移することが望ましい。

この比率の評価に際しては、同時に学生生徒等納付金の内訳や園児等１人当たりの納付金額、奨学費の支出状況も確認することが重要である。

【財務分析上併せて確認が必要な比率】

事業活動収支差額比率、経常収支差額比率、教育活動収支差額比率、経常補助金比率

【度数分布表】

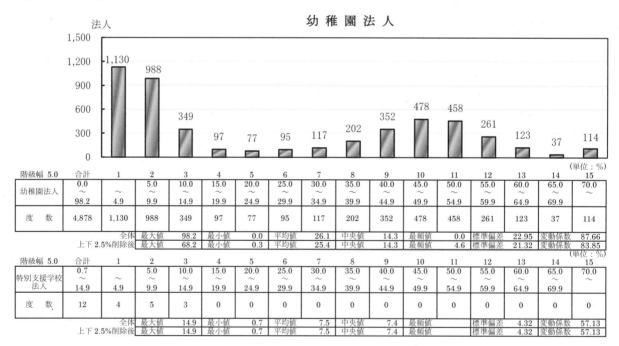

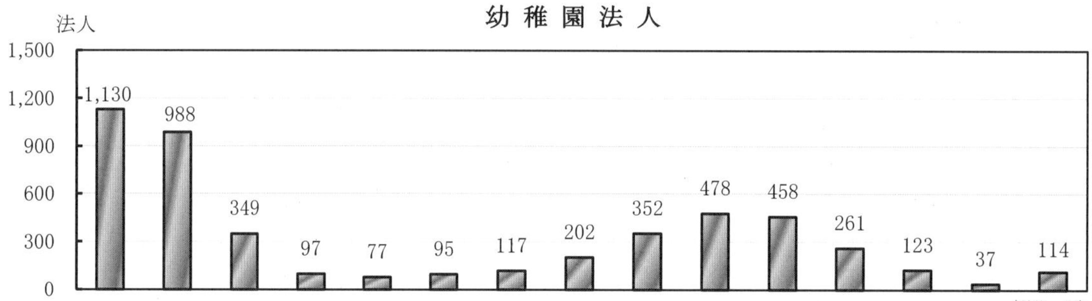

(単位：%)

階級幅 5.0	合計	1	2	3	4	5	6	7	8	9	10	11	12	13	14	15
幼稚園法人	0.0 ～ 98.2	～ 4.9	5.0 ～ 9.9	10.0 ～ 14.9	15.0 ～ 19.9	20.0 ～ 24.9	25.0 ～ 29.9	30.0 ～ 34.9	35.0 ～ 39.9	40.0 ～ 44.9	45.0 ～ 49.9	50.0 ～ 54.9	55.0 ～ 59.9	60.0 ～ 64.9	65.0 ～ 69.9	70.0 ～
度　数	4,878	1,130	988	349	97	77	95	117	202	352	478	458	261	123	37	114

全体	最大値	98.2	最小値	0.0	平均値	26.1	中央値	14.3	最頻値	0.0	標準偏差	22.95	変動係数	87.66
上下 2.5%削除後	最大値	68.2	最小値	0.3	平均値	25.4	中央値	14.3	最頻値	4.6	標準偏差	21.32	変動係数	83.85

(単位：%)

階級幅 5.0	合計	1	2	3	4	5	6	7	8	9	10	11	12	13	14	15
特別支援学校法人	0.7 ～ 14.9	～ 4.9	5.0 ～ 9.9	10.0 ～ 14.9	15.0 ～ 19.9	20.0 ～ 24.9	25.0 ～ 29.9	30.0 ～ 34.9	35.0 ～ 39.9	40.0 ～ 44.9	45.0 ～ 49.9	50.0 ～ 54.9	55.0 ～ 59.9	60.0 ～ 64.9	65.0 ～ 69.9	70.0 ～
度　数	12	4	5	3	0	0	0	0	0	0	0	0	0	0	0	0

全体	最大値	14.9	最小値	0.7	平均値	7.5	中央値	7.4	最頻値		標準偏差	4.32	変動係数	57.13
上下 2.5%削除後	最大値	14.9	最小値	0.7	平均値	7.5	中央値	7.4	最頻値		標準偏差	4.32	変動係数	57.13

幼稚園部門

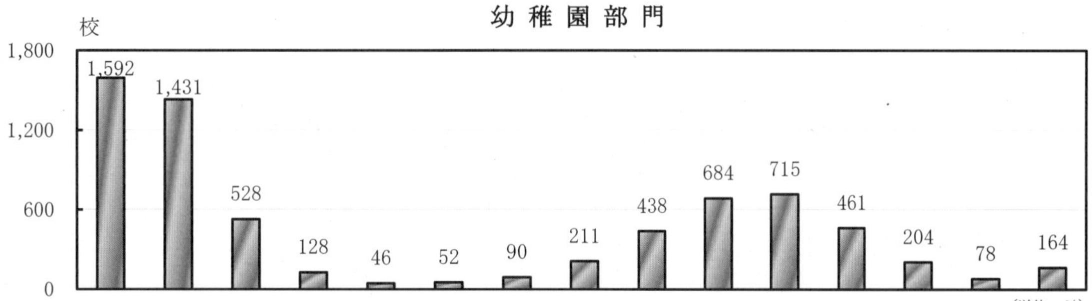

(単位：%)

階級幅 5.0	合計	1	2	3	4	5	6	7	8	9	10	11	12	13	14	15
幼稚園部門	0.0 ～ 98.3	～ 4.9	5.0 ～ 9.9	10.0 ～ 14.9	15.0 ～ 19.9	20.0 ～ 24.9	25.0 ～ 29.9	30.0 ～ 34.9	35.0 ～ 39.9	40.0 ～ 44.9	45.0 ～ 49.9	50.0 ～ 54.9	55.0 ～ 59.9	60.0 ～ 64.9	65.0 ～ 69.9	70.0 ～
度　数	6,822	1,592	1,431	528	128	46	52	90	211	438	684	715	461	204	78	164

全体	最大値	98.3	最小値	0.0	平均値	26.7	中央値	12.7	最頻値	0.0	標準偏差	23.79	変動係数	89.01
上下 2.5%削除後	最大値	69.1	最小値	0.0	平均値	25.9	中央値	12.7	最頻値	3.2	標準偏差	22.25	変動係数	85.64

(単位：%)

階級幅 5.0	合計	1	2	3	4	5	6	7	8	9	10	11	12	13	14	15
特別支援学校部門	0.7 ～ 17.8	～ 4.9	5.0 ～ 9.9	10.0 ～ 14.9	15.0 ～ 19.9	20.0 ～ 24.9	25.0 ～ 29.9	30.0 ～ 34.9	35.0 ～ 39.9	40.0 ～ 44.9	45.0 ～ 49.9	50.0 ～ 54.9	55.0 ～ 59.9	60.0 ～ 64.9	65.0 ～ 69.9	70.0 ～
度　数	15	4	5	5	1	0	0	0	0	0	0	0	0	0	0	0

全体	最大値	17.8	最小値	0.7	平均値	8.8	中央値	7.8	最頻値		標準偏差	4.98	変動係数	56.45
上下 2.5%削除後	最大値	17.8	最小値	0.7	平均値	8.8	中央値	7.8	最頻値		標準偏差	4.98	変動係数	56.45

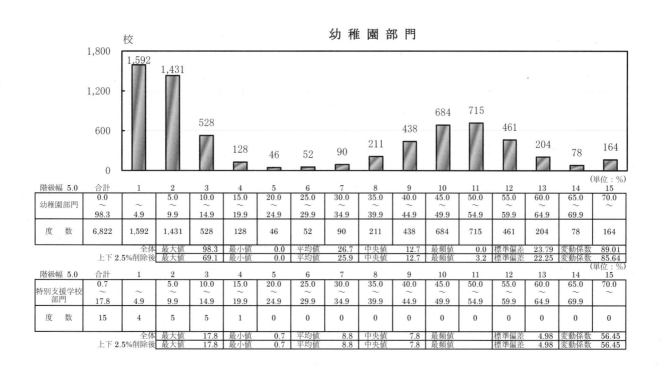

8. 寄付金比率

【計　算　式】 $\dfrac{\text{寄付金}}{\text{事業活動収入}}$

＊寄付金＝教育活動収支の寄付金＋特別収支の寄付金

【比率の解説】

寄付金の事業活動収入に占める割合である。

寄付金は私立学校にとって重要な収入源であり、一定水準の寄付金収入を継続して確保することが経営の安定のためには好ましいことである。

しかし、寄付金は予定された収入ではないため年度による増減幅が大きくなる。周年事業の寄付金募集を行っている場合、事業の終了後に寄付金収入が大きく落ち込む例が典型的である。

今後の学校経営においては、学内の寄付金募集体制を充実させ、一定水準の寄付金の安定的な確保に努めることの重要性が高まっている。

【財務分析上併せて確認が必要な比率】

事業活動収支差額比率、経常収支差額比率

【度数分布表】

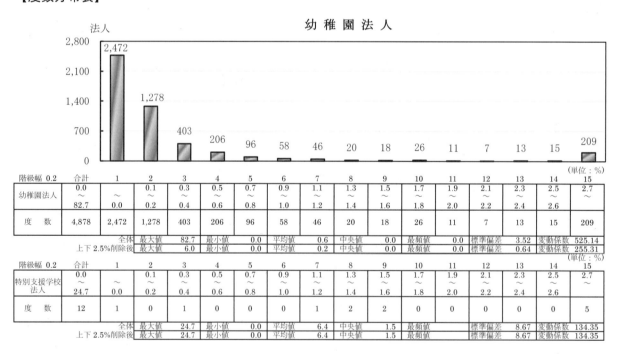

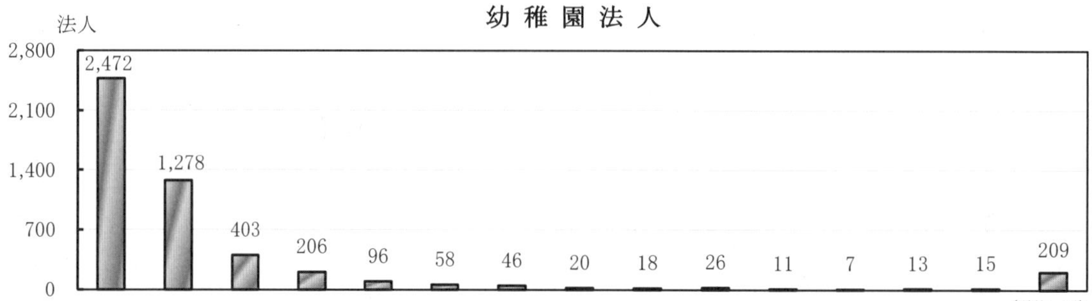

(単位：%)

階級幅 0.2	合計	1	2	3	4	5	6	7	8	9	10	11	12	13	14	15
幼稚園法人	0.0～82.7	～0.0	0.1～0.2	0.3～0.4	0.5～0.6	0.7～0.8	0.9～1.0	1.1～1.2	1.3～1.4	1.5～1.6	1.7～1.8	1.9～2.0	2.1～2.2	2.3～2.4	2.5～2.6	2.7～
度　数	4,878	2,472	1,278	403	206	96	58	46	20	18	26	11	7	13	15	209

全体	最大値	82.7	最小値	0.0	平均値	0.6	中央値	0.0	最頻値	0.0	標準偏差	3.52	変動係数	525.14
上下 2.5%削除後	最大値	6.0	最小値	0.0	平均値	0.2	中央値	0.0	最頻値	0.0	標準偏差	0.64	変動係数	255.31

(単位：%)

階級幅 0.2	合計	1	2	3	4	5	6	7	8	9	10	11	12	13	14	15
特別支援学校法人	0.0～24.7	～0.0	0.1～0.2	0.3～0.4	0.5～0.6	0.7～0.8	0.9～1.0	1.1～1.2	1.3～1.4	1.5～1.6	1.7～1.8	1.9～2.0	2.1～2.2	2.3～2.4	2.5～2.6	2.7～
度　数	12	1	0	1	0	0	0	1	2	2	0	0	0	0	0	5

全体	最大値	24.7	最小値	0.0	平均値	6.4	中央値	1.5	最頻値		標準偏差	8.67	変動係数	134.35
上下 2.5%削除後	最大値	24.7	最小値	0.0	平均値	6.4	中央値	1.5	最頻値		標準偏差	8.67	変動係数	134.35

幼 稚 園 部 門

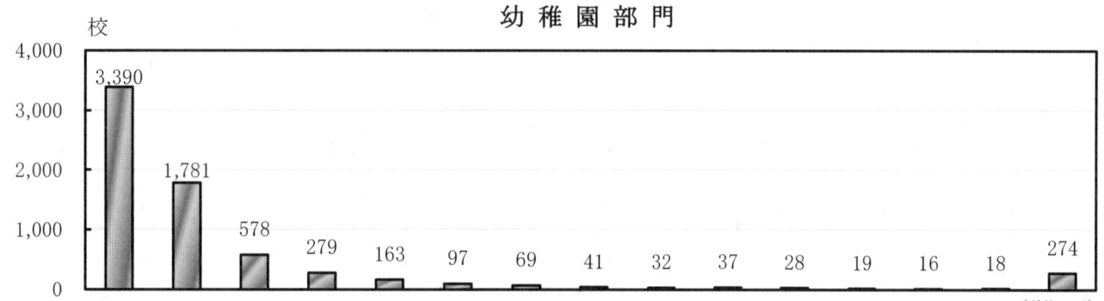

(単位：%)

階級幅 0.2	合計	1	2	3	4	5	6	7	8	9	10	11	12	13	14	15
幼稚園部門	0.0～87.4	～0.0	0.1～0.2	0.3～0.4	0.5～0.6	0.7～0.8	0.9～1.0	1.1～1.2	1.3～1.4	1.5～1.6	1.7～1.8	1.9～2.0	2.1～2.2	2.3～2.4	2.5～2.6	2.7～
度　数	6,822	3,390	1,781	578	279	163	97	69	41	32	37	28	19	16	18	274

全体	最大値	87.4	最小値	0.0	平均値	0.6	中央値	0.0	最頻値	0.0	標準偏差	3.77	変動係数	562.33
上下 2.5%削除後	最大値	5.1	最小値	0.0	平均値	0.2	中央値	0.0	最頻値	0.0	標準偏差	0.59	変動係数	234.18

(単位：%)

階級幅 0.2	合計	1	2	3	4	5	6	7	8	9	10	11	12	13	14	15
特別支援学校部門	0.0～24.7	～0.0	0.1～0.2	0.3～0.4	0.5～0.6	0.7～0.8	0.9～1.0	1.1～1.2	1.3～1.4	1.5～1.6	1.7～1.8	1.9～2.0	2.1～2.2	2.3～2.4	2.5～2.6	2.7～
度　数	15	1	0	2	0	1	0	1	3	1	0	1	0	0	0	5

全体	最大値	24.7	最小値	0.0	平均値	5.3	中央値	1.3	最頻値	1.4	標準偏差	8.07	変動係数	151.28
上下 2.5%削除後	最大値	24.7	最小値	0.0	平均値	5.3	中央値	1.3	最頻値	1.4	標準偏差	8.07	変動係数	151.28

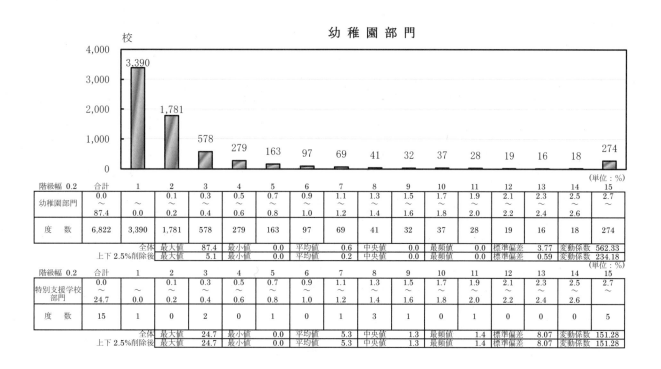

9. 経常寄付金比率

【計　算　式】

$$\frac{\text{教育活動収支の寄付金}}{\text{経　常　収　入}}$$

【比率の解説】

経常的な寄付金の経常収入に占める割合である。

一般的に寄付金収入は年度による増減の幅が大きく、常に一定水準の寄付金を確保することは容易ではない。納付金や経常費への補助金といった経常的な収入を補完するため、臨時的要素によらない寄付募集を継続的に行うことが重要である。

【財務分析上併せて確認が必要な比率】

事業活動収支差額比率、経常収支差額比率

【度数分布表】

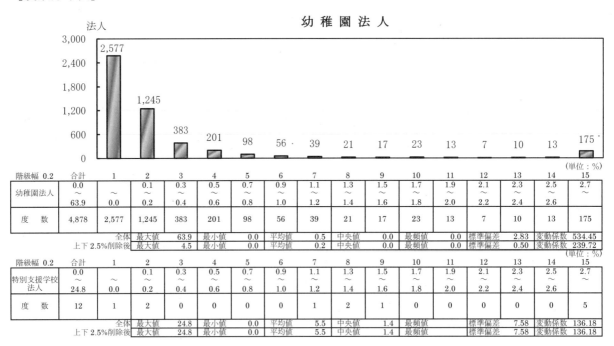

幼 稚 園 法 人

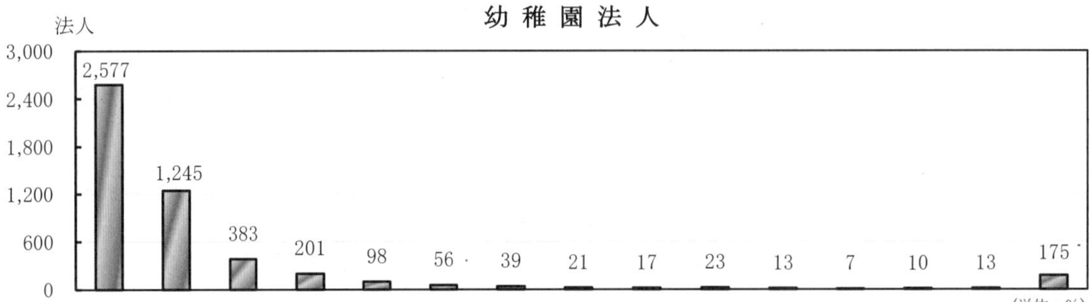

(単位：%)

階級幅 0.2	合計	1	2	3	4	5	6	7	8	9	10	11	12	13	14	15
幼稚園法人	0.0 ～ 63.9	～ 0.0	0.1 ～ 0.2	0.3 ～ 0.4	0.5 ～ 0.6	0.7 ～ 0.8	0.9 ～ 1.0	1.1 ～ 1.2	1.3 ～ 1.4	1.5 ～ 1.6	1.7 ～ 1.8	1.9 ～ 2.0	2.1 ～ 2.2	2.3 ～ 2.4	2.5 ～ 2.6	2.7 ～
度　数	4,878	2,577	1,245	383	201	98	56	39	21	17	23	13	7	10	13	175

	最大値		最小値		平均値		中央値		最頻値		標準偏差		変動係数	
全体	最大値	63.9	最小値	0.0	平均値	0.5	中央値	0.0	最頻値	0.0	標準偏差	2.83	変動係数	534.45
上下 2.5%削除後	最大値	4.5	最小値	0.0	平均値	0.2	中央値	0.0	最頻値	0.0	標準偏差	0.50	変動係数	239.72

(単位：%)

階級幅 0.2	合計	1	2	3	4	5	6	7	8	9	10	11	12	13	14	15
特別支援学校法人	0.0 ～ 24.8	～ 0.0	0.1 ～ 0.2	0.3 ～ 0.4	0.5 ～ 0.6	0.7 ～ 0.8	0.9 ～ 1.0	1.1 ～ 1.2	1.3 ～ 1.4	1.5 ～ 1.6	1.7 ～ 1.8	1.9 ～ 2.0	2.1 ～ 2.2	2.3 ～ 2.4	2.5 ～ 2.6	2.7 ～
度　数	12	1	2	0	0	0	0	1	2	1	0	0	0	0	0	5

	最大値		最小値		平均値		中央値		最頻値		標準偏差		変動係数	
全体	最大値	24.8	最小値	0.0	平均値	5.5	中央値	1.4	最頻値		標準偏差	7.58	変動係数	136.18
上下 2.5%削除後	最大値	24.8	最小値	0.0	平均値	5.5	中央値	1.4	最頻値		標準偏差	7.58	変動係数	136.18

幼稚園部門

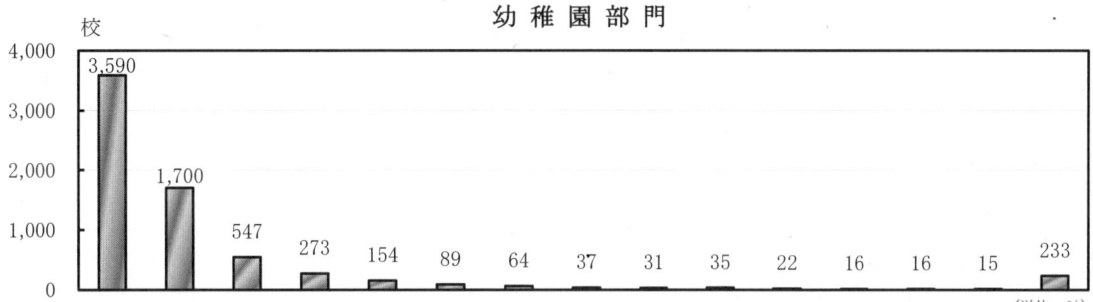

(単位：%)

階級幅 0.2	合計	1	2	3	4	5	6	7	8	9	10	11	12	13	14	15
幼稚園部門	0.0 ～ 66.1	～ 0.0	0.1 ～ 0.2	0.3 ～ 0.4	0.5 ～ 0.6	0.7 ～ 0.8	0.9 ～ 1.0	1.1 ～ 1.2	1.3 ～ 1.4	1.5 ～ 1.6	1.7 ～ 1.8	1.9 ～ 2.0	2.1 ～ 2.2	2.3 ～ 2.4	2.5 ～ 2.6	2.7 ～
度　数	6,822	3,590	1,700	547	273	154	89	64	37	31	35	22	16	16	15	233

全体	最大値	66.1	最小値	0.0	平均値	0.5	中央値	0.0	最頻値	0.0	標準偏差	2.85	変動係数	541.27
上下 2.5%削除後	最大値	4.2	最小値	0.0	平均値	0.2	中央値	0.0	最頻値	0.0	標準偏差	0.47	変動係数	223.87

(単位：%)

階級幅 0.2	合計	1	2	3	4	5	6	7	8	9	10	11	12	13	14	15
特別支援学校部門	0.0 ～ 24.8	～ 0.0	0.1 ～ 0.2	0.3 ～ 0.4	0.5 ～ 0.6	0.7 ～ 0.8	0.9 ～ 1.0	1.1 ～ 1.2	1.3 ～ 1.4	1.5 ～ 1.6	1.7 ～ 1.8	1.9 ～ 2.0	2.1 ～ 2.2	2.3 ～ 2.4	2.5 ～ 2.6	2.7 ～
度　数	15	1	3	0	0	1	0	1	3	0	0	1	0	0	0	5

全体	最大値	24.8	最小値	0.0	平均値	4.6	中央値	1.3	最頻値	1.4	標準偏差	7.02	変動係数	152.43
上下 2.5%削除後	最大値	24.8	最小値	0.0	平均値	4.6	中央値	1.3	最頻値	1.4	標準偏差	7.02	変動係数	152.43

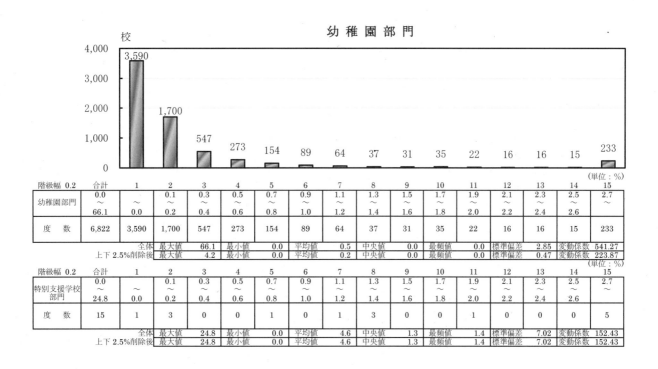

10. 補助金比率

【計　算　式】 $\dfrac{\text{補助金}}{\text{事業活動収入}}$

＊補助金＝経常費等補助金＋特別収支の補助金

【比率の解説】

国又は地方公共団体の補助金の事業活動収入に占める割合である。

学校法人において、補助金は一般的に学生生徒等納付金に次ぐ第二の収入源泉であり、今や必要不可欠なものである。私立学校が公教育の一翼を担う観点からも今後の補助金額の増加が大いに期待されている。

しかし、この比率が高い場合、学校法人独自の自主財源が相対的に小さく、国や地方公共団体の補助金政策の動向に影響を受けやすいこととなるため、場合によっては学校経営の柔軟性が損なわれる可能性も否定できない。

補助金には臨時的要素のものもあることから、11. に掲げる経常補助金比率を併用し、年度による補助金額の増減が学校法人財政に及ぼす影響を認識しておくことも重要である。

【財務分析上併せて確認が必要な比率】

事業活動収支差額比率、経常収支差額比率、学生生徒等納付金比率

【度数分布表】

幼稚園法人

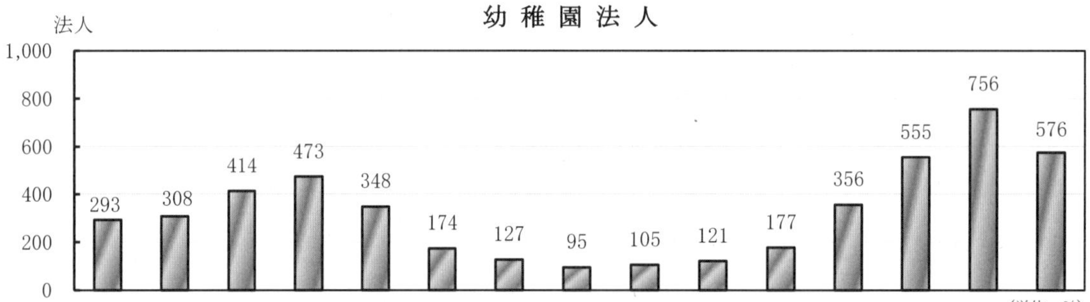

(単位：%)

階級幅 5.0	合計	1	2	3	4	5	6	7	8	9	10	11	12	13	14	15
幼稚園法人	0.0 ～ 100.6	～ 24.9	25.0 ～ 29.9	30.0 ～ 34.9	35.0 ～ 39.9	40.0 ～ 44.9	45.0 ～ 49.9	50.0 ～ 54.9	55.0 ～ 59.9	60.0 ～ 64.9	65.0 ～ 69.9	70.0 ～ 74.9	75.0 ～ 79.9	80.0 ～ 84.9	85.0 ～ 89.9	90.0 ～
度　数	4,878	293	308	414	473	348	174	127	95	105	121	177	356	555	756	576

全体	最大値	100.6	最小値	0.0	平均値	61.4	中央値	69.3	最頻値	88.1	標準偏差	25.77	変動係数	41.90
上下 2.5%削除後	最大値	94.8	最小値	15.8	平均値	61.9	中央値	69.3	最頻値	88.1	標準偏差	24.28	変動係数	39.17

(単位：%)

階級幅 5.0	合計	1	2	3	4	5	6	7	8	9	10	11	12	13	14	15
特別支援学校法人	45.4 ～ 94.9	～ 29.9	30.0 ～ 34.9	35.0 ～ 39.9	40.0 ～ 44.9	45.0 ～ 49.9	50.0 ～ 54.9	55.0 ～ 59.9	60.0 ～ 64.9	65.0 ～ 69.9	70.0 ～ 74.9	75.0 ～ 79.9	80.0 ～ 84.9	85.0 ～ 89.9	90.0 ～ 94.9	95.0 ～
度　数	12	0	0	0	0	1	0	0	0	1	2	1	2	2	3	0

全体	最大値	94.9	最小値	45.4	平均値	79.4	中央値	82.6	最頻値		標準偏差	13.70	変動係数	17.24
上下 2.5%削除後	最大値	94.9	最小値	45.4	平均値	79.4	中央値	82.6	最頻値		標準偏差	13.70	変動係数	17.24

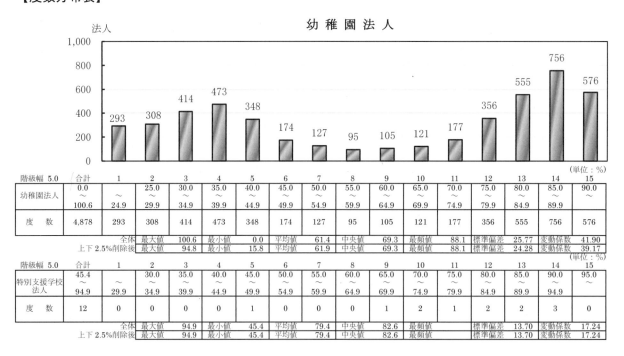

幼稚園部門

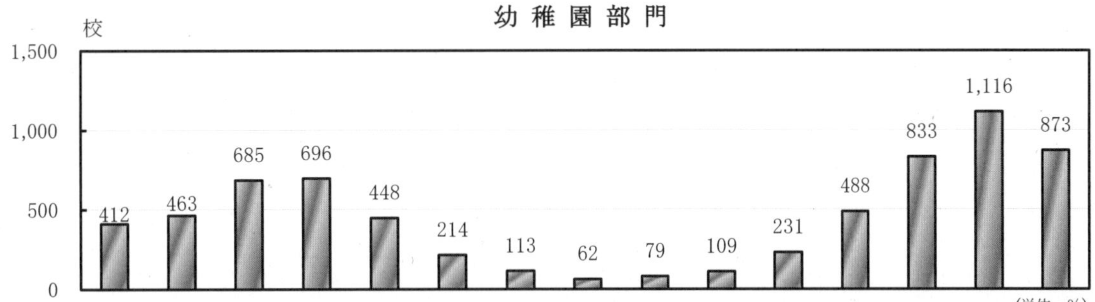

(単位：%)

階級幅 5.0	合計	1	2	3	4	5	6	7	8	9	10	11	12	13	14	15
幼稚園部門	0.0 ～ 104.1	～ 24.9	25.0 ～ 29.9	30.0 ～ 34.9	35.0 ～ 39.9	40.0 ～ 44.9	45.0 ～ 49.9	50.0 ～ 54.9	55.0 ～ 59.9	60.0 ～ 64.9	65.0 ～ 69.9	70.0 ～ 74.9	75.0 ～ 79.9	80.0 ～ 84.9	85.0 ～ 89.9	90.0 ～
度　数	6,822	412	463	685	696	448	214	113	62	79	109	231	488	833	1,116	873

全体	最大値	104.1	最小値	0.0	平均値	61.6	中央値	73.3	最頻値	88.1	標準偏差	26.48	変動係数	42.92
上下 2.5%削除後	最大値	95.3	最小値	16.1	平均値	62.1	中央値	73.3	最頻値	88.1	標準偏差	25.06	変動係数	40.30

(単位：%)

階級幅 5.0	合計	1	2	3	4	5	6	7	8	9	10	11	12	13	14	15
特別支援学校部門	45.8 ～ 94.9	～ 29.9	30.0 ～ 34.9	35.0 ～ 39.9	40.0 ～ 44.9	45.0 ～ 49.9	50.0 ～ 54.9	55.0 ～ 59.9	60.0 ～ 64.9	65.0 ～ 69.9	70.0 ～ 74.9	75.0 ～ 79.9	80.0 ～ 84.9	85.0 ～ 89.9	90.0 ～ 94.9	95.0 ～
度　数	15	0	0	0	0	1	0	1	0	2	2	2	2	2	3	0

全体	最大値	94.9	最小値	45.8	平均値	77.3	中央値	78.8	最頻値		標準偏差	13.58	変動係数	17.56
上下 2.5%削除後	最大値	94.9	最小値	45.8	平均値	77.3	中央値	78.8	最頻値		標準偏差	13.58	変動係数	17.56

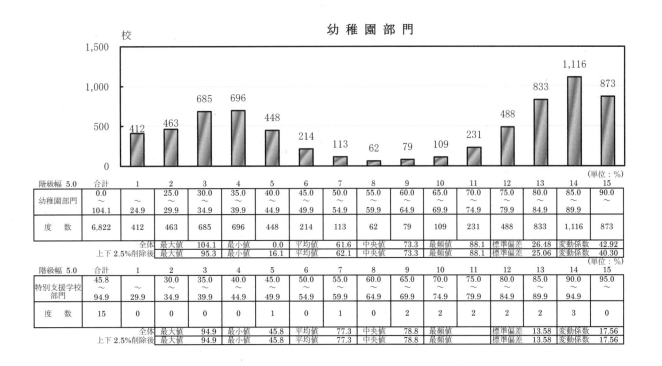

11. 経常補助金比率

【計　算　式】　$\dfrac{\text{経常費等補助金}}{\text{経　常　収　入}}$

【比率の解説】

経常的な補助金の経常収入に占める割合である。

国、地方公共団体等からの補助金は、教育活動収支を支える重要な収入であることから、この比率を用いて補助金を安定的に確保できているかを把握しておくことが重要である。

【財務分析上併せて確認が必要な比率】

事業活動収支差額比率、経常収支差額比率、学生生徒等納付金比率

【度数分布表】

幼稚園法人

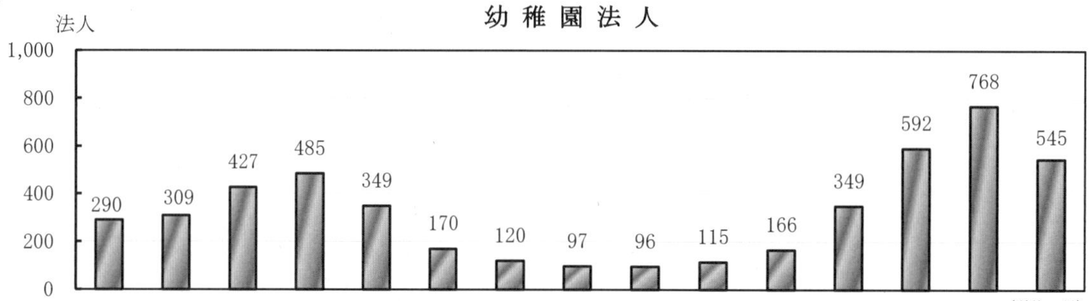

(単位：%)

階級幅 5.0	合計	1	2	3	4	5	6	7	8	9	10	11	12	13	14	15
幼稚園法人	0.0 ～ 100.0	～ 24.9	25.0 ～ 29.9	30.0 ～ 34.9	35.0 ～ 39.9	40.0 ～ 44.9	45.0 ～ 49.9	50.0 ～ 54.9	55.0 ～ 59.9	60.0 ～ 64.9	65.0 ～ 69.9	70.0 ～ 74.9	75.0 ～ 79.9	80.0 ～ 84.9	85.0 ～ 89.9	90.0 ～
度　数	4,878	290	309	427	485	349	170	120	97	96	115	166	349	592	768	545

全体	最大値	100.0	最小値	0.0	平均値	61.3	中央値	69.1	最頻値	83.6	標準偏差	25.78	変動係数	42.02
上下 2.5%削除後	最大値	94.6	最小値	15.9	平均値	61.8	中央値	69.1	最頻値	83.6	標準偏差	24.30	変動係数	39.29

(単位：%)

階級幅 2.5	合計	1	2	3	4	5	6	7	8	9	10	11	12	13	14	15
特別支援学校法人	50.6 ～ 95.2	～ 59.9	60.0 ～ 62.4	62.5 ～ 64.9	65.0 ～ 67.4	67.5 ～ 69.9	70.0 ～ 72.4	72.5 ～ 74.9	75.0 ～ 77.4	77.5 ～ 79.9	80.0 ～ 82.4	82.5 ～ 84.9	85.0 ～ 87.4	87.5 ～ 89.9	90.0 ～ 92.4	92.5 ～
度　数	12	1	0	0	0	1	1	1	0	1	2	0	2	0	1	2

全体	最大値	95.2	最小値	50.6	平均値	79.7	中央値	80.3	最頻値	80.4	標準偏差	12.70	変動係数	15.93
上下 2.5%削除後	最大値	95.2	最小値	50.6	平均値	79.7	中央値	80.3	最頻値	80.4	標準偏差	12.70	変動係数	15.93

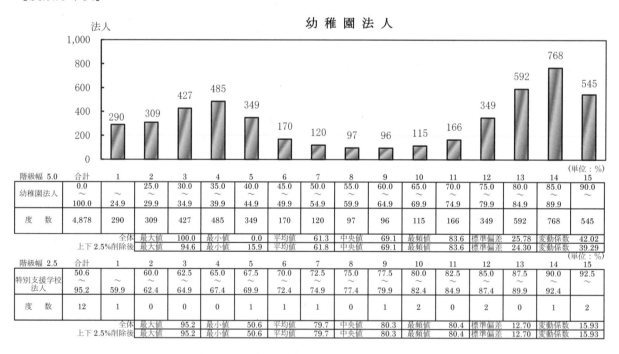

幼稚園部門

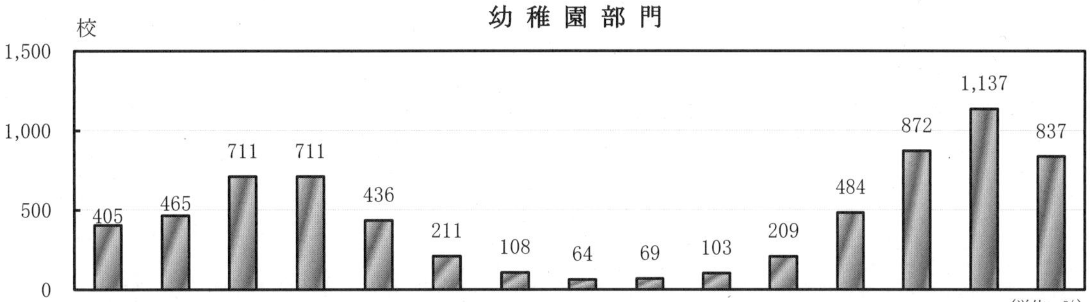

(単位：%)

階級幅 5.0	合計	1	2	3	4	5	6	7	8	9	10	11	12	13	14	15
幼稚園部門	0.0 ～ 101.6	～ 24.9	25.0 ～ 29.9	30.0 ～ 34.9	35.0 ～ 39.9	40.0 ～ 44.9	45.0 ～ 49.9	50.0 ～ 54.9	55.0 ～ 59.9	60.0 ～ 64.9	65.0 ～ 69.9	70.0 ～ 74.9	75.0 ～ 79.9	80.0 ～ 84.9	85.0 ～ 89.9	90.0 ～
度　数	6,822	405	465	711	711	436	211	108	64	69	103	209	484	872	1,137	837

全体	最大値	101.6	最小値	0.0	平均値	61.5	中央値	73.6	最頻値	89.1	標準偏差	26.49	変動係数	43.01
上下 2.5%削除後	最大値	95.0	最小値	17.2	平均値	62.0	中央値	73.6	最頻値	89.1	標準偏差	25.08	変動係数	40.41

(単位：%)

階級幅 2.5	合計	1	2	3	4	5	6	7	8	9	10	11	12	13	14	15
特別支援学校部門	51.1 ～ 95.2	～ 59.9	60.0 ～ 62.4	62.5 ～ 64.9	65.0 ～ 67.4	67.5 ～ 69.9	70.0 ～ 72.4	72.5 ～ 74.9	75.0 ～ 77.4	77.5 ～ 79.9	80.0 ～ 82.4	82.5 ～ 84.9	85.0 ～ 87.4	87.5 ～ 89.9	90.0 ～ 92.4	92.5 ～
度　数	15	2	0	0	0	2	1	1	0	2	2	0	1	1	1	2

全体	最大値	95.2	最小値	51.1	平均値	77.4	中央値	78.5	最頻値	80.4	標準偏差	12.99	変動係数	16.78
上下 2.5%削除後	最大値	95.2	最小値	51.1	平均値	77.4	中央値	78.5	最頻値	80.4	標準偏差	12.99	変動係数	16.78

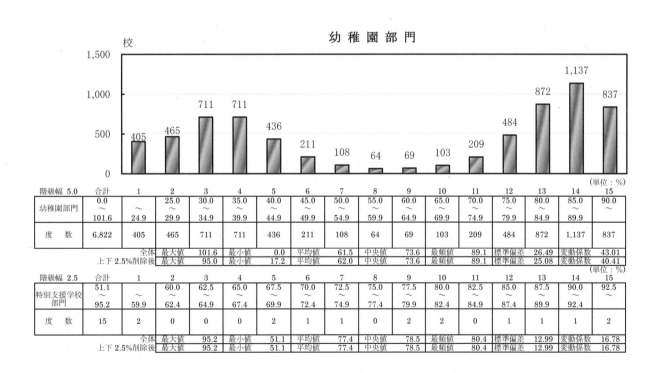

12. 基本金組入率

【計　算　式】 $\dfrac{\text{基本金組入額}}{\text{事業活動収入}}$

【比率の解説】

事業活動収入の総額から基本金への組入れ状況を示す比率である。

大規模な施設等の取得等を単年度に集中して行った場合は、一時的にこの比率が上昇することとなる。学校法人の諸活動に不可欠な資産の充実のためには、基本金への組入れが安定的に行われることが望ましい。

したがって、この比率の評価に際しては、基本金の組入れ内容が単年度の固定資産の取得によるものか、第2号基本金や第3号基本金に係る計画的な組入れによるものか等の組入れの実態を確認しておく必要がある。

【財務分析上併せて確認が必要な比率】

事業活動収支差額比率、減価償却額比率

【度数分布表】

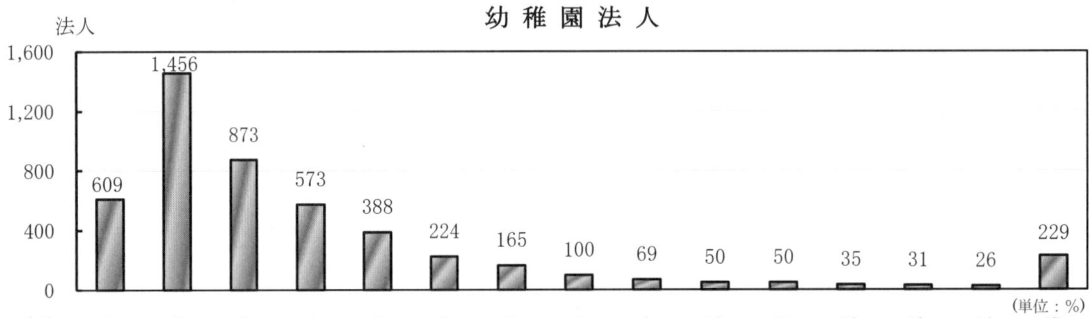

(単位：%)

階級幅 2.5	合計	1	2	3	4	5	6	7	8	9	10	11	12	13	14	15
幼稚園法人	0.0 ～ 358.9	～ 0.0	0.1 ～ 2.5	2.6 ～ 5.0	5.1 ～ 7.5	7.6 ～ 10.0	10.1 ～ 12.5	12.6 ～ 15.0	15.1 ～ 17.5	17.6 ～ 20.0	20.1 ～ 22.5	22.6 ～ 25.0	25.1 ～ 27.5	27.6 ～ 30.0	30.1 ～ 32.5	32.6 ～
度　数	4,878	609	1,456	873	573	388	224	165	100	69	50	50	35	31	26	229

全体	最大値	358.9	最小値	0.0	平均値	8.3	中央値	3.6	最頻値	0.0	標準偏差	18.49	変動係数	221.21
上下 2.5%削除後	最大値	52.7	最小値	0.0	平均値	6.2	中央値	3.6	最頻値	0.0	標準偏差	8.20	変動係数	131.35

(単位：%)

階級幅 2.5	合計	1	2	3	4	5	6	7	8	9	10	11	12	13	14	15
特別支援学校法人	0.4 ～ 30.5	～ 0.0	0.1 ～ 2.5	2.6 ～ 5.0	5.1 ～ 7.5	7.6 ～ 10.0	10.1 ～ 12.5	12.6 ～ 15.0	15.1 ～ 17.5	17.6 ～ 20.0	20.1 ～ 22.5	22.6 ～ 25.0	25.1 ～ 27.5	27.6 ～ 30.0	30.1 ～ 32.5	32.6 ～
度　数	12	0	6	2	0	1	1	0	0	0	0	0	1	0	1	0

全体	最大値	30.5	最小値	0.4	平均値	7.6	中央値	2.4	最頻値	2.4	標準偏差	10.33	変動係数	135.76
上下 2.5%削除後	最大値	30.5	最小値	0.4	平均値	7.6	中央値	2.4	最頻値	2.4	標準偏差	10.33	変動係数	135.76

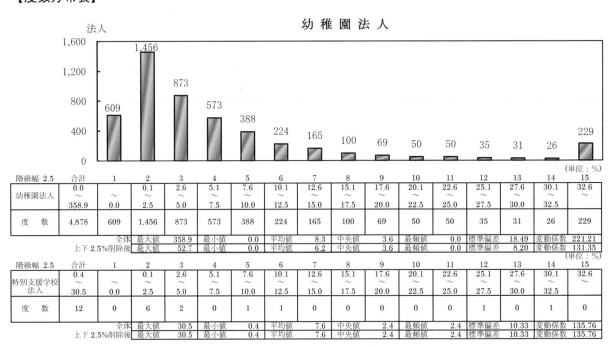

幼 稚 園 部 門

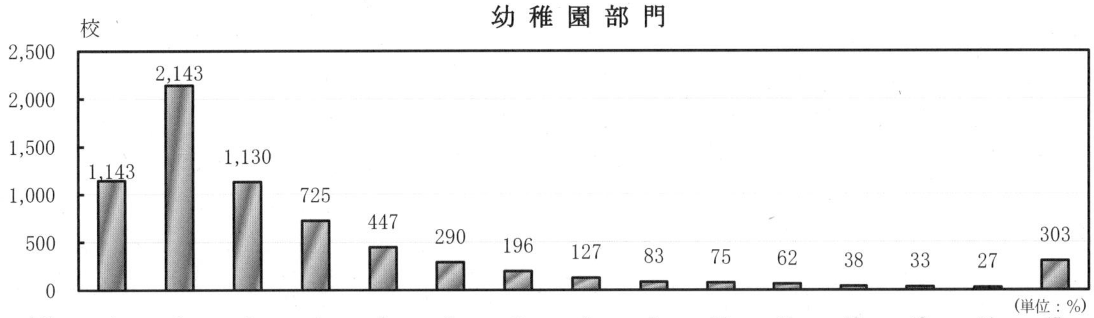

(単位：%)

階級幅 2.5	合計	1	2	3	4	5	6	7	8	9	10	11	12	13	14	15
幼稚園部門	−151.5～589.7	～0.0	0.1～2.5	2.6～5.0	5.1～7.5	7.6～10.0	10.1～12.5	12.6～15.0	15.1～17.5	17.6～20.0	20.1～22.5	22.6～25.0	25.1～27.5	27.6～30.0	30.1～32.5	32.6～
度　数	6,822	1,143	2,143	1,130	725	447	290	196	127	83	75	62	38	33	27	303

全体	最大値	589.7	最小値	−151.5	平均値	8.1	中央値	2.8	最頻値	0.0	標準偏差	23.28	変動係数	287.14
上下 2.5%削除後	最大値	54.3	最小値	0.0	平均値	5.5	中央値	2.8	最頻値	0.0	標準偏差	7.87	変動係数	142.23

(単位：%)

階級幅 2.5	合計	1	2	3	4	5	6	7	8	9	10	11	12	13	14	15
特別支援学校部門	0.4～63.7	～0.0	0.1～2.5	2.6～5.0	5.1～7.5	7.6～10.0	10.1～12.5	12.6～15.0	15.1～17.5	17.6～20.0	20.1～22.5	22.6～25.0	25.1～27.5	27.6～30.0	30.1～32.5	32.6～
度　数	15	0	7	2	0	1	1	0	0	1	0	0	1	0	1	1

全体	最大値	63.7	最小値	0.4	平均値	11.6	中央値	2.5	最頻値	2.4	標準偏差	17.45	変動係数	149.78
上下 2.5%削除後	最大値	63.7	最小値	0.4	平均値	11.6	中央値	2.5	最頻値	2.4	標準偏差	17.45	変動係数	149.78

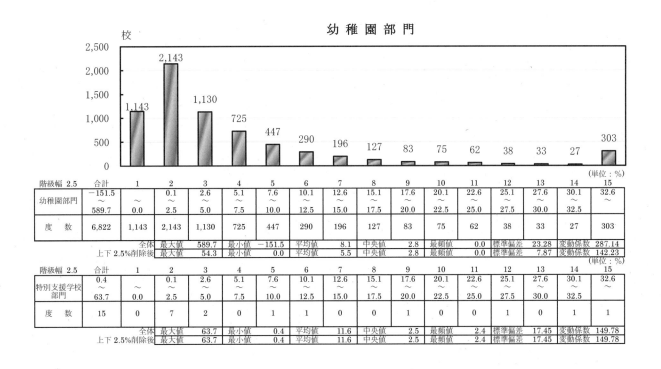

13. 減価償却額比率

【計　算　式】 $$\frac{\text{減価償却額}}{\text{経常支出}}$$

【比率の解説】

減価償却額の経常支出に占める割合で、当該年度の経常支出のうち減価償却額がどの程度の水準にあるかを測る比率である。

一方で、減価償却額は経費に計上されているが実際の資金支出は伴わないものであるため、別の視点では実質的には費消されずに蓄積される資金の割合を示したものと捉えることも可能である。

【財務分析上併せて確認が必要な比率】

経常収支差額比率、教育活動収支差額比率、教育研究（管理）経費比率

【度数分布表】

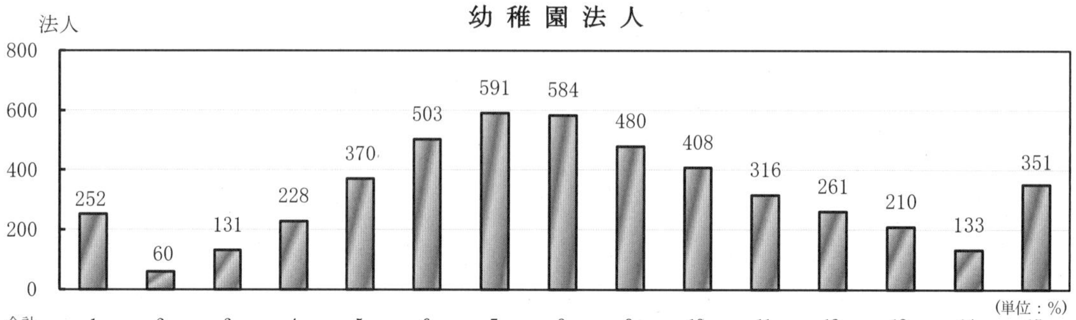

(単位：%)

階級幅 1.0	合計	1	2	3	4	5	6	7	8	9	10	11	12	13	14	15
幼稚園法人	0.0 ～ 42.8	～ 0.9	1.0 ～ 1.9	2.0 ～ 2.9	3.0 ～ 3.9	4.0 ～ 4.9	5.0 ～ 5.9	6.0 ～ 6.9	7.0 ～ 7.9	8.0 ～ 8.9	9.0 ～ 9.9	10.0 ～ 10.9	11.0 ～ 11.9	12.0 ～ 12.9	13.0 ～ 13.9	14.0 ～
度　数	4,878	252	60	131	228	370	503	591	584	480	408	316	261	210	133	351

全体	最大値	42.8	最小値	0.0	平均値	7.8	中央値	7.4	最頻値	0.0	標準偏差	4.17	変動係数	52.97
上下 2.5%削除後	最大値	17.3	最小値	0.0	平均値	7.7	中央値	7.4	最頻値	0.0	標準偏差	3.44	変動係数	44.43

(単位：%)

階級幅 1.0	合計	1	2	3	4	5	6	7	8	9	10	11	12	13	14	15
特別支援学校法人	2.8 ～ 11.3	～ 0.9	1.0 ～ 1.9	2.0 ～ 2.9	3.0 ～ 3.9	4.0 ～ 4.9	5.0 ～ 5.9	6.0 ～ 6.9	7.0 ～ 7.9	8.0 ～ 8.9	9.0 ～ 9.9	10.0 ～ 10.9	11.0 ～ 11.9	12.0 ～ 12.9	13.0 ～ 13.9	14.0 ～
度　数	12	0	0	3	1	1	0	3	1	0	1	1	1	0	0	0

全体	最大値	11.3	最小値	2.8	平均値	6.2	中央値	6.3	最頻値	6.6	標準偏差	3.04	変動係数	49.02
上下 2.5%削除後	最大値	11.3	最小値	2.8	平均値	6.2	中央値	6.3	最頻値	6.6	標準偏差	3.04	変動係数	49.02

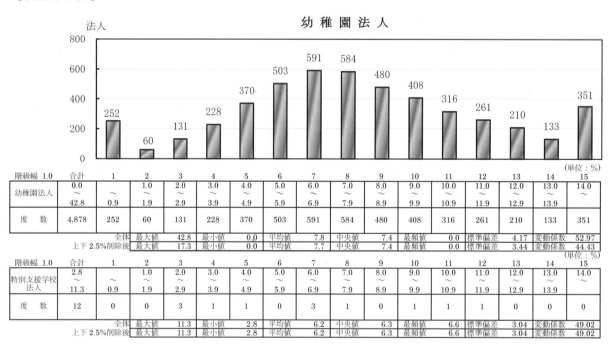

幼稚園部門

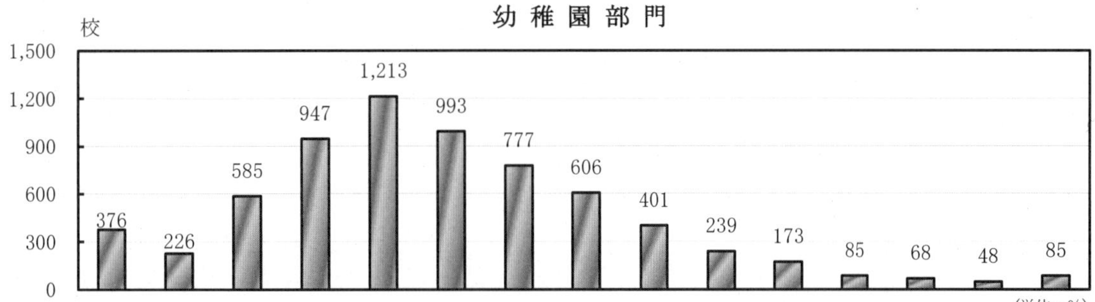

(単位：%)

階級幅 1.5	合計	1	2	3	4	5	6	7	8	9	10	11	12	13	14	15
幼稚園部門	0.0～51.0	～1.4	1.5～2.9	3.0～4.4	4.5～5.9	6.0～7.4	7.5～8.9	9.0～10.4	10.5～11.9	12.0～13.4	13.5～14.9	15.0～16.4	16.5～17.9	18.0～19.4	19.5～20.9	21.0～
度　数	6,822	376	226	585	947	1,213	993	777	606	401	239	173	85	68	48	85

全体	最大値	51.0	最小値	0.0	平均値	8.1	中央値	7.5	最頻値	0.0	標準偏差	4.46	変動係数	55.06
上下 2.5%削除後	最大値	18.5	最小値	0.0	平均値	7.9	中央値	7.5	最頻値	7.9	標準偏差	3.64	変動係数	45.81

(単位：%)

階級幅 1.0	合計	1	2	3	4	5	6	7	8	9	10	11	12	13	14	15
特別支援学校部門	2.6～28.5	～6.9	7.0～7.9	8.0～8.9	9.0～9.9	10.0～10.9	11.0～11.9	12.0～12.9	13.0～13.9	14.0～14.9	15.0～15.9	16.0～16.9	17.0～17.9	18.0～18.9	19.0～19.9	20.0～
度　数	15	8	1	0	1	0	2	1	0	0	0	0	0	0	0	2

全体	最大値	28.5	最小値	2.6	平均値	9.1	中央値	6.6	最頻値	11.3	標準偏差	7.22	変動係数	79.31
上下 2.5%削除後	最大値	28.5	最小値	2.6	平均値	9.1	中央値	6.6	最頻値	11.3	標準偏差	7.22	変動係数	79.31

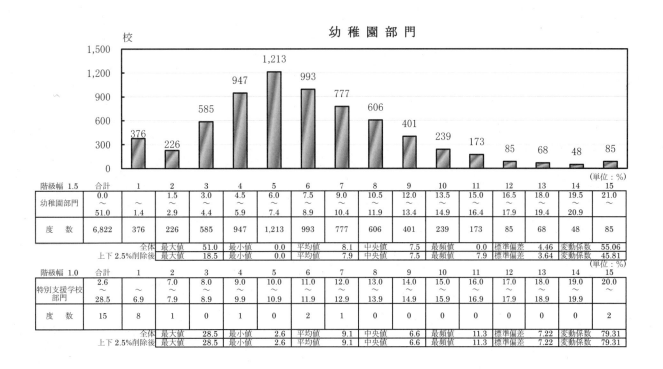

14. 経常収支差額比率

【計　算　式】 $\dfrac{\text{経常収支差額}}{\text{経常収入}}$

【比率の解説】

事業活動収支計算書においては、収入支出を教育活動、教育活動外、特別活動の3つに区分して、それぞれの区分における収支バランスが把握できる構造となっているが、この比率はそのうち、臨時的な要素を除いた経常的な活動に関する部分に着目した比率である。

この比率がプラスで大きいほど経常的な収支は安定していることを示すが、逆にこの比率がマイナスになる場合は、学校法人の経常的な収支で資産の流出が生じていることを意味するため、将来的な学校法人財政の不安要素となる。

マイナスとなった要因が経常的なものか臨時的なものかを把握した上で、支出超過の状況が常態化している様な場合は、学校法人の収支構造の見直しなどを含めた対応策が必要となることも想定される。

【財務分析上併せて確認が必要な比率】

事業活動収支差額比率、人件費比率、教育研究（管理）経費比率、学生生徒等納付金比率、経常寄付金比率、経常補助金比率

【度数分布表】

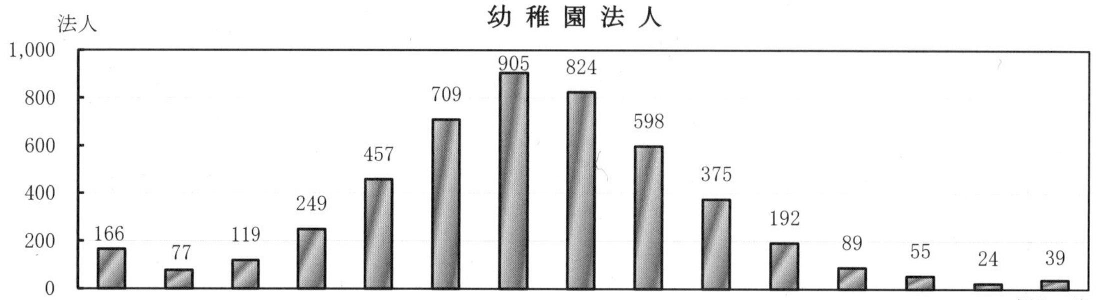

（単位：%）

階級幅 5.0	合計	1	2	3	4	5	6	7	8	9	10	11	12	13	14	15
幼稚園法人	−62,454.9 〜 100.0	〜 −25.1	−25.0 〜 −20.1	−20.0 〜 −15.1	−15.0 〜 −10.1	−10.0 〜 −5.1	−5.0 〜 −0.1	0.0 〜 4.9	5.0 〜 9.9	10.0 〜 14.9	15.0 〜 19.9	20.0 〜 24.9	25.0 〜 29.9	30.0 〜 34.9	35.0 〜 39.9	40.0 〜
度　数	4,878	166	77	119	249	457	709	905	824	598	375	192	89	55	24	39

	最大値		最小値		平均値		中央値		最頻値		標準偏差		変動係数	
全体	最大値	100.0	最小値	−62,454.9	平均値	−11.9	中央値	3.5	最頻値	5.3	標準偏差	907.57	変動係数	−7,565.89
上下2.5%削除後	最大値	29.5	最小値	−28.6	平均値	3.3	中央値	3.5	最頻値	5.3	標準偏差	10.79	変動係数	321.32

（単位：%）

階級幅 10.0	合計	1	2	3	4	5	6	7	8	9	10	11	12	13	14	15
特別支援学校法人	−16.1 〜 22.2	〜 −50.1	−50.0 〜 −40.1	−40.0 〜 −30.1	−30.0 〜 −20.1	−20.0 〜 −10.1	−10.0 〜 −0.1	0.0 〜 9.9	10.0 〜 19.9	20.0 〜 29.9	30.0 〜 39.9	40.0 〜 49.9	50.0 〜 59.9	60.0 〜 69.9	70.0 〜 79.9	80.0 〜
度　数	12	0	0	0	0	1	5	4	1	1	0	0	0	0	0	0

全体	最大値	22.2	最小値	−16.1	平均値	0.5	中央値	0.1	最頻値	−6.4	標準偏差	10.83	変動係数	1,899.37
上下2.5%削除後	最大値	22.2	最小値	−16.1	平均値	0.5	中央値	0.1	最頻値	−6.4	標準偏差	10.83	変動係数	1,899.37

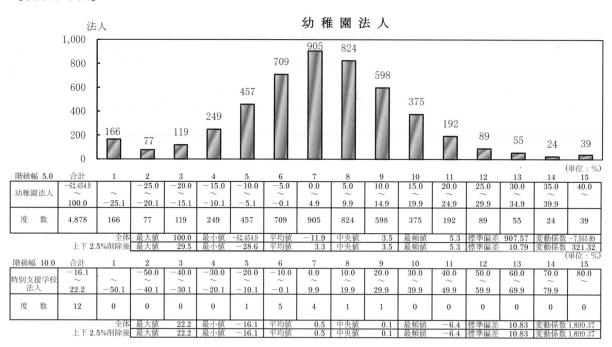

幼稚園部門

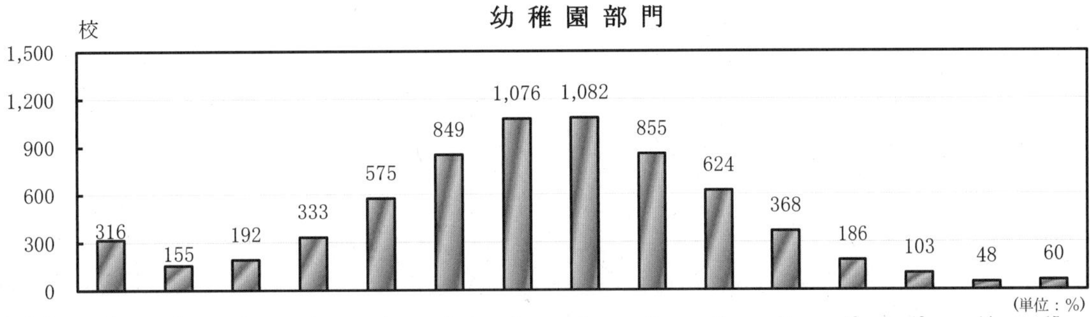

(単位：%)

階級幅 5.0	合計	1	2	3	4	5	6	7	8	9	10	11	12	13	14	15
幼稚園部門	－62,454.9 ～ 100.0	～ －25.1	－25.0 ～ －20.1	－20.0 ～ －15.1	－15.0 ～ －10.1	－10.0 ～ －5.1	－5.0 ～ －0.1	0.0 ～ 4.9	5.0 ～ 9.9	10.0 ～ 14.9	15.0 ～ 19.9	20.0 ～ 24.9	25.0 ～ 29.9	30.0 ～ 34.9	35.0 ～ 39.9	40.0 ～
度　数	6,822	316	155	192	333	575	849	1,076	1,082	855	624	368	186	103	48	60

全体	最大値	100.0	最小値	－62,454.9	平均値	－7.9	中央値	4.5	最頻値	5.3	標準偏差	767.84	変動係数	－9,631.72
上下 2.5%削除後	最大値	31.7	最小値	－36.5	平均値	3.8	中央値	4.5	最頻値	5.3	標準偏差	12.51	変動係数	327.68

(単位：%)

階級幅 10.0	合計	1	2	3	4	5	6	7	8	9	10	11	12	13	14	15
特別支援学校部門	－260.4 ～ 22.2	～ －50.1	－50.0 ～ －40.1	－40.0 ～ －30.1	－30.0 ～ －20.1	－20.0 ～ －10.1	－10.0 ～ －0.1	0.0 ～ 9.9	10.0 ～ 19.9	20.0 ～ 29.9	30.0 ～ 39.9	40.0 ～ 49.9	50.0 ～ 59.9	60.0 ～ 69.9	70.0 ～ 79.9	80.0 ～
度　数	15	1	1	0	0	0	6	5	1	1	0	0	0	0	0	0

全体	最大値	22.2	最小値	－260.4	平均値	－19.4	中央値	－5.9	最頻値	－6.4	標準偏差	68.40	変動係数	－351.53
上下 2.5%削除後	最大値	22.2	最小値	－260.4	平均値	－19.4	中央値	－5.9	最頻値	－6.4	標準偏差	68.40	変動係数	－351.53

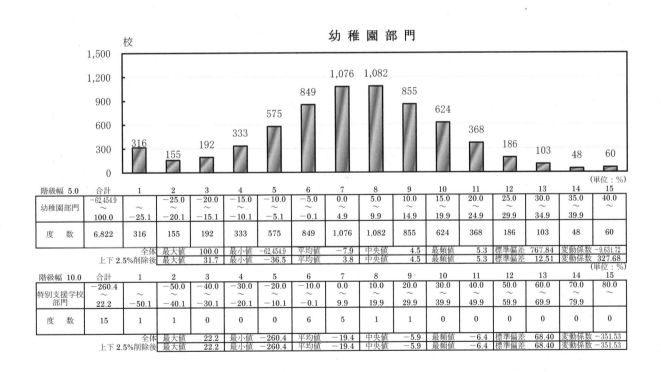

15. 教育活動収支差額比率

【計　算　式】

$$\frac{\text{教育活動収支差額}}{\text{教育活動収入計}}$$

【比率の解説】

事業活動収支計算書のうち、学校法人における本業といえる教育活動に関する部分に着目した比率である。

この比率がプラスで大きいほど教育活動部分の収支は安定していることを示し、マイナスになる場合は、教育活動において資金の流出が生じていることを意味する。

しかし、例えば、教育活動外収支において収益事業等により収入を確保し、教育活動の支出超過を補うことが出来ている様な場合においては、教育活動の支出超過が直ちに財政の不安要素となるとは限らない。

教育活動外収支の状況と併せて判断することが望ましい。

【財務分析上併せて確認が必要な比率】

経常収支差額比率、事業活動収支差額比率

【度数分布表】

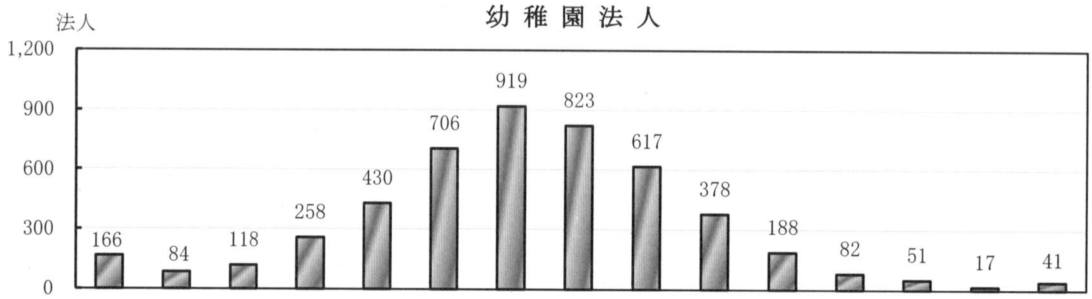

(単位：%)

階級幅 5.0	合計	1	2	3	4	5	6	7	8	9	10	11	12	13	14	15
幼稚園法人	−61,578.4 〜 100.0	〜 −25.1	−25.0 〜 −20.1	−20.0 〜 −15.1	−15.0 〜 −10.1	−10.0 〜 −5.1	−5.0 〜 −0.1	0.0 〜 4.9	5.0 〜 9,9	10.0 〜 14.9	15.0 〜 19.9	20.0 〜 24.9	25.0 〜 29.9	30.0 〜 34.9	35.0 〜 39.9	40.0 〜
度　数	4,878	166	84	118	258	430	706	919	823	617	378	188	82	51	17	41

	最大値		最小値		平均値		中央値		最頻値		標準偏差		変動係数	
全体	最大値	100.0	最小値	−61,578.4	平均値	−12.4	中央値	3.5	最頻値	2.8	標準偏差	903.24	変動係数	−7,232.05
上下2.5%削除後	最大値	28.7	最小値	−29.0	平均値	3.2	中央値	3.5	最頻値	2.8	標準偏差	10.71	変動係数	325,92

(単位：%)

階級幅 10.0	合計	1	2	3	4	5	6	7	8	9	10	11	12	13	14	15
特別支援学校法人	−16.9 〜 22.2	〜 −50.1	−50.0 〜 −40.1	−40.0 〜 −30.1	−30.0 〜 −20.1	−20.0 〜 −10.1	−10.0 〜 −0.1	0.0 〜 9.9	10.0 〜 19.9	20.0 〜 29.9	30.0 〜 39.9	40.0 〜 49.9	50.0 〜 59.9	60.0 〜 69.9	70.0 〜 79.9	80.0 〜
度　数	12	0	0	0	0	1	5	4	1	1	0	0	0	0	0	0

	最大値		最小値		平均値		中央値		最頻値		標準偏差		変動係数	
全体	最大値	22.2	最小値	−16.9	平均値	0.5	中央値	0.1	最頻値	−6.4	標準偏差	11.04	変動係数	1,924.31
上下2.5%削除後	最大値	22.2	最小値	−16.9	平均値	0.5	中央値	0.1	最頻値	−6.4	標準偏差	11.04	変動係数	1,924.31

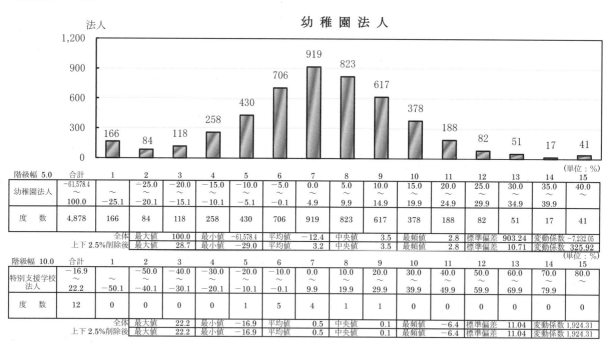

幼稚園部門

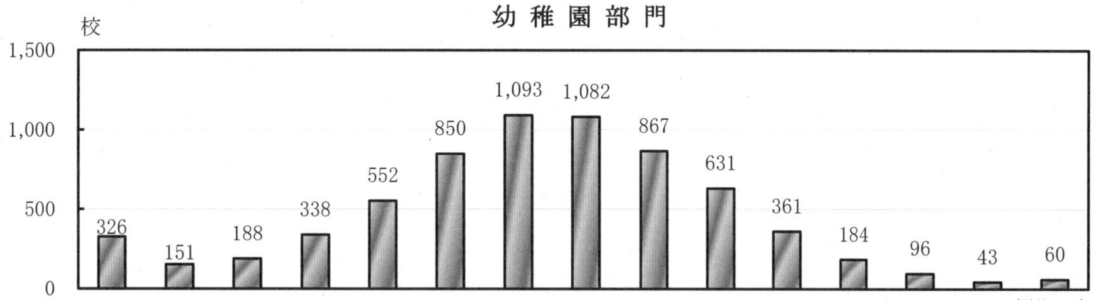

(単位：%)

階級幅 5.0	合計	1	2	3	4	5	6	7	8	9	10	11	12	13	14	15
幼稚園部門	−61,578.4 ～ 100.0	～ −25.1	−25.0 ～ −20.1	−20.0 ～ −15.1	−15.0 ～ −10.1	−10.0 ～ −5.1	−5.0 ～ −0.1	0.0 ～ 4.9	5.0 ～ 9.9	10.0 ～ 14.9	15.0 ～ 19.9	20.0 ～ 24.9	25.0 ～ 29.9	30.0 ～ 34.9	35.0 ～ 39.9	40.0 ～
度　数	6,822	326	151	188	338	552	850	1,093	1,082	867	631	361	184	96	43	60

全体	最大値	100.0	最小値	−61,578.4	平均値	−8.3	中央値	4.5	最頻値	5.3	標準偏差	764.17	変動係数	−9,179.00
上下 2.5%削除後	最大値	31.1	最小値	−37.1	平均値	3.7	中央値	4.5	最頻値	5.3	標準偏差	12.47	変動係数	331.07

(単位：%)

階級幅 10.0	合計	1	2	3	4	5	6	7	8	9	10	11	12	13	14	15
特別支援学校部門	−260.4 ～ 22.2	～ −50.1	−50.0 ～ −40.1	−40.0 ～ −30.1	−30.0 ～ −20.1	−20.0 ～ −10.1	−10.0 ～ −0.1	0.0 ～ 9.9	10.0 ～ 19.9	20.0 ～ 29.9	30.0 ～ 39.9	40.0 ～ 49.9	50.0 ～ 59.9	60.0 ～ 69.9	70.0 ～ 79.9	80.0 ～
度　数	15	1	1	0	0	0	6	5	1	1	0	0	0	0	0	0

全体	最大値	22.2	最小値	−260.4	平均値	−19.2	中央値	−5.9	最頻値	−6.6	標準偏差	68.37	変動係数	−354.65
上下 2.5%削除後	最大値	22.2	最小値	−260.4	平均値	−19.2	中央値	−5.9	最頻値	−6.6	標準偏差	68.37	変動係数	−354.65

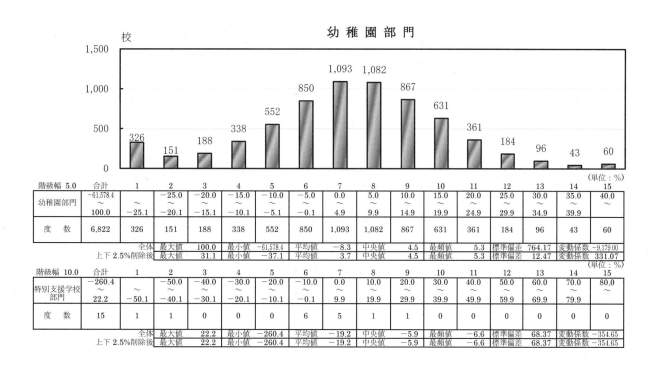

■その他

1. 収容定員充足率（令和４年５月１日現在）

【計　算　式】

$$\frac{\text{在籍園児等数}}{\text{収容定員}}$$

【比率の解説】

収容定員に対しての、在籍園児等数の割合を示す比率である。

一般には 100%に近づくほど良いと考えられる。この数値が特に高い場合には、教育条件の悪化が懸念される。一方、この数値が特に低い場合には、園児等募集状況が悪化している場合があるので注意しなければならない。

【度数分布表】

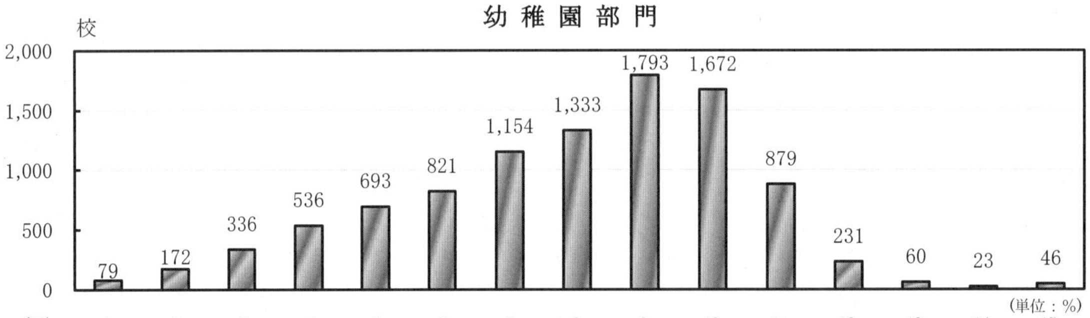

（単位：%）

階級幅 10.0	合計	1	2	3	4	5	6	7	8	9	10	11	12	13	14	15
幼稚園部門	0.0～844.4	～9.9	10.0～19.9	20.0～29.9	30.0～39.9	40.0～49.9	50.0～59.9	60.0～69.9	70.0～79.9	80.0～89.9	90.0～99.9	100.0～109.9	110.0～119.9	120.0～129.9	130.0～139.9	140.0～
度　数	9,828	79	172	336	536	693	821	1,154	1,333	1,793	1,672	879	231	60	23	46

全体	最大値	844.4	最小値	0.0	平均値	74.2	中央値	78.2	最頻値	100.0	標準偏差	27.39	変動係数	36.90
上下 2.5%削除後	最大値	113.0	最小値	19.2	平均値	74.2	中央値	78.2	最頻値	100.0	標準偏差	22.04	変動係数	29.69

（単位：%）

階級幅 10.0	合計	1	2	3	4	5	6	7	8	9	10	11	12	13	14	15
特別支援学校部門	29.5～101.0	～9.9	10.0～19.9	20.0～29.9	30.0～39.9	40.0～49.9	50.0～59.9	60.0～69.9	70.0～79.9	80.0～89.9	90.0～99.9	100.0～109.9	110.0～119.9	120.0～129.9	130.0～139.9	140.0～
度　数	15	0	0	2	4	0	0	3	3	1	1	1	0	0	0	0

全体	最大値	101.0	最小値	29.5	平均値	59.3	中央値	62.6	最頻値		標準偏差	25.40	変動係数	42.80
上下 2.5%削除後	最大値	101.0	最小値	29.5	平均値	59.3	中央値	62.6	最頻値		標準偏差	25.40	変動係数	42.80

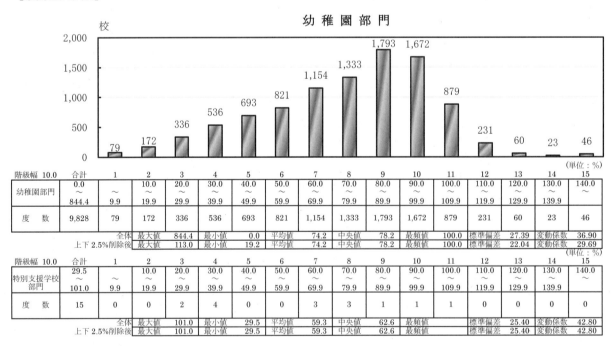

2. 園児等1人当たりの納付金収入

【計　算　式】　$\dfrac{\text{学生生徒等納付金収入}}{\text{在　籍　園　児　等　数}}$

【比率の解説】

学生生徒等納付金の額を在籍園児等数で除し、園児等1人当たりの学納金負担状況を示したものである。この数値が高すぎると、保護者の負担が大きくなり、今後の園児等募集にも影響することに注意しなければならない。

【度数分布表】

幼稚園部門

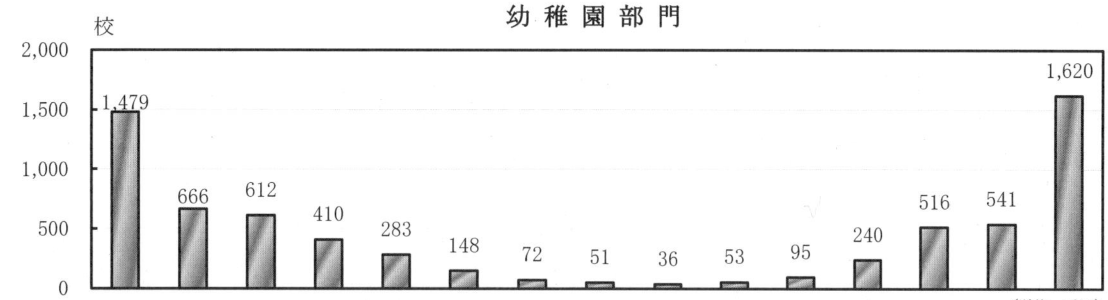

(単位：千円)

階級幅 25.0	合計	1	2	3	4	5	6	7	8	9	10	11	12	13	14	15
幼稚園部門	0.0 ～ 4,847.0	～ 49.9	50.0 ～ 74.9	75.0 ～ 99.9	100.0 ～ 124.9	125.0 ～ 149.9	150.0 ～ 174.9	175.0 ～ 199.9	200.0 ～ 224.9	225.0 ～ 249.9	250.0 ～ 274.9	275.0 ～ 299.9	300.0 ～ 324.9	325.0 ～ 349.9	350.0 ～ 374.9	375.0 ～
度　数	6,822	1,479	666	612	410	283	148	72	51	36	53	95	240	516	541	1,620

全体	最大値	4,847.0	最小値	0.0	平均値	226.3	中央値	145.1	最頻値	0.0	標準偏差	218.73	変動係数	96.65
上下2.5%削除後	最大値	611.5	最小値	0.0	平均値	212.1	中央値	145.1	最頻値	0.0	標準偏差	163.80	変動係数	77.23

(単位：千円)

階級幅 25.0	合計	1	2	3	4	5	6	7	8	9	10	11	12	13	14	15
特別支援学校部門	56.6 ～ 657.9	～ 49.9	50.0 ～ 74.9	75.0 ～ 99.9	100.0 ～ 124.9	125.0 ～ 149.9	150.0 ～ 174.9	175.0 ～ 199.9	200.0 ～ 224.9	225.0 ～ 249.9	250.0 ～ 274.9	275.0 ～ 299.9	300.0 ～ 324.9	325.0 ～ 349.9	350.0 ～ 374.9	375.0 ～
度　数	15	0	1	0	1	0	2	0	0	0	1	1	1	1	0	7

全体	最大値	657.9	最小値	56.6	平均値	375.9	中央値	330.8	最頻値		標準偏差	199.96	変動係数	53.18
上下2.5%削除後	最大値	657.9	最小値	56.6	平均値	375.9	中央値	330.8	最頻値		標準偏差	199.96	変動係数	53.18

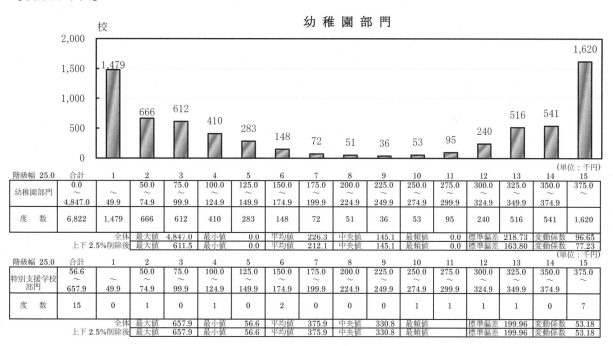

3. 専任教員１人当たりの人件費支出

【計　算　式】　$\dfrac{\text{本務教員給}}{\text{専任教員数}}$

【比率の解説】

本務教員給の額を専任教員数で除し、専任教員１人当たりの人件費支出を示したものである。

この数値は平均値となるため、分析に当たっては、実際の給与額だけではなく年齢構成や本俸・手当の詳細などにも注意する必要がある。

【度数分布表】

幼稚園部門

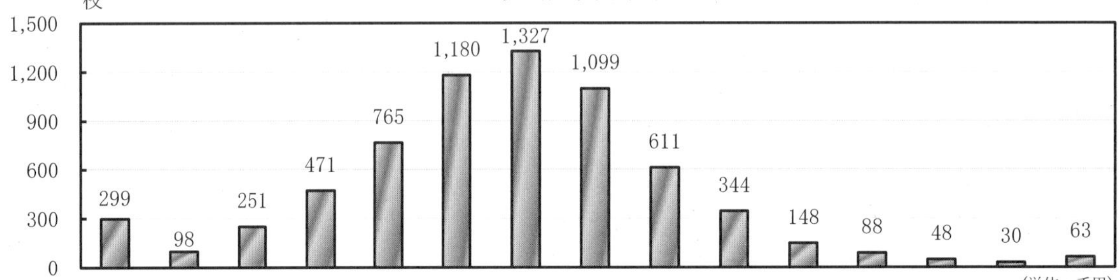

（単位：千円）

階級幅 500.0	合計	1	2	3	4	5	6	7	8	9	10	11	12	13	14	15
幼稚園部門	0.0 ～ 75,238.3	～ 1,999.9	2,000.0 ～ 2,499.9	2,500.0 ～ 2,999.9	3,000.0 ～ 3,499.9	3,500.0 ～ 3,999.9	4,000.0 ～ 4,499.9	4,500.0 ～ 4,999.9	5,000.0 ～ 5,499.9	5,500.0 ～ 5,999.9	6,000.0 ～ 6,499.9	6,500.0 ～ 6,999.9	7,000.0 ～ 7,499.9	7,500.0 ～ 7,999.9	8,000.0 ～ 8,499.9	8,500.0 ～
度　数	6,822	299	98	251	471	765	1,180	1,327	1,099	611	344	148	88	48	30	63

	最大値		最小値		平均値		中央値		最頻値		標準偏差		変動係数	
全体	最大値	75,238.3	最小値	0.0	平均値	4,551.2	中央値	4,637.0	最頻値	0.0	標準偏差	1,715.67	変動係数	37.70
上下 2.5%削除後	最大値	7,297.6	最小値	0.0	平均値	4,555.6	中央値	4,637.0	最頻値	0.0	標準偏差	1,147.74	変動係数	25.19

（単位：千円）

階級幅 500.0	合計	1	2	3	4	5	6	7	8	9	10	11	12	13	14	15
特別支援学校部門	4,567.4 ～ 10,029.4	～ 1,999.9	2,000.0 ～ 2,499.9	2,500.0 ～ 2,999.9	3,000.0 ～ 3,499.9	3,500.0 ～ 3,999.9	4,000.0 ～ 4,499.9	4,500.0 ～ 4,999.9	5,000.0 ～ 5,499.9	5,500.0 ～ 5,999.9	6,000.0 ～ 6,499.9	6,500.0 ～ 6,999.9	7,000.0 ～ 7,499.9	7,500.0 ～ 7,999.9	8,000.0 ～ 8,499.9	8,500.0 ～
度　数	15	0	0	0	0	0	0	2	2	0	4	2	1	2	0	2

	最大値		最小値		平均値		中央値		最頻値		標準偏差		変動係数	
全体	最大値	10,029.4	最小値	4,567.4	平均値	6,656.2	中央値	6,429.6	最頻値		標準偏差	1,503.16	変動係数	22.58
上下 2.5%削除後	最大値	10,029.4	最小値	4,567.4	平均値	6,656.2	中央値	6,429.6	最頻値		標準偏差	1,503.16	変動係数	22.58

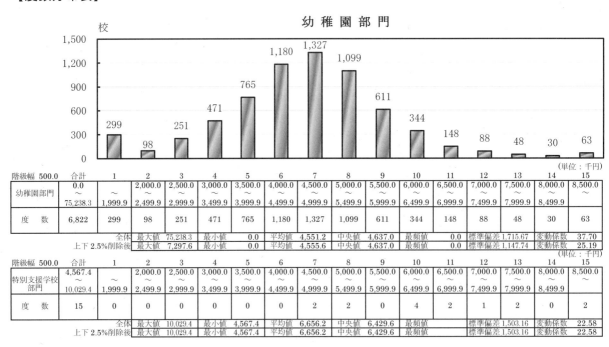

4. 専任職員１人当たりの人件費支出

【計 算 式】

$$\frac{\text{本務職員給}}{\text{専任職員数}}$$

【比率の解説】

本務職員給の額を専任職員数で除し、専任職員１人当たりの人件費支出を示したものである。

この数値は平均値となるため、分析に当たっては、実際の給与額だけではなく年齢構成や本俸・手当の詳細などにも注意する必要がある。

【度数分布表】

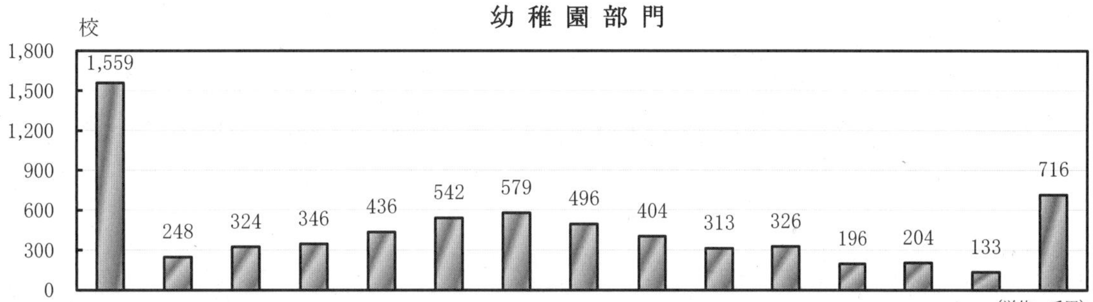

(単位：千円)

階級幅 500.0	合計	1	2	3	4	5	6	7	8	9	10	11	12	13	14	15
幼稚園部門	0.0 ～ 100,035.3	～ 1,499.9	1,500.0 ～ 1,999.9	2,000.0 ～ 2,499.9	2,500.0 ～ 2,999.9	3,000.0 ～ 3,499.9	3,500.0 ～ 3,999.9	4,000.0 ～ 4,499.9	4,500.0 ～ 4,999.9	5,000.0 ～ 5,499.9	5,500.0 ～ 5,999.9	6,000.0 ～ 6,499.9	6,500.0 ～ 6,999.9	7,000.0 ～ 7,499.9	7,500.0 ～ 7,999.9	8,000.0 ～
度　数	6,822	1,559	248	324	346	436	542	579	496	404	313	326	196	204	133	716

	最大値		最小値		平均値		中央値		最頻値		標準偏差		変動係数	
全体	最大値	100,035.3	最小値	0.0	平均値	4,366.1	中央値	3,959.5	最頻値	0.0	標準偏差	4,599.70	変動係数	105.35
上下 2.5%削除後	最大値	13,753.7	最小値	0.0	平均値	4,010.8	中央値	3,959.5	最頻値	0.0	標準偏差	2,844.96	変動係数	70.93

(単位：千円)

階級幅 500.0	合計	1	2	3	4	5	6	7	8	9	10	11	12	13	14	15
特別支援学校部門	0.0 ～ 10,942.3	～ 1,499.9	1,500.0 ～ 1,999.9	2,000.0 ～ 2,499.9	2,500.0 ～ 2,999.9	3,000.0 ～ 3,499.9	3,500.0 ～ 3,999.9	4,000.0 ～ 4,499.9	4,500.0 ～ 4,999.9	5,000.0 ～ 5,499.9	5,500.0 ～ 5,999.9	6,000.0 ～ 6,499.9	6,500.0 ～ 6,999.9	7,000.0 ～ 7,499.9	7,500.0 ～ 7,999.9	8,000.0 ～
度　数	15	2	2	0	0	0	0	2	2	2	0	1	2	0	0	2

	最大値		最小値		平均値		中央値		最頻値		標準偏差		変動係数	
全体	最大値	10,942.3	最小値	0.0	平均値	4,867.2	中央値	4,739.5	最頻値		標準偏差	2,919.17	変動係数	59.98
上下 2.5%削除後	最大値	10,942.3	最小値	0.0	平均値	4,867.2	中央値	4,739.5	最頻値		標準偏差	2,919.17	変動係数	59.98

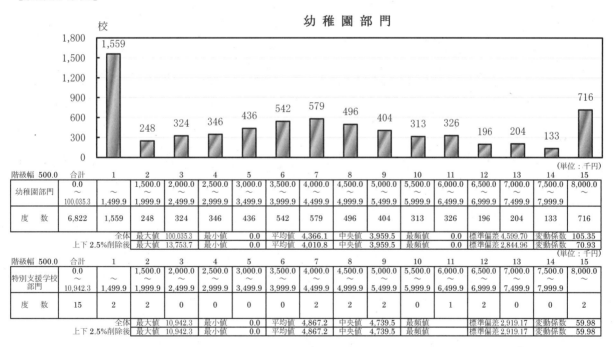

5. 専任教員１人当たりの園児等数

【計　算　式】

$$\frac{\text{在籍園児等数}}{\text{専任教員数}}$$

【比率の解説】

専任教員１人当たりの園児等数は、多い方が経営面では効率的な運用ができ、支出を抑えることができる。しかし、多すぎる場合には教育条件の悪化を招くことになるため、注意が必要である。

【度数分布表】

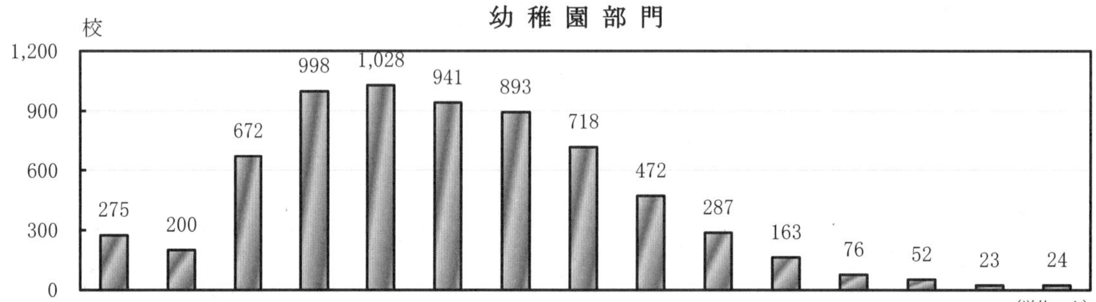

(単位：人)

階級幅 1.9	合計	1	2	3	4	5	6	7	8	9	10	11	12	13	14	15
幼稚園部門	0.0～56.2	～2.0	2.1～3.9	4.0～5.8	5.9～7.7	7.8～9.6	9.7～11.5	11.6～13.4	13.5～15.3	15.4～17.2	17.3～19.1	19.2～21.0	21.1～22.9	23.0～24.8	24.9～26.7	26.8～
度　数	6,822	275	200	672	998	1,028	941	893	718	472	287	163	76	52	23	24

全体	最大値	56.2	最小値	0.0	平均値	10.4	中央値	10.1	最頻値	0.0	標準偏差	5.10	変動係数	48.61
上下 2.5%削除後	最大値	21.2	最小値	0.0	平均値	10.3	中央値	10.1	最頻値	0.0	標準偏差	4.33	変動係数	41.66

(単位：人)

階級幅 1.9	合計	1	2	3	4	5	6	7	8	9	10	11	12	13	14	15
特別支援学校部門	1.4～4.2	～2.0	2.1～3.9	4.0～5.8	5.9～7.7	7.8～9.6	9.7～11.5	11.6～13.4	13.5～15.3	15.4～17.2	17.3～19.1	19.2～21.0	21.1～22.9	23.0～24.8	24.9～26.7	26.8～
度　数	15	2	11	2	0	0	0	0	0	0	0	0	0	0	0	0

全体	最大値	4.2	最小値	1.4	平均値	2.7	中央値	2.6	最頻値	3.6	標準偏差	0.82	変動係数	29.46
上下 2.5%削除後	最大値	4.2	最小値	1.4	平均値	2.7	中央値	2.6	最頻値	3.6	標準偏差	0.82	変動係数	29.46

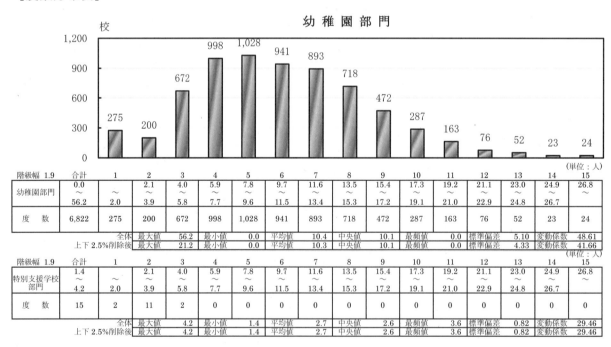

Ⅳ　集計結果

1. 幼稚園法人

■貸借対照表

■事業活動収支計算書

■資金収支計算書

■財務比率表

5ヵ年連続貸借対照表
―幼稚園法人―

(資産の部)　　(単位：千円)

区分	29年度			30年度			令和元年度			2年度			3年度		
法人数	5,033法人			4,898法人			4,885法人			4,880法人			4,878法人		
科目	金額	構成比率(%)	趨勢構造比率	金額	構成比率(%)	趨勢構造比率	金額	構成比率(%)	趨勢構造比率	金額	構成比率(%)	趨勢構造比率	金額	構成比率(%)	趨勢構造比率
(資産の部)															
固定資産	2,669,754,943	76.7	100.0	2,706,359,951	76.8	101.4	2,755,765,341	76.6	103.2	2,812,437,780	76.2	105.3	2,888,805,053	75.8	108.2
有形固定資産	2,232,529,323	64.2	100.0	2,257,611,176	64.0	101.1	2,296,809,552	63.9	102.9	2,342,071,707	63.4	104.9	2,391,080,995	62.7	107.1
土地	1,032,282,121	29.7	100.0	1,031,088,767	29.3	99.9	1,039,887,666	28.9	100.7	1,052,702,407	28.5	102.0	1,069,759,227	28.1	103.6
建物	1,049,216,065	30.2	100.0	1,064,294,529	30.2	101.4	1,089,549,366	30.3	103.8	1,123,273,313	30.4	107.1	1,153,411,758	30.3	109.9
構築物	60,847,268	1.7	100.0	63,311,213	1.8	104.0	67,059,527	1.9	110.2	69,939,013	1.9	114.9	72,327,539	1.9	118.9
教育研究用機器備品	37,662,903	1.1	100.0	37,388,866	1.1	99.3	37,708,004	1.0	100.1	39,410,717	1.1	104.6	39,486,019	1.0	104.8
その他有形固定資産	52,520,965	1.5	100.0	61,527,801	1.7	117.1	62,604,989	1.7	119.2	56,746,257	1.5	108.0	56,096,452	1.5	106.8
特定資産	272,317,722	7.8	100.0	284,884,866	8.1	104.6	298,126,590	8.3	109.5	310,452,054	8.4	114.0	325,082,355	8.5	119.4
退職給与引当特定資産	25,379,771	0.7	100.0	23,238,579	0.7	91.6	25,366,350	0.7	99.9	27,956,271	0.8	110.2	26,751,930	0.7	105.4
その他引当特定資産	246,937,950	7.1	100.0	261,646,287	7.4	106.0	272,760,240	7.6	110.5	282,495,783	7.7	114.4	298,330,425	7.8	120.8
その他の固定資産	164,907,898	4.7	100.0	164,083,909	4.7	99.5	160,829,198	4.5	97.5	159,914,019	4.3	97.0	172,641,703	4.5	104.7
有価証券	70,639,441	2.0	100.0	74,207,766	2.1	105.1	73,002,834	2.0	103.3	68,220,877	1.8	96.6	75,543,208	2.0	106.9
収益事業元入金	16,199,731	0.5	100.0	12,668,991	0.4	78.2	12,582,034	0.3	77.7	14,167,602	0.4	87.5	15,297,025	0.4	94.4
長期貸付金	3,981,899	0.1	100.0	3,843,469	0.1	96.5	5,217,026	0.1	131.0	4,151,918	0.1	104.3	3,297,302	0.1	82.8
その他	74,086,827	2.1	100.0	73,363,684	2.1	99.0	70,027,305	1.9	94.5	73,373,622	2.0	99.0	78,504,168	2.1	106.0
流動資産	810,046,117	23.3	100.0	818,457,375	23.2	101.0	841,404,542	23.4	103.9	880,195,318	23.8	108.7	923,661,737	24.2	114.0
現金預金	701,887,731	20.2	100.0	712,689,633	20.2	101.5	722,188,972	20.1	102.9	758,650,399	20.5	108.1	796,740,756	20.9	113.5
未収入金	64,938,832	1.9	100.0	62,701,157	1.8	96.6	71,328,350	2.0	109.8	73,997,791	2.0	113.9	77,126,814	2.0	118.8
短期貸付金	1,961,266	0.1	100.0	1,591,334	0.0	81.1	1,894,834	0.1	96.6	1,448,433	0.0	73.9	1,363,683	0.0	69.5
有価証券	31,820,358	0.9	100.0	32,736,476	0.9	102.9	32,787,942	0.9	103.0	31,244,454	0.8	98.2	35,741,543	0.9	112.3
その他流動資産	9,437,930	0.3	100.0	8,738,775	0.2	92.6	13,204,444	0.4	139.9	14,854,240	0.4	157.4	12,688,940	0.3	134.4
資産の部合計	3,479,801,060	100.0	100.0	3,524,817,326	100.0	101.3	3,597,169,883	100.0	103.4	3,692,633,098	100.0	106.1	3,812,466,790	100.0	109.6

(負債及び純資産の部)

(単位：千円)

区分	29年度			30年度			令和元年度			2年度			3年度		
法人数	5,033 法人			4,898 法人			4,885 法人			4,880 法人			4,878 法人		
科目	金額	構成比率(%)	趨勢構造比率	金額	構成比率(%)	趨勢構造比率	金額	構成比率(%)	趨勢構造比率	金額	構成比率(%)	趨勢構造比率	金額	構成比率(%)	趨勢構造比率
(負債の部)															
固定負債	240,808,652	6.9	100.0	250,842,570	7.1	104.2	264,798,083	7.4	110.0	274,293,222	7.4	113.9	280,515,475	7.4	116.5
長期借入金	204,649,351	5.9	100.0	214,427,477	6.1	104.8	226,800,322	6.3	110.8	235,098,295	6.4	114.9	239,812,020	6.3	117.2
学校債	571,943	0.0	100.0	493,500	0.0	86.3	570,355	0.0	99.7	584,553	0.0	102.2	623,878	0.0	109.1
長期未払金	3,624,037	0.1	100.0	3,734,661	0.1	103.1	4,457,270	0.1	123.0	4,733,398	0.1	130.6	5,482,231	0.1	151.3
退職給与引当金	30,222,756	0.9	100.0	29,852,145	0.8	98.8	30,441,431	0.8	100.7	31,826,745	0.9	105.3	32,390,913	0.8	107.2
その他固定負債	1,740,564	0.1	100.0	2,334,787	0.1	134.1	2,528,706	0.1	145.3	2,050,231	0.1	117.8	2,206,432	0.1	126.8
流動負債	140,038,199	4.0	100.0	136,782,763	3.9	97.7	137,892,326	3.8	98.5	134,881,538	3.7	96.3	134,286,310	3.5	95.9
短期借入金	47,740,709	1.4	100.0	47,845,305	1.4	100.2	47,768,965	1.3	100.1	48,636,922	1.3	101.9	48,314,321	1.3	101.2
一年以内償還予定学校債	901,801	0.0	100.0	828,084	0.0	91.8	806,294	0.0	89.4	767,784	0.0	85.1	936,437	0.0	103.8
手形債務	67,182	0.0	100.0	4,810	0.0	7.2	18,795	0.0	28.0	3,377	0.0	5.0	0	0.0	0.0
未払金	51,409,673	1.5	100.0	48,585,624	1.4	94.5	50,978,351	1.4	99.2	47,987,113	1.3	93.3	49,329,966	1.3	96.0
前受金	29,412,929	0.8	100.0	28,709,433	0.8	97.6	26,345,187	0.7	89.6	25,416,536	0.7	86.4	22,226,145	0.6	75.6
その他流動負債	10,529,205	0.3	100.0	10,809,508	0.3	102.7	11,974,734	0.3	113.7	12,069,807	0.3	114.6	13,479,441	0.4	128.0
負債の部合計	380,846,851	10.9	100.0	387,625,333	11.0	101.8	402,690,409	11.2	105.7	409,174,760	11.1	107.4	414,801,784	10.9	108.9
(純資産の部)															
基本金	3,144,830,884	90.4	100.0	3,183,145,094	90.3	101.2	3,256,667,162	90.5	103.6	3,343,593,962	90.5	106.3	3,455,960,916	90.6	109.9
第1号基本金	3,089,653,385	88.8	100.0	3,114,430,072	88.4	100.8	3,188,706,374	88.6	103.2	3,274,094,859	88.7	106.0	3,384,783,382	88.8	109.6
第2号基本金	33,332,301	1.0	100.0	41,642,154	1.2	124.9	39,977,238	1.1	119.9	40,907,628	1.1	122.7	42,134,063	1.1	126.4
第3号基本金	2,694,165	0.1	100.0	6,165,518	0.2	228.8	6,380,112	0.2	236.8	6,549,704	0.2	243.1	6,346,250	0.2	235.6
第4号基本金	19,151,033	0.6	100.0	20,907,349	0.6	109.2	21,603,438	0.6	112.8	22,041,771	0.6	115.1	22,697,220	0.6	118.5
繰越収支差額	-45,876,676	-1.3	100.0	-45,953,101	-1.3	100.2	-62,187,688	-1.7	135.6	-60,135,624	-1.6	131.1	-58,295,910	-1.5	127.1
翌年度繰越収支差額	-45,876,676	-1.3	100.0	-45,953,101	-1.3	100.2	-62,187,688	-1.7	135.6	-60,135,624	-1.6	131.1	-58,295,910	-1.5	127.1
純資産の部合計	3,098,954,208	89.1	100.0	3,137,191,993	89.0	101.2	3,194,479,474	88.8	103.1	3,283,458,338	88.9	106.0	3,397,665,005	89.1	109.6
負債・純資産の部合計	3,479,801,060	100.0	100.0	3,524,817,326	100.0	101.3	3,597,169,883	100.0	103.4	3,692,633,098	100.0	106.1	3,812,466,790	100.0	109.6

(注) 趨勢は２９年度を 100 としたものである。

令 和 3 年 度 貸 借 対 照 表（都道府県別）
― 幼 稚 園 法 人 ―

（資産の部）（１０－１）　　　　（単位：千円）

区分	合計			北海道			青森県			岩手県			宮城県		
法人数	4,878 法人			240 法人			57 法人			50 法人			92 法人		
科目	金額	構成比率(%)	趨勢構造比率	金額	構成比率(%)	趨勢構造比率	金額	構成比率(%)	趨勢構造比率	金額	構成比率(%)	趨勢構造比率	金額	構成比率(%)	趨勢構造比率
(資産の部)															
固定資産	2,888,805,053	75.8	100.0	131,096,592	80.1	4.5	13,942,869	72.8	0.5	18,406,454	83.0	0.6	52,998,254	75.4	1.8
有形固定資産	2,391,080,995	62.7	100.0	107,488,833	65.7	4.5	11,535,559	60.2	0.5	14,354,609	64.7	0.6	45,354,187	64.6	1.9
土地	1,069,759,227	28.1	100.0	28,792,311	17.6	2.7	4,569,024	23.9	0.4	4,715,526	21.3	0.4	18,049,485	25.7	1.7
建物	1,153,411,758	30.3	100.0	69,391,353	42.4	6.0	5,928,306	31.0	0.5	8,448,936	38.1	0.7	23,760,258	33.8	2.1
構築物	72,327,539	1.9	100.0	3,133,650	1.9	4.3	360,796	1.9	0.5	420,719	1.9	0.6	1,329,548	1.9	1.8
教育研究用機器備品	39,486,019	1.0	100.0	2,895,341	1.8	7.3	237,978	1.2	0.6	537,341	2.4	1.4	801,800	1.1	2.0
その他有形固定資産	56,096,452	1.5	100.0	3,276,178	2.0	5.8	439,456	2.3	0.8	232,087	1.0	0.4	1,413,095	2.0	2.5
特定資産	325,082,355	8.5	100.0	19,659,914	12.0	6.0	2,074,149	10.8	0.6	3,087,970	13.9	0.9	5,232,024	7.4	1.6
退職給与引当特定資産	26,751,930	0.7	100.0	1,353,069	0.8	5.1	304,281	1.6	1.1	385,075	1.7	1.4	462,495	0.7	1.7
その他引当特定資産	298,330,425	7.8	100.0	18,306,845	11.2	6.1	1,769,868	9.2	0.6	2,702,895	12.2	0.9	4,769,529	6.8	1.6
その他の固定資産	172,641,703	4.5	100.0	3,947,845	2.4	2.3	333,161	1.7	0.2	963,875	4.3	0.6	2,412,043	3.4	1.4
有価証券	75,543,208	2.0	100.0	1,140,367	0.7	1.5	11,076	0.1	0.0	372,175	1.7	0.5	1,026,336	1.5	1.4
収益事業元入金	15,297,025	0.4	100.0	459,923	0.3	3.0	182,588	1.0	1.2	38,604	0.2	0.3	339,306	0.5	2.2
長期貸付金	3,297,302	0.1	100.0	440,999	0.3	13.4	1,020	0.0	0.0	11,412	0.1	0.3	55,471	0.1	1.7
その他	78,504,168	2.1	100.0	1,906,555	1.2	2.4	138,477	0.7	0.2	541,683	2.4	0.7	990,930	1.4	1.3
流動資産	923,661,737	24.2	100.0	32,586,627	19.9	3.5	5,210,279	27.2	0.6	3,774,106	17.0	0.4	17,250,674	24.6	1.9
現金預金	796,740,756	20.9	100.0	25,487,091	15.6	3.2	4,610,863	24.1	0.6	3,177,721	14.3	0.4	15,783,699	22.5	2.0
未収入金	77,126,814	2.0	100.0	4,239,330	2.6	5.5	541,413	2.8	0.7	566,435	2.6	0.7	1,313,397	1.9	1.7
短期貸付金	1,363,683	0.0	100.0	22,213	0.0	1.6	13,079	0.1	1.0	0	0.0	0.0	1,500	0.0	0.1
有価証券	35,741,543	0.9	100.0	1,761,650	1.1	4.9	24,452	0.1	0.1	0	0.0	0.0	41,159	0.1	0.1
その他流動資産	12,688,940	0.3	100.0	1,076,343	0.7	8.5	20,472	0.1	0.2	29,950	0.1	0.2	110,919	0.2	0.9
資産の部合計	3,812,466,790	100.0	100.0	163,683,219	100.0	4.3	19,153,148	100.0	0.5	22,180,560	100.0	0.6	70,248,929	100.0	1.8

(負債及び純資産の部)　(１０－１)

(単位：千円)

区分	合計			北海道			青森県			岩手県			宮城県		
法人数	4,878 法人			240 法人			57 法人			50 法人			92 法人		
科目	金額	構成比率(%)	趨勢構造比率	金額	構成比率(%)	趨勢構造比率	金額	構成比率(%)	趨勢構造比率	金額	構成比率(%)	趨勢構造比率	金額	構成比率(%)	趨勢構造比率
(負債の部)															
固定負債	280,515,475	7.4	100.0	18,017,603	11.0	6.4	1,514,861	7.9	0.5	2,361,700	10.6	0.8	6,560,952	9.3	2.3
長期借入金	239,812,020	6.3	100.0	15,840,817	9.7	6.6	1,010,915	5.3	0.4	1,755,328	7.9	0.7	5,337,024	7.6	2.2
学校債	623,878	0.0	100.0	1,184	0.0	0.2	0	0.0	0.0	32,649	0.1	5.2	135,000	0.2	21.6
長期未払金	5,482,231	0.1	100.0	334,803	0.2	6.1	32,019	0.2	0.6	38,482	0.2	0.7	136,624	0.2	2.5
退職給与引当金	32,390,913	0.8	100.0	1,772,029	1.1	5.5	469,897	2.5	1.5	528,017	2.4	1.6	935,634	1.3	2.9
その他固定負債	2,206,432	0.1	100.0	68,770	0.0	3.1	2,030	0.0	0.1	7,224	0.0	0.3	16,670	0.0	0.8
流動負債	134,286,310	3.5	100.0	9,189,251	5.6	6.8	645,854	3.4	0.5	713,475	3.2	0.5	3,320,757	4.7	2.5
短期借入金	48,314,321	1.3	100.0	2,562,894	1.6	5.3	177,937	0.9	0.4	343,816	1.6	0.7	1,063,278	1.5	2.2
一年以内償還予定学校債	936,437	0.0	100.0	45,133	0.0	4.8	7,000	0.0	0.7	1,379	0.0	0.1	6,676	0.0	0.7
手形債務	0	0.0	100.0	0	0.0	0.0	0	0.0	0.0	0	0.0	0.0	0	0.0	0.0
未払金	49,329,966	1.3	100.0	4,289,397	2.6	8.7	416,325	2.2	0.8	236,078	1.1	0.5	1,367,971	1.9	2.8
前受金	22,226,145	0.6	100.0	844,340	0.5	3.8	4,868	0.0	0.0	61,627	0.3	0.3	477,855	0.7	2.1
その他流動負債	13,479,441	0.4	100.0	1,447,487	0.9	10.7	39,725	0.2	0.3	70,574	0.3	0.5	404,977	0.6	3.0
負債の部合計	414,801,784	10.9	100.0	27,206,854	16.6	6.6	2,160,715	11.3	0.5	3,075,175	13.9	0.7	9,881,708	14.1	2.4
(純資産の部)															
基本金	3,455,960,916	90.6	100.0	152,804,901	93.4	4.4	19,034,261	99.4	0.6	23,821,637	107.4	0.7	69,057,771	98.3	2.0
第1号基本金	3,384,783,382	88.8	100.0	151,416,872	92.5	4.5	18,854,231	98.4	0.6	23,294,635	105.0	0.7	68,737,621	97.8	2.0
第2号基本金	42,134,063	1.1	100.0	1,049,520	0.6	2.5	0	0.0	0.0	339,000	1.5	0.8	148,481	0.2	0.4
第3号基本金	6,346,250	0.2	100.0	7,700	0.0	0.1	0	0.0	0.0	145,002	0.7	2.3	0	0.0	0.0
第4号基本金	22,697,220	0.6	100.0	330,810	0.2	1.5	180,030	0.9	0.8	43,000	0.2	0.2	171,669	0.2	0.8
繰越収支差額	-58,295,910	-1.5	100.0	-16,328,537	-10.0	28.0	-2,041,828	-10.7	3.5	-4,716,252	-21.3	8.1	-8,690,551	-12.4	14.9
翌年度繰越収支差額	-58,295,910	-1.5	100.0	-16,328,537	-10.0	28.0	-2,041,828	-10.7	3.5	-4,716,252	-21.3	8.1	-8,690,551	-12.4	14.9
純資産の部合計	3,397,665,005	89.1	100.0	136,476,364	83.4	4.0	16,992,433	88.7	0.5	19,105,385	86.1	0.6	60,367,221	85.9	1.8
負債・純資産の部合計	3,812,466,790	100.0	100.0	163,683,219	100.0	4.3	19,153,148	100.0	0.5	22,180,560	100.0	0.6	70,248,929	100.0	1.8

(注) 構造比率は幼稚園法人合計を100としたものである。

令和3年度貸借対照表（都道府県別）
一幼稚園法人一

（資産の部）（１０－２）　　　　（単位：千円）

区分	秋田県			山形県			福島県			茨城県			栃木県		
法人数	44 法人			60 法人			91 法人			139 法人			148 法人		
科目	金額	構成比率(%)	趨勢構造比率	金額	構成比率(%)	趨勢構造比率	金額	構成比率(%)	趨勢構造比率	金額	構成比率(%)	趨勢構造比率	金額	構成比率(%)	趨勢構造比率
(資産の部)															
固定資産	18,406,718	82.7	0.6	26,665,072	75.4	0.9	45,844,445	77.6	1.6	68,216,356	73.4	2.4	78,230,266	76.1	2.7
有形固定資産	12,853,583	57.8	0.5	22,074,319	62.4	0.9	38,992,979	66.0	1.6	54,834,558	59.0	2.3	67,247,898	65.4	2.8
土地	3,693,789	16.6	0.3	5,671,380	16.0	0.5	10,445,110	17.7	1.0	20,697,174	22.3	1.9	15,938,394	15.5	1.5
建物	8,223,539	37.0	0.7	14,059,192	39.8	1.2	23,946,720	40.5	2.1	30,102,180	32.4	2.6	45,222,064	44.0	3.9
構築物	402,893	1.8	0.6	912,902	2.6	1.3	1,521,884	2.6	2.1	1,827,348	2.0	2.5	3,166,652	3.1	4.4
教育研究用機器備品	353,969	1.6	0.9	623,349	1.8	1.6	654,518	1.1	1.7	892,664	1.0	2.3	888,978	0.9	2.3
その他有形固定資産	179,393	0.8	0.3	807,495	2.3	1.4	2,424,747	4.1	4.3	1,315,192	1.4	2.3	2,031,809	2.0	3.6
特定資産	4,933,533	22.2	1.5	3,653,967	10.3	1.1	6,413,745	10.9	2.0	6,044,066	6.5	1.9	7,861,471	7.6	2.4
退職給与引当特定資産	489,339	2.2	1.8	443,364	1.3	1.7	863,341	1.5	3.2	1,077,649	1.2	4.0	1,611,008	1.6	6.0
その他引当特定資産	4,444,194	20.0	1.5	3,210,603	9.1	1.1	5,550,404	9.4	1.9	4,966,417	5.3	1.7	6,250,463	6.1	2.1
その他の固定資産	619,603	2.8	0.4	936,786	2.6	0.5	437,721	0.7	0.3	7,337,732	7.9	4.3	3,120,897	3.0	1.8
有価証券	70,930	0.3	0.1	565,271	1.6	0.7	10,203	0.0	0.0	6,023,949	6.5	8.0	667,317	0.6	0.9
収益事業元入金	498,566	2.2	3.3	1,009	0.0	0.0	0	0.0	0.0	54,813	0.1	0.4	747,037	0.7	4.9
長期貸付金	1,830	0.0	0.1	59,200	0.2	1.8	10,900	0.0	0.3	206,390	0.2	6.3	40,962	0.0	1.2
その他	48,277	0.2	0.1	311,306	0.9	0.4	416,618	0.7	0.5	1,052,580	1.1	1.3	1,665,581	1.6	2.1
流動資産	3,838,963	17.3	0.4	8,697,504	24.6	0.9	13,263,282	22.4	1.4	24,673,641	26.6	2.7	24,562,866	23.9	2.7
現金預金	3,328,154	15.0	0.4	7,157,021	20.2	0.9	8,192,568	13.9	1.0	18,717,383	20.2	2.3	20,476,244	19.9	2.6
未収入金	395,329	1.8	0.5	1,100,629	3.1	1.4	2,377,222	4.0	3.1	4,997,903	5.4	6.5	2,666,801	2.6	3.5
短期貸付金	0	0.0	0.0	6,958	0.0	0.5	9,503	0.0	0.7	88,880	0.1	6.5	28,598	0.0	2.1
有価証券	103,350	0.5	0.3	132,698	0.4	0.4	2,457,907	4.2	6.9	347,577	0.4	1.0	871,251	0.8	2.4
その他流動資産	12,130	0.1	0.1	300,198	0.8	2.4	226,082	0.4	1.8	521,898	0.6	4.1	519,972	0.5	4.1
資産の部合計	22,245,681	100.0	0.6	35,362,577	100.0	0.9	59,107,727	100.0	1.6	92,889,996	100.0	2.4	102,793,133	100.0	2.7

(負債及び純資産の部)　(１０－２)　　(単位：千円)

区分	秋田県			山形県			福島県			茨城県			栃木県		
法人数	44 法人			60 法人			91 法人			139 法人			148 法人		
科目	金額	構成比率(%)	趨勢構造比率	金額	構成比率(%)	趨勢構造比率	金額	構成比率(%)	趨勢構造比率	金額	構成比率(%)	趨勢構造比率	金額	構成比率(%)	趨勢構造比率
(負債の部)															
固定負債	1,475,464	6.6	0.5	3,681,769	10.4	1.3	7,200,553	12.2	2.6	8,137,307	8.8	2.9	11,363,971	11.1	4.1
長期借入金	956,962	4.3	0.4	2,960,267	8.4	1.2	6,014,885	10.2	2.5	6,593,351	7.1	2.7	9,777,975	9.5	4.1
学校債	0	0.0	0.0	36,000	0.1	5.8	0	0.0	0.0	30,500	0.0	4.9	0	0.0	0.0
長期未払金	9,418	0.0	0.2	59,445	0.2	1.1	56,054	0.1	1.0	98,875	0.1	1.8	87,657	0.1	1.6
退職給与引当金	509,085	2.3	1.6	626,057	1.8	1.9	1,123,082	1.9	3.5	1,367,969	1.5	4.2	1,472,082	1.4	4.5
その他固定負債	0	0.0	0.0	0	0.0	0.0	6,533	0.0	0.3	46,612	0.1	2.1	26,256	0.0	1.2
流動負債	776,350	3.5	0.6	1,469,008	4.2	1.1	4,126,789	7.0	3.1	3,262,843	3.5	2.4	3,424,525	3.3	2.6
短期借入金	199,498	0.9	0.4	640,827	1.8	1.3	1,467,315	2.5	3.0	1,415,910	1.5	2.9	1,250,502	1.2	2.6
一年以内償還予定学校債	0	0.0	0.0	0	0.0	0.0	1,529	0.0	0.2	28,012	0.0	3.0	14,004	0.0	1.5
手形債務	0	0.0	0.0	0	0.0	0.0	0	0.0	0.0	0	0.0	0.0	0	0.0	0.0
未払金	423,551	1.9	0.9	522,467	1.5	1.1	2,257,358	3.8	4.6	1,236,595	1.3	2.5	1,459,105	1.4	3.0
前受金	80,135	0.4	0.4	213,418	0.6	1.0	80,572	0.1	0.4	254,938	0.3	1.1	105,370	0.1	0.5
その他流動負債	73,166	0.3	0.5	92,296	0.3	0.7	320,015	0.5	2.4	327,388	0.4	2.4	595,545	0.6	4.4
負債の部合計	2,251,815	10.1	0.5	5,150,777	14.6	1.2	11,327,342	19.2	2.7	11,400,149	12.3	2.7	14,788,496	14.4	3.6
(純資産の部)															
基本金	22,231,383	99.9	0.6	31,922,760	90.3	0.9	55,038,543	93.1	1.6	81,535,404	87.8	2.4	93,755,710	91.2	2.7
第1号基本金	21,957,485	98.7	0.6	31,637,723	89.5	0.9	54,257,282	91.8	1.6	80,350,422	86.5	2.4	92,411,948	89.9	2.7
第2号基本金	127,839	0.6	0.3	64,000	0.2	0.2	245,000	0.4	0.6	623,729	0.7	1.5	791,481	0.8	1.9
第3号基本金	0	0.0	0.0	0	0.0	0.0	0	0.0	0.0	0	0.0	0.0	300,081	0.3	4.7
第4号基本金	146,059	0.7	0.6	221,037	0.6	1.0	536,261	0.9	2.4	561,253	0.6	2.5	252,200	0.2	1.1
繰越収支差額	-2,237,517	-10.1	3.8	-1,710,960	-4.8	2.9	-7,258,158	-12.3	12.5	-45,557	0.0	0.1	-5,751,073	-5.6	9.9
翌年度繰越収支差額	-2,237,517	-10.1	3.8	-1,710,960	-4.8	2.9	-7,258,158	-12.3	12.5	-45,557	0.0	0.1	-5,751,073	-5.6	9.9
純資産の部合計	19,993,866	89.9	0.6	30,211,800	85.4	0.9	47,780,385	80.8	1.4	81,489,847	87.7	2.4	88,004,637	85.6	2.6
負債・純資産の部合計	22,245,681	100.0	0.6	35,362,577	100.0	0.9	59,107,727	100.0	1.6	92,889,996	100.0	2.4	102,793,133	100.0	2.7

(注) 構造比率は幼稚園法人合計を 100 としたものである。

令和3年度貸借対照表（都道府県別）
―幼稚園法人―

（資産の部）（１０－３）　　　　（単位：千円）

区分	群馬県			埼玉県			千葉県			東京都			神奈川県		
法人数	95 法人			442 法人			292 法人			396 法人			413 法人		
科目	金額	構成比率(%)	趨勢構造比率	金額	構成比率(%)	趨勢構造比率	金額	構成比率(%)	趨勢構造比率	金額	構成比率(%)	趨勢構造比率	金額	構成比率(%)	趨勢構造比率
(資産の部)															
固定資産	39,481,348	82.2	1.4	276,644,668	76.0	9.6	179,815,810	77.0	6.2	349,293,847	77.4	12.1	332,218,475	74.3	11.5
有形固定資産	33,741,688	70.3	1.4	235,286,959	64.7	9.8	141,475,606	60.6	5.9	302,342,288	67.0	12.6	274,435,510	61.4	11.5
土地	10,339,951	21.5	1.0	113,823,922	31.3	10.6	67,570,684	28.9	6.3	189,558,794	42.0	17.7	153,354,689	34.3	14.3
建物	20,722,204	43.2	1.8	108,400,945	29.8	9.4	63,380,554	27.2	5.5	98,324,990	21.8	8.5	105,645,508	23.6	9.2
構築物	1,179,214	2.5	1.6	6,466,666	1.8	8.9	4,376,540	1.9	6.1	6,105,410	1.4	8.4	6,965,582	1.6	9.6
教育研究用機器備品	560,813	1.2	1.4	3,822,719	1.1	9.7	2,450,488	1.0	6.2	2,831,998	0.6	7.2	2,476,472	0.6	6.3
その他有形固定資産	939,507	2.0	1.7	2,772,708	0.8	4.9	3,697,339	1.6	6.6	5,521,096	1.2	9.8	5,993,258	1.3	10.7
特定資産	4,455,675	9.3	1.4	32,422,691	8.9	10.0	13,684,537	5.9	4.2	25,071,487	5.6	7.7	37,306,546	8.3	11.5
退職給与引当特定資産	586,625	1.2	2.2	3,872,697	1.1	14.5	1,525,145	0.7	5.7	530,532	0.1	2.0	1,254,478	0.3	4.7
その他引当特定資産	3,869,051	8.1	1.3	28,549,994	7.8	9.6	12,159,392	5.2	4.1	24,540,954	5.4	8.2	36,052,069	8.1	12.1
その他の固定資産	1,283,985	2.7	0.7	8,935,018	2.5	5.2	24,655,668	10.6	14.3	21,880,073	4.8	12.7	20,476,419	4.6	11.9
有価証券	275,955	0.6	0.4	5,525,049	1.5	7.3	5,125,566	2.2	6.8	9,225,992	2.0	12.2	9,395,620	2.1	12.4
収益事業元入金	6,581	0.0	0.0	330,758	0.1	2.2	1,134,827	0.5	7.4	2,980,093	0.7	19.5	3,016,740	0.7	19.7
長期貸付金	157,486	0.3	4.8	86,715	0.0	2.6	207,077	0.1	6.3	305,470	0.1	9.3	176,338	0.0	5.3
その他	843,963	1.8	1.1	2,992,496	0.8	3.8	18,188,197	7.8	23.2	9,368,518	2.1	11.9	7,887,721	1.8	10.0
流動資産	8,532,885	17.8	0.9	87,241,497	24.0	9.4	53,607,484	23.0	5.8	101,949,694	22.6	11.0	114,701,521	25.7	12.4
現金預金	6,951,658	14.5	0.9	79,238,593	21.8	9.9	45,076,454	19.3	5.7	88,738,676	19.7	11.1	101,429,609	22.7	12.7
未収入金	1,494,502	3.1	1.9	4,955,104	1.4	6.4	4,010,039	1.7	5.2	8,738,075	1.9	11.3	7,512,558	1.7	9.7
短期貸付金	1,512	0.0	0.1	198,184	0.1	14.5	2,827	0.0	0.2	31,935	0.0	2.3	62,619	0.0	4.6
有価証券	30,712	0.1	0.1	2,411,202	0.7	6.7	3,094,996	1.3	8.7	3,610,943	0.8	10.1	3,784,903	0.8	10.6
その他流動資産	54,501	0.1	0.4	438,414	0.1	3.5	1,423,168	0.6	11.2	830,065	0.2	6.5	1,911,832	0.4	15.1
資産の部合計	48,014,233	100.0	1.3	363,886,165	100.0	9.5	233,423,294	100.0	6.1	451,243,541	100.0	11.8	446,919,996	100.0	11.7

（負債及び純資産の部）（１０－３）

（単位：千円）

区分	群馬県			埼玉県			千葉県			東京都			神奈川県		
法人数	95 法人			442 法人			292 法人			396 法人			413 法人		
科目	金額	構成比率 (%)	趨勢 構造比率	金額	構成比率 (%)	趨勢 構造比率	金額	構成比率 (%)	趨勢 構造比率	金額	構成比率 (%)	趨勢 構造比率	金額	構成比率 (%)	趨勢 構造比率
(負債の部)															
固定負債	5,116,729	10.7	1.8	23,121,197	6.4	8.2	16,326,065	7.0	5.8	23,811,788	5.3	8.5	23,795,242	5.3	8.5
長期借入金	4,369,115	9.1	1.8	18,471,467	5.1	7.7	13,000,394	5.6	5.4	21,613,687	4.8	9.0	20,365,236	4.6	8.5
学校債	0	0.0	0.0	0	0.0	0.0	73,600	0.0	11.8	0	0.0	0.0	1,650	0.0	0.3
長期未払金	114,502	0.2	2.1	547,912	0.2	10.0	311,310	0.1	5.7	534,076	0.1	9.7	921,068	0.2	16.8
退職給与引当金	573,481	1.2	1.8	4,027,240	1.1	12.4	2,912,774	1.2	9.0	1,296,645	0.3	4.0	2,361,714	0.5	7.3
その他固定負債	59,630	0.1	2.7	74,578	0.0	3.4	27,987	0.0	1.3	367,380	0.1	16.7	145,574	0.0	6.6
流動負債	1,895,634	3.9	1.4	9,791,136	2.7	7.3	9,323,528	4.0	6.9	12,389,167	2.7	9.2	14,220,079	3.2	10.6
短期借入金	982,720	2.0	2.0	3,695,931	1.0	7.6	3,506,660	1.5	7.3	4,371,601	1.0	9.0	5,083,923	1.1	10.5
一年以内償還予定学校債	6,210	0.0	0.7	17,627	0.0	1.9	24,363	0.0	2.6	3,888	0.0	0.4	55,150	0.0	5.9
手形債務	0	0.0	0.0	0	0.0	0.0	0	0.0	0.0	0	0.0	0.0	0	0.0	0.0
未払金	506,864	1.1	1.0	3,298,370	0.9	6.7	3,108,901	1.3	6.3	3,713,056	0.8	7.5	3,960,941	0.9	8.0
前受金	229,191	0.5	1.0	1,934,752	0.5	8.7	2,169,205	0.9	9.8	3,441,611	0.8	15.5	4,016,061	0.9	18.1
その他流動負債	170,649	0.4	1.3	844,456	0.2	6.3	514,399	0.2	3.8	859,011	0.2	6.4	1,104,004	0.2	8.2
負債の部合計	7,012,362	14.6	1.7	32,912,333	9.0	7.9	25,649,593	11.0	6.2	36,200,956	8.0	8.7	38,015,321	8.5	9.2
(純資産の部)															
基本金	47,418,524	98.8	1.4	348,089,818	95.7	10.1	215,703,272	92.4	6.2	392,534,372	87.0	11.4	392,461,221	87.8	11.4
第1号基本金	47,032,474	98.0	1.4	341,309,209	93.8	10.1	213,360,293	91.4	6.3	385,914,814	85.5	11.4	381,566,521	85.4	11.3
第2号基本金	230,000	0.5	0.5	4,995,473	1.4	11.9	1,236,661	0.5	2.9	4,999,229	1.1	11.9	8,676,029	1.9	20.6
第3号基本金	0	0.0	0.0	92,250	0.0	1.5	145,501	0.1	2.3	217,477	0.0	3.4	323,396	0.1	5.1
第4号基本金	156,050	0.3	0.7	1,692,886	0.5	7.5	960,817	0.4	4.2	1,402,852	0.3	6.2	1,895,276	0.4	8.4
繰越収支差額	-6,416,652	-13.4	11.0	-17,115,986	-4.7	29.4	-7,929,571	-3.4	13.6	22,508,214	5.0	-38.6	16,443,453	3.7	-28.2
翌年度繰越収支差額	-6,416,652	-13.4	11.0	-17,115,986	-4.7	29.4	-7,929,571	-3.4	13.6	22,508,214	5.0	-38.6	16,443,453	3.7	-28.2
純資産の部合計	41,001,871	85.4	1.2	330,973,832	91.0	9.7	207,773,701	89.0	6.1	415,042,586	92.0	12.2	408,904,675	91.5	12.0
負債・純資産の部合計	48,014,233	100.0	1.3	363,886,165	100.0	9.5	233,423,294	100.0	6.1	451,243,541	100.0	11.8	446,919,996	100.0	11.7

（注）構造比率は幼稚園法人合計を 100 としたものである。

令和３年度貸借対照表（都道府県別）
ー幼稚園法人ー

（資産の部）（１０－４）　　　　（単位：千円）

区分	新潟県			富山県			石川県			福井県			山梨県		
法人数	64 法人			32 法人			37 法人			26 法人			44 法人		
科目	金額	構成比率(%)	趨勢構造比率	金額	構成比率(%)	趨勢構造比率	金額	構成比率(%)	趨勢構造比率	金額	構成比率(%)	趨勢構造比率	金額	構成比率(%)	趨勢構造比率
(資産の部)															
固定資産	33,836,040	77.0	1.2	11,147,576	75.1	0.4	14,971,507	75.9	0.5	11,242,274	88.0	0.4	12,403,992	71.6	0.4
有形固定資産	30,939,547	70.4	1.3	10,398,108	70.0	0.4	11,730,417	59.5	0.5	7,863,959	61.6	0.3	10,565,765	61.0	0.4
土地	8,827,810	20.1	0.8	2,474,316	16.7	0.2	3,585,167	18.2	0.3	2,205,594	17.3	0.2	4,185,099	24.2	0.4
建物	19,393,945	44.1	1.7	6,988,305	47.1	0.6	7,425,016	37.6	0.6	4,864,023	38.1	0.4	5,189,223	30.0	0.4
構築物	1,219,135	2.8	1.7	467,836	3.1	0.6	255,741	1.3	0.4	341,422	2.7	0.5	404,986	2.3	0.6
教育研究用機器備品	576,278	1.3	1.5	272,288	1.8	0.7	219,240	1.1	0.6	177,101	1.4	0.4	297,746	1.7	0.8
その他有形固定資産	922,378	2.1	1.6	195,364	1.3	0.3	245,253	1.2	0.4	275,820	2.2	0.5	488,710	2.8	0.9
特定資産	1,833,516	4.2	0.6	300,672	2.0	0.1	3,184,071	16.1	1.0	2,728,219	21.4	0.8	1,236,997	7.1	0.4
退職給与引当特定資産	507,565	1.2	1.9	63,220	0.4	0.2	275,174	1.4	1.0	45,340	0.4	0.2	299,135	1.7	1.1
その他引当特定資産	1,325,952	3.0	0.4	237,452	1.6	0.1	2,908,896	14.7	1.0	2,682,880	21.0	0.9	937,863	5.4	0.3
その他の固定資産	1,062,977	2.4	0.6	448,796	3.0	0.3	57,020	0.3	0.0	650,095	5.1	0.4	601,230	3.5	0.3
有価証券	43,725	0.1	0.1	111,850	0.8	0.1	13,284	0.1	0.0	72,972	0.6	0.1	436,389	2.5	0.6
収益事業元入金	69,340	0.2	0.5	426	0.0	0.0	0	0.0	0.0	0	0.0	0.0	0	0.0	0.0
長期貸付金	12,110	0.0	0.4	0	0.0	0.0	0	0.0	0.0	72,844	0.6	2.2	0	0.0	0.0
その他	937,801	2.1	1.2	336,520	2.3	0.4	43,735	0.2	0.1	504,279	3.9	0.6	164,841	1.0	0.2
流動資産	10,093,313	23.0	1.1	3,704,788	24.9	0.4	4,751,398	24.1	0.5	1,532,107	12.0	0.2	4,912,209	28.4	0.5
現金預金	8,477,352	19.3	1.1	2,994,302	20.2	0.4	3,930,954	19.9	0.5	1,288,853	10.1	0.2	3,914,180	22.6	0.5
未収入金	1,395,374	3.2	1.8	237,699	1.6	0.3	774,052	3.9	1.0	237,049	1.9	0.3	423,785	2.4	0.5
短期貸付金	15,708	0.0	1.2	696	0.0	0.1	15,094	0.1	1.1	0	0.0	0.0	15	0.0	0.0
有価証券	134,747	0.3	0.4	467,596	3.1	1.3	0	0.0	0.0	0	0.0	0.0	521,582	3.0	1.5
その他流動資産	70,131	0.2	0.6	4,496	0.0	0.0	31,297	0.2	0.2	6,205	0.0	0.0	52,647	0.3	0.4
資産の部合計	43,929,353	100.0	1.2	14,852,364	100.0	0.4	19,722,905	100.0	0.5	12,774,381	100.0	0.3	17,316,201	100.0	0.5

(負債及び純資産の部)　(１０－４)　　(単位：千円)

区分	新潟県			富山県			石川県			福井県			山梨県		
法人数	64 法人			32 法人			37 法人			26 法人			44 法人		
科目	金額	構成比率(%)	趨勢構造比率	金額	構成比率(%)	趨勢構造比率	金額	構成比率(%)	趨勢構造比率	金額	構成比率(%)	趨勢構造比率	金額	構成比率(%)	趨勢構造比率
(負債の部)															
固定負債	5,105,865	11.6	1.8	1,843,635	12.4	0.7	1,505,923	7.6	0.5	1,246,673	9.8	0.4	1,061,302	6.1	0.4
長期借入金	4,340,680	9.9	1.8	1,718,402	11.6	0.7	1,226,772	6.2	0.5	1,133,436	8.9	0.5	774,212	4.5	0.3
学校債	0	0.0	0.0	0	0.0	0.0	70,250	0.4	11.3	49,500	0.4	7.9	0	0.0	0.0
長期未払金	60,994	0.1	1.1	28,761	0.2	0.5	81,142	0.4	1.5	0	0.0	0.0	16,247	0.1	0.3
退職給与引当金	642,614	1.5	2.0	96,473	0.6	0.3	127,759	0.6	0.4	50,141	0.4	0.2	257,604	1.5	0.8
その他固定負債	61,577	0.1	2.8	0	0.0	0.0	0	0.0	0.0	13,596	0.1	0.6	13,239	0.1	0.6
流動負債	2,046,574	4.7	1.5	412,729	2.8	0.3	1,265,668	6.4	0.9	278,802	2.2	0.2	674,706	3.9	0.5
短期借入金	883,093	2.0	1.8	232,127	1.6	0.5	826,072	4.2	1.7	141,403	1.1	0.3	183,285	1.1	0.4
一年以内償還予定学校債	0	0.0	0.0	11,328	0.1	1.2	0	0.0	0.0	4,656	0.0	0.5	23,631	0.1	2.5
手形債務	0	0.0	0.0	0	0.0	0.0	0	0.0	0.0	0	0.0	0.0	0	0.0	0.0
未払金	943,161	2.1	1.9	116,202	0.8	0.2	370,543	1.9	0.8	104,120	0.8	0.2	293,767	1.7	0.6
前受金	15,222	0.0	0.1	9,012	0.1	0.0	15,894	0.1	0.1	4,807	0.0	0.0	32,488	0.2	0.1
その他流動負債	205,098	0.5	1.5	44,060	0.3	0.3	53,159	0.3	0.4	23,816	0.2	0.2	141,535	0.8	1.1
負債の部合計	7,152,439	16.3	1.7	2,256,364	15.2	0.5	2,771,591	14.1	0.7	1,525,474	11.9	0.4	1,736,008	10.0	0.4
(純資産の部)															
基本金	41,654,271	94.8	1.2	15,642,291	105.3	0.5	19,700,491	99.9	0.6	11,617,871	90.9	0.3	18,068,038	104.3	0.5
第1号基本金	41,252,607	93.9	1.2	15,583,291	104.9	0.5	19,515,680	98.9	0.6	10,922,308	85.5	0.3	17,925,966	103.5	0.5
第2号基本金	112,174	0.3	0.3	0	0.0	0.0	473	0.0	0.0	600,603	4.7	1.4	67,000	0.4	0.2
第3号基本金	0	0.0	0.0	0	0.0	0.0	73,939	0.4	1.2	0	0.0	0.0	5,000	0.0	0.1
第4号基本金	289,490	0.7	1.3	59,000	0.4	0.3	110,400	0.6	0.5	94,959	0.7	0.4	70,072	0.4	0.3
繰越収支差額	-4,877,358	-11.1	8.4	-3,046,291	-20.5	5.2	-2,749,177	-13.9	4.7	-368,964	-2.9	0.6	-2,487,845	-14.4	4.3
翌年度繰越収支差額	-4,877,358	-11.1	8.4	-3,046,291	-20.5	5.2	-2,749,177	-13.9	4.7	-368,964	-2.9	0.6	-2,487,845	-14.4	4.3
純資産の部合計	36,776,914	83.7	1.1	12,596,000	84.8	0.4	16,951,314	85.9	0.5	11,248,906	88.1	0.3	15,580,193	90.0	0.5
負債・純資産の部合計	43,929,353	100.0	1.2	14,852,364	100.0	0.4	19,722,905	100.0	0.5	12,774,381	100.0	0.3	17,316,201	100.0	0.5

(注) 構造比率は幼稚園法人合計を 100 としたものである。

令　和　3　年　度　貸　借　対　照　表（都道府県別）
ー 幼 稚 園 法 人 ー

（資産の部）　（１０－５）　　　　（単位：千円）

区分	長野県			岐阜県			静岡県			愛知県			三重県		
法人数	55 法人			59 法人			146 法人			246 法人			38 法人		
科目	金額	構成比率(%)	趨勢構造比率	金額	構成比率(%)	趨勢構造比率	金額	構成比率(%)	趨勢構造比率	金額	構成比率(%)	趨勢構造比率	金額	構成比率(%)	趨勢構造比率
(資産の部)															
固定資産	16,078,312	76.3	0.6	36,170,439	70.7	1.3	88,029,189	79.6	3.0	174,644,914	72.4	6.0	20,064,141	73.7	0.7
有形固定資産	13,007,359	61.7	0.5	32,411,427	63.4	1.4	69,196,841	62.6	2.9	152,713,427	63.3	6.4	16,785,983	61.7	0.7
土地	3,283,535	15.6	0.3	13,828,217	27.0	1.3	25,972,206	23.5	2.4	72,984,581	30.2	6.8	6,634,624	24.4	0.6
建物	8,454,301	40.1	0.7	16,265,041	31.8	1.4	38,220,246	34.6	3.3	69,183,340	28.7	6.0	8,561,882	31.5	0.7
構築物	498,056	2.4	0.7	982,104	1.9	1.4	2,482,724	2.2	3.4	3,961,818	1.6	5.5	603,776	2.2	0.8
教育研究用機器備品	250,965	1.2	0.6	512,008	1.0	1.3	985,356	0.9	2.5	1,601,210	0.7	4.1	374,117	1.4	0.9
その他有形固定資産	520,501	2.5	0.9	824,057	1.6	1.5	1,536,309	1.4	2.7	4,982,479	2.1	8.9	611,584	2.2	1.1
特定資産	2,303,707	10.9	0.7	948,107	1.9	0.3	15,940,320	14.4	4.9	11,038,811	4.6	3.4	1,963,809	7.2	0.6
退職給与引当特定資産	112,129	0.5	0.4	25,202	0.0	0.1	1,307,217	1.2	4.9	1,052,199	0.4	3.9	304,961	1.1	1.1
その他引当特定資産	2,191,578	10.4	0.7	922,905	1.8	0.3	14,633,103	13.2	4.9	9,986,612	4.1	3.3	1,658,847	6.1	0.6
その他の固定資産	767,246	3.6	0.4	2,810,905	5.5	1.6	2,892,028	2.6	1.7	10,892,676	4.5	6.3	1,314,350	4.8	0.8
有価証券	244,071	1.2	0.3	1,095,856	2.1	1.5	944,368	0.9	1.3	7,716,341	3.2	10.2	933,625	3.4	1.2
収益事業元入金	40,895	0.2	0.3	687,467	1.3	4.5	407,011	0.4	2.7	911,658	0.4	6.0	105,089	0.4	0.7
長期貸付金	0	0.0	0.0	30,000	0.1	0.9	7,646	0.0	0.2	90,837	0.0	2.8	51,329	0.2	1.6
その他	482,280	2.3	0.6	997,583	2.0	1.3	1,533,002	1.4	2.0	2,173,840	0.9	2.8	224,307	0.8	0.3
流動資産	5,005,491	23.7	0.5	14,962,292	29.3	1.6	22,534,824	20.4	2.4	66,642,275	27.6	7.2	7,157,540	26.3	0.8
現金預金	4,405,636	20.9	0.6	12,029,640	23.5	1.5	19,677,182	17.8	2.5	59,313,867	24.6	7.4	6,251,118	23.0	0.8
未収入金	447,969	2.1	0.6	502,100	1.0	0.7	1,567,607	1.4	2.0	4,683,953	1.9	6.1	612,526	2.3	0.8
短期貸付金	1,079	0.0	0.1	980	0.0	0.1	6,568	0.0	0.5	416,891	0.2	30.6	9,000	0.0	0.7
有価証券	62,544	0.3	0.2	2,178,055	4.3	6.1	406,914	0.4	1.1	1,360,968	0.6	3.8	1,197	0.0	0.0
その他流動資産	88,263	0.4	0.7	251,517	0.5	2.0	876,552	0.8	6.9	866,596	0.4	6.8	283,699	1.0	2.2
資産の部合計	21,083,803	100.0	0.6	51,132,731	100.0	1.3	110,564,013	100.0	2.9	241,287,189	100.0	6.3	27,221,681	100.0	0.7

(負債及び純資産の部)（１０－５）

(単位：千円)

区分	長野県			岐阜県			静岡県			愛知県			三重県		
法人数	55 法人			59 法人			146 法人			246 法人			38 法人		
科目	金額	構成比率(%)	趨勢構造比率	金額	構成比率(%)	趨勢構造比率	金額	構成比率(%)	趨勢構造比率	金額	構成比率(%)	趨勢構造比率	金額	構成比率(%)	趨勢構造比率
(負債の部)															
固定負債	2,529,215	12.0	0.9	3,571,184	7.0	1.3	11,659,695	10.5	4.2	15,853,656	6.6	5.7	2,744,413	10.1	1.0
長期借入金	2,362,365	11.2	1.0	3,231,541	6.3	1.3	10,481,447	9.5	4.4	14,077,195	5.8	5.9	2,218,904	8.2	0.9
学校債	0	0.0	0.0	20,555	0.0	3.3	0	0.0	0.0	0	0.0	0.0	0	0.0	0.0
長期未払金	28,476	0.1	0.5	19,197	0.0	0.4	86,505	0.1	1.6	87,561	0.0	1.6	73,249	0.3	1.3
退職給与引当金	138,374	0.7	0.4	215,772	0.4	0.7	1,091,744	1.0	3.4	1,586,479	0.7	4.9	352,964	1.3	1.1
その他固定負債	0	0.0	0.0	84,118	0.2	3.8	0	0.0	0.0	102,421	0.0	4.6	99,296	0.4	4.5
流動負債	1,197,574	5.7	0.9	1,608,034	3.1	1.2	4,793,750	4.3	3.6	9,278,030	3.8	6.9	1,325,656	4.9	1.0
短期借入金	678,307	3.2	1.4	833,790	1.6	1.7	1,230,197	1.1	2.5	2,508,473	1.0	5.2	274,476	1.0	0.6
一年以内償還予定学校債	10,410	0.0	1.1	0	0.0	0.0	129,156	0.1	13.8	133,068	0.1	14.2	2,808	0.0	0.3
手形債務	0	0.0	0.0	0	0.0	0.0	0	0.0	0.0	0	0.0	0.0	0	0.0	0.0
未払金	282,641	1.3	0.6	524,787	1.0	1.1	732,064	0.7	1.5	3,718,575	1.5	7.5	389,063	1.4	0.8
前受金	127,608	0.6	0.6	90,441	0.2	0.4	1,948,642	1.8	8.8	2,014,764	0.8	9.1	120,265	0.4	0.5
その他流動負債	98,608	0.5	0.7	159,016	0.3	1.2	753,691	0.7	5.6	903,149	0.4	6.7	539,044	2.0	4.0
負債の部合計	3,726,789	17.7	0.9	5,179,218	10.1	1.2	16,453,446	14.9	4.0	25,131,686	10.4	6.1	4,070,069	15.0	1.0
(純資産の部)															
基本金	21,278,570	100.9	0.6	52,412,344	102.5	1.5	99,036,122	89.6	2.9	223,128,267	92.5	6.5	25,194,303	92.6	0.7
第1号基本金	20,508,637	97.3	0.6	51,442,994	100.6	1.5	97,181,395	87.9	2.9	218,277,522	90.5	6.4	24,536,007	90.1	0.7
第2号基本金	462,228	2.2	1.1	172,000	0.3	0.4	119,000	0.1	0.3	973,286	0.4	2.3	394,014	1.4	0.9
第3号基本金	0	0.0	0.0	10,000	0.0	0.2	8,500	0.0	0.1	10,000	0.0	0.2	40,000	0.1	0.6
第4号基本金	307,705	1.5	1.4	787,350	1.5	3.5	1,727,227	1.6	7.6	3,867,459	1.6	17.0	224,282	0.8	1.0
繰越収支差額	-3,921,556	-18.6	6.7	-6,458,831	-12.6	11.1	-4,925,555	-4.5	8.4	-6,972,764	-2.9	12.0	-2,042,691	-7.5	3.5
翌年度繰越収支差額	-3,921,556	-18.6	6.7	-6,458,831	-12.6	11.1	-4,925,555	-4.5	8.4	-6,972,764	-2.9	12.0	-2,042,691	-7.5	3.5
純資産の部合計	17,357,014	82.3	0.5	45,953,513	89.9	1.4	94,110,567	85.1	2.8	216,155,504	89.6	6.4	23,151,613	85.0	0.7
負債・純資産の部合計	21,083,803	100.0	0.6	51,132,731	100.0	1.3	110,564,013	100.0	2.9	241,287,189	100.0	6.3	27,221,681	100.0	0.7

(注) 構造比率は幼稚園法人合計を 100 としたものである。

令和３年度貸借対照表（都道府県別）
ー幼稚園法人ー

（資産の部）（１０－６）　　（単位：千円）

区分	滋賀県			京都府			大阪府			兵庫県			奈良県		
法人数	13 法人			107 法人			276 法人			142 法人			23 法人		
科目	金額	構成比率(%)	趨勢構造比率	金額	構成比率(%)	趨勢構造比率	金額	構成比率(%)	趨勢構造比率	金額	構成比率(%)	趨勢構造比率	金額	構成比率(%)	趨勢構造比率
(資産の部)															
固定資産	4,737,648	81.9	0.2	51,103,731	83.1	1.8	231,616,113	76.1	8.0	108,134,941	71.4	3.7	10,416,280	61.9	0.4
有形固定資産	3,597,869	62.2	0.2	40,864,478	66.5	1.7	176,151,629	57.9	7.4	84,974,265	56.1	3.6	9,406,080	55.9	0.4
土地	1,213,016	21.0	0.1	18,106,422	29.5	1.7	80,613,956	26.5	7.5	47,425,034	31.3	4.4	4,467,391	26.5	0.4
建物	2,095,530	36.2	0.2	19,622,596	31.9	1.7	84,914,206	27.9	7.4	32,952,456	21.8	2.9	4,370,264	26.0	0.4
構築物	120,802	2.1	0.2	1,399,762	2.3	1.9	4,963,967	1.6	6.9	1,857,276	1.2	2.6	327,710	1.9	0.5
教育研究用機器備品	70,305	1.2	0.2	696,209	1.1	1.8	2,367,347	0.8	6.0	1,722,124	1.1	4.4	121,622	0.7	0.3
その他有形固定資産	98,217	1.7	0.2	1,039,490	1.7	1.9	3,292,153	1.1	5.9	1,017,375	0.7	1.8	119,093	0.7	0.2
特定資産	901,513	15.6	0.3	8,072,186	13.1	2.5	36,571,950	12.0	11.3	11,570,158	7.6	3.6	766,775	4.6	0.2
退職給与引当特定資産	74,304	1.3	0.3	406,021	0.7	1.5	2,708,554	0.9	10.1	1,177,077	0.8	4.4	137,094	0.8	0.5
その他引当特定資産	827,209	14.3	0.3	7,666,165	12.5	2.6	33,863,396	11.1	11.4	10,393,080	6.9	3.5	629,681	3.7	0.2
その他の固定資産	238,266	4.1	0.1	2,167,068	3.5	1.3	18,892,535	6.2	10.9	11,590,518	7.7	6.7	243,425	1.4	0.1
有価証券	70,664	1.2	0.1	1,411,742	2.3	1.9	7,334,659	2.4	9.7	5,091,015	3.4	6.7	10,767	0.1	0.0
収益事業元入金	0	0.0	0.0	4,343	0.0	0.0	1,392,050	0.5	9.1	760,300	0.5	5.0	0	0.0	0.0
長期貸付金	0	0.0	0.0	127,405	0.2	3.9	277,653	0.1	8.4	183,768	0.1	5.6	2,000	0.0	0.1
その他	167,602	2.9	0.2	623,578	1.0	0.8	9,888,173	3.2	12.6	5,555,435	3.7	7.1	230,658	1.4	0.3
流動資産	1,046,262	18.1	0.1	10,365,642	16.9	1.1	72,660,825	23.9	7.9	43,323,878	28.6	4.7	6,418,986	38.1	0.7
現金預金	825,124	14.3	0.1	9,363,313	15.2	1.2	63,087,263	20.7	7.9	35,367,601	23.4	4.4	5,733,718	34.1	0.7
未収入金	219,041	3.8	0.3	719,994	1.2	0.9	4,651,405	1.5	6.0	2,890,421	1.9	3.7	658,195	3.9	0.9
短期貸付金	0	0.0	0.0	41,600	0.1	3.1	1,140	0.0	0.1	26,778	0.0	2.0	0	0.0	0.0
有価証券	0	0.0	0.0	156,442	0.3	0.4	4,447,047	1.5	12.4	4,664,828	3.1	13.1	7,261	0.0	0.0
その他流動資産	2,097	0.0	0.0	84,293	0.1	0.7	473,970	0.2	3.7	374,250	0.2	2.9	19,812	0.1	0.2
資産の部合計	5,783,910	100.0	0.2	61,469,373	100.0	1.6	304,276,938	100.0	8.0	151,458,819	100.0	4.0	16,835,266	100.0	0.4

(負債及び純資産の部)　（１０－６）　　　　(単位：千円)

区分	滋賀県			京都府			大阪府			兵庫県			奈良県		
法人数	13 法人			107 法人			276 法人			142 法人			23 法人		
科目	金額	構成比率(%)	趨勢構造比率	金額	構成比率(%)	趨勢構造比率	金額	構成比率(%)	趨勢構造比率	金額	構成比率(%)	趨勢構造比率	金額	構成比率(%)	趨勢構造比率
(負債の部)															
固定負債	110,470	1.9	0.0	6,795,235	11.1	2.4	15,262,350	5.0	5.4	6,747,291	4.5	2.4	767,910	4.6	0.3
長期借入金	41,313	0.7	0.0	6,139,757	10.0	2.6	12,923,868	4.2	5.4	5,636,842	3.7	2.4	451,913	2.7	0.2
学校債	0	0.0	0.0	35,049	0.1	5.6	59,715	0.0	9.6	0	0.0	0.0	0	0.0	0.0
長期未払金	2,145	0.0	0.0	212,773	0.3	3.9	445,693	0.1	8.1	214,661	0.1	3.9	35,169	0.2	0.6
退職給与引当金	67,013	1.2	0.2	392,611	0.6	1.2	1,757,545	0.6	5.4	727,815	0.5	2.2	278,086	1.7	0.9
その他固定負債	0	0.0	0.0	15,045	0.0	0.7	75,529	0.0	3.4	167,974	0.1	7.6	2,741	0.0	0.1
流動負債	210,755	3.6	0.2	2,297,774	3.7	1.7	8,756,652	2.9	6.5	3,930,709	2.6	2.9	718,740	4.3	0.5
短期借入金	1,428	0.0	0.0	1,197,721	1.9	2.5	2,213,017	0.7	4.6	950,894	0.6	2.0	303,572	1.8	0.6
一年以内償還予定学校債	0	0.0	0.0	26,404	0.0	2.8	0	0.0	0.0	39,636	0.0	4.2	13,867	0.1	1.5
手形債務	0	0.0	0.0	0	0.0	0.0	0	0.0	0.0	0	0.0	0.0	0	0.0	0.0
未払金	186,249	3.2	0.4	673,398	1.1	1.4	4,432,117	1.5	9.0	1,672,076	1.1	3.4	326,943	1.9	0.7
前受金	3,961	0.1	0.0	276,521	0.4	1.2	1,193,127	0.4	5.4	503,140	0.3	2.3	43,298	0.3	0.2
その他流動負債	19,117	0.3	0.1	123,730	0.2	0.9	918,392	0.3	6.8	764,963	0.5	5.7	31,060	0.2	0.2
負債の部合計	321,226	5.6	0.1	9,093,009	14.8	2.2	24,019,002	7.9	5.8	10,678,000	7.1	2.6	1,486,650	8.8	0.4
(純資産の部)															
基本金	6,176,940	106.8	0.2	60,093,066	97.8	1.7	265,407,648	87.2	7.7	123,185,665	81.3	3.6	12,015,376	71.4	0.3
第1号基本金	6,148,752	106.3	0.2	56,730,717	92.3	1.7	259,488,218	85.3	7.7	117,336,933	77.5	3.5	11,988,376	71.2	0.4
第2号基本金	0	0.0	0.0	3,054,879	5.0	7.3	4,398,490	1.4	10.4	3,693,452	2.4	8.8	0	0.0	0.0
第3号基本金	0	0.0	0.0	124,170	0.2	2.0	100	0.0	0.0	1,373,666	0.9	21.6	0	0.0	0.0
第4号基本金	28,187	0.5	0.1	183,300	0.3	0.8	1,520,840	0.5	6.7	781,614	0.5	3.4	27,000	0.2	0.1
繰越収支差額	-714,255	-12.3	1.2	-7,716,701	-12.6	13.2	14,850,288	4.9	-25.5	17,595,154	11.6	-30.2	3,333,240	19.8	-5.7
翌年度繰越収支差額	-714,255	-12.3	1.2	-7,716,701	-12.6	13.2	14,850,288	4.9	-25.5	17,595,154	11.6	-30.2	3,333,240	19.8	-5.7
純資産の部合計	5,462,684	94.4	0.2	52,376,365	85.2	1.5	280,257,936	92.1	8.2	140,780,819	92.9	4.1	15,348,616	91.2	0.5
負債・純資産の部合計	5,783,910	100.0	0.2	61,469,373	100.0	1.6	304,276,938	100.0	8.0	151,458,819	100.0	4.0	16,835,266	100.0	0.4

(注) 構造比率は幼稚園法人合計を100としたものである。

令　和　3　年　度　貸　借　対　照　表（都道府県別）
ー 幼 稚 園 法 人 ー

（資産の部）（１０－７）　　　　　　　　（単位：千円）

区分	和歌山県			鳥取県			島根県			岡山県			広島県		
法人数	32 法人			17 法人			4 法人			19 法人			141 法人		
科目	金額	構成比率(%)	趨勢構造比率	金額	構成比率(%)	趨勢構造比率	金額	構成比率(%)	趨勢構造比率	金額	構成比率(%)	趨勢構造比率	金額	構成比率(%)	趨勢構造比率
(資産の部)															
固定資産	10,231,378	75.3	0.4	6,105,750	80.5	0.2	2,299,937	86.4	0.1	9,277,380	76.4	0.3	68,930,217	76.4	2.4
有形固定資産	7,916,586	58.3	0.3	4,890,642	64.5	0.2	1,685,192	63.3	0.1	8,063,065	66.4	0.3	58,213,511	64.5	2.4
土地	2,303,695	17.0	0.2	1,375,399	18.1	0.1	764,475	28.7	0.1	2,759,875	22.7	0.3	22,368,913	24.8	2.1
建物	4,895,678	36.0	0.4	3,229,790	42.6	0.3	784,891	29.5	0.1	4,452,958	36.7	0.4	31,549,509	35.0	2.7
構築物	292,578	2.2	0.4	105,347	1.4	0.1	64,304	2.4	0.1	439,685	3.6	0.6	1,966,790	2.2	2.7
教育研究用機器備品	185,277	1.4	0.5	90,968	1.2	0.2	20,483	0.8	0.1	230,334	1.9	0.6	1,423,647	1.6	3.6
その他有形固定資産	239,358	1.8	0.4	89,138	1.2	0.2	51,038	1.9	0.1	180,214	1.5	0.3	904,651	1.0	1.6
特定資産	1,674,428	12.3	0.5	1,174,587	15.5	0.4	310,683	11.7	0.1	461,037	3.8	0.1	8,211,749	9.1	2.5
退職給与引当特定資産	223,361	1.6	0.8	60,638	0.8	0.2	0	0.0	0.0	23,430	0.2	0.1	698,532	0.8	2.6
その他引当特定資産	1,451,067	10.7	0.5	1,113,948	14.7	0.4	310,683	11.7	0.1	437,606	3.6	0.1	7,513,217	8.3	2.5
その他の固定資産	640,364	4.7	0.4	40,522	0.5	0.0	304,063	11.4	0.2	753,278	6.2	0.4	2,504,957	2.8	1.5
有価証券	22,375	0.2	0.0	18,034	0.2	0.0	300,134	11.3	0.4	174,021	1.4	0.2	843,664	0.9	1.1
収益事業元入金	0	0.0	0.0	0	0.0	0.0	0	0.0	0.0	0	0.0	0.0	103,417	0.1	0.7
長期貸付金	43,883	0.3	1.3	0	0.0	0.0	0	0.0	0.0	0	0.0	0.0	52,452	0.1	1.6
その他	574,106	4.2	0.7	22,488	0.3	0.0	3,929	0.1	0.0	579,257	4.8	0.7	1,505,425	1.7	1.9
流動資産	3,356,811	24.7	0.4	1,477,970	19.5	0.2	360,490	13.6	0.0	2,858,269	23.6	0.3	21,266,631	23.6	2.3
現金預金	3,046,360	22.4	0.4	1,311,708	17.3	0.2	349,822	13.1	0.0	2,509,158	20.7	0.3	19,620,080	21.8	2.5
未収入金	286,124	2.1	0.4	144,015	1.9	0.2	9,747	0.4	0.0	299,082	2.5	0.4	1,424,398	1.6	1.8
短期貸付金	3,198	0.0	0.2	0	0.0	0.0	0	0.0	0.0	0	0.0	0.0	29,880	0.0	2.2
有価証券	8	0.0	0.0	10,000	0.1	0.0	0	0.0	0.0	40,000	0.3	0.1	41,223	0.0	0.1
その他流動資産	21,120	0.2	0.2	12,247	0.2	0.1	920	0.0	0.0	10,029	0.1	0.1	151,050	0.2	1.2
資産の部合計	13,588,188	100.0	0.4	7,583,720	100.0	0.2	2,660,427	100.0	0.1	12,135,649	100.0	0.3	90,196,848	100.0	2.4

（負債及び純資産の部）（１０－７）

（単位：千円）

区分	和歌山県			鳥取県			島根県			岡山県			広島県		
法人数	32 法人			17 法人			4 法人			19 法人			141 法人		
科目	金額	構成比率(%)	趨勢構造比率	金額	構成比率(%)	趨勢構造比率	金額	構成比率(%)	趨勢構造比率	金額	構成比率(%)	趨勢構造比率	金額	構成比率(%)	趨勢構造比率
(負債の部)															
固定負債	1,038,908	7.6	0.4	721,969	9.5	0.3	344,273	12.9	0.1	900,683	7.4	0.3	8,528,673	9.5	3.0
長期借入金	612,269	4.5	0.3	715,818	9.4	0.3	342,822	12.9	0.1	850,624	7.0	0.4	6,975,089	7.7	2.9
学校債	0	0.0	0.0	0	0.0	0.0	0	0.0	0.0	0	0.0	0.0	1,966	0.0	0.3
長期未払金	81,257	0.6	1.5	858	0.0	0.0	0	0.0	0.0	5,676	0.0	0.1	177,664	0.2	3.2
退職給与引当金	345,383	2.5	1.1	5,293	0.1	0.0	1,451	0.1	0.0	44,384	0.4	0.1	843,822	0.9	2.6
その他固定負債	0	0.0	0.0	0	0.0	0.0	0	0.0	0.0	0	0.0	0.0	530,133	0.6	24.0
流動負債	312,839	2.3	0.2	196,449	2.6	0.1	128,727	4.8	0.1	208,358	1.7	0.2	3,580,486	4.0	2.7
短期借入金	126,263	0.9	0.3	60,538	0.8	0.1	105,563	4.0	0.2	116,446	1.0	0.2	1,521,979	1.7	3.2
一年以内償還予定学校債	0	0.0	0.0	12,492	0.2	1.3	0	0.0	0.0	0	0.0	0.0	184,496	0.2	19.7
手形債務	0	0.0	0.0	0	0.0	0.0	0	0.0	0.0	0	0.0	0.0	0	0.0	0.0
未払金	137,145	1.0	0.3	96,838	1.3	0.2	14,508	0.5	0.0	44,825	0.4	0.1	1,282,481	1.4	2.6
前受金	16,321	0.1	0.1	4,367	0.1	0.0	5,446	0.2	0.0	29,366	0.2	0.1	289,414	0.3	1.3
その他流動負債	33,110	0.2	0.2	22,213	0.3	0.2	3,211	0.1	0.0	17,721	0.1	0.1	302,116	0.3	2.2
負債の部合計	1,351,747	9.9	0.3	918,418	12.1	0.2	472,999	17.8	0.1	1,109,041	9.1	0.3	12,109,159	13.4	2.9
(純資産の部)															
基本金	14,132,868	104.0	0.4	8,430,680	111.2	0.2	2,841,896	106.8	0.1	12,510,606	103.1	0.4	77,907,880	86.4	2.3
第1号基本金	13,945,732	102.6	0.4	8,290,678	109.3	0.2	2,806,896	105.5	0.1	12,210,227	100.6	0.4	76,497,064	84.8	2.3
第2号基本金	135,611	1.0	0.3	33,002	0.4	0.1	0	0.0	0.0	173,418	1.4	0.4	559,298	0.6	1.3
第3号基本金	13,000	0.1	0.2	0	0.0	0.0	0	0.0	0.0	0	0.0	0.0	1,700	0.0	0.0
第4号基本金	38,525	0.3	0.2	107,000	1.4	0.5	35,000	1.3	0.2	126,962	1.0	0.6	849,817	0.9	3.7
繰越収支差額	-1,896,427	-14.0	3.3	-1,765,378	-23.3	3.0	-654,468	-24.6	1.1	-1,483,998	-12.2	2.5	179,810	0.2	-0.3
翌年度繰越収支差額	-1,896,427	-14.0	3.3	-1,765,378	-23.3	3.0	-654,468	-24.6	1.1	-1,483,998	-12.2	2.5	179,810	0.2	-0.3
純資産の部合計	12,236,441	90.1	0.4	6,665,302	87.9	0.2	2,187,428	82.2	0.1	11,026,608	90.9	0.3	78,087,689	86.6	2.3
負債・純資産の部合計	13,588,188	100.0	0.4	7,583,720	100.0	0.2	2,660,427	100.0	0.1	12,135,649	100.0	0.3	90,196,848	100.0	2.4

（注）構造比率は幼稚園法人合計を 100 としたものである。

令和３年度貸借対照表（都道府県別）
－幼稚園法人－

（資産の部）（１０－８）

（単位：千円）

区分	山口県			徳島県			香川県			愛媛県			高知県		
法人数	66 法人			6 法人			25 法人			59 法人			17 法人		
科目	金額	構成比率(%)	趨勢構造比率	金額	構成比率(%)	趨勢構造比率	金額	構成比率(%)	趨勢構造比率	金額	構成比率(%)	趨勢構造比率	金額	構成比率(%)	趨勢構造比率
(資産の部)															
固定資産	21,268,550	72.7	0.7	1,860,333	75.1	0.1	10,627,942	75.1	0.4	30,553,101	75.7	1.1	8,802,151	77.2	0.3
有形固定資産	16,716,579	57.2	0.7	1,609,579	65.0	0.1	8,835,688	62.5	0.4	24,016,514	59.5	1.0	8,479,292	74.3	0.4
土地	5,363,470	18.3	0.5	567,717	22.9	0.1	3,684,543	26.0	0.3	8,057,849	20.0	0.8	2,829,834	24.8	0.3
建物	9,807,471	33.5	0.9	918,452	37.1	0.1	4,476,084	31.6	0.4	13,966,910	34.6	1.2	4,915,508	43.1	0.4
構築物	606,310	2.1	0.8	59,777	2.4	0.1	349,938	2.5	0.5	1,016,105	2.5	1.4	369,665	3.2	0.5
教育研究用機器備品	621,967	2.1	1.6	29,104	1.2	0.1	201,857	1.4	0.5	557,475	1.4	1.4	197,643	1.7	0.5
その他有形固定資産	317,362	1.1	0.6	34,529	1.4	0.1	123,266	0.9	0.2	418,175	1.0	0.7	166,642	1.5	0.3
特定資産	2,185,948	7.5	0.7	126,919	5.1	0.0	623,305	4.4	0.2	5,781,043	14.3	1.8	205,613	1.8	0.1
退職給与引当特定資産	62,659	0.2	0.2	21,245	0.9	0.1	42,996	0.3	0.2	254,774	0.6	1.0	35,593	0.3	0.1
その他引当特定資産	2,123,289	7.3	0.7	105,674	4.3	0.0	580,309	4.1	0.2	5,526,270	13.7	1.9	170,020	1.5	0.1
その他の固定資産	2,366,023	8.1	1.4	123,835	5.0	0.1	1,168,949	8.3	0.7	755,544	1.9	0.4	117,245	1.0	0.1
有価証券	2,260,265	7.7	3.0	120,802	4.9	0.2	652,988	4.6	0.9	520,050	1.3	0.7	10	0.0	0.0
収益事業元入金	0	0.0	0.0	1,257	0.1	0.0	45,460	0.3	0.3	0	0.0	0.0	0	0.0	0.0
長期貸付金	6,005	0.0	0.2	0	0.0	0.0	8,688	0.1	0.3	10,126	0.0	0.3	0	0.0	0.0
その他	99,754	0.3	0.1	1,776	0.1	0.0	461,813	3.3	0.6	225,368	0.6	0.3	117,235	1.0	0.1
流動資産	7,976,089	27.3	0.9	615,715	24.9	0.1	3,517,750	24.9	0.4	9,827,786	24.3	1.1	2,603,600	22.8	0.3
現金預金	6,763,423	23.1	0.8	286,132	11.6	0.0	3,279,069	23.2	0.4	8,626,956	21.4	1.1	2,241,383	19.7	0.3
未収入金	1,036,554	3.5	1.3	76,202	3.1	0.1	222,532	1.6	0.3	864,961	2.1	1.1	352,024	3.1	0.5
短期貸付金	540	0.0	0.0	0	0.0	0.0	600	0.0	0.0	19,842	0.0	1.5	849	0.0	0.1
有価証券	45,389	0.2	0.1	238,744	9.6	0.7	0	0.0	0.0	186,301	0.5	0.5	0	0.0	0.0
その他流動資産	130,183	0.4	1.0	14,636	0.6	0.1	15,549	0.1	0.1	129,726	0.3	1.0	9,345	0.1	0.1
資産の部合計	29,244,638	100.0	0.8	2,476,048	100.0	0.1	14,145,692	100.0	0.4	40,380,887	100.0	1.1	11,405,751	100.0	0.3

(負債及び純資産の部)　(１０－８)

(単位：千円)

区分	山口県			徳島県			香川県			愛媛県			高知県		
法人数	66 法人			6 法人			25 法人			59 法人			17 法人		
科目	金額	構成比率(%)	趨勢構造比率	金額	構成比率(%)	趨勢構造比率	金額	構成比率(%)	趨勢構造比率	金額	構成比率(%)	趨勢構造比率	金額	構成比率(%)	趨勢構造比率
(負債の部)															
固定負債	1,762,938	6.0	0.6	323,398	13.1	0.1	932,845	6.6	0.3	5,354,804	13.3	1.9	1,055,663	9.3	0.4
長期借入金	1,586,238	5.4	0.7	265,234	10.7	0.1	827,863	5.9	0.3	4,840,027	12.0	2.0	844,017	7.4	0.4
学校債	0	0.0	0.0	0	0.0	0.0	0	0.0	0.0	0	0.0	0.0	53,500	0.5	8.6
長期未払金	11,363	0.0	0.2	0	0.0	0.0	8,527	0.1	0.2	15,561	0.0	0.3	30,570	0.3	0.6
退職給与引当金	142,531	0.5	0.4	58,164	2.3	0.2	55,150	0.4	0.2	499,217	1.2	1.5	122,311	1.1	0.4
その他固定負債	22,807	0.1	1.0	0	0.0	0.0	41,306	0.3	1.9	0	0.0	0.0	5,265	0.0	0.2
流動負債	570,311	2.0	0.4	95,442	3.9	0.1	254,832	1.8	0.2	854,445	2.1	0.6	1,484,234	13.0	1.1
短期借入金	177,634	0.6	0.4	72,472	2.9	0.2	121,224	0.9	0.3	417,177	1.0	0.9	1,310,370	11.5	2.7
一年以内償還予定学校債	0	0.0	0.0	0	0.0	0.0	0	0.0	0.0	58,402	0.1	6.2	14,500	0.1	1.5
手形債務	0	0.0	0.0	0	0.0	0.0	0	0.0	0.0	0	0.0	0.0	0	0.0	0.0
未払金	313,948	1.1	0.6	17,450	0.7	0.0	92,093	0.7	0.2	258,199	0.6	0.5	112,315	1.0	0.2
前受金	20,526	0.1	0.1	4,200	0.2	0.0	17,798	0.1	0.1	19,798	0.0	0.1	28,232	0.2	0.1
その他流動負債	58,203	0.2	0.4	1,321	0.1	0.0	23,717	0.2	0.2	100,870	0.2	0.7	18,816	0.2	0.1
負債の部合計	2,333,249	8.0	0.6	418,840	16.9	0.1	1,187,677	8.4	0.3	6,209,250	15.4	1.5	2,539,896	22.3	0.6
(純資産の部)															
基本金	27,334,978	93.5	0.8	2,860,884	115.5	0.1	13,598,999	96.1	0.4	34,427,465	85.3	1.0	10,360,628	90.8	0.3
第1号基本金	26,855,541	91.8	0.8	2,855,884	115.3	0.1	13,416,954	94.8	0.4	30,276,661	75.0	0.9	10,293,328	90.2	0.3
第2号基本金	362,002	1.2	0.9	0	0.0	0.0	112,546	0.8	0.3	455,841	1.1	1.1	15,300	0.1	0.0
第3号基本金	0	0.0	0.0	0	0.0	0.0	0	0.0	0.0	3,450,000	8.5	54.4	0	0.0	0.0
第4号基本金	117,435	0.4	0.5	5,000	0.2	0.0	69,500	0.5	0.3	244,963	0.6	1.1	52,000	0.5	0.2
繰越収支差額	-423,589	-1.4	0.7	-803,676	-32.5	1.4	-640,984	-4.5	1.1	-255,827	-0.6	0.4	-1,494,773	-13.1	2.6
翌年度繰越収支差額	-423,589	-1.4	0.7	-803,676	-32.5	1.4	-640,984	-4.5	1.1	-255,827	-0.6	0.4	-1,494,773	-13.1	2.6
純資産の部合計	26,911,389	92.0	0.8	2,057,208	83.1	0.1	12,958,016	91.6	0.4	34,171,637	84.6	1.0	8,865,855	77.7	0.3
負債・純資産の部合計	29,244,638	100.0	0.8	2,476,048	100.0	0.1	14,145,692	100.0	0.4	40,380,887	100.0	1.1	11,405,751	100.0	0.3

(注)構造比率は幼稚園法人合計を 100 としたものである。

令 和 3 年 度 貸 借 対 照 表（都道府県別）

ー 幼 稚 園 法 人 ー

(資産の部)　（１０－９）　　　　(単位：千円)

区　分	福岡県			佐賀県			長崎県			熊本県			大分県		
法人数	234 法人			62 法人			67 法人			68 法人			34 法人		
科　目	金　額	構成比率(%)	趨　勢構造比率	金　額	構成比率(%)	趨　勢構造比率	金　額	構成比率(%)	趨　勢構造比率	金　額	構成比率(%)	趨　勢構造比率	金　額	構成比率(%)	趨　勢構造比率
(資産の部)															
固定資産	107,559,226	70.8	3.7	22,972,269	77.3	0.8	25,718,102	75.1	0.9	30,286,953	75.5	1.0	15,672,225	75.5	0.5
有形固定資産	92,140,816	60.7	3.9	17,480,336	58.8	0.7	20,975,925	61.3	0.9	24,734,015	61.7	1.0	13,405,503	64.6	0.6
土地	36,121,577	23.8	3.4	4,460,733	15.0	0.4	5,765,584	16.8	0.5	9,803,161	24.4	0.9	4,135,015	19.9	0.4
建物	47,507,208	31.3	4.1	11,358,174	38.2	1.0	12,762,919	37.3	1.1	12,779,196	31.9	1.1	8,145,207	39.2	0.7
構築物	3,819,267	2.5	5.3	859,619	2.9	1.2	888,297	2.6	1.2	688,171	1.7	1.0	537,536	2.6	0.7
教育研究用機器備品	1,926,287	1.3	4.9	448,201	1.5	1.1	786,759	2.3	2.0	816,083	2.0	2.1	248,181	1.2	0.6
その他有形固定資産	2,766,476	1.8	4.9	353,609	1.2	0.6	772,366	2.3	1.4	647,405	1.6	1.2	339,563	1.6	0.6
特定資産	8,890,451	5.9	2.7	4,092,882	13.8	1.3	3,714,119	10.9	1.1	5,055,194	12.6	1.6	2,024,490	9.8	0.6
退職給与引当特定資産	415,682	0.3	1.6	327,575	1.1	1.2	76,023	0.2	0.3	419,738	1.0	1.6	201,328	1.0	0.8
その他引当特定資産	8,474,770	5.6	2.8	3,765,307	12.7	1.3	3,638,096	10.6	1.2	4,635,456	11.6	1.6	1,823,162	8.8	0.6
その他の固定資産	6,527,959	4.3	3.8	1,399,052	4.7	0.8	1,028,058	3.0	0.6	497,744	1.2	0.3	242,232	1.2	0.1
有価証券	3,275,625	2.2	4.3	1,038,683	3.5	1.4	151,531	0.4	0.2	142,447	0.4	0.2	31,478	0.2	0.0
収益事業元入金	107,128	0.1	0.7	95,760	0.3	0.6	586,160	1.7	3.8	589	0.0	0.0	15,673	0.1	0.1
長期貸付金	401,276	0.3	12.2	31,355	0.1	1.0	0	0.0	0.0	0	0.0	0.0	9,653	0.0	0.3
その他	2,743,930	1.8	3.5	233,253	0.8	0.3	290,367	0.8	0.4	354,708	0.9	0.5	185,428	0.9	0.2
流動資産	44,294,932	29.2	4.8	6,751,070	22.7	0.7	8,505,008	24.9	0.9	9,814,174	24.5	1.1	5,090,771	24.5	0.6
現金預金	39,948,471	26.3	5.0	5,012,326	16.9	0.6	7,769,642	22.7	1.0	7,897,681	19.7	1.0	4,585,753	22.1	0.6
未収入金	1,965,853	1.3	2.5	1,664,261	5.6	2.2	516,939	1.5	0.7	1,275,306	3.2	1.7	336,409	1.6	0.4
短期貸付金	49,947	0.0	3.7	158	0.0	0.0	0	0.0	0.0	228,050	0.6	16.7	0	0.0	0.0
有価証券	1,612,276	1.1	4.5	31,063	0.1	0.1	119,970	0.4	0.3	332,966	0.8	0.9	0	0.0	0.0
その他流動資産	718,384	0.5	5.7	43,261	0.1	0.3	98,457	0.3	0.8	80,170	0.2	0.6	168,609	0.8	1.3
資産の部合計	151,854,158	100.0	4.0	29,723,339	100.0	0.8	34,223,110	100.0	0.9	40,101,127	100.0	1.1	20,762,996	100.0	0.5

(負債及び純資産の部)　(１０－９)

(単位：千円)

区分	福岡県			佐賀県			長崎県			熊本県			大分県		
法人数	234 法人			62 法人			67 法人			68 法人			34 法人		
科目	金額	構成比率(%)	趨勢構造比率	金額	構成比率(%)	趨勢構造比率	金額	構成比率(%)	趨勢構造比率	金額	構成比率(%)	趨勢構造比率	金額	構成比率(%)	趨勢構造比率
(負債の部)															
固定負債	11,958,796	7.9	4.3	2,555,903	8.6	0.9	3,048,997	8.9	1.1	3,421,962	8.5	1.2	2,062,057	9.9	0.7
長期借入金	10,830,195	7.1	4.5	2,209,331	7.4	0.9	2,930,585	8.6	1.2	2,802,186	7.0	1.2	1,951,496	9.4	0.8
学校債	500	0.0	0.1	0	0.0	0.0	0	0.0	0.0	22,261	0.1	3.6	0	0.0	0.0
長期未払金	220,601	0.1	4.0	24,523	0.1	0.4	45,626	0.1	0.8	36,893	0.1	0.7	14,521	0.1	0.3
退職給与引当金	880,892	0.6	2.7	309,099	1.0	1.0	72,301	0.2	0.2	513,882	1.3	1.6	96,040	0.5	0.3
その他固定負債	26,607	0.0	1.2	12,950	0.0	0.6	486	0.0	0.0	46,741	0.1	2.1	0	0.0	0.0
流動負債	4,412,257	2.9	3.3	1,865,237	6.3	1.4	964,063	2.8	0.7	2,160,182	5.4	1.6	463,591	2.2	0.3
短期借入金	1,794,968	1.2	3.7	619,009	2.1	1.3	456,817	1.3	0.9	714,147	1.8	1.5	194,379	0.9	0.4
一年以内償還予定学校債	34,523	0.0	3.7	6,524	0.0	0.7	1,500	0.0	0.2	1,000	0.0	0.1	17,064	0.1	1.8
手形債務	0	0.0	0.0	0	0.0	0.0	0	0.0	0.0	0	0.0	0.0	0	0.0	0.0
未払金	1,439,690	0.9	2.9	1,159,353	3.9	2.4	381,223	1.1	0.8	793,978	2.0	1.6	181,150	0.9	0.4
前受金	711,311	0.5	3.2	18,660	0.1	0.1	24,111	0.1	0.1	350,640	0.9	1.6	34,030	0.2	0.2
その他流動負債	431,765	0.3	3.2	61,691	0.2	0.5	100,412	0.3	0.7	300,417	0.7	2.2	36,968	0.2	0.3
負債の部合計	16,371,053	10.8	3.9	4,421,140	14.9	1.1	4,013,060	11.7	1.0	5,582,144	13.9	1.3	2,525,647	12.2	0.6
(純資産の部)															
基本金	128,974,773	84.9	3.7	24,368,574	82.0	0.7	31,328,957	91.5	0.9	37,597,064	93.8	1.1	17,796,684	85.7	0.5
第1号基本金	127,528,208	84.0	3.8	24,333,263	81.9	0.7	31,073,679	90.8	0.9	36,758,491	91.7	1.1	17,716,458	85.3	0.5
第2号基本金	576,706	0.4	1.4	0	0.0	0.0	80,000	0.2	0.2	562,033	1.4	1.3	28,000	0.1	0.1
第3号基本金	0	0.0	0.0	0	0.0	0.0	0	0.0	0.0	0	0.0	0.0	0	0.0	0.0
第4号基本金	869,859	0.6	3.8	35,311	0.1	0.2	175,278	0.5	0.8	276,540	0.7	1.2	52,226	0.3	0.2
繰越収支差額	6,508,333	4.3	-11.2	933,624	3.1	-1.6	-1,118,907	-3.3	1.9	-3,078,081	-7.7	5.3	440,664	2.1	-0.8
翌年度繰越収支差額	6,508,333	4.3	-11.2	933,624	3.1	-1.6	-1,118,907	-3.3	1.9	-3,078,081	-7.7	5.3	440,664	2.1	-0.8
純資産の部合計	135,483,105	89.2	4.0	25,302,198	85.1	0.7	30,210,050	88.3	0.9	34,518,983	86.1	1.0	18,237,348	87.8	0.5
負債・純資産の部合計	151,854,158	100.0	4.0	29,723,339	100.0	0.8	34,223,110	100.0	0.9	40,101,127	100.0	1.1	20,762,996	100.0	0.5

(注) 構造比率は幼稚園法人合計を 100 としたものである。

令和３年度貸借対照表（都道府県別）
－幼稚園法人－

（資産の部）（１０－１０）　　　　（単位：千円）

区分	宮崎県			鹿児島県			沖縄県		
法人数	55 法人			84 法人			21 法人		
科目	金額	構成比率(%)	趨勢構造比率	金額	構成比率(%)	趨勢構造比率	金額	構成比率(%)	趨勢構造比率
(資産の部)									
固定資産	16,777,031	76.0	0.6	36,935,757	73.9	1.3	7,068,475	77.9	0.2
有形固定資産	13,488,713	61.1	0.6	29,793,903	59.6	1.2	6,009,406	66.3	0.3
土地	4,547,470	20.6	0.4	10,013,200	20.0	0.9	1,809,516	20.0	0.2
建物	7,423,410	33.6	0.6	16,886,480	33.8	1.5	3,494,789	38.5	0.3
構築物	532,688	2.4	0.7	1,354,748	2.7	1.9	319,793	3.5	0.4
教育研究用機器備品	385,402	1.7	1.0	936,517	1.9	2.4	107,491	1.2	0.3
その他有形固定資産	599,743	2.7	1.1	602,958	1.2	1.1	277,816	3.1	0.5
特定資産	2,919,294	13.2	0.9	5,757,981	11.5	1.8	610,047	6.7	0.2
退職給与引当特定資産	60,705	0.3	0.2	547,214	1.1	2.0	26,148	0.3	0.1
その他引当特定資産	2,858,589	12.9	1.0	5,210,767	10.4	1.7	583,899	6.4	0.2
その他の固定資産	369,024	1.7	0.2	1,383,873	2.8	0.8	449,022	5.0	0.3
有価証券	26,750	0.1	0.0	604,720	1.2	0.8	392,495	4.3	0.5
収益事業元入金	22,199	0.1	0.1	149,960	0.3	1.0	0	0.0	0.0
長期貸付金	44	0.0	0.0	113,012	0.2	3.4	3,948	0.0	0.1
その他	320,031	1.4	0.4	516,181	1.0	0.7	52,580	0.6	0.1
流動資産	5,306,786	24.0	0.6	13,035,163	26.1	1.4	1,999,872	22.1	0.2
現金預金	4,757,000	21.5	0.6	11,923,287	23.9	1.5	1,786,666	19.7	0.2
未収入金	508,384	2.3	0.7	1,027,640	2.1	1.3	186,474	2.1	0.2
短期貸付金	16,127	0.1	1.2	8,298	0.0	0.6	2,837	0.0	0.2
有価証券	329	0.0	0.0	636	0.0	0.0	659	0.0	0.0
その他流動資産	24,946	0.1	0.2	75,302	0.2	0.6	23,236	0.3	0.2
資産の部合計	22,083,816	100.0	0.6	49,970,920	100.0	1.3	9,068,347	100.0	0.2

(負債及び純資産の部)　(１０－１０)　　　　(単位：千円)

区分	宮崎県			鹿児島県			沖縄県		
法人数	55 法人			84 法人			21 法人		
科目	金額	構成比率(%)	趨勢構造比率	金額	構成比率(%)	趨勢構造比率	金額	構成比率(%)	趨勢構造比率
(負債の部)									
固定負債	1,269,470	5.7	0.5	5,175,347	10.4	1.8	768,772	8.5	0.3
長期借入金	1,157,640	5.2	0.5	4,503,927	9.0	1.9	740,592	8.2	0.3
学校債	0	0.0	0.0	0	0.0	0.0	0	0.0	0.0
長期未払金	26,698	0.1	0.5	79,819	0.2	1.5	27,260	0.3	0.5
退職給与引当金	85,133	0.4	0.3	556,243	1.1	1.7	920	0.0	0.0
その他固定負債	0	0.0	0.0	35,358	0.1	1.6	0	0.0	0.0
流動負債	1,085,297	4.9	0.8	1,630,329	3.3	1.2	674,681	7.4	0.5
短期借入金	570,148	2.6	1.2	487,316	1.0	1.0	227,205	2.5	0.5
一年以内償還予定学校債	0	0.0	0.0	0	0.0	0.0	0	0.0	0.0
手形債務	0	0.0	0.0	0	0.0	0.0	0	0.0	0.0
未払金	442,419	2.0	0.9	805,518	1.6	1.6	194,148	2.1	0.4
前受金	14,991	0.1	0.1	158,838	0.3	0.7	164,963	1.8	0.7
その他流動負債	57,739	0.3	0.4	178,656	0.4	1.3	88,365	1.0	0.7
負債の部合計	2,354,767	10.7	0.6	6,805,676	13.6	1.6	1,443,453	15.9	0.3
(純資産の部)									
基本金	20,537,056	93.0	0.6	42,793,091	85.6	1.2	8,136,993	89.7	0.2
第1号基本金	19,487,101	88.2	0.6	41,547,082	83.1	1.2	7,949,201	87.7	0.2
第2号基本金	833,836	3.8	2.0	461,074	0.9	1.1	171,357	1.9	0.4
第3号基本金	0	0.0	0.0	0	0.0	0.0	4,768	0.1	0.1
第4号基本金	216,119	1.0	1.0	784,935	1.6	3.5	11,666	0.1	0.1
繰越収支差額	-808,007	-3.7	1.4	372,153	0.7	-0.6	-512,098	-5.6	0.9
翌年度繰越収支差額	-808,007	-3.7	1.4	372,153	0.7	-0.6	-512,098	-5.6	0.9
純資産の部合計	19,729,049	89.3	0.6	43,165,244	86.4	1.3	7,624,895	84.1	0.2
負債・純資産の部合計	22,083,816	100.0	0.6	49,970,920	100.0	1.3	9,068,347	100.0	0.2

(注) 構造比率は幼稚園法人合計を 100 としたものである。

5ヵ年連続事業活動収支計算書
―幼稚園法人―

(教育活動収支及び教育活動外収支)　　　(単位：千円)

区分	29年度			30年度			令和元年度			2年度			3年度		
法人数	5,033 法人			4,898 法人			4,885 法人			4,880 法人			4,878 法人		
科目	金額	構成比率(%)	趨勢構造比率	金額	構成比率(%)	趨勢構造比率	金額	構成比率(%)	趨勢構造比率	金額	構成比率(%)	趨勢構造比率	金額	構成比率(%)	趨勢構造比率
(教育活動収支・収入の部)															
学生生徒等納付金	319,637,861	34.2	100.0	310,765,538	33.0	97.2	282,744,372	29.1	88.5	261,759,032	26.1	81.9	255,698,960	24.9	80.0
手数料	1,889,543	0.2	100.0	2,105,938	0.2	111.5	2,256,462	0.2	119.4	2,208,593	0.2	116.9	2,183,820	0.2	115.6
寄付金	6,438,079	0.7	100.0	9,678,511	1.0	150.3	4,968,401	0.5	77.2	5,370,902	0.5	83.4	5,275,426	0.5	81.9
経常費等補助金	442,705,014	47.3	100.0	463,208,769	49.1	104.6	521,157,468	53.6	117.7	576,239,915	57.5	130.2	601,468,051	58.5	135.9
付随事業収入	83,400,389	8.9	100.0	82,531,864	8.8	99.0	86,141,480	8.9	103.3	81,355,873	8.1	97.5	89,997,105	8.8	107.9
雑収入	27,424,785	2.9	100.0	27,731,840	2.9	101.1	28,643,502	2.9	104.4	27,724,993	2.8	101.1	30,346,655	3.0	110.7
教育活動収入計	881,495,671	94.2	100.0	896,022,460	95.0	101.6	925,911,685	95.1	105.0	954,659,308	95.3	108.3	984,970,017	95.9	111.7
(教育活動収支・支出の部)															
人件費	529,345,122	56.6	100.0	545,037,774	57.8	103.0	570,699,306	58.6	107.8	593,156,309	59.2	112.1	621,862,862	60.5	117.5
教育研究(管理)経費	282,551,382	30.2	100.0	288,527,108	30.6	102.1	294,210,410	30.2	104.1	292,266,223	29.2	103.4	306,356,273	29.8	108.4
(うち減価償却額)	54,830,641	6.9	100.0	67,047,967	7.1	103.4	69,257,243	7.1	106.8	72,389,161	7.2	111.7	75,279,201	7.3	116.1
徴収不能額等	128,089	0.0	100.0	178,383	0.0	139.3	138,855	0.0	108.4	166,044	0.0	129.6	283,566	0.0	221.4
教育活動支出計	812,024,593	86.8	100.0	833,743,265	88.4	102.7	865,048,571	88.9	106.5	885,588,576	88.4	109.1	928,502,700	90.4	114.3

(教育活動外収支・収入の部)															
受取利息・配当金	3,125,263	0.3	100.0	2,878,531	0.3	92.1	3,087,965	0.3	98.8	2,986,434	0.3	95.6	3,759,991	0.4	120.3
その他の教育活動外収入	1,028,117	0.1	100.0	955,752	0.1	93.0	1,235,411	0.1	120.2	1,198,248	0.1	116.5	1,168,637	0.1	113.7
教育活動外収入計	4,153,381	0.4	100.0	3,834,283	0.4	92.3	4,323,376	0.4	104.1	4,184,682	0.4	100.8	4,928,627	0.5	118.7
(教育活動外収支・支出の部)															
借入金等利息	2,568,765	0.3	100.0	2,540,168	0.3	98.9	2,612,657	0.3	101.7	2,560,160	0.3	99.7	2,526,514	0.2	98.4
その他の教育活動外支出	368,284	0.0	100.0	177,886	0.0	48.3	819,860	0.1	222.6	322,655	0.0	87.6	371,876	0.0	101.0
教育活動外支出計	2,937,049	0.3	100.0	2,718,054	0.3	92.5	3,432,517	0.4	116.9	2,882,815	0.3	98.2	2,898,390	0.3	98.7

（特別収支）

（単位：千円）

区　分	２９年度			３０年度			令和元年度			２年度			３年度		
法人数	5,033 法人			4,898 法人			4,885 法人			4,880 法人			4,878 法人		
科　目	金　額	構成比率(%)	趨勢構造比率	金　額	構成比率(%)	趨勢構造比率	金　額	構成比率(%)	趨勢構造比率	金　額	構成比率(%)	趨勢構造比率	金　額	構成比率(%)	趨勢構造比率
（特別収支・収入の部）															
資産売却差額	2,243,264	0.2	100.0	2,087,432	0.2	93.1	2,185,834	0.2	97.4	1,599,839	0.2	71.3	3,076,765	0.3	137.2
その他の特別収入	47,721,057	5.1	100.0	41,042,734	4.4	86.0	40,748,281	4.2	85.4	40,931,452	4.1	85.8	34,401,201	3.3	72.1
（うち寄付金）	6,398,766	0.7	100.0	7,750,267	0.8	121.1	4,487,552	0.5	70.1	3,219,980	0.3	50.3	4,524,517	0.4	70.7
（うち補助金）	37,293,746	4.0	100.0	29,342,853	3.1	78.7	31,079,434	3.2	83.3	31,160,026	3.1	83.6	26,694,700	2.6	71.6
特別収入計	49,964,321	5.3	100.0	43,130,166	4.6	86.3	42,934,115	4.4	85.9	42,531,292	4.2	85.1	37,477,966	3.6	75.0
（特別収支・支出の部）															
資産処分差額	7,846,356	0.8	100.0	9,427,517	1.0	120.2	8,455,277	0.9	107.8	7,224,617	0.7	92.1	6,850,359	0.7	87.3
その他の特別支出	2,839,752	0.3	100.0	3,481,608	0.4	122.6	5,214,256	0.5	183.6	3,928,726	0.4	138.3	2,388,824	0.2	84.1
特別支出計	10,686,108	1.1	100.0	12,909,126	1.4	120.8	13,669,533	1.4	127.9	11,153,343	1.1	104.4	9,239,184	0.9	86.5
基本金組入前当年度収支差額	109,965,622	11.8	100.0	93,616,465	9.9	85.1	91,018,555	9.4	82.8	101,750,548	10.2	92.5	86,736,337	8.4	78.9
経常収支差額	70,687,409	7.6	100.0	63,395,424	6.7	89.7	61,753,973	6.3	87.4	70,372,599	7.0	99.6	58,497,554	5.7	82.8
教育活動収支差額	69,471,078	7.4	100.0	62,279,195	6.6	89.6	60,863,115	6.3	87.6	69,070,732	6.9	99.4	56,467,317	5.5	81.3
教育活動外収支差額	1,216,331	0.1	100.0	1,116,229	0.1	91.8	890,859	0.1	73.2	1,301,867	0.1	107.0	2,030,237	0.2	166.9
特別収支差額	39,278,213	4.2	100.0	30,221,041	3.2	76.9	29,264,582	3.0	74.5	31,377,949	3.1	79.9	28,238,783	2.7	71.9
基本金組入額合計	-115,768,520	-12.4	100.0	-124,470,639	-13.2	107.5	-121,053,099	-12.4	104.6	-107,920,854	-10.8	93.2	-104,759,175	-10.2	90.5
当年度収支差額	-5,802,898	-0.6	100.0	-30,854,174	-3.3	531.7	-30,034,544	-3.1	517.6	-6,170,307	-0.6	106.3	-18,022,839	-1.8	310.6
前年度繰越収支差額	-53,326,793	-5.7	100.0	-29,711,335	-3.2	55.7	-51,495,033	-5.3	96.6	-65,225,551	-6.5	122.3	-57,184,514	-5.6	107.2
基本金取崩額	13,253,015	1.4	100.0	14,612,408	1.5	110.3	19,341,889	2.0	145.9	11,260,233	1.1	85.0	16,911,442	1.6	127.6
翌年度繰越収支差額	-45,876,676	-4.9	100.0	-45,953,101	-4.9	100.2	-62,187,688	-6.4	135.6	-60,135,624	-6.0	131.1	-58,295,910	-5.7	127.1

（参考）

事業活動収入計	935,613,373	100.0	100.0	942,986,910	100.0	100.8	973,169,177	100.0	104.0	1,001,375,282	100.0	107.0	1,027,376,611	100.0	109.8
事業活動支出計	825,647,751	88.2	100.0	849,370,445	90.1	102.9	882,150,622	90.6	106.8	899,624,734	89.8	109.0	940,640,274	91.6	113.9

（注）趨勢は２９年度を 100 としたものである。

令和３年度事業活動収支計算書（都道府県別）
－幼稚園法人－

（教育活動収支及び教育活動外収支）（１０－１）　　（単位：千円）

区分	合計			北海道			青森県			岩手県			宮城県		
法人数	4,878 法人			240 法人			57 法人			50 法人			92 法人		
科目	金額	構成比率(%)	趨勢構造比率	金額	構成比率(%)	趨勢構造比率	金額	構成比率(%)	趨勢構造比率	金額	構成比率(%)	趨勢構造比率	金額	構成比率(%)	趨勢構造比率
（教育活動収支・収入の部）															
学生生徒等納付金	255,698,960	24.9	100.0	6,446,063	10.7	2.5	470,267	6.4	0.2	714,904	8.6	0.3	5,859,038	26.7	2.3
手数料	2,183,820	0.2	100.0	87,080	0.1	4.0	2,351	0.0	0.1	2,229	0.0	0.1	31,520	0.1	1.4
寄付金	5,275,426	0.5	100.0	129,486	0.2	2.5	24,721	0.3	0.5	20,699	0.2	0.4	37,744	0.2	0.7
経常費等補助金	601,468,051	58.5	100.0	45,085,020	75.1	7.5	5,535,128	74.8	0.9	6,613,227	79.8	1.1	11,512,893	52.4	1.9
付随事業収入	89,997,105	8.8	100.0	3,361,406	5.6	3.7	400,825	5.4	0.4	688,970	8.3	0.8	2,710,301	12.3	3.0
雑収入	30,346,655	3.0	100.0	1,060,559	1.8	3.5	187,581	2.5	0.6	196,918	2.4	0.6	458,272	2.1	1.5
教育活動収入計	984,970,017	95.9	100.0	56,169,614	93.5	5.7	6,620,872	89.5	0.7	8,236,947	99.4	0.8	20,609,768	93.9	2.1
（教育活動収支・支出の部）															
人件費	621,862,862	60.5	100.0	36,358,870	60.5	5.8	4,447,092	60.1	0.7	5,581,488	67.3	0.9	13,109,619	59.7	2.1
教育研究（管理）経費	306,356,273	29.8	100.0	15,592,188	26.0	5.1	1,835,766	24.8	0.6	2,476,628	29.9	0.8	7,081,096	32.3	2.3
（うち減価償却額）	75,279,201	7.3	100.0	3,868,550	6.4	5.1	431,853	5.8	0.6	712,283	8.6	0.9	1,693,029	7.7	2.2
徴収不能額等	283,566	0.0	100.0	673	0.0	0.2	456	0.0	0.2	247	0.0	0.1	799	0.0	0.3
教育活動支出計	928,502,700	90.4	100.0	51,951,731	86.5	5.6	6,283,313	84.9	0.7	8,058,363	97.2	0.9	20,191,514	92.0	2.2
（教育活動外収支・収入の部）															
受取利息・配当金	3,759,991	0.4	100.0	61,154	0.1	1.6	504	0.0	0.0	24,679	0.3	0.7	25,623	0.1	0.7
その他の教育活動外収入	1,168,637	0.1	100.0	74,900	0.1	6.4	16,230	0.2	1.4	12,398	0.1	1.1	154,795	0.7	13.2
教育活動外収入計	4,928,627	0.5	100.0	136,053	0.2	2.8	16,734	0.2	0.3	37,076	0.4	0.8	180,418	0.8	3.7
（教育活動外収支・支出の部）															
借入金等利息	2,526,514	0.2	100.0	154,332	0.3	6.1	14,672	0.2	0.6	28,696	0.3	1.1	59,848	0.3	2.4
その他の教育活動外支出	371,876	0.0	100.0	69,840	0.1	18.8	0	0.0	0.0	0	0.0	0.0	0	0.0	0.0
教育活動外支出計	2,898,390	0.3	100.0	224,172	0.4	7.7	14,672	0.2	0.5	28,696	0.3	1.0	59,848	0.3	2.1

（特別収支）（１０－１）

（単位：千円）

区分	合計			北海道			青森県			岩手県			宮城県		
法人数	4,878 法人			240 法人			57 法人			50 法人			92 法人		
科目	金額	構成比率(%)	趨勢構造比率	金額	構成比率(%)	趨勢構造比率	金額	構成比率(%)	趨勢構造比率	金額	構成比率(%)	趨勢構造比率	金額	構成比率(%)	趨勢構造比率
（特別収支・収入の部）															
資産売却差額	3,076,765	0.3	100.0	199,620	0.3	6.5	1,205	0.0	0.0	1,591	0.0	0.1	6,187	0.0	0.2
その他の特別収入	34,401,201	3.3	100.0	3,549,194	5.9	10.3	761,457	10.3	2.2	14,651	0.2	0.0	1,157,818	5.3	3.4
（うち寄付金）	4,524,517	0.4	100.0	40,087	0.1	0.9	30,192	0.4	0.7	472	0.0	0.0	11,529	0.1	0.3
（うち補助金）	26,694,700	2.6	100.0	3,071,332	5.1	11.5	726,765	9.8	2.7	7,699	0.1	0.0	1,128,939	5.1	4.2
特別収入計	37,477,966	3.6	100.0	3,748,814	6.2	10.0	762,662	10.3	2.0	16,241	0.2	0.0	1,164,005	5.3	3.1
（特別収支・支出の部）															
資産処分差額	6,850,359	0.7	100.0	560,269	0.9	8.2	70,965	1.0	1.0	7,353	0.1	0.1	112,927	0.5	1.6
その他の特別支出	2,388,824	0.2	100.0	551,379	0.9	23.1	4,500	0.1	0.2	2,691	0.0	0.1	7,513	0.0	0.3
特別支出計	9,239,184	0.9	100.0	1,111,648	1.9	12.0	75,465	1.0	0.8	10,044	0.1	0.1	120,439	0.5	1.3
基本金組入前当年度収支差額	86,736,337	8.4	100.0	6,766,931	11.3	7.8	1,026,819	13.9	1.2	193,161	2.3	0.2	1,582,391	7.2	1.8
経常収支差額	58,497,554	5.7	100.0	4,129,764	6.9	7.1	339,622	4.6	0.6	186,964	2.3	0.3	538,825	2.5	0.9
教育活動収支差額	56,467,317	5.5	100.0	4,217,883	7.0	7.5	337,559	4.6	0.6	178,584	2.2	0.3	418,254	1.9	0.7
教育活動外収支差額	2,030,237	0.2	100.0	-88,119	-0.1	-4.3	2,063	0.0	0.1	8,381	0.1	0.4	120,570	0.5	5.9
特別収支差額	28,238,783	2.7	100.0	2,637,167	4.4	9.3	687,197	9.3	2.4	6,197	0.1	0.0	1,043,566	4.8	3.7
基本金組入額合計	-104,759,175	-10.2	100.0	-8,259,106	-13.8	7.9	-942,760	-12.7	0.9	-378,614	-4.6	0.4	-1,769,057	-8.1	1.7
当年度収支差額	-18,022,839	-1.8	100.0	-1,492,175	-2.5	8.3	84,058	1.1	-0.5	-185,452	-2.2	1.0	-186,666	-0.9	1.0
前年度繰越収支差額	-57,184,514	-5.6	100.0	-15,947,002	-26.6	27.9	-2,239,588	-30.3	3.9	-4,576,045	-55.2	8.0	-8,689,533	-39.6	15.2
基本金取崩額	16,911,442	1.6	100.0	1,110,641	1.8	6.6	113,701	1.5	0.7	45,245	0.5	0.3	185,649	0.8	1.1
翌年度繰越収支差額	-58,295,910	-5.7	100.0	-16,328,537	-27.2	28.0	-2,041,828	-27.6	3.5	-4,716,252	-56.9	8.1	-8,690,551	-39.6	14.9

（参考）

事業活動収入計	1,027,376,611	100.0	100.0	60,054,482	100.0	5.8	7,400,269	100.0	0.7	8,290,265	100.0	0.8	21,954,192	100.0	2.1
事業活動支出計	940,640,274	91.6	100.0	53,287,551	88.7	5.7	6,373,450	86.1	0.7	8,097,103	97.7	0.9	20,371,801	92.8	2.2

（注）構造比率は幼稚園法人合計を 100 としたものである。

令和３年度事業活動収支計算書（都道府県別）
－幼稚園法人－

（教育活動収支及び教育活動外収支）　（１０－２）　　（単位：千円）

区分	秋田県			山形県			福島県			茨城県			栃木県		
法人数	44 法人			60 法人			91 法人			139 法人			148 法人		
科目	金額	構成比率(%)	趨勢構造比率	金額	構成比率(%)	趨勢構造比率	金額	構成比率(%)	趨勢構造比率	金額	構成比率(%)	趨勢構造比率	金額	構成比率(%)	趨勢構造比率
（教育活動収支・収入の部）															
学生生徒等納付金	874,860	10.8	0.3	1,415,738	11.9	0.6	3,845,578	18.1	1.5	3,313,067	11.4	1.3	4,066,246	13.4	1.6
手数料	4,704	0.1	0.2	20,815	0.2	1.0	23,598	0.1	1.1	41,113	0.1	1.9	39,658	0.1	1.8
寄付金	12,775	0.2	0.2	30,293	0.3	0.6	71,533	0.3	1.4	137,290	0.5	2.6	106,211	0.4	2.0
経常費等補助金	6,309,505	78.1	1.0	8,220,613	69.2	1.4	12,907,402	60.8	2.1	21,294,379	73.1	3.5	22,604,808	74.5	3.8
付随事業収入	512,828	6.3	0.6	983,994	8.3	1.1	2,097,188	9.9	2.3	2,128,956	7.3	2.4	1,851,793	6.1	2.1
雑収入	154,450	1.9	0.5	307,548	2.6	1.0	566,330	2.7	1.9	871,709	3.0	2.9	613,982	2.0	2.0
教育活動収入計	7,869,122	97.4	0.8	10,979,000	92.4	1.1	19,511,629	91.9	2.0	27,786,513	95.4	2.8	29,282,698	96.5	3.0
（教育活動収支・支出の部）															
人件費	5,429,947	67.2	0.9	7,037,344	59.2	1.1	12,150,261	57.2	2.0	17,689,826	60.7	2.8	19,318,249	63.7	3.1
教育研究（管理）経費	2,280,604	28.2	0.7	3,362,293	28.3	1.1	6,633,783	31.2	2.2	7,898,607	27.1	2.6	8,723,044	28.7	2.8
（うち減価償却額）	650,072	8.0	0.9	908,993	7.6	1.2	1,637,258	7.7	2.2	2,012,262	6.9	2.7	2,790,235	9.2	3.7
徴収不能額等	0	0.0	0.0	219	0.0	0.1	638	0.0	0.2	122,949	0.4	43.4	174	0.0	0.1
教育活動支出計	7,710,551	95.5	0.8	10,399,856	87.5	1.1	18,784,682	88.5	2.0	25,711,382	88.3	2.8	28,041,466	92.4	3.0
（教育活動外収支・収入の部）															
受取利息・配当金	2,335	0.0	0.1	10,992	0.1	0.3	76,442	0.4	2.0	129,008	0.4	3.4	73,306	0.2	1.9
その他の教育活動外収入	21,500	0.3	1.8	0	0.0	0.0	6,066	0.0	0.5	17,783	0.1	1.5	42,445	0.1	3.6
教育活動外収入計	23,835	0.3	0.5	10,992	0.1	0.2	82,507	0.4	1.7	146,791	0.5	3.0	115,751	0.4	2.3
（教育活動外収支・支出の部）															
借入金等利息	16,522	0.2	0.7	29,928	0.3	1.2	77,246	0.4	3.1	86,127	0.3	3.4	96,536	0.3	3.8
その他の教育活動外支出	0	0.0	0.0	0	0.0	0.0	14,400	0.1	3.9	2,103	0.0	0.6	683	0.0	0.2
教育活動外支出計	16,522	0.2	0.6	29,928	0.3	1.0	91,646	0.4	3.2	88,231	0.3	3.0	97,219	0.3	3.4

(特別収支)　(１０－２)

(単位：千円)

区分	秋田県			山形県			福島県			茨城県			栃木県		
法人数	44 法人			60 法人			91 法人			139 法人			148 法人		
科目	金額	構成比率(%)	趨勢構造比率	金額	構成比率(%)	趨勢構造比率	金額	構成比率(%)	趨勢構造比率	金額	構成比率(%)	趨勢構造比率	金額	構成比率(%)	趨勢構造比率
(特別収支・収入の部)															
資産売却差額	1,391	0.0	0.0	3,842	0.0	0.1	44,365	0.2	1.4	8,972	0.0	0.3	88,963	0.3	2.9
その他の特別収入	181,987	2.3	0.5	892,631	7.5	2.6	1,594,608	7.5	4.6	1,184,122	4.1	3.4	854,354	2.8	2.5
(うち寄付金)	4,255	0.1	0.1	1,799	0.0	0.0	180,875	0.9	4.0	94,512	0.3	2.1	4,582	0.0	0.1
(うち補助金)	163,701	2.0	0.6	729,202	6.1	2.7	1,276,563	6.0	4.8	1,080,961	3.7	4.0	833,381	2.7	3.1
特別収入計	183,377	2.3	0.5	896,474	7.5	2.4	1,638,973	7.7	4.4	1,193,094	4.1	3.2	943,317	3.1	2.5
(特別収支・支出の部)															
資産処分差額	79,970	1.0	1.2	32,317	0.3	0.5	129,597	0.6	1.9	193,047	0.7	2.8	121,660	0.4	1.8
その他の特別支出	13,479	0.2	0.6	213,478	1.8	8.9	186,648	0.9	7.8	3,300	0.0	0.1	8,761	0.0	0.4
特別支出計	93,449	1.2	1.0	245,796	2.1	2.7	316,245	1.5	3.4	196,347	0.7	2.1	130,421	0.4	1.4
基本金組入前当年度収支差額	255,811	3.2	0.3	1,210,887	10.2	1.4	2,040,535	9.6	2.4	3,130,438	10.7	3.6	2,072,660	6.8	2.4
経常収支差額	165,884	2.1	0.3	560,209	4.7	1.0	717,807	3.4	1.2	2,133,691	7.3	3.6	1,259,764	4.2	2.2
教育活動収支差額	158,571	2.0	0.3	579,144	4.9	1.0	726,946	3.4	1.3	2,075,131	7.1	3.7	1,241,232	4.1	2.2
教育活動外収支差額	7,313	0.1	0.4	-18,935	-0.2	-0.9	-9,139	0.0	-0.5	58,560	0.2	2.9	18,532	0.1	0.9
特別収支差額	89,928	1.1	0.3	650,678	5.5	2.3	1,322,728	6.2	4.7	996,747	3.4	3.5	812,897	2.7	2.9
基本金組入額合計	-446,937	-5.5	0.4	-1,904,499	-16.0	1.8	-2,910,082	-13.7	2.8	-2,496,048	-8.6	2.4	-3,283,227	-10.8	3.1
当年度収支差額	-191,126	-2.4	1.1	-693,612	-5.8	3.8	-869,547	-4.1	4.8	634,390	2.2	-3.5	-1,210,566	-4.0	6.7
前年度繰越収支差額	-2,147,271	-26.6	3.8	-1,034,281	-8.7	1.8	-6,405,421	-30.2	11.2	-1,015,115	-3.5	1.8	-4,787,911	-15.8	8.4
基本金取崩額	100,880	1.2	0.6	16,933	0.1	0.1	16,811	0.1	0.1	335,169	1.2	2.0	247,405	0.8	1.5
翌年度繰越収支差額	-2,237,517	-27.7	3.8	-1,710,960	-14.4	2.9	-7,258,158	-34.2	12.5	-45,557	-0.2	0.1	-5,751,073	-19.0	9.9

(参考)

事業活動収入計	8,076,334	100.0	0.8	11,886,466	100.0	1.2	21,233,109	100.0	2.1	29,126,398	100.0	2.8	30,341,766	100.0	3.0
事業活動支出計	7,820,523	96.8	0.8	10,675,579	89.8	1.1	19,192,574	90.4	2.0	25,995,960	89.3	2.8	28,269,106	93.2	3.0

(注) 構造比率は幼稚園法人合計を 100 としたものである。

令和３年度事業活動収支計算書（都道府県別）
ー幼稚園法人ー

（教育活動収支及び教育活動外収支）（１０－３）　　（単位：千円）

区分	群馬県			埼玉県			千葉県			東京都			神奈川県		
法人数	95 法人			442 法人			292 法人			396 法人			413 法人		
科目	金額	構成比率(%)	趨勢構造比率	金額	構成比率(%)	趨勢構造比率	金額	構成比率(%)	趨勢構造比率	金額	構成比率(%)	趨勢構造比率	金額	構成比率(%)	趨勢構造比率
(教育活動収支・収入の部)															
学生生徒等納付金	1,650,165	10.4	0.6	27,584,376	32.4	10.8	19,225,038	32.8	7.5	32,513,099	36.0	12.7	27,656,210	27.8	10.8
手数料	24,184	0.2	1.1	120,968	0.1	5.5	142,522	0.2	6.5	262,402	0.3	12.0	396,163	0.4	18.1
寄付金	55,677	0.4	1.1	473,123	0.6	9.0	136,232	0.2	2.6	410,254	0.5	7.8	1,158,752	1.2	22.0
経常費等補助金	12,220,595	77.3	2.0	40,122,130	47.2	6.7	29,121,583	49.7	4.8	40,096,434	44.3	6.7	53,921,007	54.2	9.0
付随事業収入	641,307	4.1	0.7	10,970,328	12.9	12.2	5,773,039	9.9	6.4	10,009,858	11.1	11.1	8,504,989	8.6	9.5
雑収入	397,016	2.5	1.3	3,266,966	3.8	10.8	1,533,219	2.6	5.1	3,678,505	4.1	12.1	3,233,130	3.3	10.7
教育活動収入計	14,988,942	94.8	1.5	82,537,891	97.0	8.4	55,931,632	95.5	5.7	86,970,552	96.2	8.8	94,870,251	95.4	9.6
(教育活動収支・支出の部)															
人件費	10,008,786	63.3	1.6	52,711,249	62.0	8.5	35,277,526	60.3	5.7	55,097,335	60.9	8.9	58,598,729	58.9	9.4
教育研究（管理）経費	4,608,431	29.2	1.5	28,007,547	32.9	9.1	17,210,873	29.4	5.6	27,507,229	30.4	9.0	28,943,809	29.1	9.4
（うち減価償却額）	1,297,134	8.2	1.7	7,381,716	8.7	9.8	4,269,415	7.3	5.7	6,637,819	7.3	8.8	7,082,233	7.1	9.4
徴収不能額等	473	0.0	0.2	1,756	0.0	0.6	694	0.0	0.2	30,423	0.0	10.7	3,148	0.0	1.1
教育活動支出計	14,617,689	92.5	1.6	80,720,553	94.9	8.7	52,489,094	89.6	5.7	82,634,988	91.4	8.9	87,545,687	88.0	9.4
(教育活動外収支・収入の部)															
受取利息・配当金	10,272	0.1	0.3	339,531	0.4	9.0	260,228	0.4	6.9	390,269	0.4	10.4	725,904	0.7	19.3
その他の教育活動外収入	2,465	0.0	0.2	3,557	0.0	0.3	31,704	0.1	2.7	121,490	0.1	10.4	151,656	0.2	13.0
教育活動外収入計	12,737	0.1	0.3	343,087	0.4	7.0	291,932	0.5	5.9	511,759	0.6	10.4	877,560	0.9	17.8
(教育活動外収支・支出の部)															
借入金等利息	33,949	0.2	1.3	171,569	0.2	6.8	120,750	0.2	4.8	260,928	0.3	10.3	242,197	0.2	9.6
その他の教育活動外支出	0	0.0	0.0	2,749	0.0	0.7	2,011	0.0	0.5	7,655	0.0	2.1	48,179	0.0	13.0
教育活動外支出計	33,949	0.2	1.2	174,319	0.2	6.0	122,760	0.2	4.2	268,582	0.3	9.3	290,376	0.3	10.0

(特別収支)　(１０－３)

(単位：千円)

区分	群馬県			埼玉県			千葉県			東京都			神奈川県		
法人数	95 法人			442 法人			292 法人			396 法人			413 法人		
科目	金額	構成比率(%)	趨勢構造比率	金額	構成比率(%)	趨勢構造比率	金額	構成比率(%)	趨勢構造比率	金額	構成比率(%)	趨勢構造比率	金額	構成比率(%)	趨勢構造比率
(特別収支・収入の部)															
資産売却差額	14,110	0.1	0.5	149,518	0.2	4.9	444,777	0.8	14.5	525,559	0.6	17.1	619,440	0.6	20.1
その他の特別収入	791,400	5.0	2.3	2,021,695	2.4	5.9	1,881,099	3.2	5.5	2,418,023	2.7	7.0	3,105,506	3.1	9.0
(うち寄付金)	1,012	0.0	0.0	524,726	0.6	11.6	249,295	0.4	5.5	287,830	0.3	6.4	1,626,359	1.6	35.9
(うち補助金)	789,049	5.0	3.0	930,161	1.1	3.5	1,446,309	2.5	5.4	2,061,576	2.3	7.7	1,322,852	1.3	5.0
特別収入計	805,510	5.1	2.1	2,171,214	2.6	5.8	2,325,877	4.0	6.2	2,943,582	3.3	7.9	3,724,946	3.7	9.9
(特別収支・支出の部)															
資産処分差額	154,883	1.0	2.3	244,619	0.3	3.6	295,605	0.5	4.3	716,925	0.8	10.5	709,816	0.7	10.4
その他の特別支出	1,403	0.0	0.1	152,512	0.2	6.4	99,133	0.2	4.1	136,886	0.2	5.7	236,541	0.2	9.9
特別支出計	156,286	1.0	1.7	397,131	0.5	4.3	394,739	0.7	4.3	853,810	0.9	9.2	946,358	1.0	10.2
基本金組入前当年度収支差額	999,266	6.3	1.2	3,760,190	4.4	4.3	5,542,848	9.5	6.4	6,668,513	7.4	7.7	10,690,337	10.7	12.3
経常収支差額	350,041	2.2	0.6	1,986,107	2.3	3.4	3,611,710	6.2	6.2	4,578,741	5.1	7.8	7,911,749	8.0	13.5
教育活動収支差額	371,253	2.3	0.7	1,817,338	2.1	3.2	3,442,539	5.9	6.1	4,335,564	4.8	7.7	7,324,565	7.4	13.0
教育活動外収支差額	-21,211	-0.1	-1.0	168,768	0.2	8.3	169,171	0.3	8.3	243,177	0.3	12.0	587,184	0.6	28.9
特別収支差額	649,224	4.1	2.3	1,774,083	2.1	6.3	1,931,138	3.3	6.8	2,089,771	2.3	7.4	2,778,588	2.8	9.8
基本金組入額合計	-2,293,014	-14.5	2.2	-7,998,334	-9.4	7.6	-5,969,133	-10.2	5.7	-7,289,702	-8.1	7.0	-8,932,273	-9.0	8.5
当年度収支差額	-1,293,749	-8.2	7.2	-4,238,144	-5.0	23.5	-426,285	-0.7	2.4	-621,189	-0.7	3.4	1,758,064	1.8	-9.8
前年度繰越収支差額	-5,225,482	-33.1	9.1	-14,234,960	-16.7	24.9	-8,294,704	-14.2	14.5	21,147,304	23.4	-37.0	11,443,246	11.5	-20.0
基本金取崩額	102,579	0.6	0.6	1,357,118	1.6	8.0	791,418	1.4	4.7	1,982,099	2.2	11.7	3,242,144	3.3	19.2
翌年度繰越収支差額	-6,416,652	-40.6	11.0	-17,115,986	-20.1	29.4	-7,929,571	-13.5	13.6	22,508,214	24.9	-38.6	16,443,453	16.5	-28.2

(参考)

事業活動収入計	15,807,189	100.0	1.5	85,052,192	100.0	8.3	58,549,441	100.0	5.7	90,425,893	100.0	8.8	99,472,757	100.0	9.7
事業活動支出計	14,807,924	93.7	1.6	81,292,002	95.6	8.6	53,006,593	90.5	5.6	83,757,380	92.6	8.9	88,782,420	89.3	9.4

(注) 構造比率は幼稚園法人合計を 100 としたものである。

令和３年度事業活動収支計算書（都道府県別）
― 幼稚園法人 ―

（教育活動収支及び教育活動外収支）（１０－４）

（単位：千円）

区分	新潟県			富山県			石川県			福井県			山梨県		
法人数	64 法人			32 法人			37 法人			26 法人			44 法人		
科目	金額	構成比率(%)	趨勢構造比率	金額	構成比率(%)	趨勢構造比率	金額	構成比率(%)	趨勢構造比率	金額	構成比率(%)	趨勢構造比率	金額	構成比率(%)	趨勢構造比率
（教育活動収支・収入の部）															
学生生徒等納付金	1,538,167	10.0	0.6	602,993	11.0	0.2	1,294,337	19.6	0.5	516,211	13.7	0.2	870,130	14.6	0.3
手数料	8,703	0.1	0.4	637	0.0	0.0	4,269	0.1	0.2	2,461	0.1	0.1	8,818	0.1	0.4
寄付金	61,825	0.4	1.2	32,026	0.6	0.6	19,813	0.3	0.4	66,262	1.8	1.3	5,461	0.1	0.1
経常費等補助金	11,519,832	74.6	1.9	4,320,553	79.1	0.7	4,341,817	65.8	0.7	2,856,493	75.7	0.5	4,414,515	73.9	0.7
付随事業収入	612,039	4.0	0.7	261,436	4.8	0.3	443,727	6.7	0.5	180,322	4.8	0.2	457,054	7.6	0.5
雑収入	480,536	3.1	1.6	102,251	1.9	0.3	94,111	1.4	0.3	91,326	2.4	0.3	153,176	2.6	0.5
教育活動収入計	14,221,102	92.0	1.4	5,319,897	97.4	0.5	6,198,074	93.9	0.6	3,713,075	98.4	0.4	5,909,154	98.9	0.6
（教育活動収支・支出の部）															
人件費	9,828,899	63.6	1.6	3,345,574	61.2	0.5	3,866,822	58.6	0.6	2,335,892	61.9	0.4	3,821,699	64.0	0.6
教育研究（管理）経費	4,249,814	27.5	1.4	1,785,224	32.7	0.6	1,913,219	29.0	0.6	1,165,730	30.9	0.4	1,819,152	30.4	0.6
（うち減価償却額）	1,149,793	7.4	1.5	500,371	9.2	0.7	435,259	6.6	0.6	315,082	8.4	0.4	424,182	7.1	0.6
徴収不能額等	348	0.0	0.1	441	0.0	0.2	0	0.0	0.0	8,993	0.2	3.2	474	0.0	0.2
教育活動支出計	14,079,062	91.1	1.5	5,131,239	93.9	0.6	5,780,041	87.6	0.6	3,510,615	93.1	0.4	5,641,325	94.4	0.6
（教育活動外収支・収入の部）															
受取利息・配当金	10,157	0.1	0.3	11,360	0.2	0.3	39,201	0.6	1.0	31,354	0.8	0.8	16,480	0.3	0.4
その他の教育活動外収入	651	0.0	0.1	309	0.0	0.0	0	0.0	0.0	2,790	0.1	0.2	1,613	0.0	0.1
教育活動外収入計	10,809	0.1	0.2	11,669	0.2	0.2	39,201	0.6	0.8	34,144	0.9	0.7	18,093	0.3	0.4
（教育活動外収支・支出の部）															
借入金等利息	51,205	0.3	2.0	13,389	0.2	0.5	22,562	0.3	0.9	7,801	0.2	0.3	7,844	0.1	0.3
その他の教育活動外支出	0	0.0	0.0	0	0.0	0.0	0	0.0	0.0	5,608	0.1	1.5	0	0.0	0.0
教育活動外支出計	51,205	0.3	1.8	13,389	0.2	0.5	22,562	0.3	0.8	13,410	0.4	0.5	7,844	0.1	0.3

(特別収支)　(１０－４)

(単位：千円)

区分	新潟県			富山県			石川県			福井県			山梨県		
法人数	64 法人			32 法人			37 法人			26 法人			44 法人		
科目	金額	構成比率(%)	趨勢構造比率	金額	構成比率(%)	趨勢構造比率	金額	構成比率(%)	趨勢構造比率	金額	構成比率(%)	趨勢構造比率	金額	構成比率(%)	趨勢構造比率
(特別収支・収入の部)															
資産売却差額	10,113	0.1	0.3	804	0.0	0.0	58,840	0.9	1.9	6,747	0.2	0.2	22,067	0.4	0.7
その他の特別収入	1,207,846	7.8	3.5	132,168	2.4	0.4	304,410	4.6	0.9	18,161	0.5	0.1	26,425	0.4	0.1
(うち寄付金)	17,135	0.1	0.4	120,000	2.2	2.7	1,863	0.0	0.0	0	0.0	0.0	3,562	0.1	0.1
(うち補助金)	1,188,445	7.7	4.5	9,589	0.2	0.0	292,818	4.4	1.1	17,886	0.5	0.1	14,661	0.2	0.1
特別収入計	1,217,959	7.9	3.2	132,972	2.4	0.4	363,250	5.5	1.0	24,908	0.7	0.1	48,493	0.8	0.1
(特別収支・支出の部)															
資産処分差額	227,239	1.5	3.3	3,640	0.1	0.1	277,608	4.2	4.1	2,062	0.1	0.0	55,980	0.9	0.8
その他の特別支出	14,000	0.1	0.6	2,540	0.0	0.1	18,270	0.3	0.8	2,088	0.1	0.1	3,021	0.1	0.1
特別支出計	241,239	1.6	2.6	6,180	0.1	0.1	295,878	4.5	3.2	4,149	0.1	0.0	59,001	1.0	0.6

基本金組入前当年度収支差額	1,078,363	7.0	1.2	313,732	5.7	0.4	502,044	7.6	0.6	243,952	6.5	0.3	267,570	4.5	0.3
経常収支差額	101,643	0.7	0.2	186,939	3.4	0.3	434,673	6.6	0.7	223,194	5.9	0.4	278,078	4.7	0.5
教育活動収支差額	142,040	0.9	0.3	188,659	3.5	0.3	418,033	6.3	0.7	202,460	5.4	0.4	267,829	4.5	0.5
教育活動外収支差額	-40,397	-0.3	-2.0	-1,720	0.0	-0.1	16,639	0.3	0.8	20,734	0.5	1.0	10,250	0.2	0.5
特別収支差額	976,720	6.3	3.5	126,792	2.3	0.4	67,372	1.0	0.2	20,758	0.6	0.1	-10,508	-0.2	0.0
基本金組入額合計	-1,807,121	-11.7	1.7	-440,114	-8.1	0.4	-833,339	-12.6	0.8	-327,673	-8.7	0.3	-571,970	-9.6	0.5
当年度収支差額	-728,758	-4.7	4.0	-126,382	-2.3	0.7	-331,295	-5.0	1.8	-83,721	-2.2	0.5	-304,399	-5.1	1.7
前年度繰越収支差額	-4,271,126	-27.6	7.5	-2,934,023	-53.7	5.1	-3,372,781	-51.1	5.9	-285,511	-7.6	0.5	-2,387,960	-40.0	4.2
基本金取崩額	122,526	0.8	0.7	14,114	0.3	0.1	954,899	14.5	5.6	267	0.0	0.0	204,514	3.4	1.2
翌年度繰越収支差額	-4,877,358	-31.6	8.4	-3,046,291	-55.7	5.2	-2,749,177	-41.7	4.7	-368,964	-9.8	0.6	-2,487,845	-41.6	4.3

(参考)

事業活動収入計	15,449,870	100.0	1.5	5,464,538	100.0	0.5	6,600,525	100.0	0.6	3,772,127	100.0	0.4	5,975,740	100.0	0.6
事業活動支出計	14,371,507	93.0	1.5	5,150,807	94.3	0.5	6,098,481	92.4	0.6	3,528,174	93.5	0.4	5,708,170	95.5	0.6

(注) 構造比率は幼稚園法人合計を 100 としたものである。

令　和　3　年　度　事　業　活　動　収　支　計　算　書（都道府県別）
ー 幼 稚 園 法 人 ー

（教育活動収支及び教育活動外収支）（１０－５）　　（単位：千円）

区分	長野県			岐阜県			静岡県			愛知県			三重県		
法人数	55 法人			59 法人			146 法人			246 法人			38 法人		
科目	金額	構成比率(%)	趨勢構造比率	金額	構成比率(%)	趨勢構造比率	金額	構成比率(%)	趨勢構造比率	金額	構成比率(%)	趨勢構造比率	金額	構成比率(%)	趨勢構造比率
(教育活動収支・収入の部)															
学生生徒等納付金	1,359,786	16.4	0.5	5,965,157	38.4	2.3	8,972,598	28.3	3.5	22,603,392	35.6	8.8	2,193,534	27.6	0.9
手数料	5,410	0.1	0.2	23,593	0.2	1.1	74,160	0.2	3.4	120,372	0.2	5.5	18,731	0.2	0.9
寄付金	28,315	0.3	0.5	40,170	0.3	0.8	569,168	1.8	10.8	231,896	0.4	4.4	15,855	0.2	0.3
経常費等補助金	6,053,076	72.8	1.0	7,222,436	46.5	1.2	17,706,295	55.9	2.9	30,093,569	47.4	5.0	4,676,777	58.9	0.8
付随事業収入	479,749	5.8	0.5	1,359,956	8.8	1.5	2,152,255	6.8	2.4	5,527,695	8.7	6.1	581,821	7.3	0.6
雑収入	191,758	2.3	0.6	409,000	2.6	1.3	936,273	3.0	3.1	2,029,451	3.2	6.7	294,197	3.7	1.0
教育活動収入計	8,118,093	97.7	0.8	15,020,312	96.7	1.5	30,410,749	96.0	3.1	60,606,375	95.4	6.2	7,780,914	98.0	0.8
(教育活動収支・支出の部)															
人件費	5,168,415	62.2	0.8	9,277,744	59.8	1.5	18,543,498	58.5	3.0	36,787,654	57.9	5.9	4,802,396	60.5	0.8
教育研究（管理）経費	2,429,907	29.2	0.8	4,573,792	29.5	1.5	9,800,470	30.9	3.2	19,077,401	30.0	6.2	2,621,569	33.0	0.9
（うち減価償却額）	667,634	8.0	0.9	1,151,573	7.4	1.5	2,301,020	7.3	3.1	4,387,716	6.9	5.8	674,103	8.5	0.9
徴収不能額等	2,349	0.0	0.8	35	0.0	0.0	141	0.0	0.0	2,536	0.0	0.9	0	0.0	0.0
教育活動支出計	7,600,671	91.4	0.8	13,851,571	89.2	1.5	28,344,110	89.4	3.1	55,867,591	88.0	6.0	7,423,965	93.5	0.8

(教育活動外収支・収入の部)															
受取利息・配当金	12,901	0.2	0.3	55,468	0.4	1.5	23,914	0.1	0.6	303,609	0.5	8.1	32,833	0.4	0.9
その他の教育活動外収入	10,508	0.1	0.9	52,921	0.3	4.5	18,619	0.1	1.6	169,516	0.3	14.5	83,916	1.1	7.2
教育活動外収入計	23,409	0.3	0.5	108,388	0.7	2.2	42,533	0.1	0.9	473,125	0.7	9.6	116,749	1.5	2.4
(教育活動外収支・支出の部)															
借入金等利息	27,505	0.3	1.1	40,682	0.3	1.6	100,105	0.3	4.0	118,792	0.2	4.7	17,790	0.2	0.7
その他の教育活動外支出	1	0.0	0.0	0	0.0	0.0	87	0.0	0.0	174,279	0.3	46.9	3,662	0.0	1.0
教育活動外支出計	27,506	0.3	0.9	40,682	0.3	1.4	100,191	0.3	3.5	293,071	0.5	10.1	21,452	0.3	0.7

(特別収支)　（１０－５）

(単位：千円)

区　分	長野県			岐阜県			静岡県			愛知県			三重県		
法人数	55 法人			59 法人			146 法人			246 法人			38 法人		
科　目	金　額	構成比率 (%)	趨勢 構造比率	金　額	構成比率 (%)	趨勢 構造比率	金　額	構成比率 (%)	趨勢 構造比率	金　額	構成比率 (%)	趨勢 構造比率	金　額	構成比率 (%)	趨勢 構造比率
(特別収支・収入の部)															
資産売却差額	45,513	0.5	1.5	5,641	0.0	0.2	20,155	0.1	0.7	148,061	0.2	4.8	2,125	0.0	0.1
その他の特別収入	124,797	1.5	0.4	392,608	2.5	1.1	1,215,574	3.8	3.5	2,277,293	3.6	6.6	36,298	0.5	0.1
(うち寄付金)	17,084	0.2	0.4	1,613	0.0	0.0	25,680	0.1	0.6	169,717	0.3	3.8	162	0.0	0.0
(うち補助金)	104,826	1.3	0.4	389,035	2.5	1.5	355,444	1.1	1.3	2,089,496	3.3	7.8	27,535	0.3	0.1
特別収入計	170,310	2.0	0.5	398,250	2.6	1.1	1,235,728	3.9	3.3	2,425,353	3.8	6.5	38,423	0.5	0.1
(特別収支・支出の部)															
資産処分差額	31,402	0.4	0.5	63,879	0.4	0.9	148,708	0.5	2.2	145,600	0.2	2.1	118,637	1.5	1.7
その他の特別支出	375	0.0	0.0	27,143	0.2	1.1	326,028	1.0	13.6	84,511	0.1	3.5	14,437	0.2	0.6
特別支出計	31,777	0.4	0.3	91,022	0.6	1.0	474,736	1.5	5.1	230,111	0.4	2.5	133,073	1.7	1.4
基本金組入前当年度収支差額	651,858	7.8	0.8	1,543,675	9.9	1.8	2,769,973	8.7	3.2	7,114,080	11.2	8.2	357,597	4.5	0.4
経常収支差額	513,325	6.2	0.9	1,236,447	8.0	2.1	2,008,981	6.3	3.4	4,918,838	7.7	8.4	452,247	5.7	0.8
教育活動収支差額	517,422	6.2	0.9	1,168,741	7.5	2.1	2,066,639	6.5	3.7	4,738,783	7.5	8.4	356,950	4.5	0.6
教育活動外収支差額	-4,097	0.0	-0.2	67,706	0.4	3.3	-57,658	-0.2	-2.8	180,054	0.3	8.9	95,297	1.2	4.7
特別収支差額	138,533	1.7	0.5	307,228	2.0	1.1	760,992	2.4	2.7	2,195,242	3.5	7.8	-94,650	-1.2	-0.3
基本金組入額合計	-1,007,902	-12.1	1.0	-1,814,647	-11.7	1.7	-3,581,727	-11.3	3.4	-8,000,235	-12.6	7.6	-343,726	-4.3	0.3
当年度収支差額	-356,044	-4.3	2.0	-270,972	-1.7	1.5	-811,755	-2.6	4.5	-886,155	-1.4	4.9	13,870	0.2	-0.1
前年度繰越収支差額	-3,615,929	-43.5	6.3	-6,252,346	-40.3	10.9	-4,267,426	-13.5	7.5	-7,274,021	-11.5	12.7	-2,183,581	-27.5	3.8
基本金取崩額	50,417	0.6	0.3	64,487	0.4	0.4	153,626	0.5	0.9	1,187,413	1.9	7.0	127,020	1.6	0.8
翌年度繰越収支差額	-3,921,556	-47.2	6.7	-6,458,831	-41.6	11.1	-4,925,555	-15.5	8.4	-6,972,764	-11.0	12.0	-2,042,691	-25.7	3.5

(参考)

事業活動収入計	8,311,812	100.0	0.8	15,526,950	100.0	1.5	31,689,010	100.0	3.1	63,504,853	100.0	6.2	7,936,087	100.0	0.8
事業活動支出計	7,659,954	92.2	0.8	13,983,276	90.1	1.5	28,919,038	91.3	3.1	56,390,773	88.8	6.0	7,578,490	95.5	0.8

(注) 構造比率は幼稚園法人合計を 100 としたものである。

令和３年度事業活動収支計算書（都道府県別）
－幼稚園法人－

（教育活動収支及び教育活動外収支）（１０－６）　　　　（単位：千円）

区分	滋賀県			京都府			大阪府			兵庫県			奈良県		
法人数	13 法人			107 法人			276 法人			142 法人			23 法人		
科目	金額	構成比率(%)	趨勢構造比率	金額	構成比率(%)	趨勢構造比率	金額	構成比率(%)	趨勢構造比率	金額	構成比率(%)	趨勢構造比率	金額	構成比率(%)	趨勢構造比率
(教育活動収支・収入の部)															
学生生徒等納付金	471,992	25.4	0.2	5,438,289	36.2	2.1	23,093,073	30.7	9.0	10,297,847	30.7	4.0	2,056,263	44.4	0.8
手数料	1,202	0.1	0.1	15,502	0.1	0.7	346,149	0.5	15.9	118,447	0.4	5.4	14,216	0.3	0.7
寄付金	21,232	1.1	0.4	182,383	1.2	3.5	287,500	0.4	5.4	100,888	0.3	1.9	15,035	0.3	0.3
経常費等補助金	1,047,815	56.5	0.2	7,024,968	46.7	1.2	38,967,634	51.8	6.5	17,664,498	52.6	2.9	1,850,586	40.0	0.3
付随事業収入	87,185	4.7	0.1	1,514,996	10.1	1.7	8,032,851	10.7	8.9	3,274,238	9.8	3.6	391,768	8.5	0.4
雑収入	61,474	3.3	0.2	544,978	3.6	1.8	2,336,715	3.1	7.7	1,007,237	3.0	3.3	127,656	2.8	0.4
教育活動収入計	1,690,899	91.2	0.2	14,721,115	97.9	1.5	73,063,922	97.2	7.4	32,463,155	96.7	3.3	4,455,525	96.2	0.5
(教育活動収支・支出の部)															
人件費	1,208,114	65.1	0.2	9,453,100	62.9	1.5	45,516,135	60.5	7.3	20,533,412	61.2	3.3	2,670,157	57.6	0.4
教育研究（管理）経費	494,970	26.7	0.2	4,868,991	32.4	1.6	24,689,027	32.8	8.1	10,397,774	31.0	3.4	1,379,641	29.8	0.5
（うち減価償却額）	162,576	8.8	0.2	1,281,917	8.5	1.7	5,050,236	6.7	6.7	2,199,848	6.6	2.9	259,547	5.6	0.3
徴収不能額等	0	0.0	0.0	234	0.0	0.1	2,412	0.0	0.9	78,092	0.2	27.5	0	0.0	0.0
教育活動支出計	1,703,084	91.8	0.2	14,322,326	95.3	1.5	70,207,573	93.4	7.6	31,009,278	92.4	3.3	4,049,798	87.4	0.4
(教育活動外収支・収入の部)															
受取利息・配当金	755	0.0	0.0	88,593	0.6	2.4	468,688	0.6	12.5	162,039	0.5	4.3	2,362	0.1	0.1
その他の教育活動外収入	827	0.0	0.1	5,722	0.0	0.5	29,889	0.0	2.6	22,950	0.1	2.0	1,264	0.0	0.1
教育活動外収入計	1,583	0.1	0.0	94,315	0.6	1.9	498,577	0.7	10.1	184,989	0.6	3.8	3,626	0.1	0.1
(教育活動外収支・支出の部)															
借入金等利息	105	0.0	0.0	65,718	0.4	2.6	108,940	0.1	4.3	52,141	0.2	2.1	4,342	0.1	0.2
その他の教育活動外支出	0	0.0	0.0	661	0.0	0.2	13,244	0.0	3.6	6,296	0.0	1.7	0	0.0	0.0
教育活動外支出計	105	0.0	0.0	66,380	0.4	2.3	122,185	0.2	4.2	58,438	0.2	2.0	4,342	0.1	0.1

(特別収支)　(１０－６)

(単位：千円)

区　分	滋賀県			京都府			大阪府			兵庫県			奈良県		
法人数	13 法人			107 法人			276 法人			142 法人			23 法人		
科　目	金　額	構成比率(%)	趨勢構造比率	金　額	構成比率(%)	趨勢構造比率	金　額	構成比率(%)	趨勢構造比率	金　額	構成比率(%)	趨勢構造比率	金　額	構成比率(%)	趨勢構造比率
(特別収支・収入の部)															
資産売却差額	5,444	0.3	0.2	75,886	0.5	2.5	60,318	0.1	2.0	147,452	0.4	4.8	220	0.0	0.0
その他の特別収入	156,713	8.4	0.5	142,752	0.9	0.4	1,570,746	2.1	4.6	782,029	2.3	2.3	172,617	3.7	0.5
(うち寄付金)	1,827	0.1	0.0	4,440	0.0	0.1	72,947	0.1	1.6	17,941	0.1	0.4	0	0.0	0.0
(うち補助金)	154,882	8.4	0.6	125,290	0.8	0.5	1,142,945	1.5	4.3	733,872	2.2	2.7	172,557	3.7	0.6
特別収入計	162,158	8.7	0.4	218,637	1.5	0.6	1,631,064	2.2	4.4	929,481	2.8	2.5	172,836	3.7	0.5
(特別収支・支出の部)															
資産処分差額	1,956	0.1	0.0	102,961	0.7	1.5	210,779	0.3	3.1	102,330	0.3	1.5	19,241	0.4	0.3
その他の特別支出	1,657	0.1	0.1	2,540	0.0	0.1	65,041	0.1	2.7	27,492	0.1	1.2	835	0.0	0.0
特別支出計	3,613	0.2	0.0	105,501	0.7	1.1	275,820	0.4	3.0	129,822	0.4	1.4	20,075	0.4	0.2
基本金組入前当年度収支差額	147,837	8.0	0.2	539,861	3.6	0.6	4,587,985	6.1	5.3	2,380,088	7.1	2.7	557,771	12.0	0.6
経常収支差額	-10,707	-0.6	0.0	426,724	2.8	0.7	3,232,741	4.3	5.5	1,580,428	4.7	2.7	405,011	8.7	0.7
教育活動収支差額	-12,185	-0.7	0.0	398,789	2.7	0.7	2,856,349	3.8	5.1	1,453,877	4.3	2.6	405,726	8.8	0.7
教育活動外収支差額	1,477	0.1	0.1	27,935	0.2	1.4	376,392	0.5	18.5	126,551	0.4	6.2	-716	0.0	0.0
特別収支差額	158,545	8.5	0.6	113,137	0.8	0.4	1,355,244	1.8	4.8	799,660	2.4	2.8	152,761	3.3	0.5
基本金組入額合計	-289,228	-15.6	0.3	-1,030,886	-6.9	1.0	-5,903,769	-7.9	5.6	-3,260,230	-9.7	3.1	-263,594	-5.7	0.3
当年度収支差額	-141,391	-7.6	0.8	-491,026	-3.3	2.7	-1,315,784	-1.7	7.3	-880,142	-2.6	4.9	294,178	6.4	-1.6
前年度繰越収支差額	-609,160	-32.8	1.1	-7,354,916	-48.9	12.9	14,915,201	19.8	-26.1	18,374,411	54.7	-32.1	3,020,758	65.2	-5.3
基本金取崩額	36,296	2.0	0.2	129,240	0.9	0.8	1,250,871	1.7	7.4	100,886	0.3	0.6	18,305	0.4	0.1
翌年度繰越収支差額	-714,255	-38.5	1.2	-7,716,701	-51.3	13.2	14,850,288	19.7	-25.5	17,595,154	52.4	-30.2	3,333,240	72.0	-5.7

(参考)

事業活動収入計	1,854,640	100.0	0.2	15,034,067	100.0	1.5	75,193,563	100.0	7.3	33,577,625	100.0	3.3	4,631,987	100.0	0.5
事業活動支出計	1,706,802	92.0	0.2	14,494,206	96.4	1.5	70,605,578	93.9	7.5	31,197,537	92.9	3.3	4,074,216	88.0	0.4

(注) 構造比率は幼稚園法人合計を 100 としたものである。

令　和　3　年　度　事　業　活　動　収　支　計　算　書（都道府県別）

ー 幼 稚 園 法 人 ー

（教育活動収支及び教育活動外収支）（１０－７）　　　　（単位：千円）

区分	和歌山県			鳥取県			島根県			岡山県			広島県		
法人数	32 法人			17 法人			4 法人			19 法人			141 法人		
科目	金額	構成比率(%)	趨勢構造比率	金額	構成比率(%)	趨勢構造比率	金額	構成比率(%)	趨勢構造比率	金額	構成比率(%)	趨勢構造比率	金額	構成比率(%)	趨勢構造比率
（教育活動収支・収入の部）															
学生生徒等納付金	1,330,678	29.9	0.5	381,258	14.8	0.1	60,847	8.6	0.0	622,561	15.1	0.2	5,764,577	21.7	2.3
手数料	6,726	0.2	0.3	2,001	0.1	0.1	146	0.0	0.0	24,228	0.6	1.1	52,043	0.2	2.4
寄付金	17,059	0.4	0.3	8,431	0.3	0.2	2,916	0.4	0.1	18,250	0.4	0.3	216,183	0.8	4.1
経常費等補助金	2,554,809	57.4	0.4	1,861,288	72.2	0.3	512,790	72.2	0.1	2,901,747	70.4	0.5	16,403,796	61.9	2.7
付随事業収入	401,936	9.0	0.4	242,011	9.4	0.3	116,365	16.4	0.1	424,011	10.3	0.5	2,012,106	7.6	2.2
雑収入	131,926	3.0	0.4	77,511	3.0	0.3	12,703	1.8	0.0	115,857	2.8	0.4	652,016	2.5	2.1
教育活動収入計	4,443,134	99.8	0.5	2,572,500	99.7	0.3	705,768	99.4	0.1	4,106,653	99.6	0.4	25,100,721	94.7	2.5
（教育活動収支・支出の部）															
人件費	2,830,621	63.6	0.5	1,872,260	72.6	0.3	461,623	65.0	0.1	2,408,840	58.4	0.4	15,464,818	58.3	2.5
教育研究（管理）経費	1,359,616	30.6	0.4	768,272	29.8	0.3	194,029	27.3	0.1	1,145,007	27.8	0.4	7,685,866	29.0	2.5
（うち減価償却額）	322,489	7.2	0.4	218,231	8.5	0.3	74,090	10.4	0.1	344,855	8.4	0.5	1,903,766	7.2	2.5
徴収不能額等	355	0.0	0.1	380	0.0	0.1	0	0.0	0.0	0	0.0	0.0	142	0.0	0.0
教育活動支出計	4,190,592	94.2	0.5	2,640,912	102.4	0.3	655,652	92.3	0.1	3,553,847	86.2	0.4	23,150,825	87.3	2.5

（教育活動外収支・収入の部）															
受取利息・配当金	1,982	0.0	0.1	3,607	0.1	0.1	3,757	0.5	0.1	5,073	0.1	0.1	68,078	0.3	1.8
その他の教育活動外収入	3,538	0.1	0.3	560	0.0	0.0	0	0.0	0.0	3,816	0.1	0.3	2,633	0.0	0.2
教育活動外収入計	5,520	0.1	0.1	4,166	0.2	0.1	3,757	0.5	0.1	8,889	0.2	0.2	70,711	0.3	1.4
（教育活動外収支・支出の部）															
借入金等利息	6,998	0.2	0.3	7,841	0.3	0.3	2,348	0.3	0.1	5,395	0.1	0.2	63,483	0.2	2.5
その他の教育活動外支出	0	0.0	0.0	0	0.0	0.0	0	0.0	0.0	3,540	0.1	1.0	0	0.0	0.0
教育活動外支出計	6,998	0.2	0.2	7,841	0.3	0.3	2,348	0.3	0.1	8,935	0.2	0.3	63,483	0.2	2.2

(特別収支)　(１０－７)

(単位：千円)

区分	和歌山県			鳥取県			島根県			岡山県			広島県		
法人数	32 法人			17 法人			4 法人			19 法人			141 法人		
科目	金額	構成比率(%)	趨勢構造比率	金額	構成比率(%)	趨勢構造比率	金額	構成比率(%)	趨勢構造比率	金額	構成比率(%)	趨勢構造比率	金額	構成比率(%)	趨勢構造比率
(特別収支・収入の部)															
資産売却差額	215	0.0	0.0	2,258	0.1	0.1	743	0.1	0.0	827	0.0	0.0	42,380	0.2	1.4
その他の特別収入	1,075	0.0	0.0	459	0.0	0.0	30	0.0	0.0	7,256	0.2	0.0	1,292,083	4.9	3.8
(うち寄付金)	0	0.0	0.0	0	0.0	0.0	30	0.0	0.0	1,265	0.0	0.0	588,003	2.2	13.0
(うち補助金)	535	0.0	0.0	429	0.0	0.0	0	0.0	0.0	5,966	0.1	0.0	697,577	2.6	2.6
特別収入計	1,290	0.0	0.0	2,718	0.1	0.0	773	0.1	0.0	8,082	0.2	0.0	1,334,463	5.0	3.6
(特別収支・支出の部)															
資産処分差額	10,012	0.2	0.1	1,531	0.1	0.0	90	0.0	0.0	7,749	0.2	0.1	290,249	1.1	4.2
その他の特別支出	0	0.0	0.0	718	0.0	0.0	82	0.0	0.0	339	0.0	0.0	60,258	0.2	2.5
特別支出計	10,012	0.2	0.1	2,249	0.1	0.0	172	0.0	0.0	8,088	0.2	0.1	350,507	1.3	3.8

基本金組入前当年度収支差額	242,342	5.4	0.3	-71,617	-2.8	-0.1	52,126	7.3	0.1	552,755	13.4	0.6	2,941,079	11.1	3.4
経常収支差額	251,063	5.6	0.4	-72,086	-2.8	-0.1	51,525	7.3	0.1	552,760	13.4	0.9	1,957,123	7.4	3.3
教育活動収支差額	252,541	5.7	0.4	-68,412	-2.7	-0.1	50,116	7.1	0.1	552,806	13.4	1.0	1,949,895	7.4	3.5
教育活動外収支差額	-1,478	0.0	-0.1	-3,674	-0.1	-0.2	1,409	0.2	0.1	-46	0.0	0.0	7,228	0.0	0.4
特別収支差額	-8,721	-0.2	0.0	469	0.0	0.0	601	0.1	0.0	-6	0.0	0.0	983,956	3.7	3.5
基本金組入額合計	-212,827	-4.8	0.2	-115,390	-4.5	0.1	-43,662	-6.1	0.0	-490,096	-11.9	0.5	-2,938,765	-11.1	2.8
当年度収支差額	29,515	0.7	-0.2	-187,007	-7.3	1.0	8,464	1.2	0.0	62,659	1.5	-0.3	2,314	0.0	0.0
前年度繰越収支差額	-1,940,840	-43.6	3.4	-1,588,087	-61.6	2.8	-674,498	-95.0	1.2	-1,560,343	-37.8	2.7	-247,011	-0.9	0.4
基本金取崩額	14,898	0.3	0.1	9,717	0.4	0.1	11,566	1.6	0.1	13,685	0.3	0.1	424,507	1.6	2.5
翌年度繰越収支差額	-1,896,427	-42.6	3.3	-1,765,378	-68.4	3.0	-654,468	-92.1	1.1	-1,483,998	-36.0	2.5	179,810	0.7	-0.3

(参考)

事業活動収入計	4,449,944	100.0	0.4	2,579,384	100.0	0.3	710,297	100.0	0.1	4,123,625	100.0	0.4	26,505,895	100.0	2.6
事業活動支出計	4,207,602	94.6	0.4	2,651,002	102.8	0.3	658,171	92.7	0.1	3,570,870	86.6	0.4	23,564,816	88.9	2.5

(注) 構造比率は幼稚園法人合計を 100 としたものである。

令和３年度事業活動収支計算書（都道府県別）
－幼稚園法人－

（教育活動収支及び教育活動外収支）（１０－８）

（単位：千円）

区分	山口県			徳島県			香川県			愛媛県			高知県		
法人数	66 法人			6 法人			25 法人			59 法人			17 法人		
科目	金額	構成比率(%)	趨勢構造比率	金額	構成比率(%)	趨勢構造比率	金額	構成比率(%)	趨勢構造比率	金額	構成比率(%)	趨勢構造比率	金額	構成比率(%)	趨勢構造比率
（教育活動収支・収入の部）															
学生生徒等納付金	1,005,046	10.6	0.4	230,310	31.5	0.1	854,977	19.7	0.3	1,262,307	12.2	0.5	463,189	11.7	0.2
手数料	12,781	0.1	0.6	1,525	0.2	0.1	4,207	0.1	0.2	6,800	0.1	0.3	11,312	0.3	0.5
寄付金	25,529	0.3	0.5	3,911	0.5	0.1	6,336	0.1	0.1	28,785	0.3	0.5	12,284	0.3	0.2
経常費等補助金	7,102,587	74.7	1.2	417,494	57.0	0.1	2,917,410	67.4	0.5	7,658,136	73.7	1.3	2,981,740	75.2	0.5
付随事業収入	684,764	7.2	0.8	58,182	7.9	0.1	415,441	9.6	0.5	1,054,018	10.1	1.2	353,700	8.9	0.4
雑収入	243,942	2.6	0.8	9,119	1.2	0.0	100,772	2.3	0.3	161,261	1.6	0.5	34,925	0.9	0.1
教育活動収入計	9,074,649	95.5	0.9	720,541	98.4	0.1	4,299,144	99.3	0.4	10,171,307	97.9	1.0	3,857,151	97.3	0.4
（教育活動収支・支出の部）															
人件費	5,808,082	61.1	0.9	458,808	62.7	0.1	2,606,345	60.2	0.4	6,268,369	60.3	1.0	2,759,390	69.6	0.4
教育研究（管理）経費	2,658,584	28.0	0.9	235,452	32.2	0.1	1,264,172	29.2	0.4	3,100,151	29.8	1.0	1,306,062	32.9	0.4
（うち減価償却額）	697,934	7.3	0.9	59,109	8.1	0.1	301,812	7.0	0.4	691,900	6.7	0.9	346,207	8.7	0.5
徴収不能額等	342	0.0	0.1	0	0.0	0.0	7,953	0.2	2.8	3,777	0.0	1.3	45	0.0	0.0
教育活動支出計	8,467,008	89.1	0.9	694,260	94.9	0.1	3,878,470	89.6	0.4	9,372,297	90.2	1.0	4,065,497	102.6	0.4
（教育活動外収支・収入の部）															
受取利息・配当金	40,655	0.4	1.1	8,605	1.2	0.2	14,512	0.3	0.4	69,594	0.7	1.9	291	0.0	0.0
その他の教育活動外収入	156	0.0	0.0	0	0.0	0.0	419	0.0	0.0	3,841	0.0	0.3	7,914	0.2	0.7
教育活動外収入計	40,811	0.4	0.8	8,605	1.2	0.2	14,931	0.3	0.3	73,435	0.7	1.5	8,205	0.2	0.2
（教育活動外収支・支出の部）															
借入金等利息	16,573	0.2	0.7	2,224	0.3	0.1	9,728	0.2	0.4	41,276	0.4	1.6	11,624	0.3	0.5
その他の教育活動外支出	0	0.0	0.0	0	0.0	0.0	2,000	0.0	0.5	773	0.0	0.2	0	0.0	0.0
教育活動外支出計	16,573	0.2	0.6	2,224	0.3	0.1	11,728	0.3	0.4	42,050	0.4	1.5	11,624	0.3	0.4

(特別収支)　(１０－８)

(単位：千円)

区分	山口県			徳島県			香川県			愛媛県			高知県		
法人数	66 法人			6 法人			25 法人			59 法人			17 法人		
科目	金額	構成比率(%)	趨勢構造比率	金額	構成比率(%)	趨勢構造比率	金額	構成比率(%)	趨勢構造比率	金額	構成比率(%)	趨勢構造比率	金額	構成比率(%)	趨勢構造比率
(特別収支・収入の部)															
資産売却差額	14,232	0.1	0.5	0	0.0	0.0	4,013	0.1	0.1	26,655	0.3	0.9	1,382	0.0	0.0
その他の特別収入	377,493	4.0	1.1	2,760	0.4	0.0	11,271	0.3	0.0	117,737	1.1	0.3	97,377	2.5	0.3
(うち寄付金)	2,340	0.0	0.1	0	0.0	0.0	1,095	0.0	0.0	3,386	0.0	0.1	21,192	0.5	0.5
(うち補助金)	368,420	3.9	1.4	2,270	0.3	0.0	10,089	0.2	0.0	108,217	1.0	0.4	76,061	1.9	0.3
特別収入計	391,726	4.1	1.0	2,760	0.4	0.0	15,285	0.4	0.0	144,392	1.4	0.4	98,759	2.5	0.3
(特別収支・支出の部)															
資産処分差額	122,602	1.3	1.8	738	0.1	0.0	19,859	0.5	0.3	9,287	0.1	0.1	265,855	6.7	3.9
その他の特別支出	1,135	0.0	0.0	1	0.0	0.0	60	0.0	0.0	4,847	0.0	0.2	295	0.0	0.0
特別支出計	123,737	1.3	1.3	738	0.1	0.0	19,919	0.5	0.2	14,134	0.1	0.2	266,149	6.7	2.9

基本金組入前当年度収支差額	899,868	9.5	1.0	34,684	4.7	0.0	419,241	9.7	0.5	960,652	9.2	1.1	-379,156	-9.6	-0.4
経常収支差額	631,879	6.6	1.1	32,662	4.5	0.1	423,876	9.8	0.7	830,395	8.0	1.4	-211,765	-5.3	-0.4
教育活動収支差額	607,641	6.4	1.1	26,280	3.6	0.0	420,673	9.7	0.7	799,010	7.7	1.4	-208,346	-5.3	-0.4
教育活動外収支差額	24,238	0.3	1.2	6,382	0.9	0.3	3,202	0.1	0.2	31,385	0.3	1.5	-3,419	-0.1	-0.2
特別収支差額	267,989	2.8	0.9	2,022	0.3	0.0	-4,635	-0.1	0.0	130,257	1.3	0.5	-167,391	-4.2	-0.6
基本金組入額合計	-729,790	-7.7	0.7	-57,789	-7.9	0.1	-520,056	-12.0	0.5	-1,566,425	-15.1	1.5	-378,761	-9.6	0.4
当年度収支差額	170,078	1.8	-0.9	-23,105	-3.2	0.1	-100,814	-2.3	0.6	-605,772	-5.8	3.4	-757,916	-19.1	4.2
前年度繰越収支差額	-954,470	-10.0	1.7	-780,657	-106.7	1.4	-553,545	-12.8	1.0	340,747	3.3	-0.6	-1,021,237	-25.8	1.8
基本金取崩額	360,802	3.8	2.1	86	0.0	0.0	13,376	0.3	0.1	9,198	0.1	0.1	284,379	7.2	1.7
翌年度繰越収支差額	-423,589	-4.5	0.7	-803,676	-109.8	1.4	-640,984	-14.8	1.1	-255,827	-2.5	0.4	-1,494,773	-37.7	2.6

(参考)

事業活動収入計	9,507,186	100.0	0.9	731,907	100.0	0.1	4,329,359	100.0	0.4	10,389,133	100.0	1.0	3,964,114	100.0	0.4
事業活動支出計	8,607,318	90.5	0.9	697,222	95.3	0.1	3,910,118	90.3	0.4	9,428,481	90.8	1.0	4,343,270	109.6	0.5

(注) 構造比率は幼稚園法人合計を 100 としたものである。

令和3年度事業活動収支計算書（都道府県別）
ー幼稚園法人ー

（教育活動収支及び教育活動外収支）（１０－９）　　（単位：千円）

区分	福岡県			佐賀県			長崎県			熊本県			大分県		
法人数	234 法人			62 法人			67 法人			68 法人			34 法人		
科目	金額	構成比率(%)	趨勢構造比率	金額	構成比率(%)	趨勢構造比率	金額	構成比率(%)	趨勢構造比率	金額	構成比率(%)	趨勢構造比率	金額	構成比率(%)	趨勢構造比率
(教育活動収支・収入の部)															
学生生徒等納付金	12,854,617	29.3	5.0	1,104,429	9.8	0.4	1,069,481	9.0	0.4	2,062,628	14.9	0.8	858,403	12.9	0.3
手数料	46,731	0.1	2.1	5,288	0.0	0.2	5,995	0.1	0.3	17,912	0.1	0.8	1,638	0.0	0.1
寄付金	64,577	0.1	1.2	47,882	0.4	0.9	16,683	0.1	0.3	16,682	0.1	0.3	15,412	0.2	0.3
経常費等補助金	23,789,212	54.2	4.0	8,083,845	71.8	1.3	9,456,742	79.7	1.6	10,514,788	75.8	1.7	5,098,178	76.6	0.8
付随事業収入	4,131,703	9.4	4.6	493,150	4.4	0.5	767,994	6.5	0.9	579,261	4.2	0.6	490,455	7.4	0.5
雑収入	1,831,129	4.2	6.0	271,073	2.4	0.9	242,994	2.0	0.8	316,170	2.3	1.0	142,681	2.1	0.5
教育活動収入計	42,717,971	97.4	4.3	10,005,667	88.8	1.0	11,559,889	97.4	1.2	13,507,440	97.4	1.4	6,606,766	99.3	0.7
(教育活動収支・支出の部)															
人件費	24,712,677	56.4	4.0	6,241,381	55.4	1.0	7,595,585	64.0	1.2	8,750,225	63.1	1.4	4,260,335	64.1	0.7
教育研究（管理）経費	13,859,189	31.6	4.5	2,752,711	24.4	0.9	3,244,528	27.3	1.1	3,597,479	25.9	1.2	1,882,861	28.3	0.6
（うち減価償却額）	3,246,416	7.4	4.3	709,457	6.3	0.9	858,976	7.2	1.1	842,434	6.1	1.1	520,809	7.8	0.7
徴収不能額等	3,765	0.0	1.3	26	0.0	0.0	305	0.0	0.1	132	0.0	0.0	0	0.0	0.0
教育活動支出計	38,575,631	88.0	4.2	8,994,118	79.8	1.0	10,840,418	91.3	1.2	12,347,836	89.0	1.3	6,143,196	92.4	0.7
(教育活動外収支・収入の部)															
受取利息・配当金	73,068	0.2	1.9	36,321	0.3	1.0	15,967	0.1	0.4	12,180	0.1	0.3	1,189	0.0	0.0
その他の教育活動外収入	27,702	0.1	2.4	2,000	0.0	0.2	22,791	0.2	2.0	4,114	0.0	0.4	1,877	0.0	0.2
教育活動外収入計	100,770	0.2	2.0	38,321	0.3	0.8	38,758	0.3	0.8	16,295	0.1	0.3	3,066	0.0	0.1
(教育活動外収支・支出の部)															
借入金等利息	121,017	0.3	4.8	23,472	0.2	0.9	32,762	0.3	1.3	32,313	0.2	1.3	24,218	0.4	1.0
その他の教育活動外支出	950	0.0	0.3	1,877	0.0	0.5	6,001	0.1	1.6	0	0.0	0.0	0	0.0	0.0
教育活動外支出計	121,968	0.3	4.2	25,349	0.2	0.9	38,762	0.3	1.3	32,313	0.2	1.1	24,218	0.4	0.8

(特別収支)　(１０－９)

(単位：千円)

区分	福岡県			佐賀県			長崎県			熊本県			大分県		
法人数	234 法人			62 法人			67 法人			68 法人			34 法人		
科目	金額	構成比率(%)	趨勢構造比率	金額	構成比率(%)	趨勢構造比率	金額	構成比率(%)	趨勢構造比率	金額	構成比率(%)	趨勢構造比率	金額	構成比率(%)	趨勢構造比率
(特別収支・収入の部)															
資産売却差額	232,462	0.5	7.6	11,371	0.1	0.4	5,447	0.0	0.2	1,760	0.0	0.1	671	0.0	0.0
その他の特別収入	802,693	1.8	2.3	1,210,189	10.7	3.5	263,502	2.2	0.8	343,288	2.5	1.0	40,888	0.6	0.1
(うち寄付金)	5,228	0.0	0.1	96,996	0.9	2.1	6,648	0.1	0.1	49,205	0.4	1.1	150	0.0	0.0
(うち補助金)	749,834	1.7	2.8	1,108,734	9.8	4.2	253,244	2.1	0.9	284,143	2.0	1.1	35,516	0.5	0.1
特別収入計	1,035,155	2.4	2.8	1,221,560	10.8	3.3	268,949	2.3	0.7	345,048	2.5	0.9	41,559	0.6	0.1
(特別収支・支出の部)															
資産処分差額	467,270	1.1	6.8	160,632	1.4	2.3	88,201	0.7	1.3	363,052	2.6	5.3	8,150	0.1	0.1
その他の特別支出	28,600	0.1	1.2	12,007	0.1	0.5	19,438	0.2	0.8	3,823	0.0	0.2	58	0.0	0.0
特別支出計	495,871	1.1	5.4	172,639	1.5	1.9	107,639	0.9	1.2	366,875	2.6	4.0	8,208	0.1	0.1

基本金組入前当年度収支差額	4,660,426	10.6	5.4	2,073,442	18.4	2.4	880,777	7.4	1.0	1,121,759	8.1	1.3	475,769	7.2	0.5
経常収支差額	4,121,142	9.4	7.0	1,024,521	9.1	1.8	719,467	6.1	1.2	1,143,586	8.2	2.0	442,418	6.7	0.8
教育活動収支差額	4,142,339	9.4	7.3	1,011,549	9.0	1.8	719,471	6.1	1.3	1,159,604	8.4	2.1	463,570	7.0	0.8
教育活動外収支差額	-21,198	0.0	-1.0	12,972	0.1	0.6	-4	0.0	0.0	-16,018	-0.1	-0.8	-21,153	-0.3	-1.0
特別収支差額	539,285	1.2	1.9	1,048,921	9.3	3.7	161,310	1.4	0.6	-21,827	-0.2	-0.1	33,351	0.5	0.1
基本金組入額合計	-5,500,674	-12.5	5.3	-1,003,503	-8.9	1.0	-1,305,491	-11.0	1.2	-1,176,086	-8.5	1.1	-781,794	-11.8	0.7
当年度収支差額	-840,248	-1.9	4.7	1,069,938	9.5	-5.9	-424,713	-3.6	2.4	-54,327	-0.4	0.3	-306,026	-4.6	1.7
前年度繰越収支差額	7,099,307	16.2	-12.4	-320,645	-2.8	0.6	-815,270	-6.9	1.4	-3,859,777	-27.8	6.7	731,986	11.0	-1.3
基本金取崩額	249,274	0.6	1.5	184,331	1.6	1.1	121,076	1.0	0.7	836,023	6.0	4.9	14,703	0.2	0.1
翌年度繰越収支差額	6,508,333	14.8	-11.2	933,624	8.3	-1.6	-1,118,907	-9.4	1.9	-3,078,081	-22.2	5.3	440,664	6.6	-0.8

(参考)

事業活動収入計	43,853,896	100.0	4.3	11,265,548	100.0	1.1	11,867,596	100.0	1.2	13,868,783	100.0	1.3	6,651,391	100.0	0.6
事業活動支出計	39,193,470	89.4	4.2	9,192,106	81.6	1.0	10,986,819	92.6	1.2	12,747,024	91.9	1.4	6,175,623	92.8	0.7

(注) 構造比率は幼稚園法人合計を 100 としたものである。

令和３年度事業活動収支計算書（都道府県別）
ー幼稚園法人ー

（教育活動収支及び教育活動外収支）（１０－１０）　　　（単位：千円）

区分	宮崎県			鹿児島県			沖縄県		
法人数	55 法人			84 法人			21 法人		
科目	金額	構成比率(%)	趨勢構造比率	金額	構成比率(%)	趨勢構造比率	金額	構成比率(%)	趨勢構造比率
（教育活動収支・収入の部）									
学生生徒等納付金	525,613	6.1	0.2	1,652,141	9.2	0.6	687,479	18.4	0.3
手数料	5,932	0.1	0.3	14,059	0.1	0.6	2,524	0.1	0.1
寄付金	11,033	0.1	0.2	167,648	0.9	3.2	113,208	3.0	2.1
経常費等補助金	7,328,644	84.4	1.2	14,086,735	78.4	2.3	2,472,525	66.0	0.4
付随事業収入	468,705	5.4	0.5	1,073,189	6.0	1.2	237,241	6.3	0.3
雑収入	186,796	2.2	0.6	375,279	2.1	1.2	54,175	1.4	0.2
教育活動収入計	8,526,721	98.2	0.9	17,369,050	96.7	1.8	3,567,152	95.2	0.4
（教育活動収支・支出の部）									
人件費	5,515,745	63.5	0.9	11,456,277	63.8	1.8	2,415,648	64.5	0.4
教育研究（管理）経費	2,286,185	26.3	0.7	4,460,765	24.8	1.5	1,126,763	30.1	0.4
（うち減価償却額）	532,570	6.1	0.7	1,055,294	5.9	1.4	219,141	5.9	0.3
徴収不能額等	6,692	0.1	2.4	22	0.0	0.0	924	0.0	0.3
教育活動支出計	7,808,622	90.0	0.8	15,917,064	88.6	1.7	3,543,335	94.6	0.4

（教育活動外収支・収入の部）									
受取利息・配当金	1,403	0.0	0.0	11,793	0.1	0.3	1,955	0.1	0.1
その他の教育活動外収入	4,000	0.0	0.3	19,384	0.1	1.7	5,409	0.1	0.5
教育活動外収入計	5,403	0.1	0.1	31,177	0.2	0.6	7,364	0.2	0.1
（教育活動外収支・支出の部）									
借入金等利息	13,691	0.2	0.5	65,190	0.4	2.6	14,141	0.4	0.6
その他の教育活動外支出	1	0.0	0.0	5,274	0.0	1.4	0	0.0	0.0
教育活動外支出計	13,692	0.2	0.5	70,464	0.4	2.4	14,141	0.4	0.5

(特別収支)　(１０－１０)　　　　　　　　　　　　　　　　(単位：千円)

区分	宮崎県			鹿児島県			沖縄県		
法人数	55 法人			84 法人			21 法人		
科目	金額	構成比率(%)	趨勢構造比率	金額	構成比率(%)	趨勢構造比率	金額	構成比率(%)	趨勢構造比率
(特別収支・収入の部)									
資産売却差額	166	0.0	0.0	11,756	0.1	0.4	1,500	0.0	0.0
その他の特別収入	147,469	1.7	0.4	547,090	3.0	1.6	169,560	4.5	0.5
(うち寄付金)	227	0.0	0.0	237,256	1.3	5.2	0	0.0	0.0
(うち補助金)	131,919	1.5	0.5	306,412	1.7	1.1	167,565	4.5	0.6
特別収入計	147,635	1.7	0.4	558,846	3.1	1.5	171,059	4.6	0.5
(特別収支・支出の部)									
資産処分差額	36,599	0.4	0.5	55,567	0.3	0.8	942	0.0	0.0
その他の特別支出	3,227	0.0	0.1	44,838	0.2	1.9	899	0.0	0.0
特別支出計	39,826	0.5	0.4	100,405	0.6	1.1	1,841	0.0	0.0
基本金組入前当年度収支差額	817,618	9.4	0.9	1,871,140	10.4	2.2	186,259	5.0	0.2
経常収支差額	709,809	8.2	1.2	1,412,699	7.9	2.4	17,040	0.5	0.0
教育活動収支差額	718,099	8.3	1.3	1,451,986	8.1	2.6	23,817	0.6	0.0
教育活動外収支差額	-8,289	-0.1	-0.4	-39,287	-0.2	-1.9	-6,777	-0.2	-0.3
特別収支差額	107,809	1.2	0.4	458,441	2.6	1.6	169,219	4.5	0.6
基本金組入額合計	-1,134,047	-13.1	1.1	-1,665,995	-9.3	1.6	-789,078	-21.1	0.8
当年度収支差額	-316,429	-3.6	1.8	205,144	1.1	-1.1	-602,819	-16.1	3.3
前年度繰越収支差額	-752,167	-8.7	1.3	129,750	0.7	-0.2	87,419	2.3	-0.2
基本金取崩額	260,589	3.0	1.5	37,259	0.2	0.2	3,302	0.1	0.0
翌年度繰越収支差額	-808,007	-9.3	1.4	372,153	2.1	-0.6	-512,098	-13.7	0.9

(参考)

事業活動収入計	8,679,759	100.0	0.8	17,959,073	100.0	1.7	3,745,575	100.0	0.4
事業活動支出計	7,862,141	90.6	0.8	16,087,933	89.6	1.7	3,559,317	95.0	0.4

(注) 構造比率は幼稚園法人合計を 100 としたものである。

5ヵ年連続資金収支計算書
－幼稚園法人－

（単位：千円）

区分	29年度			30年度			令和元年度			2年度			3年度		
法人数	5,033 法人			4,898 法人			4,885 法人			4,880 法人			4,878 法人		
科目	金額	構成比率(%)	趨勢構造比率	金額	構成比率(%)	趨勢構造比率	金額	構成比率(%)	趨勢構造比率	金額	構成比率(%)	趨勢構造比率	金額	構成比率(%)	趨勢構造比率
(収入の部)															
学生生徒等納付金収入	319,365,475	17.2	100.0	309,678,051	16.5	97.0	281,108,624	14.7	88.0	263,761,950	13.6	82.6	255,793,176	12.6	80.1
授業料収入	249,319,312	13.5	100.0	234,815,656	12.5	94.2	157,724,580	8.2	63.3	60,727,814	3.1	24.4	58,834,377	2.9	23.6
入学金収入	18,681,440	1.0	100.0	17,558,726	0.9	94.0	15,763,643	0.8	84.4	13,661,980	0.7	73.1	12,451,932	0.6	66.7
施設設備資金収入	13,084,489	0.7	100.0	12,288,110	0.7	93.9	14,329,523	0.7	109.5	11,657,419	0.6	89.1	11,100,335	0.5	84.8
施設等利用給付費収入	－	***.*	***.*	－	***.*	***.*	－	***.*	***.*	123,834,789	6.4	***.*	118,584,958	5.8	***.*
施設型給付費収入	－	***.*	***.*	－	***.*	***.*	－	***.*	***.*	16,835,399	0.9	***.*	19,539,278	1.0	***.*
その他収入	38,280,235	2.1	100.0	45,015,558	2.4	117.6	93,290,878	4.9	243.7	37,044,550	1.9	96.8	35,282,295	1.7	92.2
手数料収入	1,878,189	0.1	100.0	2,092,502	0.1	111.4	2,218,932	0.1	118.1	2,164,215	0.1	115.2	2,183,181	0.1	116.2
入学検定料収入	1,061,784	0.1	100.0	1,055,231	0.1	99.4	1,047,524	0.1	98.7	971,292	0.0	91.5	902,408	0.0	85.0
その他収入	816,405	0.0	100.0	1,037,271	0.1	127.1	1,171,408	0.1	143.5	1,192,923	0.1	146.1	1,280,773	0.1	156.9
寄付金収入	7,095,767	0.4	100.0	8,378,402	0.4	118.1	5,347,489	0.3	75.4	4,592,960	0.2	64.7	5,519,573	0.3	77.8
補助金収入	480,512,344	25.9	100.0	493,659,640	26.3	102.7	554,442,444	29.0	115.4	605,706,382	31.1	126.1	627,913,410	30.9	130.7
国庫補助金収入	24,504,946	1.3	100.0	22,557,712	1.2	92.1	21,932,834	1.1	89.5	19,540,297	1.0	79.7	18,590,850	0.9	75.9
地方公共団体補助金収入	242,563,530	13.1	100.0	225,606,368	12.0	93.0	210,310,821	11.0	86.7	207,679,632	10.7	85.6	206,372,884	10.2	85.1
授業料等減免費負担金収入	－	***.*	***.*	－	***.*	***.*	－	***.*	***.*	562,762	0.0	***.*	706,701	0.0	***.*
その他地方公共団体補助金収入	－	***.*	***.*	－	***.*	***.*	－	***.*	***.*	207,116,870	10.6	***.*	205,666,183	10.1	***.*
施設型給付費収入	213,443,868	11.5	100.0	245,495,559	13.1	115.0	322,198,789	16.8	151.0	378,486,453	19.4	177.3	402,949,676	19.8	188.8
資産売却収入	41,403,764	2.2	100.0	35,004,019	1.9	84.5	37,588,200	2.0	90.8	35,701,674	1.8	86.2	43,439,787	2.1	104.9
付随事業・収益事業収入	83,953,350	4.5	100.0	83,357,539	4.4	99.3	86,636,952	4.5	103.2	82,462,800	4.2	98.2	90,974,082	4.5	108.4
施設等利用給付費収入	－	***.*	***.*	－	***.*	***.*	－	***.*	***.*	7,320,514	0.4	***.*	7,789,312	0.4	***.*
その他付随事業等収入	－	***.*	***.*	－	***.*	***.*	－	***.*	***.*	75,142,286	3.9	***.*	83,184,770	4.1	***.*
受取利息・配当金収入	3,133,601	0.2	100.0	2,920,550	0.2	93.2	3,064,888	0.2	97.8	2,981,846	0.2	95.2	3,767,628	0.2	120.2
雑収入	29,014,808	1.6	100.0	29,420,069	1.6	101.4	29,788,071	1.6	102.7	29,398,465	1.5	101.3	31,081,662	1.5	107.1
借入金等収入	76,509,076	4.1	100.0	72,510,498	3.9	94.8	76,060,349	4.0	99.4	66,342,681	3.4	86.7	61,095,739	3.0	79.9
長期借入金収入	44,651,672	2.4	100.0	42,200,145	2.2	94.5	45,986,504	2.4	103.0	37,502,346	1.9	84.0	35,197,668	1.7	78.8
短期借入金収入	31,735,974	1.7	100.0	30,273,101	1.6	95.4	29,932,734	1.6	94.3	28,793,604	1.5	90.7	25,848,549	1.3	81.4
学校債収入	121,431	0.0	100.0	37,252	0.0	30.7	141,110	0.0	116.2	46,731	0.0	38.5	49,520	0.0	40.8
計	1,042,866,376	56.3	100.0	1,037,021,270	55.3	99.4	1,076,255,950	56.2	103.2	1,093,112,973	56.2	104.8	1,121,768,236	55.2	107.6
前受金収入	29,500,122	1.6	100.0	28,324,457	1.5	96.0	26,511,899	1.4	89.9	24,531,179	1.3	83.2	22,216,125	1.1	75.3
その他の収入	202,445,229	10.9	100.0	213,050,394	11.4	105.2	210,010,541	11.0	103.7	212,053,687	10.9	104.7	226,307,895	11.1	111.8
資金収入調整勘定	-96,389,968	-5.2	100.0	-93,126,959	-5.0	96.6	-101,230,719	-5.3	105.0	-100,566,652	-5.2	104.3	-101,628,251	-5.0	105.4
前年度繰越支払資金	674,345,703	36.4	100.0	690,994,800	36.8	102.5	702,266,639	36.7	104.1	717,115,672	36.8	106.3	762,111,717	37.5	113.0
収入の部合計	1,852,767,463	100.0	100.0	1,876,263,961	100.0	101.3	1,913,814,309	100.0	103.3	1,946,246,859	100.0	105.0	2,030,775,722	100.0	109.6

（注）趨勢は２９年度を 100 としたものである。

５ ヵ 年 連 続 資 金 収 支 計 算 書
ー 幼 稚 園 法 人 ー

（単位：千円）

区分	29年度			30年度			令和元年度			2年度			3年度		
法人数	5,033 法人			4,898 法人			4,885 法人			4,880 法人			4,878 法人		
科目	金額	構成比率(%)	趨勢構造比率	金額	構成比率(%)	趨勢構造比率	金額	構成比率(%)	趨勢構造比率	金額	構成比率(%)	趨勢構造比率	金額	構成比率(%)	趨勢構造比率
(支出の部)															
人件費支出	529,043,364	28.6	100.0	546,107,758	29.1	103.2	569,675,529	29.8	107.7	591,956,729	30.4	111.9	621,166,023	30.6	117.4
教員人件費支出	389,716,950	21.0	100.0	403,038,478	21.5	103.4	419,156,997	21.9	107.6	434,507,420	22.3	111.5	452,288,455	22.3	116.1
本務教員	365,933,758	19.8	100.0	377,367,511	20.1	103.1	391,111,943	20.4	106.9	404,482,271	20.8	110.5	420,141,126	20.7	114.8
(うち所定福利費)	48,000,572	2.6	100.0	49,946,554	2.7	104.1	52,982,572	2.8	110.4	55,382,198	2.8	115.4	57,853,982	2.8	120.5
兼務教員	23,783,192	1.3	100.0	25,670,967	1.4	107.9	28,045,055	1.5	117.9	30,025,149	1.5	126.2	32,147,329	1.6	135.2
職員人件費支出	116,311,189	6.3	100.0	120,516,529	6.4	103.6	127,521,941	6.7	109.6	135,220,806	6.9	116.3	144,417,132	7.1	124.2
本務職員	95,789,690	5.2	100.0	98,622,741	5.3	103.0	103,422,411	5.4	108.0	108,822,651	5.6	113.6	116,019,649	5.7	121.1
(うち所定福利費)	11,456,396	0.6	100.0	12,043,779	0.6	105.1	12,865,053	0.7	112.3	13,876,240	0.7	121.1	14,752,551	0.7	128.8
兼務職員	20,521,499	1.1	100.0	21,893,788	1.2	106.7	24,099,530	1.3	117.4	26,398,156	1.4	128.6	28,397,483	1.4	138.4
役員報酬支出	2,041,070	0.1	100.0	2,159,666	0.1	105.8	2,151,646	0.1	105.4	2,452,621	0.1	120.2	2,650,732	0.1	129.9
退職金支出	14,956,030	0.8	100.0	14,484,702	0.8	96.8	14,903,745	0.8	99.7	13,956,065	0.7	93.3	15,412,352	0.8	103.1
その他支出	6,018,125	0.3	100.0	5,908,384	0.3	98.2	5,941,199	0.3	98.7	5,819,818	0.3	96.7	6,397,352	0.3	106.3
教育研究（管理）経費支出	215,668,645	11.6	100.0	220,735,533	11.8	102.3	223,080,305	11.7	103.4	218,022,229	11.2	101.1	228,016,120	11.2	105.7
借入金等利息支出	2,603,309	0.1	100.0	2,564,735	0.1	98.5	2,627,097	0.1	100.9	2,582,687	0.1	99.2	2,545,806	0.1	97.8
借入金等返済支出	60,091,579	3.2	100.0	60,059,113	3.2	99.9	62,700,055	3.3	104.3	57,897,399	3.0	96.3	55,975,142	2.8	93.1
施設関係支出	129,991,815	7.0	100.0	116,291,314	6.2	89.5	124,680,681	6.5	95.9	107,169,447	5.5	82.4	98,846,255	4.9	76.0
土地支出	14,246,985	0.8	100.0	17,478,533	0.9	122.7	19,618,672	1.0	137.7	13,261,548	0.7	93.1	11,072,393	0.5	77.7
建物支出	88,943,142	4.8	100.0	70,015,722	3.7	78.7	71,003,929	3.7	79.8	66,415,120	3.4	74.7	60,505,104	3.0	68.0
構築物支出	10,158,164	0.5	100.0	10,522,032	0.6	103.6	11,557,857	0.6	113.8	10,360,095	0.5	102.0	10,127,416	0.5	99.7
その他支出	16,643,524	0.9	100.0	18,275,027	1.0	109.8	22,500,223	1.2	135.2	17,132,684	0.9	102.9	17,141,342	0.8	103.0
設備関係支出	18,592,175	1.0	100.0	19,048,735	1.0	102.5	18,524,530	1.0	99.6	19,382,799	1.0	104.3	17,320,811	0.9	93.2
教育研究用機器備品支出	8,712,500	0.5	100.0	9,108,492	0.5	104.5	8,775,310	0.5	100.7	9,897,066	0.5	113.6	8,530,940	0.4	97.9
図書支出	291,269	0.0	100.0	382,383	0.0	131.3	269,797	0.0	92.6	211,568	0.0	72.6	338,090	0.0	116.1
その他支出	9,588,406	0.5	100.0	9,557,861	0.5	99.7	9,479,423	0.5	98.9	9,274,165	0.5	96.7	8,451,781	0.4	88.1
計	955,990,887	51.6	100.0	964,807,188	51.4	100.9	1,001,288,198	52.3	104.7	997,011,288	51.2	104.3	1,023,870,156	50.4	107.1
資産運用支出	86,682,910	4.7	100.0	86,454,072	4.6	99.7	86,181,028	4.5	99.4	81,931,369	4.2	94.5	97,574,620	4.8	112.6
その他の支出	161,519,479	8.7	100.0	164,714,777	8.8	102.0	158,932,975	8.3	98.4	159,007,680	8.2	98.4	165,606,701	8.2	102.5
資金支出調整勘定	-53,313,543	-2.9	100.0	-52,401,709	-2.8	98.3	-54,776,864	-2.9	102.7	-50,353,877	-2.6	94.4	-52,916,511	-2.6	99.3
翌年度繰越支払資金	701,887,731	37.9	100.0	712,689,633	38.0	101.5	722,188,972	37.7	102.9	758,650,399	39.0	108.1	796,640,756	39.2	113.5
支出の部合計	1,852,767,463	100.0	100.0	1,876,263,961	100.0	101.3	1,913,814,309	100.0	103.3	1,946,246,859	100.0	105.0	2,030,775,722	100.0	109.6
収支差額（その他法人・個人のみ）	0		100.0	0		0.0	0		0.0	0		0.0	0		0.0

（注）趨勢は２９年度を 100 としたものである。

5 ヵ 年 連 続 財 務 比 率 表
― 幼 稚 園 法 人 ―

分類		比率	算式（×100）	２９年度	３０年度	令和元年度	２年度	３年度
		法人数		5,033	4,898	4,885	4,880	4,878
事業活動収支計算書	1	人件費比率	人件費 / 経常収入	% 59.8	% 60.6	% 61.4	% 61.9	% 62.8
	2	人件費依存率	人件費 / 学生生徒等納付金	165.6	175.4	201.8	226.6	243.2
	3	教育研究（管理）経費比率	教育研究（管理）経費 / 経常収入	31.9	32.1	31.6	30.5	30.9
	4	借入金等利息比率	借入金等利息 / 経常収入	0.3	0.3	0.3	0.3	0.3
	5	事業活動収支差額比率	基本金組入前当年度収支差額 / 事業活動収入	11.8	9.9	9.4	10.2	8.4
	6	基本金組入後収支比率	事業活動支出 / 事業活動収入－基本金組入額	100.7	103.8	103.5	100.7	102.0
	7	学生生徒等納付金比率	学生生徒等納付金 / 経常収入	36.1	34.5	30.4	27.3	25.8
	8	寄付金比率	寄付金 / 事業活動収入	1.4	1.8	1.0	0.9	1.0
	8-2	経常寄付金比率	教育活動収支の寄付金 / 経常収入	0.7	1.1	0.5	0.6	0.5
	9	補助金比率	補助金 / 事業活動収入	51.3	52.2	56.7	60.7	61.1
	9-2	経常補助金比率	経常費等補助金 / 経常収入	50.0	51.5	56.0	60.1	60.8
	10	基本金組入率	基本金組入額 / 事業活動収入	12.4	13.2	12.4	10.8	10.2
	11	減価償却額比率	減価償却額 / 経常支出	8.0	8.0	8.0	8.1	8.1
	12	経常収支差額比率	経常収支差額 / 経常収入	8.0	7.0	6.6	7.3	5.9
	13	教育活動収支差額比率	教育活動収支差額 / 教育活動収入計	7.9	7.0	6.6	7.2	5.7

（注）1. 寄付金 ＝ 教育活動収支の寄付金 ＋ 特別収支の寄付金
2. 補助金 ＝ 経常費等補助金 ＋ 特別収支の補助金
3. 運用資産 ＝ 現金預金 ＋ 特定資産 ＋ 有価証券（固定・流動）
4. 外部負債 ＝ 借入金 ＋ 学校債 ＋ 未払金 ＋ 手形債務
5. 運用資産余裕比率の単位は（年）である。

分類		比率	算式（×100）	２９年度	３０年度	令和元年度	２年度	３年度
		法人数		5,033	4,898	4,885	4,880	4,878
貸借対照表	14	固定資産構成比率	固定資産 / 総資産	% 76.7	% 76.8	% 76.6	% 76.2	% 75.8
	15	有形固定資産構成比率	有形固定資産 / 総資産	64.2	64.0	63.9	63.4	62.7
	16	特定資産構成比率	特定資産 / 総資産	7.8	8.1	8.3	8.4	8.5
	17	流動資産構成比率	流動資産 / 総資産	23.3	23.2	23.4	23.8	24.2
	18	固定負債構成比率	固定負債 / 総負債＋純資産	6.9	7.1	7.4	7.4	7.4
	19	流動負債構成比率	流動負債 / 総負債＋純資産	4.0	3.9	3.8	3.7	3.5
	20	内部留保資産比率	運用資産－総負債 / 総資産	20.0	20.3	20.1	20.6	21.5
	21	運用資産余裕比率	運用資産－外部負債 / 経常支出	0.9	0.9	0.9	0.9	1.0
	22	純資産構成比率	純資産 / 総負債＋純資産	89.1	89.0	88.8	88.9	89.1
	23	繰越収支差額構成比率	繰越収支差額 / 総負債＋純資産	-1.3	-1.3	-1.7	-1.6	-1.5
	24	固定比率	固定資産 / 純資産	86.2	86.3	86.3	85.7	85.0
	25	固定長期適合率	固定資産 / 純資産＋固定負債	79.9	79.9	79.7	79.1	78.5
	26	流動比率	流動資産 / 流動負債	578.4	598.4	610.2	652.6	687.8
	27	総負債比率	総負債 / 総資産	10.9	11.0	11.2	11.1	10.9
	28	負債比率	総負債 / 純資産	12.3	12.4	12.6	12.5	12.2
	29	前受金保有率	現金預金 / 前受金	2,386.3	2,482.4	2,741.3	2,984.9	3,584.7
	30	退職給与引当特定資産保有率	退職給与引当特定資産 / 退職給与引当金	84.0	77.8	83.3	87.8	82.6

令 和 3 年 度 財 務 比 率 表（都道府県別）
ー 幼 稚 園 法 人 ー

（10－1）

分類		比率	算式（×100）	合計	北海道	青森県	岩手県	宮城県
法人数				4,878	240	57	50	92
事業活動収支計算書	1	人件費比率	人件費 / 経常収入	% 62.8	% 64.6	% 67.0	% 67.5	% 63.1
	2	人件費依存率	人件費 / 学生生徒等納付金	243.2	564.0	945.7	780.7	223.8
	3	教育研究（管理）経費比率	教育研究（管理）経費 / 経常収入	30.9	27.7	27.7	29.9	34.1
	4	借入金等利息比率	借入金等利息 / 経常収入	0.3	0.3	0.2	0.3	0.3
	5	事業活動収支差額比率	基本金組入前当年度収支差額 / 事業活動収入	8.4	11.3	13.9	2.3	7.2
	6	基本金組入後収支比率	事業活動支出 / 事業活動収入－基本金組入額	102.0	102.9	98.7	102.3	100.9
	7	学生生徒等納付金比率	学生生徒等納付金 / 経常収入	25.8	11.4	7.1	8.6	28.2
	8	寄付金比率	寄付金 / 事業活動収入	1.0	0.3	0.7	0.3	0.2
	8-2	経常寄付金比率	教育活動収支の寄付金 / 経常収入	0.5	0.2	0.4	0.3	0.2
	9	補助金比率	補助金 / 事業活動収入	61.1	80.2	84.6	79.9	57.6
	9-2	経常補助金比率	経常費等補助金 / 経常収入	60.8	80.1	83.4	79.9	55.4
	10	基本金組入率	基本金組入額 / 事業活動収入	10.2	13.8	12.7	4.6	8.1
	11	減価償却額比率	減価償却額 / 経常支出	8.1	7.4	6.9	8.8	8.4
	12	経常収支差額比率	経常収支差額 / 経常収入	5.9	7.3	5.1	2.3	2.6
	13	教育活動収支差額比率	教育活動収支差額 / 教育活動収入計	5.7	7.5	5.1	2.2	2.0

（注）1. 寄付金 ＝ 教育活動収支の寄付金 ＋ 特別収支の寄付金
2. 補助金 ＝ 経常費等補助金 ＋ 特別収支の補助金
3. 運用資産 ＝ 現金預金 ＋ 特定資産 ＋ 有価証券（固定・流動）
4. 外部負債 ＝ 借入金 ＋ 学校債 ＋ 未払金 ＋ 手形債務
5. 運用資産余裕比率の単位は（年）である。

分類		比率	算式（×100）	合計	北海道	青森県	岩手県	宮城県
法人数				4,878	240	57	50	92
貸借対照表	14	固定資産構成比率	固定資産 / 総資産	% 75.8	% 80.1	% 72.8	% 83.0	% 75.4
	15	有形固定資産構成比率	有形固定資産 / 総資産	62.7	65.7	60.2	64.7	64.6
	16	特定資産構成比率	特定資産 / 総資産	8.5	12.0	10.8	13.9	7.4
	17	流動資産構成比率	流動資産 / 総資産	24.2	19.9	27.2	17.0	24.6
	18	固定負債構成比率	固定負債 / 総負債＋純資産	7.4	11.0	7.9	10.6	9.3
	19	流動負債構成比率	流動負債 / 総負債＋純資産	3.5	5.6	3.4	3.2	4.7
	20	内部留保資産比率	運用資産－総負債 / 総資産	21.5	12.7	23.8	16.1	17.4
	21	運用資産余裕比率	運用資産－外部負債 / 経常支出	1.0	0.5	0.8	0.5	0.7
	22	純資産構成比率	純資産 / 総負債＋純資産	89.1	83.4	88.7	86.1	85.9
	23	繰越収支差額構成比率	繰越収支差額 / 総負債＋純資産	-1.5	-10.0	-10.7	-21.3	-12.4
	24	固定比率	固定資産 / 純資産	85.0	96.1	82.1	96.3	87.8
	25	固定長期適合率	固定資産 / 純資産＋固定負債	78.5	84.9	75.3	85.7	79.2
	26	流動比率	流動資産 / 流動負債	687.8	354.6	806.7	529.0	519.5
	27	総負債比率	総負債 / 総資産	10.9	16.6	11.3	13.9	14.1
	28	負債比率	総負債 / 純資産	12.2	19.9	12.7	16.1	16.4
	29	前受金保有率	現金預金 / 前受金	3,584.7	3,018.6	94,724.9	5,156.4	3,303.0
	30	退職給与引当特定資産保有率	退職給与引当特定資産 / 退職給与引当金	82.6	76.4	64.8	72.9	49.4

令和３年度財務比率表（都道府県別）
－幼稚園法人－

（１０－２）

分類	No.	比率	算式（×100）	秋田県	山形県	福島県	茨城県	栃木県
		法人数		44	60	91	139	148
事業活動収支計算書	1	人件費比率	人件費 / 経常収入	% 68.8	% 64.0	% 62.0	% 63.3	% 65.7
事業活動収支計算書	2	人件費依存率	人件費 / 学生生徒等納付金	620.7	497.1	316.0	533.9	475.1
事業活動収支計算書	3	教育研究（管理）経費比率	教育研究（管理）経費 / 経常収入	28.9	30.6	33.9	28.3	29.7
事業活動収支計算書	4	借入金等利息比率	借入金等利息 / 経常収入	0.2	0.3	0.4	0.3	0.3
事業活動収支計算書	5	事業活動収支差額比率	基本金組入前当年度収支差額 / 事業活動収入	3.2	10.2	9.6	10.7	6.8
事業活動収支計算書	6	基本金組入後収支比率	事業活動支出 / 事業活動収入－基本金組入額	102.5	106.9	104.7	97.6	104.5
事業活動収支計算書	7	学生生徒等納付金比率	学生生徒等納付金 / 経常収入	11.1	12.9	19.6	11.9	13.8
事業活動収支計算書	8	寄付金比率	寄付金 / 事業活動収入	0.2	0.3	1.2	0.8	0.4
事業活動収支計算書	8-2	経常寄付金比率	教育活動収支の寄付金 / 経常収入	0.2	0.3	0.4	0.5	0.4
事業活動収支計算書	9	補助金比率	補助金 / 事業活動収入	80.2	75.3	66.8	76.8	77.2
事業活動収支計算書	9-2	経常補助金比率	経常費等補助金 / 経常収入	79.9	74.8	65.9	76.2	76.9
事業活動収支計算書	10	基本金組入率	基本金組入額 / 事業活動収入	5.5	16.0	13.7	8.6	10.8
事業活動収支計算書	11	減価償却額比率	減価償却額 / 経常支出	8.4	8.7	8.7	7.8	9.9
事業活動収支計算書	12	経常収支差額比率	経常収支差額 / 経常収入	2.1	5.1	3.7	7.6	4.3
事業活動収支計算書	13	教育活動収支差額比率	教育活動収支差額 / 教育活動収入計	2.0	5.3	3.7	7.5	4.2

（注）1. 寄付金 ＝ 教育活動収支の寄付金 ＋ 特別収支の寄付金
2. 補助金 ＝ 経常費等補助金 ＋ 特別収支の補助金
3. 運用資産 ＝ 現金預金 ＋ 特定資産 ＋ 有価証券（固定・流動）
4. 外部負債 ＝ 借入金 ＋ 学校債 ＋ 未払金 ＋ 手形債務
5. 運用資産余裕比率の単位は（年）である。

分類	No.	比率	算式（×100）	秋田県	山形県	福島県	茨城県	栃木県
		法人数		44	60	91	139	148
貸借対照表	14	固定資産構成比率	固定資産 / 総資産	% 82.7	% 75.4	% 77.6	% 73.4	% 76.1
貸借対照表	15	有形固定資産構成比率	有形固定資産 / 総資産	57.8	62.4	66.0	59.0	65.4
貸借対照表	16	特定資産構成比率	特定資産 / 総資産	22.2	10.3	10.9	6.5	7.6
貸借対照表	17	流動資産構成比率	流動資産 / 総資産	17.3	24.6	22.4	26.6	23.9
貸借対照表	18	固定負債構成比率	固定負債 / 総負債＋純資産	6.6	10.4	12.2	8.8	11.1
貸借対照表	19	流動負債構成比率	流動負債 / 総負債＋純資産	3.5	4.2	7.0	3.5	3.3
貸借対照表	20	内部留保資産比率	運用資産－総負債 / 総資産	27.8	18.0	9.7	21.2	14.7
貸借対照表	21	運用資産余裕比率	運用資産－外部負債 / 経常支出	0.9	0.7	0.4	0.8	0.6
貸借対照表	22	純資産構成比率	純資産 / 総負債＋純資産	89.9	85.4	80.8	87.7	85.6
貸借対照表	23	繰越収支差額構成比率	繰越収支差額 / 総負債＋純資産	-10.1	-4.8	-12.3	0.0	-5.6
貸借対照表	24	固定比率	固定資産 / 純資産	92.1	88.3	95.9	83.7	88.9
貸借対照表	25	固定長期適合率	固定資産 / 純資産＋固定負債	85.7	78.7	83.4	76.1	78.7
貸借対照表	26	流動比率	流動資産 / 流動負債	494.5	592.1	321.4	756.2	717.3
貸借対照表	27	総負債比率	総負債 / 総資産	10.1	14.6	19.2	12.3	14.4
貸借対照表	28	負債比率	総負債 / 純資産	11.3	17.0	23.7	14.0	16.8
貸借対照表	29	前受金保有率	現金預金 / 前受金	4,153.2	3,353.5	10,168.1	7,341.9	19,432.8
貸借対照表	30	退職給与引当特定資産保有率	退職給与引当特定資産 / 退職給与引当金	96.1	70.8	76.9	78.8	109.4

令和３年度財務比率表（都道府県別）
－幼稚園法人－

（１０－３）

分類	比率		算式（×100）	群馬県	埼玉県	千葉県	東京都	神奈川県
法人数				95	442	292	396	413
事業活動収支計算書	1	人件費比率	人件費 / 経常収入	% 66.7	% 63.6	% 62.7	% 63.0	% 61.2
	2	人件費依存率	人件費 / 学生生徒等納付金	606.5	191.1	183.5	169.5	211.9
	3	教育研究（管理）経費比率	教育研究（管理）経費 / 経常収入	30.7	33.8	30.6	31.4	30.2
	4	借入金等利息比率	借入金等利息 / 経常収入	0.2	0.2	0.2	0.3	0.3
	5	事業活動収支差額比率	基本金組入前当年度収支差額 / 事業活動収入	6.3	4.4	9.5	7.4	10.7
	6	基本金組入後収支比率	事業活動支出 / 事業活動収入－基本金組入額	109.6	105.5	100.8	100.7	98.1
	7	学生生徒等納付金比率	学生生徒等納付金 / 経常収入	11.0	33.3	34.2	37.2	28.9
	8	寄付金比率	寄付金 / 事業活動収入	0.4	1.2	0.7	0.8	2.8
	8-2	経常寄付金比率	教育活動収支の寄付金 / 経常収入	0.4	0.6	0.2	0.5	1.2
	9	補助金比率	補助金 / 事業活動収入	82.3	48.3	52.2	46.6	55.5
	9-2	経常補助金比率	経常費等補助金 / 経常収入	81.5	48.4	51.8	45.8	56.3
	10	基本金組入率	基本金組入額 / 事業活動収入	14.5	9.4	10.2	8.1	9.0
	11	減価償却額比率	減価償却額 / 経常支出	8.9	9.1	8.1	8.0	8.1
	12	経常収支差額比率	経常収支差額 / 経常収入	2.3	2.4	6.4	5.2	8.3
	13	教育活動収支差額比率	教育活動収支差額 / 教育活動収入計	2.5	2.2	6.2	5.0	7.7

（注）1. 寄付金＝教育活動収支の寄付金＋特別収支の寄付金
2. 補助金＝経常費等補助金＋特別収支の補助金
3. 運用資産＝現金預金＋特定資産＋有価証券（固定・流動）
4. 外部負債＝借入金＋学校債＋未払金＋手形債務
5. 運用資産余裕比率の単位は（年）である。

分類	比率		算式（×100）	群馬県	埼玉県	千葉県	東京都	神奈川県
法人数				95	442	292	396	413
貸借対照表	14	固定資産構成比率	固定資産 / 総資産	% 82.2	% 76.0	% 77.0	% 77.4	% 74.3
	15	有形固定資産構成比率	有形固定資産 / 総資産	70.3	64.7	60.6	67.0	61.4
	16	特定資産構成比率	特定資産 / 総資産	9.3	8.9	5.9	5.6	8.3
	17	流動資産構成比率	流動資産 / 総資産	17.8	24.0	23.0	22.6	25.7
	18	固定負債構成比率	固定負債 / 総負債＋純資産	10.7	6.4	7.0	5.3	5.3
	19	流動負債構成比率	流動負債 / 総負債＋純資産	3.9	2.7	4.0	2.7	3.2
	20	内部留保資産比率	運用資産－総負債 / 総資産	9.8	23.8	17.7	20.0	25.5
	21	運用資産余裕比率	運用資産－外部負債 / 経常支出	0.4	1.2	0.9	1.2	1.4
	22	純資産構成比率	純資産 / 総負債＋純資産	85.4	91.0	89.0	92.0	91.5
	23	繰越収支差額構成比率	繰越収支差額 / 総負債＋純資産	-13.4	-4.7	-3.4	5.0	3.7
	24	固定比率	固定資産 / 純資産	96.3	83.6	86.5	84.2	81.2
	25	固定長期適合率	固定資産 / 純資産＋固定負債	85.6	78.1	80.2	79.6	76.8
	26	流動比率	流動資産 / 流動負債	450.1	891.0	575.0	822.9	806.6
	27	総負債比率	総負債 / 総資産	14.6	9.0	11.0	8.0	8.5
	28	負債比率	総負債 / 純資産	17.1	9.9	12.3	8.7	9.3
	29	前受金保有率	現金預金 / 前受金	3,033.1	4,095.5	2,078.0	2,578.4	2,525.6
	30	退職給与引当特定資産保有率	退職給与引当特定資産 / 退職給与引当金	102.3	96.2	52.4	40.9	53.1

令和３年度財務比率表（都道府県別）
－幼稚園法人－

（１０－４）

分類		比率	算式（×100）	新潟県	富山県	石川県	福井県	山梨県
		法人数		64	32	37	26	44
事業活動収支計算書	1	人件費比率	人件費 / 経常収入	% 69.1	% 62.8	% 62.0	% 62.3	% 64.5
	2	人件費依存率	人件費 / 学生生徒等納付金	639.0	554.8	298.7	452.5	439.2
	3	教育研究（管理）経費比率	教育研究（管理）経費 / 経常収入	29.9	33.5	30.7	31.1	30.7
	4	借入金等利息比率	借入金等利息 / 経常収入	0.4	0.3	0.4	0.2	0.1
	5	事業活動収支差額比率	基本金組入前当年度収支差額 / 事業活動収入	7.0	5.7	7.6	6.5	4.5
	6	基本金組入後収支比率	事業活動支出 / 事業活動収入－基本金組入額	105.3	102.5	105.7	102.4	105.6
	7	学生生徒等納付金比率	学生生徒等納付金 / 経常収入	10.8	11.3	20.8	13.8	14.7
	8	寄付金比率	寄付金 / 事業活動収入	0.5	2.8	0.3	1.8	0.2
	8-2	経常寄付金比率	教育活動収支の寄付金 / 経常収入	0.4	0.6	0.3	1.8	0.1
	9	補助金比率	補助金 / 事業活動収入	82.3	79.2	70.2	76.2	74.1
	9-2	経常補助金比率	経常費等補助金 / 経常収入	80.9	81.0	69.6	76.2	74.5
	10	基本金組入率	基本金組入額 / 事業活動収入	11.7	8.1	12.6	8.7	9.6
	11	減価償却額比率	減価償却額 / 経常支出	8.1	9.7	7.5	8.9	7.5
	12	経常収支差額比率	経常収支差額 / 経常収入	0.7	3.5	7.0	6.0	4.7
	13	教育活動収支差額比率	教育活動収支差額 / 教育活動収入計	1.0	3.5	6.7	5.5	4.5

（注）1. 寄付金 ＝ 教育活動収支の寄付金 ＋ 特別収支の寄付金
2. 補助金 ＝ 経常費等補助金 ＋ 特別収支の補助金
3. 運用資産 ＝ 現金預金 ＋ 特定資産 ＋ 有価証券（固定・流動）
4. 外部負債 ＝ 借入金 ＋ 学校債 ＋ 未払金 ＋ 手形債務
5. 運用資産余裕比率の単位は（年）である。

分類		比率	算式（×100）	新潟県	富山県	石川県	福井県	山梨県
		法人数		64	32	37	26	44
貸借対照表	14	固定資産構成比率	固定資産 / 総資産	% 77.0	% 75.1	% 75.9	% 88.0	% 71.6
	15	有形固定資産構成比率	有形固定資産 / 総資産	70.4	70.0	59.5	61.6	61.0
	16	特定資産構成比率	特定資産 / 総資産	4.2	2.0	16.1	21.4	7.1
	17	流動資産構成比率	流動資産 / 総資産	23.0	24.9	24.1	12.0	28.4
	18	固定負債構成比率	固定負債 / 総負債＋純資産	11.6	12.4	7.6	9.8	6.1
	19	流動負債構成比率	流動負債 / 総負債＋純資産	4.7	2.8	6.4	2.2	3.9
	20	内部留保資産比率	運用資産－総負債 / 総資産	7.6	10.9	22.1	20.1	25.3
	21	運用資産余裕比率	運用資産－外部負債 / 経常支出	0.3	0.3	0.8	0.8	0.9
	22	純資産構成比率	純資産 / 総負債＋純資産	83.7	84.8	85.9	88.1	90.0
	23	繰越収支差額構成比率	繰越収支差額 / 総負債＋純資産	-11.1	-20.5	-13.9	-2.9	-14.4
	24	固定比率	固定資産 / 純資産	92.0	88.5	88.3	99.9	79.6
	25	固定長期適合率	固定資産 / 純資産＋固定負債	80.8	77.2	81.1	90.0	74.5
	26	流動比率	流動資産 / 流動負債	493.2	897.6	375.4	549.5	728.1
	27	総負債比率	総負債 / 総資産	16.3	15.2	14.1	11.9	10.0
	28	負債比率	総負債 / 純資産	19.4	17.9	16.4	13.6	11.1
	29	前受金保有率	現金預金 / 前受金	55,689.9	33,225.5	24,732.1	26,814.6	12,048.2
	30	退職給与引当特定資産保有率	退職給与引当特定資産 / 退職給与引当金	79.0	65.5	215.4	90.4	116.1

令和３年度財務比率表（都道府県別）
－幼稚園法人－

（１０－５）

分類	No.	比率	算式（×100）	長野県	岐阜県	静岡県	愛知県	三重県
		法人数		55	59	146	246	38
事業活動収支計算書	1	人件費比率	人件費 / 経常収入	% 63.5	% 61.3	% 60.9	% 60.2	% 60.8
	2	人件費依存率	人件費 / 学生生徒等納付金	380.1	155.5	206.7	162.8	218.9
	3	教育研究（管理）経費比率	教育研究（管理）経費 / 経常収入	29.8	30.2	32.2	31.2	33.2
	4	借入金等利息比率	借入金等利息 / 経常収入	0.3	0.3	0.3	0.2	0.2
	5	事業活動収支差額比率	基本金組入前当年度収支差額 / 事業活動収入	7.8	9.9	8.7	11.2	4.5
	6	基本金組入後収支比率	事業活動支出 / 事業活動収入－基本金組入額	104.9	102.0	102.9	101.6	99.8
	7	学生生徒等納付金比率	学生生徒等納付金 / 経常収入	16.7	39.4	29.5	37.0	27.8
	8	寄付金比率	寄付金 / 事業活動収入	0.5	0.3	1.9	0.6	0.2
	8-2	経常寄付金比率	教育活動収支の寄付金 / 経常収入	0.3	0.3	1.9	0.4	0.2
	9	補助金比率	補助金 / 事業活動収入	74.1	49.0	57.0	50.7	59.3
	9-2	経常補助金比率	経常費等補助金 / 経常収入	74.3	47.7	58.1	49.3	59.2
	10	基本金組入率	基本金組入額 / 事業活動収入	12.1	11.7	11.3	12.6	4.3
	11	減価償却額比率	減価償却額 / 経常支出	8.8	8.3	8.1	7.8	9.1
	12	経常収支差額比率	経常収支差額 / 経常収入	6.3	8.2	6.6	8.1	5.7
	13	教育活動収支差額比率	教育活動収支差額 / 教育活動収入計	6.4	7.8	6.8	7.8	4.6

分類	No.	比率	算式（×100）	長野県	岐阜県	静岡県	愛知県	三重県
		法人数		55	59	146	246	38
貸借対照表	14	固定資産構成比率	固定資産 / 総資産	% 76.3	% 70.7	% 79.6	% 72.4	% 73.7
	15	有形固定資産構成比率	有形固定資産 / 総資産	61.7	63.4	62.6	63.3	61.7
	16	特定資産構成比率	特定資産 / 総資産	10.9	1.9	14.4	4.6	7.2
	17	流動資産構成比率	流動資産 / 総資産	23.7	29.3	20.4	27.6	26.3
	18	固定負債構成比率	固定負債 / 総負債＋純資産	12.0	7.0	10.5	6.6	10.1
	19	流動負債構成比率	流動負債 / 総負債＋純資産	5.7	3.1	4.3	3.8	4.9
	20	内部留保資産比率	運用資産－総負債 / 総資産	15.6	21.7	18.6	22.5	18.7
	21	運用資産余裕比率	運用資産－外部負債 / 経常支出	0.5	0.8	0.9	1.0	0.8
	22	純資産構成比率	純資産 / 総負債＋純資産	82.3	89.9	85.1	89.6	85.0
	23	繰越収支差額構成比率	繰越収支差額 / 総負債＋純資産	-18.6	-12.6	-4.5	-2.9	-7.5
	24	固定比率	固定資産 / 純資産	92.6	78.7	93.5	80.8	86.7
	25	固定長期適合率	固定資産 / 純資産＋固定負債	80.9	73.0	83.2	75.3	77.5
	26	流動比率	流動資産 / 流動負債	418.0	930.5	470.1	718.3	539.9
	27	総負債比率	総負債 / 総資産	17.7	10.1	14.9	10.4	15.0
	28	負債比率	総負債 / 純資産	21.5	11.3	17.5	11.6	17.6
	29	前受金保有率	現金預金 / 前受金	3,452.5	13,301.1	1,009.8	2,944.0	5,197.8
	30	退職給与引当特定資産保有率	退職給与引当特定資産 / 退職給与引当金	81.0	11.7	119.7	66.3	86.4

（注）1. 寄付金 ＝ 教育活動収支の寄付金 ＋ 特別収支の寄付金
2. 補助金 ＝ 経常費等補助金 ＋ 特別収支の補助金
3. 運用資産 ＝ 現金預金 ＋ 特定資産 ＋ 有価証券（固定・流動）
4. 外部負債 ＝ 借入金 ＋ 学校債 ＋ 未払金 ＋ 手形債務
5. 運用資産余裕比率の単位は（年）である。

令和３年度財務比率表（都道府県別）
－幼稚園法人－

（１０－６）

分類	比率		算式（×100）	滋賀県	京都府	大阪府	兵庫県	奈良県
	法人数			13	107	276	142	23
事業活動収支計算書	1	人件費比率	人件費 / 経常収入	% 71.4	% 63.8	% 61.9	% 62.9	% 59.9
	2	人件費依存率	人件費 / 学生生徒等納付金	256.0	173.8	197.1	199.4	129.9
	3	教育研究（管理）経費比率	教育研究（管理）経費 / 経常収入	29.2	32.9	33.6	31.8	30.9
	4	借入金等利息比率	借入金等利息 / 経常収入	0.0	0.4	0.1	0.2	0.1
	5	事業活動収支差額比率	基本金組入前当年度収支差額 / 事業活動収入	8.0	3.6	6.1	7.1	12.0
	6	基本金組入後収支比率	事業活動支出 / 事業活動収入－基本金組入額	109.0	103.5	101.9	102.9	93.3
	7	学生生徒等納付金比率	学生生徒等納付金 / 経常収入	27.9	36.7	31.4	31.5	46.1
	8	寄付金比率	寄付金 / 事業活動収入	1.2	1.2	0.5	0.4	0.3
	8-2	経常寄付金比率	教育活動収支の寄付金 / 経常収入	1.3	1.2	0.4	0.3	0.3
	9	補助金比率	補助金 / 事業活動収入	64.8	47.6	53.3	54.8	43.7
	9-2	経常補助金比率	経常費等補助金 / 経常収入	61.9	47.4	53.0	54.1	41.5
	10	基本金組入率	基本金組入額 / 事業活動収入	15.6	6.9	7.9	9.7	5.7
	11	減価償却額比率	減価償却額 / 経常支出	9.5	8.9	7.2	7.1	6.4
	12	経常収支差額比率	経常収支差額 / 経常収入	-0.6	2.9	4.4	4.8	9.1
	13	教育活動収支差額比率	教育活動収支差額 / 教育活動収入計	-0.7	2.7	3.9	4.5	9.1

（注）1. 寄付金 ＝ 教育活動収支の寄付金 ＋ 特別収支の寄付金
2. 補助金 ＝ 経常費等補助金 ＋ 特別収支の補助金
3. 運用資産 ＝ 現金預金 ＋ 特定資産 ＋ 有価証券（固定・流動）
4. 外部負債 ＝ 借入金 ＋ 学校債 ＋ 未払金 ＋ 手形債務
5. 運用資産余裕比率の単位は（年）である。

分類	比率		算式（×100）	滋賀県	京都府	大阪府	兵庫県	奈良県
	法人数			13	107	276	142	23
貸借対照表	14	固定資産構成比率	固定資産 / 総資産	% 81.9	% 83.1	% 76.1	% 71.4	% 61.9
	15	有形固定資産構成比率	有形固定資産 / 総資産	62.2	66.5	57.9	56.1	55.9
	16	特定資産構成比率	特定資産 / 総資産	15.6	13.1	12.0	7.6	4.6
	17	流動資産構成比率	流動資産 / 総資産	18.1	16.9	23.9	28.6	38.1
	18	固定負債構成比率	固定負債 / 総負債＋純資産	1.9	11.1	5.0	4.5	4.6
	19	流動負債構成比率	流動負債 / 総負債＋純資産	3.6	3.7	2.9	2.6	4.3
	20	内部留保資産比率	運用資産－総負債 / 総資産	25.5	16.1	28.7	30.4	29.9
	21	運用資産余裕比率	運用資産－外部負債 / 経常支出	0.9	0.7	1.3	1.6	1.3
	22	純資産構成比率	純資産 / 総負債＋純資産	94.4	85.2	92.1	92.9	91.2
	23	繰越収支差額構成比率	繰越収支差額 / 総負債＋純資産	-12.3	-12.6	4.9	11.6	19.8
	24	固定比率	固定資産 / 純資産	86.7	97.6	82.6	76.8	67.9
	25	固定長期適合率	固定資産 / 純資産＋固定負債	85.0	86.4	78.4	73.3	64.6
	26	流動比率	流動資産 / 流動負債	496.4	451.1	829.8	1,102.2	893.1
	27	総負債比率	総負債 / 総資産	5.6	14.8	7.9	7.1	8.8
	28	負債比率	総負債 / 純資産	5.9	17.4	8.6	7.6	9.7
	29	前受金保有率	現金預金 / 前受金	20,829.6	3,386.1	5,287.6	7,029.4	13,242.4
	30	退職給与引当特定資産保有率	退職給与引当特定資産 / 退職給与引当金	110.9	103.4	154.1	161.7	49.3

令 和 3 年 度 財 務 比 率 表（都道府県別）
ー 幼 稚 園 法 人 ー

（１０－７）

分類		比率	算式（×100）	和歌山県	鳥取県	島根県	岡山県	広島県
		法人数		32	17	4	19	141
事業活動収支計算書	1	人件費比率	人件費 / 経常収入	% 63.6	% 72.7	% 65.1	% 58.5	% 61.4
	2	人件費依存率	人件費 / 学生生徒等納付金	212.7	491.1	758.7	386.9	268.3
	3	教育研究（管理）経費比率	教育研究（管理）経費 / 経常収入	30.6	29.8	27.3	27.8	30.5
	4	借入金等利息比率	借入金等利息 / 経常収入	0.2	0.3	0.3	0.1	0.3
	5	事業活動収支差額比率	基本金組入前当年度収支差額 / 事業活動収入	5.4	-2.8	7.3	13.4	11.1
	6	基本金組入後収支比率	事業活動支出 / 事業活動収入－基本金組入額	99.3	107.6	98.7	98.3	100.0
	7	学生生徒等納付金比率	学生生徒等納付金 / 経常収入	29.9	14.8	8.6	15.1	22.9
	8	寄付金比率	寄付金 / 事業活動収入	0.4	0.3	0.4	0.5	3.0
	8-2	経常寄付金比率	教育活動収支の寄付金 / 経常収入	0.4	0.3	0.4	0.4	0.9
	9	補助金比率	補助金 / 事業活動収入	57.4	72.2	72.2	70.5	64.5
	9-2	経常補助金比率	経常費等補助金 / 経常収入	57.4	72.2	72.3	70.5	65.2
	10	基本金組入率	基本金組入額 / 事業活動収入	4.8	4.5	6.1	11.9	11.1
	11	減価償却額比率	減価償却額 / 経常支出	7.7	8.2	11.3	9.7	8.2
	12	経常収支差額比率	経常収支差額 / 経常収入	5.6	-2.8	7.3	13.4	7.8
	13	教育活動収支差額比率	教育活動収支差額 / 教育活動収入計	5.7	-2.7	7.1	13.5	7.8

（注）1. 寄付金 ＝ 教育活動収支の寄付金 ＋ 特別収支の寄付金
2. 補助金 ＝ 経常費等補助金 ＋ 特別収支の補助金
3. 運用資産 ＝ 現金預金 ＋ 特定資産 ＋ 有価証券（固定・流動）
4. 外部負債 ＝ 借入金 ＋ 学校債 ＋ 未払金 ＋ 手形債務
5. 運用資産余裕比率の単位は（年）である。

分類		比率	算式（×100）	和歌山県	鳥取県	島根県	岡山県	広島県
		法人数		32	17	4	19	141
貸借対照表	14	固定資産構成比率	固定資産 / 総資産	% 75.3	% 80.5	% 86.4	% 76.4	% 76.4
	15	有形固定資産構成比率	有形固定資産 / 総資産	58.3	64.5	63.3	66.4	64.5
	16	特定資産構成比率	特定資産 / 総資産	12.3	15.5	11.7	3.8	9.1
	17	流動資産構成比率	流動資産 / 総資産	24.7	19.5	13.6	23.6	23.6
	18	固定負債構成比率	固定負債 / 総負債＋純資産	7.6	9.5	12.9	7.4	9.5
	19	流動負債構成比率	流動負債 / 総負債＋純資産	2.3	2.6	4.8	1.7	4.0
	20	内部留保資産比率	運用資産－総負債 / 総資産	25.0	21.0	18.3	17.1	18.4
	21	運用資産余裕比率	運用資産－外部負債 / 経常支出	0.9	0.6	0.8	0.6	0.8
	22	純資産構成比率	純資産 / 総負債＋純資産	90.1	87.9	82.2	90.9	86.6
	23	繰越収支差額構成比率	繰越収支差額 / 総負債＋純資産	-14.0	-23.3	-24.6	-12.2	0.2
	24	固定比率	固定資産 / 純資産	83.6	91.6	105.1	84.1	88.3
	25	固定長期適合率	固定資産 / 純資産＋固定負債	77.1	82.7	90.8	77.8	79.6
	26	流動比率	流動資産 / 流動負債	1,073.0	752.3	280.0	1,371.8	594.0
	27	総負債比率	総負債 / 総資産	9.9	12.1	17.8	9.1	13.4
	28	負債比率	総負債 / 純資産	11.0	13.8	21.6	10.1	15.5
	29	前受金保有率	現金預金 / 前受金	18,665.1	30,037.2	6,423.4	8,544.4	6,779.2
	30	退職給与引当特定資産保有率	退職給与引当特定資産 / 退職給与引当金	64.7	1,145.6	0.0	52.8	82.8

令和３年度財務比率表（都道府県別）
―幼稚園法人―

（１０－８）

分類		比率	算式（×100）	山口県	徳島県	香川県	愛媛県	高知県
		法人数		66	6	25	59	17
事業活動収支計算書	1	人件費比率	人件費 / 経常収入	% 63.7	% 62.9	% 60.4	% 61.2	% 71.4
	2	人件費依存率	人件費 / 学生生徒等納付金	577.9	199.2	304.8	496.6	595.7
	3	教育研究（管理）経費比率	教育研究（管理）経費 / 経常収入	29.2	32.3	29.3	30.3	33.8
	4	借入金等利息比率	借入金等利息 / 経常収入	0.2	0.3	0.2	0.4	0.3
	5	事業活動収支差額比率	基本金組入前当年度収支差額 / 事業活動収入	9.5	4.7	9.7	9.2	-9.6
	6	基本金組入後収支比率	事業活動支出 / 事業活動収入－基本金組入額	98.1	103.4	102.6	106.9	121.1
	7	学生生徒等納付金比率	学生生徒等納付金 / 経常収入	11.0	31.6	19.8	12.3	12.0
	8	寄付金比率	寄付金 / 事業活動収入	0.3	0.5	0.2	0.3	0.8
	8-2	経常寄付金比率	教育活動収支の寄付金 / 経常収入	0.3	0.5	0.1	0.3	0.3
	9	補助金比率	補助金 / 事業活動収入	78.6	57.4	67.6	74.8	77.1
	9-2	経常補助金比率	経常費等補助金 / 経常収入	77.9	57.3	67.6	74.8	77.1
	10	基本金組入率	基本金組入額 / 事業活動収入	7.7	7.9	12.0	15.1	9.6
	11	減価償却額比率	減価償却額 / 経常支出	8.2	8.5	7.8	7.3	8.5
	12	経常収支差額比率	経常収支差額 / 経常収入	6.9	4.5	9.8	8.1	-5.5
	13	教育活動収支差額比率	教育活動収支差額 / 教育活動収入計	6.7	3.6	9.8	7.9	-5.4

（注）1. 寄付金 ＝ 教育活動収支の寄付金 ＋ 特別収支の寄付金
2. 補助金 ＝ 経常費等補助金 ＋ 特別収支の補助金
3. 運用資産 ＝ 現金預金 ＋ 特定資産 ＋ 有価証券（固定・流動）
4. 外部負債 ＝ 借入金 ＋ 学校債 ＋ 未払金 － 手形債務
5. 運用資産余裕比率の単位は（年）である。

分類		比率	算式（×100）	山口県	徳島県	香川県	愛媛県	高知県
		法人数		66	6	25	59	17
貸借対照表	14	固定資産構成比率	固定資産 / 総資産	% 72.7	% 75.1	% 75.1	% 75.7	% 77.2
	15	有形固定資産構成比率	有形固定資産 / 総資産	57.2	65.0	62.5	59.5	74.3
	16	特定資産構成比率	特定資産 / 総資産	7.5	5.1	4.4	14.3	1.8
	17	流動資産構成比率	流動資産 / 総資産	27.3	24.9	24.9	24.3	22.8
	18	固定負債構成比率	固定負債 / 総負債＋純資産	6.0	13.1	6.6	13.3	9.3
	19	流動負債構成比率	流動負債 / 総負債＋純資産	2.0	3.9	1.8	2.1	13.0
	20	内部留保資産比率	運用資産－総負債 / 総資産	30.5	14.3	23.8	22.1	-0.8
	21	運用資産余裕比率	運用資産－外部負債 / 経常支出	1.1	0.6	0.9	1.0	0.0
	22	純資産構成比率	純資産 / 総負債＋純資産	92.0	83.1	91.6	84.6	77.7
	23	繰越収支差額構成比率	繰越収支差額 / 総負債＋純資産	-1.4	-32.5	-4.5	-0.6	-13.1
	24	固定比率	固定資産 / 純資産	79.0	90.4	82.0	89.4	99.3
	25	固定長期適合率	固定資産 / 純資産＋固定負債	74.2	78.1	76.5	77.3	88.7
	26	流動比率	流動資産 / 流動負債	1,398.6	645.1	1,380.4	1,150.2	175.4
	27	総負債比率	総負債 / 総資産	8.0	16.9	8.4	15.4	22.3
	28	負債比率	総負債 / 純資産	8.7	20.4	9.2	18.2	28.6
	29	前受金保有率	現金預金 / 前受金	32,950.7	6,812.7	18,423.9	43,575.2	7,939.3
	30	退職給与引当特定資産保有率	退職給与引当特定資産 / 退職給与引当金	44.0	36.5	78.0	51.0	29.1

令 和 3 年 度 財 務 比 率 表（都道府県別）
ー 幼 稚 園 法 人 ー

（10－9）

分類		比率	算式（×100）	福岡県	佐賀県	長崎県	熊本県	大分県
		法人数		234	62	67	68	34
事業活動収支計算書	1	人件費比率	人件費 / 経常収入	% 57.7	% 62.1	% 65.5	% 64.7	% 64.5
	2	人件費依存率	人件費 / 学生生徒等納付金	192.2	565.1	710.2	424.2	496.3
	3	教育研究（管理）経費比率	教育研究（管理）経費 / 経常収入	32.4	27.4	28.0	26.6	28.5
	4	借入金等利息比率	借入金等利息 / 経常収入	0.3	0.2	0.3	0.2	0.4
	5	事業活動収支差額比率	基本金組入前当年度収支差額 / 事業活動収入	10.6	18.4	7.4	8.1	7.2
	6	基本金組入後収支比率	事業活動支出 / 事業活動収入－基本金組入額	102.2	89.6	104.0	100.4	105.2
	7	学生生徒等納付金比率	学生生徒等納付金 / 経常収入	30.0	11.0	9.2	15.3	13.0
	8	寄付金比率	寄付金 / 事業活動収入	0.2	1.3	0.2	0.5	0.2
	8-2	経常寄付金比率	教育活動収支の寄付金 / 経常収入	0.2	0.5	0.1	0.1	0.2
	9	補助金比率	補助金 / 事業活動収入	56.0	81.6	81.8	77.9	77.2
	9-2	経常補助金比率	経常費等補助金 / 経常収入	55.6	80.5	81.5	77.8	77.1
	10	基本金組入率	基本金組入額 / 事業活動収入	12.5	8.9	11.0	8.5	11.8
	11	減価償却額比率	減価償却額 / 経常支出	8.4	7.9	7.9	6.8	8.4
	12	経常収支差額比率	経常収支差額 / 経常収入	9.6	10.2	6.2	8.5	6.7
	13	教育活動収支差額比率	教育活動収支差額 / 教育活動収入計	9.7	10.1	6.2	8.6	7.0

分類		比率	算式（×100）	福岡県	佐賀県	長崎県	熊本県	大分県
		法人数		234	62	67	68	34
貸借対照表	14	固定資産構成比率	固定資産 / 総資産	% 70.8	% 77.3	% 75.1	% 75.5	% 75.5
	15	有形固定資産構成比率	有形固定資産 / 総資産	60.7	58.8	61.3	61.7	64.6
	16	特定資産構成比率	特定資産 / 総資産	5.9	13.8	10.9	12.6	9.8
	17	流動資産構成比率	流動資産 / 総資産	29.2	22.7	24.9	24.5	24.5
	18	固定負債構成比率	固定負債 / 総負債＋純資産	7.9	8.6	8.9	8.5	9.9
	19	流動負債構成比率	流動負債 / 総負債＋純資産	2.9	6.3	2.8	5.4	2.2
	20	内部留保資産比率	運用資産－総負債 / 総資産	24.6	19.4	22.6	19.6	19.8
	21	運用資産余裕比率	運用資産－外部負債 / 経常支出	1.0	0.7	0.7	0.7	0.7
	22	純資産構成比率	純資産 / 総負債＋純資産	89.2	85.1	88.3	86.1	87.8
	23	繰越収支差額構成比率	繰越収支差額 / 総負債＋純資産	4.3	3.1	-3.3	-7.7	2.1
	24	固定比率	固定資産 / 純資産	79.4	90.8	85.1	87.7	85.9
	25	固定長期適合率	固定資産 / 純資産＋固定負債	73.0	82.5	77.3	79.8	77.2
	26	流動比率	流動資産 / 流動負債	1,003.9	361.9	882.2	454.3	1,098.1
	27	総負債比率	総負債 / 総資産	10.8	14.9	11.7	13.9	12.2
	28	負債比率	総負債 / 純資産	12.1	17.5	13.3	16.2	13.8
	29	前受金保有率	現金預金 / 前受金	5,616.2	26,861.3	32,224.8	2,252.4	13,475.6
	30	退職給与引当特定資産保有率	退職給与引当特定資産 / 退職給与引当金	47.2	106.0	105.1	81.7	209.6

（注）1. 寄付金 ＝ 教育活動収支の寄付金 ＋ 特別収支の寄付金
2. 補助金 ＝ 経常費等補助金 ＋ 特別収支の補助金
3. 運用資産 ＝ 現金預金 ＋ 特定資産 ＋ 有価証券（固定・流動）
4. 外部負債 ＝ 借入金 ＋ 学校債 ＋ 未払金 ＋ 手形債務
5. 運用資産余裕比率の単位は（年）である。

令和3年度財務比率表（都道府県別）

ー幼稚園法人ー

（10－10）

分類	番号	比率	算式（×100）	宮崎県	鹿児島県	沖縄県
		法人数		55	84	21
事業活動収支計算書	1	人件費比率	人件費 / 経常収入	% 64.6	% 65.8	% 67.6
	2	人件費依存率	人件費 / 学生生徒等納付金	1,049.4	693.4	351.4
	3	教育研究（管理）経費比率	教育研究（管理）経費 / 経常収入	26.8	25.6	31.5
	4	借入金等利息比率	借入金等利息 / 経常収入	0.2	0.4	0.4
	5	事業活動収支差額比率	基本金組入前当年度収支差額 / 事業活動収入	9.4	10.4	5.0
	6	基本金組入後収支比率	事業活動支出 / 事業活動収入－基本金組入額	104.2	98.7	120.4
	7	学生生徒等納付金比率	学生生徒等納付金 / 経常収入	6.2	9.5	19.2
	8	寄付金比率	寄付金 / 事業活動収入	0.1	2.3	3.0
	8-2	経常寄付金比率	教育活動収支の寄付金 / 経常収入	0.1	1.0	3.2
	9	補助金比率	補助金 / 事業活動収入	86.0	80.1	70.5
	9-2	経常補助金比率	経常費等補助金 / 経常収入	85.9	81.0	69.2
	10	基本金組入率	基本金組入額 / 事業活動収入	13.1	9.3	21.1
	11	減価償却額比率	減価償却額 / 経常支出	6.8	6.6	6.2
	12	経常収支差額比率	経常収支差額 / 経常収入	8.3	8.1	0.5
	13	教育活動収支差額比率	教育活動収支差額 / 教育活動収入計	8.4	8.4	0.7

（注）1. 寄付金 = 教育活動収支の寄付金 + 特別収支の寄付金
2. 補助金 = 経常費等補助金 + 特別収支の補助金
3. 運用資産 = 現金預金 + 特定資産 + 有価証券（固定・流動）
4. 外部負債 = 借入金 + 学校債 + 未払金 + 手形債務
5. 運用資産余裕比率の単位は（年）である。

分類	番号	比率	算式（×100）	宮崎県	鹿児島県	沖縄県
		法人数		55	84	21
貸借対照表	14	固定資産構成比率	固定資産 / 総資産	% 76.0	% 73.9	% 77.9
	15	有形固定資産構成比率	有形固定資産 / 総資産	61.1	59.6	66.3
	16	特定資産構成比率	特定資産 / 総資産	13.2	11.5	6.7
	17	流動資産構成比率	流動資産 / 総資産	24.0	26.1	22.1
	18	固定負債構成比率	固定負債 / 総負債＋純資産	5.7	10.4	8.5
	19	流動負債構成比率	流動負債 / 総負債＋純資産	4.9	3.3	7.4
	20	内部留保資産比率	運用資産－総負債 / 総資産	24.2	23.0	14.8
	21	運用資産余裕比率	運用資産－外部負債 / 経常支出	0.7	0.8	0.4
	22	純資産構成比率	純資産 / 総負債＋純資産	89.3	86.4	84.1
	23	繰越収支差額構成比率	繰越収支差額 / 総負債＋純資産	-3.7	0.7	-5.6
	24	固定比率	固定資産 / 純資産	85.0	85.6	92.7
	25	固定長期適合率	固定資産 / 純資産＋固定負債	79.9	76.4	84.2
	26	流動比率	流動資産 / 流動負債	489.0	799.5	296.4
	27	総負債比率	総負債 / 総資産	10.7	13.6	15.9
	28	負債比率	総負債 / 純資産	11.9	15.8	18.9
	29	前受金保有率	現金預金 / 前受金	31,731.5	7,506.6	1,083.1
	30	退職給与引当特定資産保有率	退職給与引当特定資産 / 退職給与引当金	71.3	98.4	2,843.0

2. 特別支援学校法人

■貸 借 対 照 表

■事業活動収支計算書

■資金収支計算書

■財 務 比 率 表

5ヵ年連続貸借対照表
－特別支援学校法人－

(資産の部)　　　　　　　　　　　　　　　　　　　　　　　　(単位：千円)

区分	29年度			30年度			令和元年度			2年度			3年度		
法人数	12法人			12法人			12法人			12法人			12法人		
科目	金額	構成比率(%)	趨勢構造比率	金額	構成比率(%)	趨勢構造比率	金額	構成比率(%)	趨勢構造比率	金額	構成比率(%)	趨勢構造比率	金額	構成比率(%)	趨勢構造比率
(資産の部)															
固定資産	6,449,373	70.7	100.0	6,483,654	71.6	100.5	6,545,482	72.2	101.5	6,551,380	72.1	101.6	6,678,558	71.0	103.6
有形固定資産	4,815,836	52.8	100.0	4,725,369	52.2	98.1	4,806,642	53.0	99.8	4,759,624	52.4	98.8	4,953,929	52.6	102.9
土地	1,650,953	18.1	100.0	1,650,953	18.2	100.0	1,650,953	18.2	100.0	1,670,953	18.4	101.2	1,684,494	17.9	102.0
建物	2,836,161	31.1	100.0	2,756,557	30.4	97.2	2,798,940	30.9	98.7	2,693,175	29.6	95.0	2,627,168	27.9	92.6
構築物	58,881	0.6	100.0	58,224	0.6	98.9	79,268	0.9	134.6	76,563	0.8	130.0	106,977	1.1	181.7
教育研究用機器備品	155,912	1.7	100.0	142,943	1.6	91.7	150,857	1.7	96.8	160,564	1.8	103.0	158,608	1.7	101.7
その他有形固定資産	113,929	1.2	100.0	116,692	1.3	102.4	126,625	1.4	111.1	158,370	1.7	139.0	376,682	4.0	330.6
特定資産	1,612,703	17.7	100.0	1,737,409	19.2	107.7	1,717,392	19.0	106.5	1,770,681	19.5	109.8	1,703,031	18.1	105.6
退職給与引当特定資産	149,586	1.6	100.0	160,197	1.8	107.1	160,012	1.8	107.0	168,107	1.9	112.4	166,497	1.8	111.3
その他引当特定資産	1,463,116	16.0	100.0	1,577,211	17.4	107.8	1,557,380	17.2	106.4	1,602,574	17.6	109.5	1,536,534	16.3	105.0
その他の固定資産	20,835	0.2	100.0	20,877	0.2	100.2	21,448	0.2	102.9	21,075	0.2	101.2	21,598	0.2	103.7
有価証券	1,043	0.0	100.0	1,043	0.0	100.0	1,043	0.0	100.0	1,043	0.0	100.0	1,044	0.0	100.1
収益事業元入金	0	0.0	100.0	0	0.0	0.0	0	0.0	0.0	0	0.0	0.0	540	0.0	0.0
長期貸付金	869	0.0	100.0	967	0.0	111.3	800	0.0	92.1	800	0.0	92.1	800	0.0	92.1
その他	18,923	0.2	100.0	18,867	0.2	99.7	19,605	0.2	103.6	19,232	0.2	101.6	19,214	0.2	101.5
流動資産	2,669,494	29.3	100.0	2,571,923	28.4	96.3	2,516,694	27.8	94.3	2,533,296	27.9	94.9	2,733,036	29.0	102.4
現金預金	2,498,814	27.4	100.0	2,409,028	26.6	96.4	2,414,678	26.6	96.6	2,342,550	25.8	93.7	2,490,933	26.5	99.7
未収入金	151,879	1.7	100.0	139,239	1.5	91.7	82,967	0.9	54.6	171,822	1.9	113.1	225,502	2.4	148.5
短期貸付金	0	0.0	100.0	33	0.0	0.0	1,072	0.0	0.0	73	0.0	0.0	33	0.0	0.0
有価証券	0	0.0	100.0	0	0.0	0.0	0	0.0	0.0	0	0.0	0.0	0	0.0	0.0
その他流動資産	18,800	0.2	100.0	23,623	0.3	125.7	17,977	0.2	95.6	18,850	0.2	100.3	16,568	0.2	88.1
資産の部合計	9,118,867	100.0	100.0	9,055,577	100.0	99.3	9,062,176	100.0	99.4	9,084,675	100.0	99.6	9,411,593	100.0	103.2

(負債及び純資産の部)

(単位：千円)

区分	29年度			30年度			令和元年度			2年度			3年度		
法人数	12 法人			12 法人			12 法人			12 法人			12 法人		
科目	金額	構成比率(%)	趨勢構造比率	金額	構成比率(%)	趨勢構造比率	金額	構成比率(%)	趨勢構造比率	金額	構成比率(%)	趨勢構造比率	金額	構成比率(%)	趨勢構造比率
(負債の部)															
固定負債	370,808	4.1	100.0	354,664	3.9	95.6	346,012	3.8	93.3	341,644	3.8	92.1	444,942	4.7	120.0
長期借入金	182,190	2.0	100.0	168,478	1.9	92.5	154,280	1.7	84.7	157,348	1.7	86.4	254,824	2.7	139.9
学校債	23,800	0.3	100.0	22,500	0.2	94.5	20,700	0.2	87.0	19,400	0.2	81.5	17,600	0.2	73.9
長期未払金	1,513	0.0	100.0	4,035	0.0	266.6	6,753	0.1	446.3	4,403	0.0	291.0	2,519	0.0	166.5
退職給与引当金	156,740	1.7	100.0	153,904	1.7	98.2	160,522	1.8	102.4	156,381	1.7	99.8	166,353	1.8	106.1
その他固定負債	6,564	0.1	100.0	5,747	0.1	87.5	3,757	0.0	57.2	4,112	0.0	62.6	3,646	0.0	55.5
流動負債	260,212	2.9	100.0	276,940	3.1	106.4	205,995	2.3	79.2	281,157	3.1	108.0	357,531	3.8	137.4
短期借入金	30,612	0.3	100.0	16,212	0.2	53.0	16,212	0.2	53.0	15,024	0.2	49.1	15,024	0.2	49.1
一年以内償還予定学校債	0	0.0	100.0	0	0.0	0.0	0	0.0	0.0	0	0.0	0.0	0	0.0	0.0
手形債務	0	0.0	100.0	0	0.0	0.0	0	0.0	0.0	0	0.0	0.0	0	0.0	0.0
未払金	181,708	2.0	100.0	192,562	2.1	106.0	134,322	1.5	73.9	206,577	2.3	113.7	287,555	3.1	158.3
前受金	19,228	0.2	100.0	23,481	0.3	122.1	22,407	0.2	116.5	21,729	0.2	113.0	22,326	0.2	116.1
その他流動負債	28,665	0.3	100.0	44,685	0.5	155.9	33,054	0.4	115.3	37,828	0.4	132.0	32,626	0.3	113.8
負債の部合計	631,020	6.9	100.0	631,604	7.0	100.1	552,007	6.1	87.5	622,802	6.9	98.7	802,473	8.5	127.2
(純資産の部)															
基本金	9,165,739	100.5	100.0	9,298,749	102.7	101.5	9,557,550	105.5	104.3	9,780,480	107.7	106.7	10,044,931	106.7	109.6
第1号基本金	8,767,439	96.1	100.0	8,857,449	97.8	101.0	9,077,250	100.2	103.5	9,181,846	101.1	104.7	9,344,963	99.3	106.6
第2号基本金	160,000	1.8	100.0	195,000	2.2	121.9	230,000	2.5	143.8	348,334	3.8	217.7	446,668	4.7	279.2
第3号基本金	20,300	0.2	100.0	20,300	0.2	100.0	20,300	0.2	100.0	35,300	0.4	173.9	20,300	0.2	100.0
第4号基本金	218,000	2.4	100.0	226,000	2.5	103.7	230,000	2.5	105.5	215,000	2.4	98.6	233,000	2.5	106.9
繰越収支差額	-677,893	-7.4	100.0	-874,776	-9.7	129.0	-1,047,381	-11.6	154.5	-1,318,606	-14.5	194.5	-1,435,811	-15.3	211.8
翌年度繰越収支差額	-677,893	-7.4	100.0	-874,776	-9.7	129.0	-1,047,381	-11.6	154.5	-1,318,606	-14.5	194.5	-1,435,811	-15.3	211.8
純資産の部合計	8,487,847	93.1	100.0	8,423,973	93.0	99.2	8,510,169	93.9	100.3	8,461,873	93.1	99.7	8,609,120	91.5	101.4
負債・純資産の部合計	9,118,867	100.0	100.0	9,055,577	100.0	99.3	9,062,176	100.0	99.4	9,084,675	100.0	99.6	9,411,593	100.0	103.2

(注) 趨勢は２９年度を 100 としたものである。

令和３年度貸借対照表（都道府県別）
－特別支援学校法人－

（資産の部）　　　　（単位：千円）

区分	合計			岩手・宮城・群馬県			東京都・神奈川県			静岡・三重・高知県		
法人数	12法人			3法人			6法人			3法人		
科目	金額	構成比率(%)	趨勢構造比率	金額	構成比率(%)	趨勢構造比率	金額	構成比率(%)	趨勢構造比率	金額	構成比率(%)	趨勢構造比率
(資産の部)												
固定資産	6,678,558	71.0	100.0	1,676,116	77.3	25.1	3,721,495	71.3	55.7	1,280,946	63.3	19.2
有形固定資産	4,953,929	52.6	100.0	1,368,183	63.1	27.6	2,509,590	48.1	50.7	1,076,156	53.2	21.7
土地	1,684,494	17.9	100.0	464,584	21.4	27.6	1,032,513	19.8	61.3	187,396	9.3	11.1
建物	2,627,168	27.9	100.0	583,311	26.9	22.2	1,252,431	24.0	47.7	791,426	39.1	30.1
構築物	106,977	1.1	100.0	39,371	1.8	36.8	47,243	0.9	44.2	20,363	1.0	19.0
教育研究用機器備品	158,608	1.7	100.0	24,397	1.1	15.4	111,759	2.1	70.5	22,452	1.1	14.2
その他有形固定資産	376,682	4.0	100.0	256,519	11.8	68.1	65,644	1.3	17.4	54,519	2.7	14.5
特定資産	1,703,031	18.1	100.0	296,104	13.7	17.4	1,206,368	23.1	70.8	200,558	9.9	11.8
退職給与引当特定資産	166,497	1.8	100.0	0	0.0	0.0	166,497	3.2	100.0	0	0.0	0.0
その他引当特定資産	1,536,534	16.3	100.0	296,104	13.7	19.3	1,039,871	19.9	67.7	200,558	9.9	13.1
その他の固定資産	21,598	0.2	100.0	11,829	0.5	54.8	5,537	0.1	25.6	4,232	0.2	19.6
有価証券	1,044	0.0	100.0	1,042	0.0	99.8	1	0.0	0.1	1	0.0	0.1
収益事業元入金	540	0.0	100.0	0	0.0	0.0	0	0.0	0.0	540	0.0	100.0
長期貸付金	800	0.0	100.0	800	0.0	100.0	0	0.0	0.0	0	0.0	0.0
その他	19,214	0.2	100.0	9,987	0.5	52.0	5,536	0.1	28.8	3,692	0.2	19.2
流動資産	2,733,036	29.0	100.0	490,934	22.7	18.0	1,498,843	28.7	54.8	743,259	36.7	27.2
現金預金	2,490,933	26.5	100.0	363,704	16.8	14.6	1,424,278	27.3	57.2	702,951	34.7	28.2
未収入金	225,502	2.4	100.0	126,867	5.9	56.3	72,331	1.4	32.1	26,304	1.3	11.7
短期貸付金	33	0.0	100.0	0	0.0	0.0	33	0.0	100.0	0	0.0	0.0
有価証券	0	0.0	100.0	0	0.0	0.0	0	0.0	0.0	0	0.0	0.0
その他流動資産	16,568	0.2	100.0	363	0.0	2.2	2,200	0.0	13.3	14,005	0.7	84.5
資産の部合計	9,411,593	100.0	100.0	2,167,050	100.0	23.0	5,220,337	100.0	55.5	2,024,206	100.0	21.5

（負債及び純資産の部）

（単位：千円）

区分	合計			岩手・宮城・群馬県			東京都・神奈川県			静岡・三重・高知県		
法人数	12 法人			3 法人			6 法人			3 法人		
科目	金額	構成比率(%)	趨勢構造比率	金額	構成比率(%)	趨勢構造比率	金額	構成比率(%)	趨勢構造比率	金額	構成比率(%)	趨勢構造比率
(負債の部)												
固定負債	444,942	4.7	100.0	172,410	8.0	38.7	167,610	3.2	37.7	104,922	5.2	23.6
長期借入金	254,824	2.7	100.0	168,764	7.8	66.2	0	0.0	0.0	86,060	4.3	33.8
学校債	17,600	0.2	100.0	0	0.0	0.0	0	0.0	0.0	17,600	0.9	100.0
長期未払金	2,519	0.0	100.0	0	0.0	0.0	1,258	0.0	49.9	1,262	0.1	50.1
退職給与引当金	166,353	1.8	100.0	0	0.0	0.0	166,353	3.2	100.0	0	0.0	0.0
その他固定負債	3,646	0.0	100.0	3,646	0.2	100.0	0	0.0	0.0	0	0.0	0.0
流動負債	357,531	3.8	100.0	164,514	7.6	46.0	142,916	2.7	40.0	50,101	2.5	14.0
短期借入金	15,024	0.2	100.0	7,144	0.3	47.6	0	0.0	0.0	7,880	0.4	52.4
一年以内償還予定学校債	0	0.0	100.0	0	0.0	0.0	0	0.0	0.0	0	0.0	0.0
手形債務	0	0.0	100.0	0	0.0	0.0	0	0.0	0.0	0	0.0	0.0
未払金	287,555	3.1	100.0	142,696	6.6	49.6	110,249	2.1	38.3	34,609	1.7	12.0
前受金	22,326	0.2	100.0	6,720	0.3	30.1	14,056	0.3	63.0	1,550	0.1	6.9
その他流動負債	32,626	0.3	100.0	7,953	0.4	24.4	18,611	0.4	57.0	6,062	0.3	18.6
負債の部合計	802,473	8.5	100.0	336,924	15.5	42.0	310,526	5.9	38.7	155,023	7.7	19.3
(純資産の部)												
基本金	10,044,931	106.7	100.0	2,559,763	118.1	25.5	5,129,406	98.3	51.1	2,355,762	116.4	23.5
第1号基本金	9,344,963	99.3	100.0	2,231,095	103.0	23.9	4,817,106	92.3	51.5	2,296,762	113.5	24.6
第2号基本金	446,668	4.7	100.0	286,668	13.2	64.2	160,000	3.1	35.8	0	0.0	0.0
第3号基本金	20,300	0.2	100.0	0	0.0	0.0	20,300	0.4	100.0	0	0.0	0.0
第4号基本金	233,000	2.5	100.0	42,000	1.9	18.0	132,000	2.5	56.7	59,000	2.9	25.3
繰越収支差額	-1,435,811	-15.3	100.0	-729,637	-33.7	50.8	-219,595	-4.2	15.3	-486,579	-24.0	33.9
翌年度繰越収支差額	-1,435,811	-15.3	100.0	-729,637	-33.7	50.8	-219,595	-4.2	15.3	-486,579	-24.0	33.9
純資産の部合計	8,609,120	91.5	100.0	1,830,126	84.5	21.3	4,909,811	94.1	57.0	1,869,183	92.3	21.7
負債・純資産の部合計	9,411,593	100.0	100.0	2,167,050	100.0	23.0	5,220,337	100.0	55.5	2,024,206	100.0	21.5

（注）構造比率は特別支援学校法人合計を 100 としたものである。

５ ヵ 年 連 続 事 業 活 動 収 支 計 算 書
ー 特 別 支 援 学 校 法 人 ー

(教育活動収支及び教育活動外収支)　　　　(単位：千円)

区分	29年度			30年度			令和元年度			2年度			3年度		
法人数	12法人			12法人			12法人			12法人			12法人		
科目	金額	構成比率(%)	趨勢構造比率	金額	構成比率(%)	趨勢構造比率	金額	構成比率(%)	趨勢構造比率	金額	構成比率(%)	趨勢構造比率	金額	構成比率(%)	趨勢構造比率
(教育活動収支・収入の部)															
学生生徒等納付金	243,286	7.0	100.0	228,761	6.8	94.0	230,718	6.6	94.8	242,478	7.1	99.7	246,303	6.8	101.2
手数料	1,443	0.0	100.0	1,644	0.0	113.9	1,359	0.0	94.2	1,369	0.0	94.9	1,357	0.0	94.0
寄付金	130,539	3.8	100.0	102,851	3.1	78.8	264,611	7.6	202.7	96,950	2.8	74.3	150,222	4.1	115.1
経常費等補助金	2,613,313	75.7	100.0	2,639,247	78.6	101.0	2,646,326	75.9	101.3	2,707,410	79.4	103.6	2,807,695	77.0	107.4
付随事業収入	144,692	4.2	100.0	127,732	3.8	88.3	117,949	3.4	81.5	91,810	2.7	63.5	96,868	2.7	66.9
雑収入	214,883	6.2	100.0	190,085	5.7	88.5	137,152	3.9	63.8	224,967	6.6	104.7	172,799	4.7	80.4
教育活動収入計	3,348,156	97.0	100.0	3,290,320	97.9	98.3	3,398,115	97.5	101.5	3,364,984	98.7	100.5	3,475,243	95.3	103.8
(教育活動収支・支出の部)															
人件費	2,450,591	71.0	100.0	2,496,619	74.3	101.9	2,464,688	70.7	100.6	2,575,718	75.5	105.1	2,559,191	70.2	104.4
教育研究（管理）経費	923,473	26.7	100.0	924,719	27.5	100.1	930,112	26.7	100.7	880,722	25.8	95.4	937,908	25.7	101.6
（うち減価償却額）	175,831	5.1	100.0	200,342	6.0	113.9	197,485	5.7	112.3	200,591	5.9	114.1	205,686	5.6	117.0
徴収不能額等	38	0.0	100.0	0	0.0	0.0	0	0.0	0.0	0	0.0	0.0	0	0.0	0.0
教育活動支出計	3,374,102	97.7	100.0	3,421,338	101.8	101.4	3,394,800	97.4	100.6	3,456,441	101.3	102.4	3,497,099	95.9	103.6

(教育活動外収支・収入の部)															
受取利息・配当金	516	0.0	100.0	417	0.0	80.9	439	0.0	85.1	554	0.0	107.5	424	0.0	82.2
その他の教育活動外収入	0	0.0	100.0	0	0.0	0.0	0	0.0	0.0	0	0.0	0.0	1,341	0.0	0.0
教育活動外収入計	516	0.0	100.0	417	0.0	80.9	439	0.0	85.1	554	0.0	107.5	1,765	0.0	342.2
(教育活動外収支・支出の部)															
借入金等利息	1,697	0.0	100.0	2,201	0.1	129.7	2,117	0.1	124.8	1,914	0.1	112.8	1,948	0.1	114.8
その他の教育活動外支出	0	0.0	100.0	0	0.0	0.0	0	0.0	0.0	0	0.0	0.0	0	0.0	0.0
教育活動外支出計	1,697	0.0	100.0	2,201	0.1	129.7	2,117	0.1	124.8	1,914	0.1	112.8	1,948	0.1	114.8

(特別収支)

(単位：千円)

区分	29年度			30年度			令和元年度			2年度			3年度		
法人数	12法人			12法人			12法人			12法人			12法人		
科目	金額	構成比率(%)	趨勢構造比率	金額	構成比率(%)	趨勢構造比率	金額	構成比率(%)	趨勢構造比率	金額	構成比率(%)	趨勢構造比率	金額	構成比率(%)	趨勢構造比率
(特別収支・収入の部)															
資産売却差額	86	0.0	100.0	0	0.0	0.0	664	0.0	769.0	1,126	0.0	1,303.5	2,083	0.1	2,411.4
その他の特別収入	103,800	3.0	100.0	69,030	2.1	66.5	85,856	2.5	82.7	44,021	1.3	42.4	168,659	4.6	162.5
(うち寄付金)	40,806	1.2	100.0	58,853	1.8	144.2	47,724	1.4	117.0	24,603	0.7	60.3	58,448	1.6	143.2
(うち補助金)	50,973	1.5	100.0	9,924	0.3	19.5	38,127	1.1	74.8	19,191	0.6	37.6	101,396	2.8	198.9
特別収入計	103,886	3.0	100.0	69,030	2.1	66.4	86,520	2.5	83.3	45,147	1.3	43.5	170,742	4.7	164.4
(特別収支・支出の部)															
資産処分差額	1,092	0.0	100.0	102	0.0	9.3	1,946	0.1	178.2	626	0.0	57.3	1,456	0.0	133.3
その他の特別支出	11,569	0.3	100.0	0	0.0	0.0	15	0.0	0.1	0	0.0	0.0	0	0.0	0.0
特別支出計	12,661	0.4	100.0	102	0.0	0.8	1,961	0.1	15.5	626	0.0	4.9	1,456	0.0	11.5

基本金組入前当年度収支差額	64,098	1.9	100.0	-63,874	-1.9	-99.7	86,196	2.5	134.5	-48,295	-1.4	-75.3	147,247	4.0	229.7
経常収支差額	-27,127	-0.8	100.0	-132,802	-4.0	489.6	1,637	0.0	-6.0	-92,816	-2.7	342.2	-22,040	-0.6	81.2
教育活動収支差額	-25,946	-0.8	100.0	-131,018	-3.9	505.0	3,315	0.1	-12.8	-91,457	-2.7	352.5	-21,856	-0.6	84.2
教育活動外収支差額	-1,181	0.0	100.0	-1,784	-0.1	151.0	-1,678	0.0	142.0	-1,360	0.0	115.1	-183	0.0	15.5
特別収支差額	91,225	2.6	100.0	68,928	2.1	75.6	84,559	2.4	92.7	44,521	1.3	48.8	169,286	4.6	185.6
基本金組入額合計	-246,762	-7.1	100.0	-135,270	-4.0	54.8	-266,092	-7.6	107.8	-231,862	-6.8	94.0	-271,141	-7.4	109.9
当年度収支差額	-182,664	-5.3	100.0	-199,144	-5.9	109.0	-179,896	-5.2	98.5	-280,157	-8.2	153.4	-123,895	-3.4	67.8
前年度繰越収支差額	-521,097	-15.1	100.0	-677,893	-20.2	130.1	-873,028	-25.1	167.5	-1,047,381	-30.7	201.0	-1,318,606	-36.1	253.0
基本金取崩額	25,869	0.7	100.0	2,261	0.1	8.7	5,543	0.2	21.4	8,932	0.3	34.5	6,690	0.2	25.9
翌年度繰越収支差額	-677,893	-19.6	100.0	-874,776	-26.0	129.0	-1,047,381	-30.1	154.5	-1,318,606	-38.7	194.5	-1,435,811	-39.4	211.8

(参考)

事業活動収入計	3,452,558	100.0	100.0	3,359,767	100.0	97.3	3,485,074	100.0	100.9	3,410,686	100.0	98.8	3,647,750	100.0	105.7
事業活動支出計	3,388,460	98.1	100.0	3,423,641	101.9	101.0	3,398,878	97.5	100.3	3,458,981	101.4	102.1	3,500,503	96.0	103.3

(注) 趨勢は２９年度を100としたものである。

令和３年度事業活動収支計算書（都道府県別）
―特別支援学校法人―

（教育活動収支及び教育活動外収支）　　　　　　（単位：千円）

区分	合計			岩手・宮城・群馬県			東京都・神奈川県			静岡・三重・高知県		
法人数	12法人			3法人			6法人			3法人		
科目	金額	構成比率(%)	趨勢構造比率	金額	構成比率(%)	趨勢構造比率	金額	構成比率(%)	趨勢構造比率	金額	構成比率(%)	趨勢構造比率
(教育活動収支・収入の部)												
学生生徒等納付金	246,303	6.8	100.0	61,181	7.7	24.8	141,165	6.9	57.3	43,957	5.5	17.8
手数料	1,357	0.0	100.0	405	0.1	29.9	746	0.0	55.0	205	0.0	15.1
寄付金	150,222	4.1	100.0	19,146	2.4	12.7	89,085	4.3	59.3	41,991	5.2	28.0
経常費等補助金	2,807,695	77.0	100.0	570,063	72.0	20.3	1,587,372	77.2	56.5	650,260	81.2	23.2
付随事業収入	96,868	2.7	100.0	23,389	3.0	24.1	42,391	2.1	43.8	31,088	3.9	32.1
雑収入	172,799	4.7	100.0	21,485	2.7	12.4	132,982	6.5	77.0	18,332	2.3	10.6
教育活動収入計	3,475,243	95.3	100.0	695,670	87.9	20.0	1,993,741	97.0	57.4	785,833	98.2	22.6
(教育活動収支・支出の部)												
人件費	2,559,191	70.2	100.0	516,080	65.2	20.2	1,498,665	72.9	58.6	544,446	68.0	21.3
教育研究（管理）経費	937,908	25.7	100.0	159,584	20.2	17.0	556,421	27.1	59.3	221,904	27.7	23.7
（うち減価償却額）	205,686	5.6	100.0	47,574	6.0	23.1	94,002	4.6	45.7	64,110	8.0	31.2
徴収不能額等	0	0.0	100.0	0	0.0	0.0	0	0.0	0.0	0	0.0	0.0
教育活動支出計	3,497,099	95.9	100.0	675,664	85.3	19.3	2,055,086	100.0	58.8	766,349	95.8	21.9

区分	合計 金額	構成比率(%)	趨勢構造比率	岩手・宮城・群馬県 金額	構成比率(%)	趨勢構造比率	東京都・神奈川県 金額	構成比率(%)	趨勢構造比率	静岡・三重・高知県 金額	構成比率(%)	趨勢構造比率
(教育活動外収支・収入の部)												
受取利息・配当金	424	0.0	100.0	204	0.0	48.1	205	0.0	48.3	15	0.0	3.6
その他の教育活動外収入	1,341	0.0	100.0	0	0.0	0.0	0	0.0	0.0	1,341	0.2	100.0
教育活動外収入計	1,765	0.0	100.0	204	0.0	11.5	205	0.0	11.6	1,356	0.2	76.9
(教育活動外収支・支出の部)												
借入金等利息	1,948	0.1	100.0	1,102	0.1	56.5	0	0.0	0.0	846	0.1	43.5
その他の教育活動外支出	0	0.0	100.0	0	0.0	0.0	0	0.0	0.0	0	0.0	0.0
教育活動外支出計	1,948	0.1	100.0	1,102	0.1	56.5	0	0.0	0.0	846	0.1	43.5

（特別収支）

（単位：千円）

区分	合計			岩手・宮城・群馬県			東京都・神奈川県			静岡・三重・高知県		
法人数	12 法人			3 法人			6 法人			3 法人		
科目	金額	構成比率（%）	趨勢構造比率	金額	構成比率（%）	趨勢構造比率	金額	構成比率（%）	趨勢構造比率	金額	構成比率（%）	趨勢構造比率
（特別収支・収入の部）												
資産売却差額	2,083	0.1	100.0	0	0.0	0.0	0	0.0	0.0	2,083	0.3	100.0
その他の特別収入	168,659	4.6	100.0	95,993	12.1	56.9	61,592	3.0	36.5	11,074	1.4	6.6
（うち寄付金）	58,448	1.6	100.0	4,888	0.6	8.4	53,560	2.6	91.6	0	0.0	0.0
（うち補助金）	101,396	2.8	100.0	91,007	11.5	89.8	6,758	0.3	6.7	3,631	0.5	3.6
特別収入計	170,742	4.7	100.0	95,993	12.1	56.2	61,592	3.0	36.1	13,157	1.6	7.7
（特別収支・支出の部）												
資産処分差額	1,456	0.0	100.0	31	0.0	2.1	1,424	0.1	97.8	1	0.0	0.1
その他の特別支出	0	0.0	100.0	0	0.0	0.0	0	0.0	0.0	0	0.0	0.0
特別支出計	1,456	0.0	100.0	31	0.0	2.1	1,424	0.1	97.8	1	0.0	0.1
基本金組入前当年度収支差額	147,247	4.0	100.0	115,071	14.5	78.1	-973	0.0	-0.7	33,149	4.1	22.5
経常収支差額	-22,040	-0.6	100.0	19,108	2.4	-86.7	-61,141	-3.0	277.4	19,993	2.5	-90.7
教育活動収支差額	-21,856	-0.6	100.0	20,006	2.5	-91.5	-61,346	-3.0	280.7	19,483	2.4	-89.1
教育活動外収支差額	-183	0.0	100.0	-898	-0.1	489.7	205	0.0	-111.5	510	0.1	-278.1
特別収支差額	169,286	4.6	100.0	95,962	12.1	56.7	60,168	2.9	35.5	13,156	1.6	7.8
基本金組入額合計	-271,141	-7.4	100.0	-80,262	-10.1	29.6	-167,924	-8.2	61.9	-22,956	-2.9	8.5
当年度収支差額	-123,895	-3.4	100.0	34,809	4.4	-28.1	-168,897	-8.2	136.3	10,194	1.3	-8.2
前年度繰越収支差額	-1,318,606	-36.1	100.0	-764,446	-96.5	58.0	-50,698	-2.5	3.8	-503,463	-62.9	38.2
基本金取崩額	6,690	0.2	100.0	0	0.0	0.0	0	0.0	0.0	6,690	0.8	100.0
翌年度繰越収支差額	-1,435,811	-39.4	100.0	-729,637	-92.1	50.8	-219,595	-10.7	15.3	-486,579	-60.8	33.9

（参考）

事業活動収入計	3,647,750	100.0	100.0	791,867	100.0	21.7	2,055,537	100.0	56.4	800,346	100.0	21.9
事業活動支出計	3,500,503	96.0	100.0	676,796	85.5	19.3	2,056,510	100.0	58.7	767,197	95.9	21.9

（注）構造比率は特別支援学校法人合計を 100 としたものである。

５ ヵ 年 連 続 資 金 収 支 計 算 書
－ 特 別 支 援 学 校 法 人 －

（単位：千円）

区分	29年度			30年度			令和元年度			2年度			3年度		
法人数	12法人			12法人			12法人			12法人			12法人		
科目	金額	構成比率(%)	趨勢構造比率	金額	構成比率(%)	趨勢構造比率	金額	構成比率(%)	趨勢構造比率	金額	構成比率(%)	趨勢構造比率	金額	構成比率(%)	趨勢構造比率
(収入の部)															
学生生徒等納付金収入	243,286	3.9	100.0	228,761	3.7	94.0	230,718	3.6	94.8	242,478	3.8	99.7	246,303	3.7	101.2
授業料収入	168,777	2.7	100.0	169,944	2.7	100.7	170,143	2.7	100.8	180,182	2.9	106.8	183,464	2.7	108.7
入学金収入	13,225	0.2	100.0	11,480	0.2	86.8	14,450	0.2	109.3	12,325	0.2	93.2	11,950	0.2	90.4
施設設備資金収入	24,578	0.4	100.0	27,518	0.4	112.0	23,680	0.4	96.3	24,774	0.4	100.8	25,048	0.4	101.9
施設等利用給付費収入	－	***.*	***.*	－	***.*	***.*	－	***.*	***.*	0	0.0	***.*	0	0.0	***.*
施設型給付費収入	－	***.*	***.*	－	***.*	***.*	－	***.*	***.*	0	0.0	***.*	0	0.0	***.*
その他収入	36,706	0.6	100.0	19,819	0.3	54.0	22,444	0.3	61.1	25,197	0.4	68.6	25,841	0.4	70.4
手数料収入	1,443	0.0	100.0	1,644	0.0	113.9	1,359	0.0	94.2	1,369	0.0	94.9	1,357	0.0	94.0
入学検定料収入	1,384	0.0	100.0	1,584	0.0	114.5	1,307	0.0	94.4	1,324	0.0	95.7	1,308	0.0	94.5
その他収入	59	0.0	100.0	60	0.0	100.9	52	0.0	87.8	45	0.0	76.5	49	0.0	82.1
寄付金収入	150,564	2.4	100.0	160,895	2.6	106.9	311,028	4.8	206.6	121,173	1.9	80.5	216,913	3.2	144.1
補助金収入	2,664,286	42.2	100.0	2,649,171	42.5	99.4	2,684,453	41.8	100.8	2,726,601	43.2	102.3	2,909,091	43.2	109.2
国庫補助金収入	1,115,625	17.7	100.0	1,102,200	17.7	98.8	1,121,596	17.5	100.5	1,182,433	18.7	106.0	1,244,394	18.5	111.5
地方公共団体補助金収入	1,501,211	23.8	100.0	1,493,840	24.0	99.5	1,522,668	23.7	101.4	1,544,168	24.4	102.9	1,664,697	24.7	110.9
授業料等減免費負担金収入	－	***.*	***.*	－	***.*	***.*	－	***.*	***.*	0	0.0	***.*	0	0.0	***.*
その他地方公共団体補助金収入	－	***.*	***.*	－	***.*	***.*	－	***.*	***.*	1,544,168	24.4	***.*	1,664,697	24.7	***.*
施設型給付費収入	47,451	0.8	100.0	53,131	0.9	112.0	40,189	0.6	84.7	0	0.0	0.0	0	0.0	0.0
資産売却収入	86	0.0	100.0	0	0.0	0.0	664	0.0	768.9	1,190	0.0	1,376.8	2,083	0.0	2,411.4
付随事業・収益事業収入	144,692	2.3	100.0	127,732	2.0	88.3	117,949	1.8	81.5	91,351	1.4	63.1	98,209	1.5	67.9
施設等利用給付費収入	－	***.*	***.*	－	***.*	***.*	－	***.*	***.*	0	0.0	***.*	0	0.0	***.*
その他付随事業等収入	－	***.*	***.*	－	***.*	***.*	－	***.*	***.*	91,351	1.4	***.*	98,209	1.5	***.*
受取利息・配当金収入	516	0.0	100.0	417	0.0	80.9	439	0.0	85.1	554	0.0	107.5	424	0.0	82.2
雑収入	224,466	3.6	100.0	190,091	3.0	84.7	137,152	2.1	61.1	223,968	3.5	99.8	172,123	2.6	76.7
借入金等収入	132,600	2.1	100.0	151,000	2.4	113.9	135,500	2.1	102.2	247,244	3.9	186.5	262,500	3.9	198.0
長期借入金収入	1,600	0.0	100.0	0	0.0	0.0	0	0.0	0.0	69,600	1.1	4,350.0	110,000	1.6	6,875.0
短期借入金収入	131,000	2.1	100.0	151,000	2.4	115.3	135,500	2.1	103.4	177,644	2.8	135.6	152,500	2.3	116.4
学校債収入	0	0.0	100.0	0	0.0	0.0	0	0.0	0.0	0	0.0	0.0	0	0.0	0.0
計	3,561,939	56.4	100.0	3,509,710	56.3	98.5	3,619,262	56.4	101.6	3,655,929	57.9	102.6	3,909,003	58.1	109.7
前受金収入	19,228	0.3	100.0	23,481	0.4	122.1	22,407	0.3	116.5	21,729	0.3	113.0	22,326	0.3	116.1
その他の収入	365,846	5.8	100.0	360,453	5.8	98.5	466,379	7.3	127.5	417,988	6.6	114.3	702,610	10.4	192.1
資金収入調整勘定	-173,123	-2.7	100.0	-157,511	-2.5	91.0	-105,391	-1.6	60.9	-193,438	-3.1	111.7	-246,497	-3.7	142.4
前年度繰越支払資金	2,541,934	40.2	100.0	2,498,814	40.1	98.3	2,413,028	37.6	94.9	2,414,678	38.2	95.0	2,342,550	34.8	92.2
収入の部合計	6,315,824	100.0	100.0	6,234,947	100.0	98.7	6,415,684	100.0	101.6	6,316,886	100.0	100.0	6,729,992	100.0	106.6

(注) 趨勢は２９年度を 100 としたものである。

5 ヵ 年 連 続 資 金 収 支 計 算 書
ー 特 別 支 援 学 校 法 人 ー

(単位：千円)

区分	29年度			30年度			令和元年度			2年度			3年度		
法人数	12法人			12法人			12法人			12法人			12法人		
科目	金額	構成比率(%)	趨勢構造比率	金額	構成比率(%)	趨勢構造比率	金額	構成比率(%)	趨勢構造比率	金額	構成比率(%)	趨勢構造比率	金額	構成比率(%)	趨勢構造比率
(支出の部)															
人件費支出	2,462,943	39.0	100.0	2,499,455	40.1	101.5	2,486,836	38.8	101.0	2,611,312	41.3	106.0	2,548,543	37.9	103.5
教員人件費支出	1,899,908	30.1	100.0	1,947,708	31.2	102.5	1,950,716	30.4	102.7	1,974,075	31.3	103.9	2,008,884	29.8	105.7
本務教員	1,745,823	27.6	100.0	1,786,498	28.7	102.3	1,778,249	27.7	101.9	1,794,894	28.4	102.8	1,816,977	27.0	104.1
(うち所定福利費)	258,822	4.1	100.0	249,029	4.0	96.2	268,376	4.2	103.7	278,239	4.4	107.5	284,768	4.2	110.0
兼務教員	154,085	2.4	100.0	161,210	2.6	104.6	172,467	2.7	111.9	179,181	2.8	116.3	191,907	2.9	124.5
職員人件費支出	436,540	6.9	100.0	429,642	6.9	98.4	433,687	6.8	99.3	432,128	6.8	99.0	448,431	6.7	102.7
本務職員	303,918	4.8	100.0	298,372	4.8	98.2	301,726	4.7	99.3	294,038	4.7	96.7	312,899	4.6	103.0
(うち所定福利費)	43,436	0.7	100.0	39,435	0.6	90.8	43,055	0.7	99.1	42,301	0.7	97.4	46,435	0.7	106.9
兼務職員	132,622	2.1	100.0	131,270	2.1	99.0	131,961	2.1	99.5	138,090	2.2	104.1	135,532	2.0	102.2
役員報酬支出	14,074	0.2	100.0	12,361	0.2	87.8	12,007	0.2	85.3	13,502	0.2	95.9	14,774	0.2	105.0
退職金支出	112,019	1.8	100.0	109,350	1.8	97.6	61,266	1.0	54.7	158,303	2.5	141.3	76,059	1.1	67.9
その他支出	402	0.0	100.0	394	0.0	98.0	29,160	0.5	7,249.6	33,304	0.5	8,279.8	395	0.0	98.1
教育研究(管理)経費支出	745,140	11.8	100.0	724,070	11.6	97.2	703,556	11.0	94.4	646,709	10.2	86.8	731,933	10.9	98.2
借入金等利息支出	1,697	0.0	100.0	2,201	0.0	129.7	2,117	0.0	124.8	1,914	0.0	112.8	1,948	0.0	114.8
借入金等返済支出	131,906	2.1	100.0	180,412	2.9	136.8	151,498	2.4	114.9	246,664	3.9	187.0	166,824	2.5	126.5
施設関係支出	149,165	2.4	100.0	70,418	1.1	47.2	211,778	3.3	142.0	88,492	1.4	59.3	349,119	5.2	234.0
土地支出	0	0.0	100.0	0	0.0	0.0	0	0.0	0.0	20,000	0.3	0.0	13,541	0.2	0.0
建物支出	141,286	2.2	100.0	64,697	1.0	45.8	183,300	2.9	129.7	34,465	0.5	24.4	75,166	1.1	53.2
構築物支出	7,879	0.1	100.0	5,721	0.1	72.6	28,478	0.4	361.4	5,443	0.1	69.1	39,157	0.6	497.0
その他支出	0	0.0	100.0	0	0.0	0.0	0	0.0	0.0	28,584	0.5	0.0	221,255	3.3	0.0
設備関係支出	57,997	0.9	100.0	38,737	0.6	66.8	68,377	1.1	117.9	65,660	1.0	113.2	52,669	0.8	90.8
教育研究用機器備品支出	32,905	0.5	100.0	25,367	0.4	77.1	42,773	0.7	130.0	46,159	0.7	140.3	36,769	0.5	111.7
図書支出	223	0.0	100.0	318	0.0	143.1	291	0.0	130.8	1,901	0.0	854.3	1,246	0.0	560.0
その他支出	24,869	0.4	100.0	13,052	0.2	52.5	25,313	0.4	101.8	17,600	0.3	70.8	14,654	0.2	58.9
計	3,548,847	56.2	100.0	3,515,293	56.4	99.1	3,624,163	56.5	102.1	3,660,752	58.0	103.2	3,851,035	57.2	108.5
資産運用支出	120,522	1.9	100.0	142,033	2.3	117.8	134,803	2.1	111.8	214,662	3.4	178.1	243,470	3.6	202.0
その他の支出	333,790	5.3	100.0	369,269	5.9	110.6	383,050	6.0	114.8	311,363	4.9	93.3	436,036	6.5	130.6
資金支出調整勘定	-186,150	-2.9	100.0	-200,675	-3.2	107.8	-141,010	-2.2	75.8	-212,440	-3.4	114.1	-291,482	-4.3	156.6
翌年度繰越支払資金	2,498,814	39.6	100.0	2,409,028	38.6	96.4	2,414,678	37.6	96.6	2,342,550	37.1	93.7	2,490,933	37.0	99.7
支出の部合計	6,315,824	100.0	100.0	6,234,947	100.0	98.7	6,415,684	100.0	101.6	6,316,886	100.0	100.0	6,729,992	100.0	106.6
収支差額(その他法人・個人のみ)	0		100.0	0		0.0	0		0.0	0		0.0	0		0.0

(注) 趨勢は29年度を100としたものである。

５ ヵ 年 連 続 財 務 比 率 表
－ 特 別 支 援 学 校 法 人 －

分類		比率	算式（×100）	２９年度	３０年度	令和元年度	２年度	３年度
		法人数		12	12	12	12	12
事業活動収支計算書	1	人件費比率	人件費 / 経常収入	% 73.2	% 75.9	% 72.5	% 76.5	% 73.6
	2	人件費依存率	人件費 / 学生生徒等納付金	1,007.3	1,091.4	1,068.3	1,062.2	1,039.0
	3	教育研究（管理）経費比率	教育研究（管理）経費 / 経常収入	27.6	28.1	27.4	26.2	27.0
	4	借入金等利息比率	借入金等利息 / 経常収入	0.1	0.1	0.1	0.1	0.1
	5	事業活動収支差額比率	基本金組入前当年度収支差額 / 事業活動収入	1.9	-1.9	2.5	-1.4	4.0
	6	基本金組入後収支比率	事業活動支出 / 事業活動収入－基本金組入額	105.7	106.2	105.6	108.8	103.7
	7	学生生徒等納付金比率	学生生徒等納付金 / 経常収入	7.3	7.0	6.8	7.2	7.1
	8	寄付金比率	寄付金 / 事業活動収入	5.0	4.8	9.0	3.6	5.7
	8-2	経常寄付金比率	教育活動収支の寄付金 / 経常収入	3.9	3.1	7.8	2.9	4.3
	9	補助金比率	補助金 / 事業活動収入	77.2	78.8	77.0	79.9	79.8
	9-2	経常補助金比率	経常費等補助金 / 経常収入	78.0	80.2	77.9	80.4	80.8
	10	基本金組入率	基本金組入額 / 事業活動収入	7.1	4.0	7.6	6.8	7.4
	11	減価償却額比率	減価償却額 / 経常支出	5.2	5.9	5.8	5.8	5.9
	12	経常収支差額比率	経常収支差額 / 経常収入	-0.8	-4.0	0.0	-2.8	-0.6
	13	教育活動収支差額比率	教育活動収支差額 / 教育活動収入計	-0.8	-4.0	0.1	-2.7	-0.6

（注）1. 寄付金 ＝ 教育活動収支の寄付金 ＋ 特別収支の寄付金
2. 補助金 ＝ 経常費等補助金 ＋ 特別収支の補助金
3. 運用資産 ＝ 現金預金 ＋ 特定資産 ＋ 有価証券（固定・流動）
4. 外部負債 ＝ 借入金 ＋ 学校債 ＋ 未払金 ＋ 手形債務
5. 運用資産余裕比率の単位は（年）である。

分類		比率	算式（×100）	２９年度	３０年度	令和元年度	２年度	３年度
		法人数		12	12	12	12	12
貸借対照表	14	固定資産構成比率	固定資産 / 総資産	% 70.7	% 71.6	% 72.2	% 72.1	% 71.0
	15	有形固定資産構成比率	有形固定資産 / 総資産	52.8	52.2	53.0	52.4	52.6
	16	特定資産構成比率	特定資産 / 総資産	17.7	19.2	19.0	19.5	18.1
	17	流動資産構成比率	流動資産 / 総資産	29.3	28.4	27.8	27.9	29.0
	18	固定負債構成比率	固定負債 / 総負債＋純資産	4.1	3.9	3.8	3.8	4.7
	19	流動負債構成比率	流動負債 / 総負債＋純資産	2.9	3.1	2.3	3.1	3.8
	20	内部留保資産比率	運用資産－総負債 / 総資産	38.2	38.8	39.5	38.4	36.0
	21	運用資産余裕比率	運用資産－外部負債 / 経常支出	1.1	1.1	1.1	1.1	1.0
	22	純資産構成比率	純資産 / 総負債＋純資産	93.1	93.0	93.9	93.1	91.5
	23	繰越収支差額構成比率	繰越収支差額 / 総負債＋純資産	-7.4	-9.7	-11.6	-14.5	-15.3
	24	固定比率	固定資産 / 純資産	76.0	77.0	76.9	77.4	77.6
	25	固定長期適合率	固定資産 / 純資産＋固定負債	72.8	73.9	73.9	74.4	73.8
	26	流動比率	流動資産 / 流動負債	1,025.9	928.7	1,221.7	901.0	764.4
	27	総負債比率	総負債 / 総資産	6.9	7.0	6.1	6.9	8.5
	28	負債比率	総負債 / 純資産	7.4	7.5	6.5	7.4	9.3
	29	前受金保有率	現金預金 / 前受金	12,996.0	10,259.5	10,776.4	10,780.8	11,156.9
	30	退職給与引当特定資産保有率	退職給与引当特定資産 / 退職給与引当金	95.4	104.1	99.7	107.5	100.1

令和３年度財務比率表（都道府県別）
－特別支援学校法人－

分類		比率	算式（×100）	合計	岩手・宮城・群馬県	東京都・神奈川県	静岡・三重・高知県
法人数				12	3	6	3
事業活動収支計算書	1	人件費比率	人件費 / 経常収入	% 73.6	% 74.2	% 75.2	% 69.2
	2	人件費依存率	人件費 / 学生生徒等納付金	1,039.0	843.5	1,061.6	1,238.6
	3	教育研究（管理）経費比率	教育研究（管理）経費 / 経常収入	27.0	22.9	27.9	28.2
	4	借入金等利息比率	借入金等利息 / 経常収入	0.1	0.2	0.0	0.1
	5	事業活動収支差額比率	基本金組入前当年度収支差額 / 事業活動収入	4.0	14.5	0.0	4.1
	6	基本金組入後収支比率	事業活動支出 / 事業活動収入－基本金組入額	103.7	95.1	108.9	98.7
	7	学生生徒等納付金比率	学生生徒等納付金 / 経常収入	7.1	8.8	7.1	5.6
	8	寄付金比率	寄付金 / 事業活動収入	5.7	3.0	6.9	5.2
	8-2	経常寄付金比率	教育活動収支の寄付金 / 経常収入	4.3	2.8	4.5	5.3
	9	補助金比率	補助金 / 事業活動収入	79.8	83.5	77.6	81.7
	9-2	経常補助金比率	経常費等補助金 / 経常収入	80.8	81.9	79.6	82.6
	10	基本金組入率	基本金組入額 / 事業活動収入	7.4	10.1	8.2	2.9
	11	減価償却額比率	減価償却額 / 経常支出	5.9	7.0	4.6	8.4
	12	経常収支差額比率	経常収支差額 / 経常収入	-0.6	2.7	-3.1	2.5
	13	教育活動収支差額比率	教育活動収支差額 / 教育活動収入計	-0.6	2.9	-3.1	2.5

（注）1. 寄付金 ＝ 教育活動収支の寄付金 ＋ 特別収支の寄付金
2. 補助金 ＝ 経常費等補助金 ＋ 特別収支の補助金
3. 運用資産 ＝ 現金預金 ＋ 特定資産 ＋ 有価証券（固定・流動）
4. 外部負債 ＝ 借入金 ＋ 学校債 ＋ 未払金 ＋ 手形債務
5. 運用資産余裕比率の単位は（年）である。

分類		比率	算式（×100）	合計	岩手・宮城・群馬県	東京都・神奈川県	静岡・三重・高知県
法人数				12	3	6	3
貸借対照表	14	固定資産構成比率	固定資産 / 総資産	% 71.0	% 77.3	% 71.3	% 63.3
	15	有形固定資産構成比率	有形固定資産 / 総資産	52.6	63.1	48.1	53.2
	16	特定資産構成比率	特定資産 / 総資産	18.1	13.7	23.1	9.9
	17	流動資産構成比率	流動資産 / 総資産	29.0	22.7	28.7	36.7
	18	固定負債構成比率	固定負債 / 総負債＋純資産	4.7	8.0	3.2	5.2
	19	流動負債構成比率	流動負債 / 総負債＋純資産	3.8	7.6	2.7	2.5
	20	内部留保資産比率	運用資産－総負債 / 総資産	36.0	14.9	44.4	37.0
	21	運用資産余裕比率	運用資産－外部負債 / 経常支出	1.0	0.5	1.2	1.0
	22	純資産構成比率	純資産 / 総負債＋純資産	91.5	84.5	94.1	92.3
	23	繰越収支差額構成比率	繰越収支差額 / 総負債＋純資産	-15.3	-33.7	-4.2	-24.0
	24	固定比率	固定資産 / 純資産	77.6	91.6	75.8	68.5
	25	固定長期適合率	固定資産 / 純資産＋固定負債	73.8	83.7	73.3	64.9
	26	流動比率	流動資産 / 流動負債	764.4	298.4	1,048.8	1,483.5
	27	総負債比率	総負債 / 総資産	8.5	15.5	5.9	7.7
	28	負債比率	総負債 / 純資産	9.3	18.4	6.3	8.3
	29	前受金保有率	現金預金 / 前受金	11,156.9	5,412.3	10,132.9	45,340.0
	30	退職給与引当特定資産保有率	退職給与引当特定資産 / 退職給与引当金	100.1	0.0	100.1	0.0

3. 幼 稚 園 部 門

■事業活動収支計算書

■資金収支計算書

■財 務 比 率 表

５ ヵ 年 連 続 事 業 活 動 収 支 計 算 書

― 幼 稚 園 部 門 ―

（教育活動収支及び教育活動外収支）　　　　（単位：千円）

区分	29年度			30年度			令和元年度			2年度			3年度		
学校数　学生生徒等数 専任教員数　専任職員数	6,985 園　1,135,212 人 90,088 人　18,519 人			6,818 園　1,103,420 人 91,370 人　19,198 人			6,801 園　1,068,116 人 91,966 人　19,115 人			6,785 園　1,043,009 人 94,499 人　19,646 人			6,822 園　1,010,496 人 96,347 人　20,244 人		
科目	金額	構成比率(%)	趨勢構造比率	金額	構成比率(%)	趨勢構造比率	金額	構成比率(%)	趨勢構造比率	金額	構成比率(%)	趨勢構造比率	金額	構成比率(%)	趨勢構造比率
（教育活動収支・収入の部）															
学生生徒等納付金	336,403,753	35.2	100.0	327,350,128	34.0	97.3	298,365,401	30.1	88.7	275,538,173	27.1	81.9	269,209,826	25.8	80.0
手数料	1,927,447	0.2	100.0	2,092,366	0.2	108.6	2,271,145	0.2	117.8	2,271,992	0.2	117.9	2,234,402	0.2	115.9
寄付金	6,173,293	0.6	100.0	8,369,808	0.9	135.6	5,283,462	0.5	85.6	5,003,555	0.5	81.1	5,320,279	0.5	86.2
経常費等補助金	456,233,221	47.7	100.0	477,387,608	49.6	104.6	536,139,610	54.0	117.5	592,231,790	58.2	129.8	613,721,968	58.8	134.5
付随事業収入	79,965,701	8.4	100.0	80,317,435	8.3	100.4	82,589,353	8.3	103.3	76,968,153	7.6	96.3	84,900,611	8.1	106.2
雑収入	28,480,580	3.0	100.0	28,315,653	2.9	99.4	28,958,210	2.9	101.7	27,302,630	2.7	95.9	29,499,681	2.8	103.6
教育活動収入計	909,183,995	95.2	100.0	923,832,998	95.9	101.6	953,607,181	96.1	104.9	979,316,293	96.2	107.7	1,004,886,766	96.4	110.5
（教育活動収支・支出の部）															
人件費	546,014,712	57.1	100.0	562,631,676	58.4	103.0	587,357,776	59.2	107.6	609,033,414	59.8	111.5	633,255,317	60.7	116.0
教育研究（管理）経費	287,799,245	30.1	100.0	294,015,511	30.5	102.2	299,594,134	30.2	104.1	295,929,312	29.1	102.8	309,303,152	29.7	107.5
（うち減価償却額）	67,869,555	7.1	100.0	70,401,034	7.3	103.7	72,433,236	7.3	106.7	75,457,003	7.4	111.2	77,972,578	7.5	114.9
徴収不能額等	85,646	0.0	100.0	69,493	0.0	81.1	104,144	0.0	121.6	100,030	0.0	116.8	253,187	0.0	295.6
教育活動支出計	833,899,603	87.3	100.0	856,716,680	89.0	102.7	887,056,055	89.4	106.4	905,062,756	88.9	108.5	942,811,656	90.4	113.1
（教育活動外収支・収入の部）															
受取利息・配当金	2,755,690	0.3	100.0	2,600,438	0.3	94.4	2,598,920	0.3	94.3	2,469,130	0.2	89.6	3,110,928	0.3	112.9
その他の教育活動外収入	564,172	0.1	100.0	679,793	0.1	120.5	758,792	0.1	134.5	662,428	0.1	117.4	638,004	0.1	113.1
教育活動外収入計	3,319,862	0.3	100.0	3,280,231	0.3	98.8	3,357,712	0.3	101.1	3,131,558	0.3	94.3	3,748,932	0.4	112.9
（教育活動外収支・支出の部）															
借入金等利息	2,477,359	0.3	100.0	2,384,582	0.2	96.3	2,455,572	0.2	99.1	2,390,236	0.2	96.5	2,306,970	0.2	93.1
その他の教育活動外支出	255,617	0.0	100.0	146,807	0.0	57.4	745,908	0.1	291.8	297,904	0.0	116.5	325,747	0.0	127.4
教育活動外支出計	2,732,976	0.3	100.0	2,531,389	0.3	92.6	3,201,480	0.3	117.1	2,688,139	0.3	98.4	2,632,717	0.3	96.3

(特別収支)　　　　　　　　　　　　　　　　　　　　　　　　　　　　　　　　　　　(単位：千円)

区分	29年度			30年度			令和元年度			2年度			3年度		
学校数　学生生徒等数 専任教員数　専任職員数	6,985 園 90,088 人		1,135,212 人 18,519 人	6,818 園 91,370 人		1,103,420 人 19,198 人	6,801 園 91,966 人		1,068,116 人 19,115 人	6,785 園 94,499 人		1,043,009 人 19,646 人	6,822 園 96,347 人		1,010,496 人 20,244 人
科目	金額	構成比率(%)	趨勢構造比率	金額	構成比率(%)	趨勢構造比率	金額	構成比率(%)	趨勢構造比率	金額	構成比率(%)	趨勢構造比率	金額	構成比率(%)	趨勢構造比率
(特別収支・収入の部)															
資産売却差額	1,860,453	0.2	100.0	1,701,014	0.2	91.4	1,934,216	0.2	104.0	1,233,414	0.1	66.3	3,411,915	0.3	183.4
その他の特別収入	41,132,414	4.3	100.0	34,083,162	3.5	82.9	33,642,182	3.4	81.8	33,924,293	3.3	82.5	30,812,526	3.0	74.9
(うち寄付金)	6,185,118	0.6	100.0	6,648,994	0.7	107.5	4,122,031	0.4	66.6	2,781,749	0.3	45.0	5,469,025	0.5	88.4
(うち補助金)	31,220,420	3.3	100.0	24,457,305	2.5	78.3	25,520,849	2.6	81.7	26,771,302	2.6	85.7	23,621,486	2.3	75.7
特別収入計	42,992,867	4.5	100.0	35,784,176	3.7	83.2	35,576,398	3.6	82.7	35,157,707	3.5	81.8	34,224,442	3.3	79.6
(特別収支・支出の部)															
資産処分差額	7,261,182	0.8	100.0	7,646,853	0.8	105.3	6,326,818	0.6	87.1	6,950,762	0.7	95.7	6,095,144	0.6	83.9
その他の特別支出	2,252,338	0.2	100.0	2,184,537	0.2	97.0	2,932,868	0.3	130.2	3,000,710	0.3	133.2	1,993,839	0.2	88.5
特別支出計	9,513,520	1.0	100.0	9,831,390	1.0	103.3	9,259,686	0.9	97.3	9,951,472	1.0	104.6	8,088,983	0.8	85.0
基本金組入前当年度収支差額	109,314,792	11.4	100.0	93,817,944	9.7	85.8	93,024,071	9.4	85.1	99,903,191	9.8	91.4	89,326,784	8.6	81.7
経常収支差額	75,871,279	7.9	100.0	67,865,159	7.0	89.4	66,707,359	6.7	87.9	74,696,955	7.3	98.5	63,191,326	6.1	83.3
教育活動収支差額	75,284,392	7.9	100.0	67,116,317	7.0	89.2	66,551,126	6.7	88.4	74,253,537	7.3	98.6	62,075,111	6.0	82.5
教育活動外収支差額	586,887	0.1	100.0	748,841	0.1	127.6	156,232	0.0	26.6	443,419	0.0	75.6	1,116,215	0.1	190.2
特別収支差額	33,479,346	3.5	100.0	25,952,786	2.7	77.5	26,316,712	2.7	78.6	25,206,235	2.5	75.3	26,135,458	2.5	78.1
基本金組入額合計	-110,520,944	-11.6	100.0	-120,057,830	-12.5	108.6	-113,818,148	-11.5	103.0	-103,555,805	-10.2	93.7	-100,214,299	-9.6	90.7
当年度収支差額	-1,170,318	-0.1	100.0	-26,239,885	-2.7	2,242.1	-20,794,077	-2.1	1,776.8	-3,652,614	-0.4	312.1	-10,887,515	-1.0	930.3

(参考)

事業活動収入計	955,496,724	100.0	100.0	962,897,404	100.0	100.8	992,541,292	100.0	103.9	1,017,605,558	100.0	106.5	1,042,860,140	100.0	109.1
事業活動支出計	846,146,098	88.6	100.0	869,079,460	90.3	102.7	899,517,221	90.6	106.3	917,702,368	90.2	108.5	953,533,355	91.4	112.7

(注) 趨勢は２９年度を 100 としたものである。

令 和 3 年 度 事 業 活 動 収 支 計 算 書（設置者別）

－ 幼 稚 園 部 門 －

（教育活動収支及び教育活動外収支）（２－１）　　（単位：千円）

区分	合計			大学法人			短期大学法人			高校・中等教育法人			中学校法人		
学校数 学生生徒等数 専任教員数 専任職員数	6,822 園 96,347 人		1,010,496 人 20,244 人	340 園 4,258 人		54,854 人 649 人	82 園 1,148 人		12,374 人 178 人	270 園 3,696 人		42,986 人 642 人	8 園 78 人		993 人 21 人
科目	金額	構成比率(%)	趨勢構造比率	金額	構成比率(%)	趨勢構造比率	金額	構成比率(%)	趨勢構造比率	金額	構成比率(%)	趨勢構造比率	金額	構成比率(%)	趨勢構造比率
(教育活動収支・収入の部)															
学生生徒等納付金	269,209,826	25.8	100.0	17,193,026	35.3	6.4	2,890,002	24.3	1.1	12,605,220	31.1	4.7	379,756	38.2	0.1
手数料	2,234,402	0.2	100.0	179,606	0.4	8.0	18,787	0.2	0.8	102,199	0.3	4.6	2,679	0.3	0.1
寄付金	5,320,279	0.5	100.0	385,707	0.8	7.2	30,191	0.3	0.6	304,035	0.7	5.7	9,744	1.0	0.2
経常費等補助金	613,721,968	58.8	100.0	25,653,648	52.7	4.2	7,653,973	64.5	1.2	20,647,794	50.9	3.4	468,130	47.1	0.1
付随事業収入	84,900,611	8.1	100.0	3,132,562	6.4	3.7	919,003	7.7	1.1	2,733,837	6.7	3.2	99,471	10.0	0.1
雑収入	29,499,681	2.8	100.0	1,389,163	2.9	4.7	238,534	2.0	0.8	1,198,184	3.0	4.1	20,030	2.0	0.1
教育活動収入計	1,004,886,766	96.4	100.0	47,933,712	98.4	4.8	11,750,490	99.0	1.2	37,591,270	92.6	3.7	979,811	98.7	0.1
(教育活動収支・支出の部)															
人件費	633,255,317	60.7	100.0	32,783,148	67.3	5.2	7,399,523	62.3	1.2	24,851,930	61.2	3.9	710,665	71.6	0.1
教育研究（管理）経費	309,303,152	29.7	100.0	15,423,173	31.7	5.0	3,331,458	28.1	1.1	11,528,743	28.4	3.7	211,200	21.3	0.1
（うち減価償却額）	77,972,578	7.5	100.0	4,450,699	9.1	5.7	881,373	7.4	1.1	3,119,727	7.7	4.0	68,552	6.9	0.1
徴収不能額等	253,187	0.0	100.0	1,084	0.0	0.4	12	0.0	0.0	1,133	0.0	0.4	0	0.0	0.0
教育活動支出計	942,811,656	90.4	100.0	48,207,406	99.0	5.1	10,730,993	90.4	1.1	36,381,806	89.6	3.9	921,865	92.8	0.1

区分	合計 金額	構成比率(%)	趨勢構造比率	大学法人 金額	構成比率(%)	趨勢構造比率	短期大学法人 金額	構成比率(%)	趨勢構造比率	高校・中等教育法人 金額	構成比率(%)	趨勢構造比率	中学校法人 金額	構成比率(%)	趨勢構造比率
(教育活動外収支・収入の部)															
受取利息・配当金	3,110,928	0.3	100.0	208,214	0.4	6.7	48,683	0.4	1.6	80,053	0.2	2.6	16	0.0	0.0
その他の教育活動外収入	638,004	0.1	100.0	5,727	0.0	0.9	0	0.0	0.0	3,322	0.0	0.5	0	0.0	0.0
教育活動外収入計	3,748,932	0.4	100.0	213,941	0.4	5.7	48,683	0.4	1.3	83,375	0.2	2.2	16	0.0	0.0
(教育活動外収支・支出の部)															
借入金等利息	2,306,970	0.2	100.0	29,078	0.1	1.3	9,457	0.1	0.4	56,588	0.1	2.5	2,104	0.2	0.1
その他の教育活動外支出	325,747	0.0	100.0	176	0.0	0.1	0	0.0	0.0	0	0.0	0.0	0	0.0	0.0
教育活動外支出計	2,632,717	0.3	100.0	29,254	0.1	1.1	9,457	0.1	0.4	56,588	0.1	2.1	2,104	0.2	0.1

（特別収支）　（２－１）　　　　　　　　　　　　　　　　　　　　　　　　（単位：千円）

区分	合計			大学法人			短期大学法人			高校・中等教育法人			中学校法人		
学校数 学生生徒等数 専任教員数 専任職員数	6,822 園 96,347 人		1,010,496 人 20,244 人	340 園 4,258 人		54,854 人 649 人	82 園 1,148 人		12,374 人 178 人	270 園 3,696 人		42,986 人 642 人	8 園 78 人		993 人 21 人
科目	金額	構成比率(%)	趨勢構造比率	金額	構成比率(%)	趨勢構造比率	金額	構成比率(%)	趨勢構造比率	金額	構成比率(%)	趨勢構造比率	金額	構成比率(%)	趨勢構造比率
（特別収支・収入の部）															
資産売却差額	3,411,915	0.3	100.0	36,444	0.1	1.1	704	0.0	0.0	721,661	1.8	21.2	0	0.0	0.0
その他の特別収入	30,812,526	3.0	100.0	522,969	1.1	1.7	70,142	0.6	0.2	2,191,804	5.4	7.1	13,165	1.3	0.0
（うち寄付金）	5,469,025	0.5	100.0	111,836	0.2	2.0	7,888	0.1	0.1	1,213,084	3.0	22.2	136	0.0	0.0
（うち補助金）	23,621,486	2.3	100.0	384,071	0.8	1.6	61,901	0.5	0.3	963,160	2.4	4.1	12,488	1.3	0.1
特別収入計	34,224,442	3.3	100.0	559,413	1.1	1.6	70,846	0.6	0.2	2,913,465	7.2	8.5	13,165	1.3	0.0
（特別収支・支出の部）															
資産処分差額	6,095,144	0.6	100.0	128,008	0.3	2.1	2,939	0.0	0.0	363,273	0.9	6.0	0	0.0	0.0
その他の特別支出	1,993,839	0.2	100.0	123,738	0.3	6.2	2,251	0.0	0.1	21,915	0.1	1.1	0	0.0	0.0
特別支出計	8,088,983	0.8	100.0	251,746	0.5	3.1	5,190	0.0	0.1	385,188	0.9	4.8	0	0.0	0.0

基本金組入前当年度収支差額	89,326,784	8.6	100.0	218,661	0.4	0.2	1,124,379	9.5	1.3	3,764,528	9.3	4.2	69,023	7.0	0.1
経常収支差額	63,191,326	6.1	100.0	-89,006	-0.2	-0.1	1,058,724	8.9	1.7	1,236,252	3.0	2.0	55,858	5.6	0.1
教育活動収支差額	62,075,111	6.0	100.0	-273,693	-0.6	-0.4	1,019,498	8.6	1.6	1,209,464	3.0	1.9	57,946	5.8	0.1
教育活動外収支差額	1,116,215	0.1	100.0	184,687	0.4	16.5	39,227	0.3	3.5	26,788	0.1	2.4	-2,088	-0.2	-0.2
特別収支差額	26,135,458	2.5	100.0	307,667	0.6	1.2	65,655	0.6	0.3	2,528,277	6.2	9.7	13,165	1.3	0.1
基本金組入額合計	-100,214,299	-9.6	100.0	-3,591,993	-7.4	3.6	-1,178,998	-9.9	1.2	-3,472,383	-8.6	3.5	-92,634	-9.3	0.1
当年度収支差額	-10,887,515	-1.0	100.0	-3,373,332	-6.9	31.0	-54,618	-0.5	0.5	292,145	0.7	-2.7	-23,611	-2.4	0.2

（参考）

事業活動収入計	1,042,860,140	100.0	100.0	48,707,066	100.0	4.7	11,870,019	100.0	1.1	40,588,110	100.0	3.9	992,992	100.0	0.1
事業活動支出計	953,533,355	91.4	100.0	48,488,405	99.6	5.1	10,745,640	90.5	1.1	36,823,582	90.7	3.9	923,969	93.0	0.1

（注）構造比率は幼稚園部門合計を 100 としたものである。

令和３年度事業活動収支計算書（設置者別）
－幼稚園部門－

（教育活動収支及び教育活動外収支）（２－２）　　　（単位：千円）

区分	小学校法人			幼稚園法人		
学校数 専任教員数 / 学生生徒等数 専任職員数	31 園 365 人	4,548 人 85 人		6,091 園 86,802 人	894,741 人 18,669 人	
科目	金額	構成比率(%)	趨勢構造比率	金額	構成比率(%)	趨勢構造比率
（教育活動収支・収入の部）						
学生生徒等納付金	1,750,286	38.1	0.7	234,391,535	25.0	87.1
手数料	12,139	0.3	0.5	1,918,991	0.2	85.9
寄付金	25,751	0.6	0.5	4,564,850	0.5	85.8
経常費等補助金	2,020,060	43.9	0.3	557,278,363	59.5	90.8
付随事業収入	336,099	7.3	0.4	77,679,640	8.3	91.5
雑収入	74,352	1.6	0.3	26,579,417	2.8	90.1
教育活動収入計	4,218,687	91.7	0.4	902,412,796	96.4	89.8
（教育活動収支・支出の部）						
人件費	2,477,977	53.9	0.4	565,032,074	60.4	89.2
教育研究（管理）経費	1,041,898	22.7	0.3	277,766,678	29.7	89.8
（うち減価償却額）	343,652	7.5	0.4	69,108,576	7.4	88.6
徴収不能額等	0	0.0	0.0	250,959	0.0	99.1
教育活動支出計	3,519,875	76.5	0.4	843,049,711	90.1	89.4

（教育活動外収支・収入の部）						
受取利息・配当金	93	0.0	0.0	2,773,868	0.3	89.2
その他の教育活動外収入	0	0.0	0.0	628,955	0.1	98.6
教育活動外収入計	93	0.0	0.0	3,402,823	0.4	90.8
（教育活動外収支・支出の部）						
借入金等利息	24,837	0.5	1.1	2,184,906	0.2	94.7
その他の教育活動外支出	0	0.0	0.0	325,571	0.0	99.9
教育活動外支出計	24,837	0.5	0.9	2,510,477	0.3	95.4

（特別収支）（２－２）　（単位：千円）

区分	小学校法人			幼稚園法人		
学校数 専任教員数 / 学生生徒等数 専任職員数	31 園 365 人		4,548 人 85 人	6,091 園 86,802 人		894,741 人 18,669 人
科目	金額	構成比率(%)	趨勢構造比率	金額	構成比率(%)	趨勢構造比率
(特別収支・収入の部)						
資産売却差額	356,708	7.8	10.5	2,296,398	0.2	67.3
その他の特別収入	24,374	0.5	0.1	27,990,073	3.0	90.8
(うち寄付金)	18,950	0.4	0.3	4,117,132	0.4	75.3
(うち補助金)	4,010	0.1	0.0	22,195,856	2.4	94.0
特別収入計	381,083	8.3	1.1	30,286,471	3.2	88.5
(特別収支・支出の部)						
資産処分差額	1,343	0.0	0.0	5,599,581	0.6	91.9
その他の特別支出	3,245	0.1	0.2	1,842,690	0.2	92.4
特別支出計	4,589	0.1	0.1	7,442,270	0.8	92.0

基本金組入前当年度収支差額	1,050,561	22.8	1.2	83,099,632	8.9	93.0
経常収支差額	674,067	14.7	1.1	60,255,431	6.4	95.4
教育活動収支差額	698,812	15.2	1.1	59,363,084	6.3	95.6
教育活動外収支差額	-24,745	-0.5	-2.2	892,346	0.1	79.9
特別収支差額	376,494	8.2	1.4	22,844,201	2.4	87.4
基本金組入額合計	-188,341	-4.1	0.2	-91,689,951	-9.8	91.5
当年度収支差額	862,220	18.7	-7.9	-8,590,319	-0.9	78.9

（参考）

事業活動収入計	4,599,862	100.0	0.4	936,102,090	100.0	89.8
事業活動支出計	3,549,301	77.2	0.4	853,002,458	91.1	89.5

（注）構造比率は幼稚園部門合計を 100 としたものである。

令和３年度事業活動収支計算書（都道府県別）
― 幼稚園部門 ―

（教育活動収支及び教育活動外収支）（１０－１）　　　　（単位：千円）

区分	合計			北海道			青森県			岩手県			宮城県		
学校数 学生生徒等数 / 専任教員数 専任職員数	6,822 園 / 96,347 人		1,010,496 人 / 20,244 人	414 園 / 5,666 人		44,305 人 / 1,540 人	97 園 / 923 人		6,319 人 / 283 人	76 園 / 1,025 人		8,428 人 / 240 人	145 園 / 2,053 人		22,490 人 / 475 人
科目	金額	構成比率(%)	趨勢構造比率	金額	構成比率(%)	趨勢構造比率	金額	構成比率(%)	趨勢構造比率	金額	構成比率(%)	趨勢構造比率	金額	構成比率(%)	趨勢構造比率
（教育活動収支・収入の部）															
学生生徒等納付金	269,209,826	25.8	100.0	4,816,149	8.1	1.8	624,222	6.9	0.2	865,965	9.2	0.3	6,326,829	31.8	2.4
手数料	2,234,402	0.2	100.0	71,540	0.1	3.2	3,172	0.0	0.1	2,007	0.0	0.1	27,171	0.1	1.2
寄付金	5,320,279	0.5	100.0	167,487	0.3	3.1	30,344	0.3	0.6	23,426	0.2	0.4	42,633	0.2	0.8
経常費等補助金	613,721,968	58.8	100.0	46,052,902	77.8	7.5	6,904,728	76.8	1.1	7,486,694	79.4	1.2	10,264,148	51.6	1.7
付随事業収入	84,900,611	8.1	100.0	2,825,176	4.8	3.3	475,100	5.3	0.6	783,126	8.3	0.9	1,897,392	9.5	2.2
雑収入	29,499,681	2.8	100.0	1,024,587	1.7	3.5	176,484	2.0	0.6	224,554	2.4	0.8	404,090	2.0	1.4
教育活動収入計	1,004,886,766	96.4	100.0	54,957,840	92.8	5.5	8,214,050	91.4	0.8	9,385,772	99.5	0.9	18,962,263	95.3	1.9
（教育活動収支・支出の部）															
人件費	633,255,317	60.7	100.0	35,508,719	60.0	5.6	5,605,514	62.4	0.9	6,303,505	66.9	1.0	11,800,648	59.3	1.9
教育研究（管理）経費	309,303,152	29.7	100.0	15,120,788	25.5	4.9	2,286,080	25.4	0.7	2,807,439	29.8	0.9	6,285,425	31.6	2.0
（うち減価償却額）	77,972,578	7.5	100.0	3,851,544	6.5	4.9	573,712	6.4	0.7	795,036	8.4	1.0	1,534,811	7.7	2.0
徴収不能額等	253,187	0.0	100.0	816	0.0	0.3	456	0.0	0.2	178	0.0	0.1	799	0.0	0.3
教育活動支出計	942,811,656	90.4	100.0	50,630,323	85.5	5.4	7,892,050	87.8	0.8	9,111,122	96.6	1.0	18,086,872	90.9	1.9

区分	合計 金額	構成比率(%)	趨勢構造比率	北海道 金額	構成比率(%)	趨勢構造比率	青森県 金額	構成比率(%)	趨勢構造比率	岩手県 金額	構成比率(%)	趨勢構造比率	宮城県 金額	構成比率(%)	趨勢構造比率
（教育活動外収支・収入の部）															
受取利息・配当金	3,110,928	0.3	100.0	60,452	0.1	1.9	644	0.0	0.0	25,991	0.3	0.8	32,265	0.2	1.0
その他の教育活動外収入	638,004	0.1	100.0	16,339	0.0	2.6	242	0.0	0.0	0	0.0	0.0	9,114	0.0	1.4
教育活動外収入計	3,748,932	0.4	100.0	76,790	0.1	2.0	886	0.0	0.0	25,991	0.3	0.7	41,379	0.2	1.1
（教育活動外収支・支出の部）															
借入金等利息	2,306,970	0.2	100.0	126,403	0.2	5.5	13,945	0.2	0.6	26,845	0.3	1.2	47,236	0.2	2.0
その他の教育活動外支出	325,747	0.0	100.0	38,978	0.1	12.0	0	0.0	0.0	0	0.0	0.0	0	0.0	0.0
教育活動外支出計	2,632,717	0.3	100.0	165,381	0.3	6.3	13,945	0.2	0.5	26,845	0.3	1.0	47,236	0.2	1.8

(特別収支)　（１０－１）　（単位：千円）

区分	合計			北海道			青森県			岩手県			宮城県		
学校数／専任教員数　学生生徒等数／専任職員数	6,822 園　96,347 人	1,010,496 人　20,244 人		414 園　5,666 人	44,305 人　1,540 人		97 園　923 人	6,319 人　283 人		76 園　1,025 人	8,428 人　240 人		145 園　2,053 人	22,490 人　475 人	
科目	金額	構成比率(%)	趨勢構造比率	金額	構成比率(%)	趨勢構造比率	金額	構成比率(%)	趨勢構造比率	金額	構成比率(%)	趨勢構造比率	金額	構成比率(%)	趨勢構造比率
(特別収支・収入の部)															
資産売却差額	3,411,915	0.3	100.0	195,642	0.3	5.7	1,072	0.0	0.0	1,684	0.0	0.0	362,102	1.8	10.6
その他の特別収入	30,812,526	3.0	100.0	3,980,702	6.7	12.9	770,656	8.6	2.5	15,356	0.2	0.0	522,324	2.6	1.7
(うち寄付金)	5,469,025	0.5	100.0	1,169,889	2.0	21.4	33,054	0.4	0.6	493	0.0	0.0	14,900	0.1	0.3
(うち補助金)	23,621,486	2.3	100.0	2,755,375	4.7	11.7	737,601	8.2	3.1	11,257	0.1	0.0	493,704	2.5	2.1
特別収入計	34,224,442	3.3	100.0	4,176,344	7.1	12.2	771,727	8.6	2.3	17,040	0.2	0.0	884,426	4.4	2.6
(特別収支・支出の部)															
資産処分差額	6,095,144	0.6	100.0	651,798	1.1	10.7	70,808	0.8	1.2	9,895	0.1	0.2	114,061	0.6	1.9
その他の特別支出	1,993,839	0.2	100.0	504,901	0.9	25.3	3,690	0.0	0.2	2,017	0.0	0.1	6,824	0.0	0.3
特別支出計	8,088,983	0.8	100.0	1,156,699	2.0	14.3	74,498	0.8	0.9	11,912	0.1	0.1	120,885	0.6	1.5
基本金組入前当年度収支差額	89,326,784	8.6	100.0	7,258,571	12.3	8.1	1,006,169	11.2	1.1	278,923	3.0	0.3	1,633,075	8.2	1.8
経常収支差額	63,191,326	6.1	100.0	4,238,926	7.2	6.7	308,940	3.4	0.5	273,796	2.9	0.4	869,533	4.4	1.4
教育活動収支差額	62,075,111	6.0	100.0	4,327,517	7.3	7.0	321,999	3.6	0.5	274,650	2.9	0.4	875,390	4.4	1.4
教育活動外収支差額	1,116,215	0.1	100.0	-88,591	-0.1	-7.9	-13,059	-0.1	-1.2	-854	0.0	-0.1	-5,857	0.0	-0.5
特別収支差額	26,135,458	2.5	100.0	3,019,645	5.1	11.6	697,229	7.8	2.7	5,127	0.1	0.0	763,541	3.8	2.9
基本金組入額合計	-100,214,299	-9.6	100.0	-8,199,057	-13.8	8.2	-1,003,842	-11.2	1.0	-60,344	-0.6	0.1	-1,048,126	-5.3	1.0
当年度収支差額	-10,887,515	-1.0	100.0	-940,486	-1.6	8.6	2,328	0.0	0.0	218,579	2.3	-2.0	584,948	2.9	-5.4

(参考)

事業活動収入計	1,042,860,140	100.0	100.0	59,210,975	100.0	5.7	8,986,663	100.0	0.9	9,428,802	100.0	0.9	19,888,068	100.0	1.9
事業活動支出計	953,533,355	91.4	100.0	51,952,403	87.7	5.4	7,980,494	88.8	0.8	9,149,879	97.0	1.0	18,254,993	91.8	1.9

(注) 構造比率は幼稚園部門合計を 100 としたものである。

令和３年度事業活動収支計算書（都道府県別）

ー幼稚園部門ー

（教育活動収支及び教育活動外収支）（１０－２）

（単位：千円）

区分	秋田県			山形県			福島県			茨城県			栃木県		
学校数 学生生徒等数 専任教員数 専任職員数	61 園 1,055 人		6,123 人 333 人	83 園 1,251 人		8,821 人 306 人	141 園 2,146 人		17,419 人 485 人	184 園 2,475 人		26,157 人 511 人	170 園 3,970 人		27,501 人 1,015 人
科目	金額	構成比率(%)	趨勢構造比率	金額	構成比率(%)	趨勢構造比率	金額	構成比率(%)	趨勢構造比率	金額	構成比率(%)	趨勢構造比率	金額	構成比率(%)	趨勢構造比率
(教育活動収支・収入の部)															
学生生徒等納付金	748,966	9.5	0.3	1,150,056	9.7	0.4	4,138,604	19.9	1.5	3,113,006	11.0	1.2	4,177,807	14.1	1.6
手数料	3,239	0.0	0.1	18,122	0.2	0.8	23,910	0.1	1.1	41,480	0.1	1.9	39,897	0.1	1.8
寄付金	13,738	0.2	0.3	38,420	0.3	0.7	79,992	0.4	1.5	37,837	0.1	0.7	97,858	0.3	1.8
経常費等補助金	6,349,516	80.1	1.0	8,749,929	74.1	1.4	12,783,841	61.5	2.1	20,778,605	73.7	3.4	22,446,951	75.7	3.7
付随事業収入	490,881	6.2	0.6	826,338	7.0	1.0	1,938,749	9.3	2.3	2,153,988	7.6	2.5	1,041,750	3.5	1.2
雑収入	123,201	1.6	0.4	338,008	2.9	1.1	487,845	2.3	1.7	822,772	2.9	2.8	790,859	2.7	2.7
教育活動収入計	7,729,542	97.6	0.8	11,120,873	94.2	1.1	19,452,940	93.7	1.9	26,947,688	95.6	2.7	28,595,123	96.5	2.8
(教育活動収支・支出の部)															
人件費	5,302,578	66.9	0.8	7,175,569	60.8	1.1	11,943,649	57.5	1.9	17,253,765	61.2	2.7	18,664,873	63.0	2.9
教育研究（管理）経費	2,165,420	27.3	0.7	3,401,753	28.8	1.1	6,566,240	31.6	2.1	7,608,618	27.0	2.5	8,632,870	29.1	2.8
（うち減価償却額）	615,009	7.8	0.8	922,135	7.8	1.2	1,661,173	8.0	2.1	1,892,304	6.7	2.4	2,773,406	9.4	3.6
徴収不能額等	0	0.0	0.0	219	0.0	0.1	979	0.0	0.4	122,709	0.4	48.5	174	0.0	0.1
教育活動支出計	7,467,998	94.3	0.8	10,577,541	89.6	1.1	18,510,867	89.1	2.0	24,985,092	88.6	2.7	27,297,917	92.1	2.9
(教育活動外収支・収入の部)															
受取利息・配当金	5,510	0.1	0.2	9,614	0.1	0.3	76,702	0.4	2.5	128,969	0.5	4.1	58,382	0.2	1.9
その他の教育活動外収入	7,000	0.1	1.1	0	0.0	0.0	5,395	0.0	0.8	17,304	0.1	2.7	42,084	0.1	6.6
教育活動外収入計	12,510	0.2	0.3	9,614	0.1	0.3	82,098	0.4	2.2	146,274	0.5	3.9	100,465	0.3	2.7
(教育活動外収支・支出の部)															
借入金等利息	14,513	0.2	0.6	29,997	0.3	1.3	64,326	0.3	2.8	79,437	0.3	3.4	93,376	0.3	4.0
その他の教育活動外支出	0	0.0	0.0	0	0.0	0.0	14,400	0.1	4.4	1,983	0.0	0.6	683	0.0	0.2
教育活動外支出計	14,513	0.2	0.6	29,997	0.3	1.1	78,726	0.4	3.0	81,421	0.3	3.1	94,060	0.3	3.6

(特別収支)　(１０－２)

(単位：千円)

区分	秋田県			山形県			福島県			茨城県			栃木県		
学校数 学生生徒等数 専任教員数 専任職員数	61 園 6,123 人 1,055 人 333 人			83 園 8,821 人 1,251 人 306 人			141 園 17,419 人 2,146 人 485 人			184 園 26,157 人 2,475 人 511 人			170 園 27,501 人 3,970 人 1,015 人		
科目	金額	構成比率(%)	趨勢構造比率	金額	構成比率(%)	趨勢構造比率	金額	構成比率(%)	趨勢構造比率	金額	構成比率(%)	趨勢構造比率	金額	構成比率(%)	趨勢構造比率
(特別収支・収入の部)															
資産売却差額	1,391	0.0	0.0	3,842	0.0	0.1	42,669	0.2	1.3	8,802	0.0	0.3	88,363	0.3	2.6
その他の特別収入	179,361	2.3	0.6	671,339	5.7	2.2	1,193,405	5.7	3.9	1,096,625	3.9	3.6	855,009	2.9	2.8
(うち寄付金)	4,210	0.1	0.1	9,932	0.1	0.2	161,833	0.8	3.0	3,235	0.0	0.1	3,681	0.0	0.1
(うち補助金)	163,201	2.1	0.7	499,754	4.2	2.1	934,080	4.5	4.0	1,084,878	3.8	4.6	834,937	2.8	3.5
特別収入計	180,752	2.3	0.5	675,182	5.7	2.0	1,236,074	6.0	3.6	1,105,427	3.9	3.2	943,373	3.2	2.8
(特別収支・支出の部)															
資産処分差額	79,970	1.0	1.3	28,571	0.2	0.5	129,589	0.6	2.1	102,593	0.4	1.7	140,535	0.5	2.3
その他の特別支出	13,479	0.2	0.7	213,958	1.8	10.7	184,117	0.9	9.2	2,713	0.0	0.1	6,458	0.0	0.3
特別支出計	93,449	1.2	1.2	242,529	2.1	3.0	313,706	1.5	3.9	105,306	0.4	1.3	146,993	0.5	1.8
基本金組入前当年度収支差額	346,844	4.4	0.4	955,602	8.1	1.1	1,867,813	9.0	2.1	3,027,570	10.7	3.4	2,099,991	7.1	2.4
経常収支差額	259,541	3.3	0.4	522,949	4.4	0.8	945,445	4.6	1.5	2,027,449	7.2	3.2	1,303,612	4.4	2.1
教育活動収支差額	261,544	3.3	0.4	543,332	4.6	0.9	942,073	4.5	1.5	1,962,596	7.0	3.2	1,297,206	4.4	2.1
教育活動外収支差額	-2,003	0.0	-0.2	-20,382	-0.2	-1.8	3,372	0.0	0.3	64,853	0.2	5.8	6,406	0.0	0.6
特別収支差額	87,303	1.1	0.3	432,653	3.7	1.7	922,368	4.4	3.5	1,000,121	3.5	3.8	796,379	2.7	3.0
基本金組入額合計	-380,939	-4.8	0.4	-1,346,536	-11.4	1.3	-2,745,825	-13.2	2.7	-2,237,067	-7.9	2.2	-3,144,964	-10.6	3.1
当年度収支差額	-34,095	-0.4	0.3	-390,933	-3.3	3.6	-878,012	-4.2	8.1	790,503	2.8	-7.3	-1,044,973	-3.5	9.6

(参考)

事業活動収入計	7,922,804	100.0	0.8	11,805,669	100.0	1.1	20,771,112	100.0	2.0	28,199,388	100.0	2.7	29,638,961	100.0	2.8
事業活動支出計	7,575,960	95.6	0.8	10,850,067	91.9	1.1	18,903,300	91.0	2.0	25,171,818	89.3	2.6	27,538,970	92.9	2.9

(注) 構造比率は幼稚園部門合計を 100 としたものである。

令和３年度事業活動収支計算書（都道府県別）
－幼稚園部門－

（教育活動収支及び教育活動外収支）（１０－３）　　（単位：千円）

区分	群馬県			埼玉県			千葉県			東京都			神奈川県		
学校数　学生生徒等数 専任教員数　専任職員数	109 園 1,816 人		13,727 人 304 人	506 園 6,855 人		90,047 人 1,409 人	383 園 4,546 人		62,090 人 893 人	543 園 7,617 人		95,954 人 1,695 人	535 園 7,797 人		95,116 人 1,543 人
科目	金額	構成比率(%)	趨勢構造比率	金額	構成比率(%)	趨勢構造比率	金額	構成比率(%)	趨勢構造比率	金額	構成比率(%)	趨勢構造比率	金額	構成比率(%)	趨勢構造比率
（教育活動収支・収入の部）															
学生生徒等納付金	1,728,197	10.2	0.6	28,317,702	35.4	10.5	19,734,779	34.5	7.3	38,506,735	40.7	14.3	27,252,891	28.1	10.1
手数料	28,185	0.2	1.3	122,573	0.2	5.5	150,719	0.3	6.7	349,861	0.4	15.7	392,097	0.4	17.5
寄付金	58,732	0.3	1.1	483,055	0.6	9.1	148,323	0.3	2.8	674,072	0.7	12.7	864,570	0.9	16.3
経常費等補助金	13,312,198	78.2	2.2	35,263,344	44.1	5.7	28,043,420	49.0	4.6	39,475,745	41.7	6.4	52,562,242	54.1	8.6
付随事業収入	662,778	3.9	0.8	10,194,136	12.8	12.0	5,092,015	8.9	6.0	9,361,939	9.9	11.0	8,111,645	8.4	9.6
雑収入	414,671	2.4	1.4	3,151,348	3.9	10.7	1,395,588	2.4	4.7	3,374,326	3.6	11.4	3,036,348	3.1	10.3
教育活動収入計	16,204,762	95.2	1.6	77,532,158	97.0	7.7	54,564,844	95.4	5.4	91,742,679	97.0	9.1	92,219,792	95.0	9.2
（教育活動収支・支出の部）															
人件費	10,756,255	63.2	1.7	48,589,495	60.8	7.7	33,930,066	59.3	5.4	58,660,078	62.0	9.3	57,420,914	59.1	9.1
教育研究（管理）経費	4,995,021	29.3	1.6	26,688,799	33.4	8.6	16,989,545	29.7	5.5	28,385,545	30.0	9.2	27,641,014	28.5	8.9
（うち減価償却額）	1,420,238	8.3	1.8	7,259,038	9.1	9.3	4,297,649	7.5	5.5	7,110,346	7.5	9.1	6,889,134	7.1	8.8
徴収不能額等	473	0.0	0.2	2,270	0.0	0.9	387	0.0	0.2	7,005	0.0	2.8	1,962	0.0	0.8
教育活動支出計	15,751,748	92.5	1.7	75,280,564	94.2	8.0	50,919,998	89.0	5.4	87,052,628	92.1	9.2	85,063,890	87.6	9.0

（教育活動外収支・収入の部）															
受取利息・配当金	11,882	0.1	0.4	351,399	0.4	11.3	192,834	0.3	6.2	331,809	0.4	10.7	613,999	0.6	19.7
その他の教育活動外収入	2,465	0.0	0.4	3,557	0.0	0.6	30,905	0.1	4.8	99,915	0.1	15.7	132,699	0.1	20.8
教育活動外収入計	14,347	0.1	0.4	354,956	0.4	9.5	223,738	0.4	6.0	431,724	0.5	11.5	746,698	0.8	19.9
（教育活動外収支・支出の部）															
借入金等利息	30,917	0.2	1.3	172,066	0.2	7.5	107,106	0.2	4.6	235,592	0.2	10.2	208,339	0.2	9.0
その他の教育活動外支出	0	0.0	0.0	2,749	0.0	0.8	2,011	0.0	0.6	7,754	0.0	2.4	48,177	0.0	14.8
教育活動外支出計	30,917	0.2	1.2	174,815	0.2	6.6	109,116	0.2	4.1	243,346	0.3	9.2	256,515	0.3	9.7

(特別収支)　(１０－３)

(単位：千円)

区分	群馬県			埼玉県			千葉県			東京都			神奈川県		
学校数 学生生徒等数 専任教員数 専任職員数	109 園 1,816 人		13,727 人 304 人	506 園 6,855 人		90,047 人 1,409 人	383 園 4,546 人		62,090 人 893 人	543 園 7,617 人		95,954 人 1,695 人	535 園 7,797 人		95,116 人 1,543 人
科目	金額	構成比率(%)	趨勢構造比率	金額	構成比率(%)	趨勢構造比率	金額	構成比率(%)	趨勢構造比率	金額	構成比率(%)	趨勢構造比率	金額	構成比率(%)	趨勢構造比率
(特別収支・収入の部)															
資産売却差額	14,581	0.1	0.4	148,999	0.2	4.4	384,221	0.7	11.3	222,505	0.2	6.5	1,320,963	1.4	38.7
その他の特別収入	791,605	4.6	2.6	1,855,092	2.3	6.0	2,051,416	3.6	6.7	2,165,016	2.3	7.0	2,801,281	2.9	9.1
(うち寄付金)	1,217	0.0	0.0	524,744	0.7	9.6	254,645	0.4	4.7	317,919	0.3	5.8	1,263,224	1.3	23.1
(うち補助金)	789,049	4.6	3.3	783,568	1.0	3.3	1,627,700	2.8	6.9	1,781,398	1.9	7.5	1,384,369	1.4	5.9
特別収入計	806,186	4.7	2.4	2,004,092	2.5	5.9	2,435,637	4.3	7.1	2,387,520	2.5	7.0	4,122,244	4.2	12.0
(特別収支・支出の部)															
資産処分差額	155,377	0.9	2.5	222,288	0.3	3.6	289,539	0.5	4.8	644,371	0.7	10.6	801,296	0.8	13.1
その他の特別支出	1,493	0.0	0.1	122,265	0.2	6.1	76,705	0.1	3.8	123,177	0.1	6.2	198,831	0.2	10.0
特別支出計	156,870	0.9	1.9	344,553	0.4	4.3	366,244	0.6	4.5	767,548	0.8	9.5	1,000,127	1.0	12.4
基本金組入前当年度収支差額	1,085,761	6.4	1.2	4,091,273	5.1	4.6	5,828,861	10.2	6.5	6,498,400	6.9	7.3	10,768,201	11.1	12.1
経常収支差額	436,445	2.6	0.7	2,431,734	3.0	3.8	3,759,468	6.6	5.9	4,878,428	5.2	7.7	7,646,084	7.9	12.1
教育活動収支差額	453,014	2.7	0.7	2,251,594	2.8	3.6	3,644,846	6.4	5.9	4,690,050	5.0	7.6	7,155,902	7.4	11.5
教育活動外収支差額	-16,569	-0.1	-1.5	180,140	0.2	16.1	114,622	0.2	10.3	188,377	0.2	16.9	490,182	0.5	43.9
特別収支差額	649,316	3.8	2.5	1,659,539	2.1	6.3	2,069,393	3.6	7.9	1,619,973	1.7	6.2	3,122,117	3.2	11.9
基本金組入額合計	-2,282,020	-13.4	2.3	-7,425,413	-9.3	7.4	-5,761,924	-10.1	5.7	-7,593,234	-8.0	7.6	-8,209,992	-8.5	8.2
当年度収支差額	-1,196,259	-7.0	11.0	-3,334,140	-4.2	30.6	66,936	0.1	-0.6	-1,094,834	-1.2	10.1	2,558,210	2.6	-23.5

(参考)

事業活動収入計	17,025,296	100.0	1.6	79,891,205	100.0	7.7	57,224,220	100.0	5.5	94,561,923	100.0	9.1	97,088,734	100.0	9.3
事業活動支出計	15,939,535	93.6	1.7	75,799,932	94.9	7.9	51,395,359	89.8	5.4	88,063,522	93.1	9.2	86,320,533	88.9	9.1

(注) 構造比率は幼稚園部門合計を 100 としたものである。

令和３年度事業活動収支計算書（都道府県別）
－幼稚園部門－

（教育活動収支及び教育活動外収支）（１０－４）

（単位：千円）

区分	新潟県			富山県			石川県			福井県			山梨県		
学校数 学生生徒等数 専任教員数 専任職員数	99 園 10,195 人 1,666 人 474 人			45 園 4,921 人 664 人 116 人			56 園 5,994 人 823 人 127 人			29 園 3,108 人 454 人 97 人			56 園 5,888 人 779 人 135 人		
科目	金額	構成比率(%)	趨勢構造比率	金額	構成比率(%)	趨勢構造比率	金額	構成比率(%)	趨勢構造比率	金額	構成比率(%)	趨勢構造比率	金額	構成比率(%)	趨勢構造比率
(教育活動収支・収入の部)															
学生生徒等納付金	1,554,516	10.0	0.6	761,571	12.3	0.3	1,420,602	20.9	0.5	583,879	15.0	0.2	1,028,956	15.1	0.4
手数料	8,769	0.1	0.4	869	0.0	0.0	4,269	0.1	0.2	2,584	0.1	0.1	9,526	0.1	0.4
寄付金	59,581	0.4	1.1	34,408	0.6	0.6	12,307	0.2	0.2	66,448	1.7	1.2	6,182	0.1	0.1
経常費等補助金	11,653,474	74.9	1.9	4,851,610	78.4	0.8	4,707,511	69.3	0.8	2,899,051	74.4	0.5	5,000,767	73.6	0.8
付随事業収入	574,619	3.7	0.7	283,445	4.6	0.3	379,099	5.6	0.4	191,375	4.9	0.2	525,503	7.7	0.6
雑収入	472,038	3.0	1.6	107,456	1.7	0.4	90,395	1.3	0.3	91,794	2.4	0.3	158,070	2.3	0.5
教育活動収入計	14,322,997	92.1	1.4	6,039,359	97.6	0.6	6,614,181	97.4	0.7	3,835,131	98.5	0.4	6,729,003	99.0	0.7
(教育活動収支・支出の部)															
人件費	9,810,787	63.1	1.5	3,817,640	61.7	0.6	4,125,364	60.8	0.7	2,419,144	62.1	0.4	4,343,912	63.9	0.7
教育研究（管理）経費	4,253,211	27.3	1.4	2,053,291	33.2	0.7	2,048,487	30.2	0.7	1,224,389	31.4	0.4	2,008,852	29.6	0.6
（うち減価償却額）	1,195,165	7.7	1.5	579,992	9.4	0.7	487,706	7.2	0.6	340,082	8.7	0.4	460,430	6.8	0.6
徴収不能額等	348	0.0	0.1	80	0.0	0.0	0	0.0	0.0	8,993	0.2	3.6	474	0.0	0.2
教育活動支出計	14,064,346	90.4	1.5	5,871,011	94.9	0.6	6,173,850	90.9	0.7	3,652,526	93.8	0.4	6,353,238	93.5	0.7

科目	新潟県 金額	構成比率(%)	趨勢構造比率	富山県 金額	構成比率(%)	趨勢構造比率	石川県 金額	構成比率(%)	趨勢構造比率	福井県 金額	構成比率(%)	趨勢構造比率	山梨県 金額	構成比率(%)	趨勢構造比率
(教育活動外収支・収入の部)															
受取利息・配当金	10,094	0.1	0.3	11,360	0.2	0.4	756	0.0	0.0	31,354	0.8	1.0	17,227	0.3	0.6
その他の教育活動外収入	651	0.0	0.1	309	0.0	0.0	0	0.0	0.0	2,790	0.1	0.4	1,613	0.0	0.3
教育活動外収入計	10,746	0.1	0.3	11,669	0.2	0.3	756	0.0	0.0	34,144	0.9	0.9	18,840	0.3	0.5
(教育活動外収支・支出の部)															
借入金等利息	50,812	0.3	2.2	13,614	0.2	0.6	9,492	0.1	0.4	7,801	0.2	0.3	7,844	0.1	0.3
その他の教育活動外支出	0	0.0	0.0	0	0.0	0.0	0	0.0	0.0	5,608	0.1	1.7	0	0.0	0.0
教育活動外支出計	50,812	0.3	1.9	13,614	0.2	0.5	9,492	0.1	0.4	13,410	0.3	0.5	7,844	0.1	0.3

(特別収支)　(１０－４)

(単位：千円)

区　分	新潟県			富山県			石川県			福井県			山梨県		
学校数 学生生徒等数 専任教員数 専任職員数	99 園 1,666 人	10,195 人 474 人		45 園 664 人	4,921 人 116 人		56 園 823 人	5,994 人 127 人		29 園 454 人	3,108 人 97 人		56 園 779 人	5,888 人 135 人	
科　目	金　額	構成比率(%)	趨勢構造比率	金　額	構成比率(%)	趨勢構造比率	金　額	構成比率(%)	趨勢構造比率	金　額	構成比率(%)	趨勢構造比率	金　額	構成比率(%)	趨勢構造比率
(特別収支・収入の部)															
資産売却差額	10,113	0.1	0.3	804	0.0	0.0	125	0.0	0.0	6,747	0.2	0.2	22,067	0.3	0.6
その他の特別収入	1,207,847	7.8	3.9	134,648	2.2	0.4	173,215	2.6	0.6	18,675	0.5	0.1	26,545	0.4	0.1
(うち寄付金)	18,400	0.1	0.3	121,870	2.0	2.2	1,608	0.0	0.0	15	0.0	0.0	3,681	0.1	0.1
(うち補助金)	1,188,445	7.6	5.0	10,200	0.2	0.0	169,133	2.5	0.7	18,386	0.5	0.1	14,661	0.2	0.1
特別収入計	1,217,960	7.8	3.6	135,452	2.2	0.4	173,339	2.6	0.5	25,422	0.7	0.1	48,612	0.7	0.1
(特別収支・支出の部)															
資産処分差額	227,698	1.5	3.7	3,753	0.1	0.1	13,392	0.2	0.2	2,062	0.1	0.0	56,085	0.8	0.9
その他の特別支出	15,229	0.1	0.8	2,540	0.0	0.1	18,281	0.3	0.9	2,120	0.1	0.1	4,004	0.1	0.2
特別支出計	242,927	1.6	3.0	6,292	0.1	0.1	31,673	0.5	0.4	4,181	0.1	0.1	60,089	0.9	0.7
基本金組入前当年度収支差額	1,193,617	7.7	1.3	295,564	4.8	0.3	573,261	8.4	0.6	224,580	5.8	0.3	375,285	5.5	0.4
経常収支差額	218,584	1.4	0.3	166,404	2.7	0.3	431,594	6.4	0.7	203,340	5.2	0.3	386,761	5.7	0.6
教育活動収支差額	258,650	1.7	0.4	168,348	2.7	0.3	440,331	6.5	0.7	182,605	4.7	0.3	375,765	5.5	0.6
教育活動外収支差額	-40,066	-0.3	-3.6	-1,945	0.0	-0.2	-8,737	-0.1	-0.8	20,734	0.5	1.9	10,996	0.2	1.0
特別収支差額	975,033	6.3	3.7	129,160	2.1	0.5	141,666	2.1	0.5	21,241	0.5	0.1	-11,477	-0.2	0.0
基本金組入額合計	-1,788,792	-11.5	1.8	-571,051	-9.2	0.6	-781,111	-11.5	0.8	-327,673	-8.4	0.3	-575,344	-8.5	0.6
当年度収支差額	-595,175	-3.8	5.5	-275,488	-4.5	2.5	-207,850	-3.1	1.9	-103,092	-2.6	0.9	-200,060	-2.9	1.8

(参考)

事業活動収入計	15,551,703	100.0	1.5	6,186,480	100.0	0.6	6,788,276	100.0	0.7	3,894,697	100.0	0.4	6,796,455	100.0	0.7
事業活動支出計	14,358,086	92.3	1.5	5,890,917	95.2	0.6	6,215,016	91.6	0.7	3,670,117	94.2	0.4	6,421,170	94.5	0.7

(注) 構造比率は幼稚園部門合計を100としたものである。

令和３年度事業活動収支計算書（都道府県別）
―幼稚園部門―

（教育活動収支及び教育活動外収支）（１０－５）　　（単位：千円）

区分	長野県			岐阜県			静岡県			愛知県			三重県		
学校数 学生生徒等数 専任教員数 専任職員数	82 園 1,126 人		8,316 人 241 人	95 園 1,373 人		15,656 人 397 人	210 園 2,931 人		31,388 人 598 人	387 園 5,111 人		68,212 人 704 人	60 園 985 人		10,764 人 178 人
科目	金額	構成比率(%)	趨勢構造比率	金額	構成比率(%)	趨勢構造比率	金額	構成比率(%)	趨勢構造比率	金額	構成比率(%)	趨勢構造比率	金額	構成比率(%)	趨勢構造比率
(教育活動収支・収入の部)															
学生生徒等納付金	1,774,477	19.7	0.7	6,200,836	40.4	2.3	7,284,000	23.5	2.7	20,976,473	35.4	7.8	3,099,793	31.1	1.2
手数料	3,707	0.0	0.2	23,349	0.2	1.0	37,829	0.1	1.7	98,942	0.2	4.4	29,204	0.3	1.3
寄付金	28,509	0.3	0.5	20,057	0.1	0.4	575,489	1.9	10.8	219,156	0.4	4.1	24,230	0.2	0.5
経常費等補助金	6,389,169	70.8	1.0	7,214,926	47.0	1.2	19,041,476	61.4	3.1	29,041,101	49.1	4.7	5,371,163	53.8	0.9
付随事業収入	488,182	5.4	0.6	938,258	6.1	1.1	2,182,089	7.0	2.6	4,863,220	8.2	5.7	973,421	9.8	1.1
雑収入	192,343	2.1	0.7	444,771	2.9	1.5	753,015	2.4	2.6	1,849,822	3.1	6.3	378,817	3.8	1.3
教育活動収入計	8,876,387	98.3	0.9	14,842,198	96.7	1.5	29,873,899	96.4	3.0	57,048,714	96.4	5.7	9,876,628	99.0	1.0
(教育活動収支・支出の部)															
人件費	5,661,993	62.7	0.9	8,896,095	57.9	1.4	18,821,058	60.7	3.0	35,206,098	59.5	5.6	6,000,020	60.1	0.9
教育研究（管理）経費	2,635,725	29.2	0.9	4,683,871	30.5	1.5	9,278,945	29.9	3.0	17,462,145	29.5	5.6	3,191,343	32.0	1.0
（うち減価償却額）	751,371	8.3	1.0	1,198,307	7.8	1.5	2,332,280	7.5	3.0	4,148,280	7.0	5.3	792,379	7.9	1.0
徴収不能額等	132	0.0	0.1	35	0.0	0.0	141	0.0	0.1	330	0.0	0.1	0	0.0	0.0
教育活動支出計	8,297,849	91.9	0.9	13,580,001	88.4	1.4	28,100,143	90.7	3.0	52,668,573	89.0	5.6	9,191,363	92.1	1.0
(教育活動外収支・収入の部)															
受取利息・配当金	9,309	0.1	0.3	55,388	0.4	1.8	24,987	0.1	0.8	112,012	0.2	3.6	23,814	0.2	0.8
その他の教育活動外収入	11,478	0.1	1.8	52,921	0.3	8.3	2,887	0.0	0.5	75,285	0.1	11.8	17,857	0.2	2.8
教育活動外収入計	20,786	0.2	0.6	108,309	0.7	2.9	27,875	0.1	0.7	187,297	0.3	5.0	41,670	0.4	1.1
(教育活動外収支・支出の部)															
借入金等利息	25,982	0.3	1.1	20,109	0.1	0.9	78,661	0.3	3.4	107,620	0.2	4.7	17,575	0.2	0.8
その他の教育活動外支出	0	0.0	0.0	0	0.0	0.0	87	0.0	0.0	167,421	0.3	51.4	3,662	0.0	1.1
教育活動外支出計	25,982	0.3	1.0	20,109	0.1	0.8	78,748	0.3	3.0	275,040	0.5	10.4	21,237	0.2	0.8

（特別収支）（１０－５）

（単位：千円）

区分	長野県			岐阜県			静岡県			愛知県			三重県		
学校数 専任教員数 / 学生生徒等数 専任職員数	82 園 1,126 人	8,316 人 241 人		95 園 1,373 人	15,656 人 397 人		210 園 2,931 人	31,388 人 598 人		387 園 5,111 人	68,212 人 704 人		60 園 985 人	10,764 人 178 人	
科目	金額	構成比率(%)	趨勢構造比率	金額	構成比率(%)	趨勢構造比率	金額	構成比率(%)	趨勢構造比率	金額	構成比率(%)	趨勢構造比率	金額	構成比率(%)	趨勢構造比率
（特別収支・収入の部）															
資産売却差額	15,271	0.2	0.4	5,988	0.0	0.2	5,609	0.0	0.2	124,370	0.2	3.6	2,321	0.0	0.1
その他の特別収入	115,307	1.3	0.4	398,612	2.6	1.3	1,080,858	3.5	3.5	1,813,357	3.1	5.9	58,545	0.6	0.2
（うち寄付金）	3,310	0.0	0.1	2,167	0.0	0.0	417,840	1.3	7.6	125,142	0.2	2.3	1,250	0.0	0.0
（うち補助金）	109,250	1.2	0.5	396,097	2.6	1.7	547,331	1.8	2.3	1,671,230	2.8	7.1	48,695	0.5	0.2
特別収入計	130,578	1.4	0.4	404,600	2.6	1.2	1,086,467	3.5	3.2	1,937,727	3.3	5.7	60,866	0.6	0.2
（特別収支・支出の部）															
資産処分差額	31,457	0.3	0.5	28,218	0.2	0.5	137,275	0.4	2.3	123,947	0.2	2.0	117,281	1.2	1.9
その他の特別支出	375	0.0	0.0	806	0.0	0.0	169,521	0.5	8.5	78,489	0.1	3.9	14,566	0.1	0.7
特別支出計	31,832	0.4	0.4	29,024	0.2	0.4	306,796	1.0	3.8	202,436	0.3	2.5	131,847	1.3	1.6

基本金組入前当年度収支差額	672,089	7.4	0.8	1,725,974	11.2	1.9	2,502,553	8.1	2.8	6,027,688	10.2	6.7	634,717	6.4	0.7
経常収支差額	573,342	6.4	0.9	1,350,397	8.8	2.1	1,722,882	5.6	2.7	4,292,397	7.3	6.8	705,697	7.1	1.1
教育活動収支差額	578,538	6.4	0.9	1,262,198	8.2	2.0	1,773,755	5.7	2.9	4,380,141	7.4	7.1	685,265	6.9	1.1
教育活動外収支差額	-5,195	-0.1	-0.5	88,200	0.6	7.9	-50,873	-0.2	-4.6	-87,744	-0.1	-7.9	20,433	0.2	1.8
特別収支差額	98,746	1.1	0.4	375,577	2.4	1.4	779,671	2.5	3.0	1,735,291	2.9	6.6	-70,980	-0.7	-0.3
基本金組入額合計	-1,179,133	-13.1	1.2	-1,783,574	-11.6	1.8	-3,876,955	-12.5	3.9	-6,275,261	-10.6	6.3	-368,197	-3.7	0.4
当年度収支差額	-507,045	-5.6	4.7	-57,600	-0.4	0.5	-1,374,402	-4.4	12.6	-247,573	-0.4	2.3	266,520	2.7	-2.4

（参考）

事業活動収入計	9,027,752	100.0	0.9	15,355,107	100.0	1.5	30,988,240	100.0	3.0	59,173,737	100.0	5.7	9,979,164	100.0	1.0
事業活動支出計	8,355,663	92.6	0.9	13,629,133	88.8	1.4	28,485,687	91.9	3.0	53,146,049	89.8	5.6	9,344,447	93.6	1.0

（注）構造比率は幼稚園部門合計を 100 としたものである。

令和３年度事業活動収支計算書（都道府県別）
―幼稚園部門―

（教育活動収支及び教育活動外収支）（１０－６）

（単位：千円）

区分	滋賀県			京都府			大阪府			兵庫県			奈良県		
学校数 学生生徒等数 専任教員数 専任職員数	24 園 2,627 人 331 人 35 人			140 園 18,199 人 1,706 人 412 人			388 園 75,740 人 6,451 人 998 人			211 園 38,098 人 3,243 人 561 人			43 園 4,940 人 492 人 62 人		
科目	金額	構成比率(%)	趨勢構造比率	金額	構成比率(%)	趨勢構造比率	金額	構成比率(%)	趨勢構造比率	金額	構成比率(%)	趨勢構造比率	金額	構成比率(%)	趨勢構造比率
（教育活動収支・収入の部）															
学生生徒等納付金	547,439	16.9	0.2	6,610,845	39.0	2.5	23,936,846	32.4	8.9	11,556,420	30.5	4.3	2,508,850	44.6	0.9
手数料	4,084	0.1	0.2	27,302	0.2	1.2	332,615	0.4	14.9	129,338	0.3	5.8	18,590	0.3	0.8
寄付金	27,167	0.8	0.5	213,712	1.3	4.0	330,959	0.4	6.2	147,637	0.4	2.8	51,287	0.9	1.0
経常費等補助金	2,240,519	69.3	0.4	7,441,770	43.9	1.2	38,789,605	52.5	6.3	20,591,815	54.4	3.4	2,187,884	38.9	0.4
付随事業収入	165,493	5.1	0.2	1,662,070	9.8	2.0	7,354,717	9.9	8.7	3,566,990	9.4	4.2	454,443	8.1	0.5
雑収入	88,112	2.7	0.3	584,554	3.5	2.0	2,087,731	2.8	7.1	1,063,767	2.8	3.6	148,142	2.6	0.5
教育活動収入計	3,072,814	95.0	0.3	16,540,253	97.7	1.6	72,832,472	98.5	7.2	37,055,966	97.9	3.7	5,369,197	95.5	0.5
（教育活動収支・支出の部）															
人件費	2,137,626	66.1	0.3	10,906,527	64.4	1.7	44,750,677	60.5	7.1	23,302,407	61.6	3.7	3,428,662	61.0	0.5
教育研究（管理）経費	924,501	28.6	0.3	5,589,196	33.0	1.8	24,784,053	33.5	8.0	11,612,544	30.7	3.8	1,813,462	32.3	0.6
（うち減価償却額）	288,827	8.9	0.4	1,460,965	8.6	1.9	5,260,242	7.1	6.7	2,552,921	6.7	3.3	342,831	6.1	0.4
徴収不能額等	0	0.0	0.0	509	0.0	0.2	777	0.0	0.3	78,175	0.2	30.9	0	0.0	0.0
教育活動支出計	3,062,127	94.7	0.3	16,496,232	97.4	1.7	69,535,507	94.0	7.4	34,993,126	92.5	3.7	5,242,124	93.3	0.6

区分	滋賀県			京都府			大阪府			兵庫県			奈良県		
（教育活動外収支・収入の部）															
受取利息・配当金	1,964	0.1	0.1	94,880	0.6	3.0	339,744	0.5	10.9	159,886	0.4	5.1	3,799	0.1	0.1
その他の教育活動外収入	827	0.0	0.1	2,318	0.0	0.4	22,085	0.0	3.5	7,181	0.0	1.1	1,264	0.0	0.2
教育活動外収入計	2,792	0.1	0.1	97,198	0.6	2.6	361,828	0.5	9.7	167,067	0.4	4.5	5,063	0.1	0.1
（教育活動外収支・支出の部）															
借入金等利息	3,050	0.1	0.1	63,880	0.4	2.8	102,433	0.1	4.4	54,713	0.1	2.4	4,112	0.1	0.2
その他の教育活動外支出	0	0.0	0.0	661	0.0	0.2	12,320	0.0	3.8	758	0.0	0.2	77	0.0	0.0
教育活動外支出計	3,050	0.1	0.1	64,541	0.4	2.5	114,754	0.2	4.4	55,470	0.1	2.1	4,188	0.1	0.2

（特別収支）（１０－６）

（単位：千円）

区分	滋賀県			京都府			大阪府			兵庫県			奈良県		
学校数 学生生徒等数 専任教員数 専任職員数	24 園 2,627 人 331 人 35 人			140 園 18,199 人 1,706 人 412 人			388 園 75,740 人 6,451 人 998 人			211 園 38,098 人 3,243 人 561 人			43 園 4,940 人 492 人 62 人		
科目	金額	構成比率(%)	趨勢構造比率	金額	構成比率(%)	趨勢構造比率	金額	構成比率(%)	趨勢構造比率	金額	構成比率(%)	趨勢構造比率	金額	構成比率(%)	趨勢構造比率
（特別収支・収入の部）															
資産売却差額	120	0.0	0.0	76,186	0.4	2.2	59,842	0.1	1.8	128,751	0.3	3.8	522	0.0	0.0
その他の特別収入	157,630	4.9	0.5	221,289	1.3	0.7	681,580	0.9	2.2	491,144	1.3	1.6	246,590	4.4	0.8
（うち寄付金）	2,744	0.1	0.1	72,813	0.4	1.3	44,783	0.1	0.8	34,759	0.1	0.6	275	0.0	0.0
（うち補助金）	154,882	4.8	0.7	135,011	0.8	0.6	528,594	0.7	2.2	425,963	1.1	1.8	246,256	4.4	1.0
特別収入計	157,750	4.9	0.5	297,475	1.8	0.9	741,422	1.0	2.2	619,895	1.6	1.8	247,112	4.4	0.7
（特別収支・支出の部）															
資産処分差額	2,003	0.1	0.0	105,878	0.6	1.7	240,359	0.3	3.9	88,308	0.2	1.4	28,149	0.5	0.5
その他の特別支出	2,043	0.1	0.1	2,540	0.0	0.1	58,629	0.1	2.9	25,030	0.1	1.3	931	0.0	0.0
特別支出計	4,046	0.1	0.1	108,418	0.6	1.3	298,988	0.4	3.7	113,338	0.3	1.4	29,080	0.5	0.4

基本金組入前当年度収支差額	164,133	5.1	0.2	265,736	1.6	0.3	3,986,473	5.4	4.5	2,680,993	7.1	3.0	345,980	6.2	0.4
経常収支差額	10,429	0.3	0.0	76,678	0.5	0.1	3,544,039	4.8	5.6	2,174,436	5.7	3.4	127,948	2.3	0.2
教育活動収支差額	10,687	0.3	0.0	44,021	0.3	0.1	3,296,965	4.5	5.3	2,062,840	5.5	3.3	127,074	2.3	0.2
教育活動外収支差額	-259	0.0	0.0	32,657	0.2	2.9	247,074	0.3	22.1	111,597	0.3	10.0	874	0.0	0.1
特別収支差額	153,704	4.8	0.6	189,058	1.1	0.7	442,434	0.6	1.7	506,557	1.3	1.9	218,032	3.9	0.8
基本金組入額合計	-311,114	-9.6	0.3	-1,015,472	-6.0	1.0	-5,593,888	-7.6	5.6	-3,501,753	-9.3	3.5	-236,166	-4.2	0.2
当年度収支差額	-146,981	-4.5	1.3	-749,736	-4.4	6.9	-1,607,415	-2.2	14.8	-820,760	-2.2	7.5	109,814	2.0	-1.0

（参考）

事業活動収入計	3,233,355	100.0	0.3	16,934,926	100.0	1.6	73,935,722	100.0	7.1	37,842,928	100.0	3.6	5,621,372	100.0	0.5
事業活動支出計	3,069,222	94.9	0.3	16,669,191	98.4	1.7	69,949,249	94.6	7.3	35,161,935	92.9	3.7	5,275,392	93.8	0.6

（注）構造比率は幼稚園部門合計を 100 としたものである。

令和３年度事業活動収支計算書（都道府県別）
―幼稚園部門―

（教育活動収支及び教育活動外収支）（１０－７）　　　　（単位：千円）

区分	和歌山県			鳥取県			島根県			岡山県			広島県		
学校数 学生生徒等数 専任教員数 専任職員数	35 園 5,391 人 501 人 92 人			26 園 3,777 人 519 人 114 人			8 園 578 人 72 人 32 人			36 園 6,199 人 608 人 96 人			187 園 26,039 人 2,739 人 568 人		
科目	金額	構成比率(%)	趨勢構造比率	金額	構成比率(%)	趨勢構造比率	金額	構成比率(%)	趨勢構造比率	金額	構成比率(%)	趨勢構造比率	金額	構成比率(%)	趨勢構造比率
(教育活動収支・収入の部)															
学生生徒等納付金	1,413,203	29.9	0.5	482,044	11.6	0.2	70,785	9.1	0.0	1,080,455	18.3	0.4	5,684,850	21.9	2.1
手数料	6,856	0.1	0.3	2,576	0.1	0.1	146	0.0	0.0	30,371	0.5	1.4	50,014	0.2	2.2
寄付金	18,159	0.4	0.3	10,097	0.2	0.2	2,886	0.4	0.1	24,988	0.4	0.5	218,577	0.8	4.1
経常費等補助金	2,706,371	57.4	0.4	3,009,210	72.3	0.5	658,299	85.1	0.1	4,083,830	69.0	0.7	16,151,485	62.2	2.6
付随事業収入	424,675	9.0	0.5	342,998	8.2	0.4	30,883	4.0	0.0	548,406	9.3	0.6	2,026,414	7.8	2.4
雑収入	141,987	3.0	0.5	132,144	3.2	0.4	9,307	1.2	0.0	132,050	2.2	0.4	662,914	2.6	2.2
教育活動収入計	4,711,250	99.8	0.5	3,979,070	95.7	0.4	772,306	99.8	0.1	5,900,100	99.7	0.6	24,794,254	95.5	2.5
(教育活動収支・支出の部)															
人件費	3,009,391	63.8	0.5	2,887,718	69.4	0.5	484,473	62.6	0.1	3,528,781	59.6	0.6	15,152,744	58.4	2.4
教育研究（管理）経費	1,417,119	30.0	0.5	1,181,774	28.4	0.4	220,414	28.5	0.1	1,580,704	26.7	0.5	7,611,547	29.3	2.5
（うち減価償却額）	341,096	7.2	0.4	318,268	7.7	0.4	94,055	12.2	0.1	487,515	8.2	0.6	1,920,824	7.4	2.5
徴収不能額等	355	0.0	0.1	598	0.0	0.2	0	0.0	0.0	0	0.0	0.0	142	0.0	0.1
教育活動支出計	4,426,865	93.8	0.5	4,070,090	97.8	0.4	704,886	91.1	0.1	5,109,485	86.3	0.5	22,764,432	87.7	2.4

(教育活動外収支・収入の部)															
受取利息・配当金	2,425	0.1	0.1	3,622	0.1	0.1	148	0.0	0.0	4,211	0.1	0.1	81,715	0.3	2.6
その他の教育活動外収入	3,538	0.1	0.6	560	0.0	0.1	0	0.0	0.0	3,816	0.1	0.6	935	0.0	0.1
教育活動外収入計	5,963	0.1	0.2	4,181	0.1	0.1	148	0.0	0.0	8,026	0.1	0.2	82,650	0.3	2.2
(教育活動外収支・支出の部)															
借入金等利息	6,998	0.1	0.3	12,303	0.3	0.5	2,405	0.3	0.1	20,617	0.3	0.9	59,920	0.2	2.6
その他の教育活動外支出	0	0.0	0.0	0	0.0	0.0	0	0.0	0.0	3,540	0.1	1.1	0	0.0	0.0
教育活動外支出計	6,998	0.1	0.3	12,303	0.3	0.5	2,405	0.3	0.1	24,157	0.4	0.9	59,920	0.2	2.3

(特別収支)　(１０－７)

(単位：千円)

区分	和歌山県			鳥取県			島根県			岡山県			広島県		
学校数 学生生徒等数 専任教員数 専任職員数	35 園 5,391 人 501 人 92 人			26 園 3,777 人 519 人 114 人			8 園 578 人 72 人 32 人			36 園 6,199 人 608 人 96 人			187 園 26,039 人 2,739 人 568 人		
科目	金額	構成比率(%)	趨勢構造比率	金額	構成比率(%)	趨勢構造比率	金額	構成比率(%)	趨勢構造比率	金額	構成比率(%)	趨勢構造比率	金額	構成比率(%)	趨勢構造比率
(特別収支・収入の部)															
資産売却差額	365	0.0	0.0	2,258	0.1	0.1	743	0.1	0.0	219	0.0	0.0	8,919	0.0	0.3
その他の特別収入	1,075	0.0	0.0	174,245	4.2	0.6	583	0.1	0.0	11,702	0.2	0.0	1,081,574	4.2	3.5
(うち寄付金)	0	0.0	0.0	207	0.0	0.0	30	0.0	0.0	2,676	0.0	0.0	588,045	2.3	10.8
(うち補助金)	535	0.0	0.0	174,007	4.2	0.7	554	0.1	0.0	7,926	0.1	0.0	487,027	1.9	2.1
特別収入計	1,440	0.0	0.0	176,503	4.2	0.5	1,326	0.2	0.0	11,922	0.2	0.0	1,090,493	4.2	3.2
(特別収支・支出の部)															
資産処分差額	10,012	0.2	0.2	6,422	0.2	0.1	67	0.0	0.0	6,579	0.1	0.1	173,747	0.7	2.9
その他の特別支出	0	0.0	0.0	718	0.0	0.0	82	0.0	0.0	688	0.0	0.0	55,642	0.2	2.8
特別支出計	10,012	0.2	0.1	7,140	0.2	0.1	149	0.0	0.0	7,268	0.1	0.1	229,389	0.9	2.8
基本金組入前当年度収支差額	274,779	5.8	0.3	70,222	1.7	0.1	66,340	8.6	0.1	779,138	13.2	0.9	2,913,657	11.2	3.3
経常収支差額	283,350	6.0	0.4	-99,142	-2.4	-0.2	65,163	8.4	0.1	774,484	13.1	1.2	2,052,553	7.9	3.2
教育活動収支差額	284,385	6.0	0.5	-91,020	-2.2	-0.1	67,420	8.7	0.1	790,615	13.4	1.3	2,029,822	7.8	3.3
教育活動外収支差額	-1,035	0.0	-0.1	-8,122	-0.2	-0.7	-2,257	-0.3	-0.2	-16,131	-0.3	-1.4	22,731	0.1	2.0
特別収支差額	-8,571	-0.2	0.0	169,364	4.1	0.6	1,177	0.2	0.0	4,654	0.1	0.0	861,105	3.3	3.3
基本金組入額合計	-212,748	-4.5	0.2	-292,167	-7.0	0.3	-55,608	-7.2	0.1	-602,968	-10.2	0.6	-2,651,554	-10.2	2.6
当年度収支差額	62,031	1.3	-0.6	-221,946	-5.3	2.0	10,732	1.4	-0.1	176,170	3.0	-1.6	262,103	1.0	-2.4

(参考)

事業活動収入計	4,718,654	100.0	0.5	4,159,754	100.0	0.4	773,781	100.0	0.1	5,920,048	100.0	0.6	25,967,398	100.0	2.5
事業活動支出計	4,443,875	94.2	0.5	4,089,532	98.3	0.4	707,441	91.4	0.1	5,140,910	86.8	0.5	23,053,741	88.8	2.4

(注) 構造比率は幼稚園部門合計を100としたものである。

令和３年度事業活動収支計算書（都道府県別）

－幼稚園部門－

（教育活動収支及び教育活動外収支）（１０－８）　　　　（単位：千円）

区分	山口県			徳島県			香川県			愛媛県			高知県		
学校数 学生生徒等数 専任教員数 専任職員数	94 園 10,741 人 1,051 人 208 人			10 園 1,197 人 145 人 37 人			35 園 4,900 人 500 人 75 人			80 園 10,451 人 1,057 人 294 人			27 園 2,615 人 344 人 106 人		
科目	金額	構成比率(%)	趨勢構造比率	金額	構成比率(%)	趨勢構造比率	金額	構成比率(%)	趨勢構造比率	金額	構成比率(%)	趨勢構造比率	金額	構成比率(%)	趨勢構造比率
（教育活動収支・収入の部）															
学生生徒等納付金	1,368,761	12.4	0.5	376,548	29.7	0.1	898,718	18.5	0.3	1,843,756	16.4	0.7	497,552	13.7	0.2
手数料	13,750	0.1	0.6	4,447	0.4	0.2	5,095	0.1	0.2	7,784	0.1	0.3	11,225	0.3	0.5
寄付金	26,164	0.2	0.5	5,843	0.5	0.1	7,690	0.2	0.1	27,618	0.2	0.5	12,455	0.3	0.2
経常費等補助金	8,081,597	73.3	1.3	773,109	61.1	0.1	3,354,652	68.9	0.5	8,003,308	71.0	1.3	2,771,976	76.5	0.5
付随事業収入	827,427	7.5	1.0	78,744	6.2	0.1	463,079	9.5	0.5	1,051,005	9.3	1.2	214,735	5.9	0.3
雑収入	288,649	2.6	1.0	14,203	1.1	0.0	107,464	2.2	0.4	188,310	1.7	0.6	50,965	1.4	0.2
教育活動収入計	10,606,349	96.2	1.1	1,252,894	98.9	0.1	4,836,698	99.3	0.5	11,121,781	98.6	1.1	3,558,908	98.2	0.4
（教育活動収支・支出の部）															
人件費	6,756,158	61.3	1.1	838,067	66.2	0.1	2,894,119	59.4	0.5	6,863,655	60.9	1.1	2,505,218	69.1	0.4
教育研究（管理）経費	3,026,272	27.4	1.0	340,240	26.9	0.1	1,408,612	28.9	0.5	3,312,854	29.4	1.1	1,123,020	31.0	0.4
（うち減価償却額）	798,488	7.2	1.0	98,383	7.8	0.1	329,371	6.8	0.4	756,549	6.7	1.0	336,536	9.3	0.4
徴収不能額等	342	0.0	0.1	0	0.0	0.0	7,953	0.2	3.1	3,777	0.0	1.5	45	0.0	0.0
教育活動支出計	9,782,772	88.7	1.0	1,178,307	93.1	0.1	4,310,684	88.5	0.5	10,180,286	90.3	1.1	3,628,282	100.1	0.4

（教育活動外収支・収入の部）															
受取利息・配当金	16,459	0.1	0.5	10,618	0.8	0.3	14,859	0.3	0.5	10,757	0.1	0.3	227	0.0	0.0
その他の教育活動外収入	156	0.0	0.0	0	0.0	0.0	419	0.0	0.1	3,731	0.0	0.6	7,914	0.2	1.2
教育活動外収入計	16,615	0.2	0.4	10,618	0.8	0.3	15,278	0.3	0.4	14,487	0.1	0.4	8,141	0.2	0.2
（教育活動外収支・支出の部）															
借入金等利息	21,054	0.2	0.9	2,224	0.2	0.1	9,728	0.2	0.4	42,328	0.4	1.8	9,022	0.2	0.4
その他の教育活動外支出	0	0.0	0.0	0	0.0	0.0	0	0.0	0.0	773	0.0	0.2	0	0.0	0.0
教育活動外支出計	21,054	0.2	0.8	2,224	0.2	0.1	9,728	0.2	0.4	43,102	0.4	1.6	9,022	0.2	0.3

（特別収支）（１０－８）

（単位：千円）

区分	山口県			徳島県			香川県			愛媛県			高知県		
学校数 学生生徒等数 専任教員数 専任職員数	94 園 10,741 人 1,051 人 208 人			10 園 1,197 人 145 人 37 人			35 園 4,900 人 500 人 75 人			80 園 10,451 人 1,057 人 294 人			27 園 2,615 人 344 人 106 人		
科目	金額	構成比率(%)	趨勢構造比率	金額	構成比率(%)	趨勢構造比率	金額	構成比率(%)	趨勢構造比率	金額	構成比率(%)	趨勢構造比率	金額	構成比率(%)	趨勢構造比率
（特別収支・収入の部）															
資産売却差額	14,583	0.1	0.4	0	0.0	0.0	4,363	0.1	0.1	20,390	0.2	0.6	1,238	0.0	0.0
その他の特別収入	389,222	3.5	1.3	2,760	0.2	0.0	12,582	0.3	0.0	118,416	1.1	0.4	56,873	1.6	0.2
（うち寄付金）	4,064	0.0	0.1	0	0.0	0.0	1,316	0.0	0.0	3,676	0.0	0.1	275	0.0	0.0
（うち補助金）	379,302	3.4	1.6	2,270	0.2	0.0	11,179	0.2	0.0	108,257	1.0	0.5	56,474	1.6	0.2
特別収入計	403,805	3.7	1.2	2,760	0.2	0.0	16,946	0.3	0.0	138,806	1.2	0.4	58,111	1.6	0.2
（特別収支・支出の部）															
資産処分差額	122,493	1.1	2.0	1,176	0.1	0.0	19,807	0.4	0.3	15,662	0.1	0.3	266,338	7.3	4.4
その他の特別支出	1,162	0.0	0.1	1	0.0	0.0	60	0.0	0.0	4,847	0.0	0.2	295	0.0	0.0
特別支出計	123,655	1.1	1.5	1,176	0.1	0.0	19,867	0.4	0.2	20,509	0.2	0.3	266,633	7.4	3.3
基本金組入前当年度収支差額	1,099,287	10.0	1.2	84,566	6.7	0.1	528,643	10.9	0.6	1,031,178	9.1	1.2	-278,777	-7.7	-0.3
経常収支差額	819,137	7.4	1.3	82,982	6.6	0.1	531,564	10.9	0.8	912,881	8.1	1.4	-70,255	-1.9	-0.1
教育活動収支差額	823,577	7.5	1.3	74,587	5.9	0.1	526,014	10.8	0.8	941,495	8.4	1.5	-69,374	-1.9	-0.1
教育活動外収支差額	-4,439	0.0	-0.4	8,394	0.7	0.8	5,550	0.1	0.5	-28,615	-0.3	-2.6	-881	0.0	-0.1
特別収支差額	280,150	2.5	1.1	1,584	0.1	0.0	-2,921	-0.1	0.0	118,297	1.0	0.5	-208,522	-5.8	-0.8
基本金組入額合計	-789,334	-7.2	0.8	-124,260	-9.8	0.1	-540,547	-11.1	0.5	-1,622,867	-14.4	1.6	-187,366	-5.2	0.2
当年度収支差額	309,953	2.8	-2.8	-39,694	-3.1	0.4	-11,904	-0.2	0.1	-591,689	-5.2	5.4	-466,143	-12.9	4.3

（参考）

事業活動収入計	11,026,768	100.0	1.1	1,266,273	100.0	0.1	4,868,922	100.0	0.5	11,275,074	100.0	1.1	3,625,161	100.0	0.3
事業活動支出計	9,927,481	90.0	1.0	1,181,707	93.3	0.1	4,340,280	89.1	0.5	10,243,896	90.9	1.1	3,903,938	107.7	0.4

（注）構造比率は幼稚園部門合計を 100 としたものである。

令和３年度事業活動収支計算書（都道府県別）
ー幼稚園部門ー

（教育活動収支及び教育活動外収支）（１０－９）　　　　（単位：千円）

区分	福岡県			佐賀県			長崎県			熊本県			大分県		
学校数 学生生徒等数 専任教員数 専任職員数	323 園 46,875 人 4,214 人 783 人			82 園 9,331 人 1,092 人 265 人			101 園 10,922 人 1,437 人 404 人			104 園 11,901 人 1,188 人 248 人			58 園 7,528 人 746 人 199 人		
科目	金額	構成比率(%)	趨勢構造比率	金額	構成比率(%)	趨勢構造比率	金額	構成比率(%)	趨勢構造比率	金額	構成比率(%)	趨勢構造比率	金額	構成比率(%)	趨勢構造比率
（教育活動収支・収入の部）															
学生生徒等納付金	15,391,760	33.1	5.7	1,373,996	11.1	0.5	1,396,241	10.2	0.5	1,646,633	11.9	0.6	1,247,763	15.9	0.5
手数料	50,228	0.1	2.2	6,668	0.1	0.3	7,730	0.1	0.3	8,141	0.1	0.4	2,639	0.0	0.1
寄付金	74,289	0.2	1.4	25,685	0.2	0.5	18,463	0.1	0.3	14,139	0.1	0.3	16,920	0.2	0.3
経常費等補助金	24,099,201	51.8	3.9	8,955,601	72.3	1.5	10,902,172	79.6	1.8	11,192,397	80.7	1.8	5,802,597	73.9	0.9
付随事業収入	4,217,362	9.1	5.0	539,424	4.4	0.6	850,255	6.2	1.0	395,610	2.9	0.5	587,418	7.5	0.7
雑収入	1,831,034	3.9	6.2	318,690	2.6	1.1	286,489	2.1	1.0	263,682	1.9	0.9	143,468	1.8	0.5
教育活動収入計	45,663,874	98.2	4.5	11,220,064	90.6	1.1	13,461,351	98.3	1.3	13,520,600	97.5	1.3	7,800,805	99.3	0.8
（教育活動収支・支出の部）															
人件費	25,934,708	55.8	4.1	7,032,851	56.8	1.1	8,669,397	63.3	1.4	8,830,834	63.7	1.4	4,955,150	63.1	0.8
教育研究（管理）経費	14,423,635	31.0	4.7	3,082,477	24.9	1.0	3,646,354	26.6	1.2	3,390,533	24.4	1.1	2,134,379	27.2	0.7
（うち減価償却額）	3,526,418	7.6	4.5	800,695	6.5	1.0	953,472	7.0	1.2	873,785	6.3	1.1	589,938	7.5	0.8
徴収不能額等	3,765	0.0	1.5	26	0.0	0.0	305	0.0	0.1	81	0.0	0.0	74	0.0	0.0
教育活動支出計	40,362,108	86.8	4.3	10,115,354	81.7	1.1	12,316,056	90.0	1.3	12,221,448	88.1	1.3	7,089,604	90.3	0.8

（教育活動外収支・収入の部）															
受取利息・配当金	74,294	0.2	2.4	36,202	0.3	1.2	15,912	0.1	0.5	12,245	0.1	0.4	7,504	0.1	0.2
その他の教育活動外収入	25,702	0.1	4.0	2,000	0.0	0.3	1,555	0.0	0.2	4,047	0.0	0.6	1,877	0.0	0.3
教育活動外収入計	99,997	0.2	2.7	38,202	0.3	1.0	17,468	0.1	0.5	16,292	0.1	0.4	9,381	0.1	0.3
（教育活動外収支・支出の部）															
借入金等利息	115,193	0.2	5.0	25,421	0.2	1.1	35,339	0.3	1.5	23,646	0.2	1.0	24,864	0.3	1.1
その他の教育活動外支出	950	0.0	0.3	1,877	0.0	0.6	6,001	0.0	1.8	0	0.0	0.0	0	0.0	0.0
教育活動外支出計	116,143	0.2	4.4	27,297	0.2	1.0	41,339	0.3	1.6	23,646	0.2	0.9	24,864	0.3	0.9

(特別収支)　(１０－９)

(単位：千円)

区分	福岡県			佐賀県			長崎県			熊本県			大分県		
学校数　学生生徒等数 専任教員数　専任職員数	323 園　46,875 人 4,214 人　783 人			82 園　9,331 人 1,092 人　265 人			101 園　10,922 人 1,437 人　404 人			104 園　11,901 人 1,188 人　248 人			58 園　7,528 人 746 人　199 人		
科目	金額	構成比率(%)	趨勢構造比率	金額	構成比率(%)	趨勢構造比率	金額	構成比率(%)	趨勢構造比率	金額	構成比率(%)	趨勢構造比率	金額	構成比率(%)	趨勢構造比率
(特別収支・収入の部)															
資産売却差額	69,888	0.2	2.0	11,371	0.1	0.3	4,571	0.0	0.1	2,530	0.0	0.1	1,071	0.0	0.0
その他の特別収入	661,493	1.4	2.1	1,118,851	9.0	3.6	207,731	1.5	0.7	332,636	2.4	1.1	41,647	0.5	0.1
(うち寄付金)	9,572	0.0	0.2	985	0.0	0.0	1,702	0.0	0.0	44,181	0.3	0.8	384	0.0	0.0
(うち補助金)	609,274	1.3	2.6	1,113,407	9.0	4.7	202,319	1.5	0.9	281,024	2.0	1.2	36,067	0.5	0.2
特別収入計	731,381	1.6	2.1	1,130,222	9.1	3.3	212,302	1.6	0.6	335,166	2.4	1.0	42,719	0.5	0.1
(特別収支・支出の部)															
資産処分差額	421,683	0.9	6.9	160,632	1.3	2.6	47,672	0.3	0.8	38,470	0.3	0.6	8,184	0.1	0.1
その他の特別支出	13,373	0.0	0.7	11,902	0.1	0.6	20,759	0.2	1.0	3,788	0.0	0.2	58	0.0	0.0
特別支出計	435,056	0.9	5.4	172,534	1.4	2.1	68,431	0.5	0.8	42,258	0.3	0.5	8,242	0.1	0.1
基本金組入前当年度収支差額	5,581,943	12.0	6.2	2,073,303	16.7	2.3	1,265,294	9.2	1.4	1,584,706	11.4	1.8	730,195	9.3	0.8
経常収支差額	5,285,619	11.4	8.4	1,115,615	9.0	1.8	1,121,423	8.2	1.8	1,291,798	9.3	2.0	695,718	8.9	1.1
教育活動収支差額	5,301,766	11.4	8.5	1,104,710	8.9	1.8	1,145,295	8.4	1.8	1,299,153	9.4	2.1	711,201	9.1	1.1
教育活動外収支差額	-16,146	0.0	-1.4	10,905	0.1	1.0	-23,872	-0.2	-2.1	-7,355	-0.1	-0.7	-15,483	-0.2	-1.4
特別収支差額	296,324	0.6	1.1	957,688	7.7	3.7	143,871	1.1	0.6	292,908	2.1	1.1	34,477	0.4	0.1
基本金組入額合計	-5,414,419	-11.6	5.4	-944,610	-7.6	0.9	-1,610,407	-11.8	1.6	-1,142,241	-8.2	1.1	-804,511	-10.2	0.8
当年度収支差額	167,525	0.4	-1.5	1,128,692	9.1	-10.4	-345,113	-2.5	3.2	442,466	3.2	-4.1	-74,316	-0.9	0.7

(参考)

事業活動収入計	46,495,251	100.0	4.5	12,388,488	100.0	1.2	13,691,120	100.0	1.3	13,872,058	100.0	1.3	7,852,905	100.0	0.8
事業活動支出計	40,913,307	88.0	4.3	10,315,186	83.3	1.1	12,425,826	90.8	1.3	12,287,352	88.6	1.3	7,122,710	90.7	0.7

(注) 構造比率は幼稚園部門合計を 100 としたものである。

令和３年度事業活動収支計算書（都道府県別）
ー幼稚園部門ー

（教育活動収支及び教育活動外収支）（１０－１０）　　（単位：千円）

区分	宮崎県			鹿児島県			沖縄県		
学校数　学生生徒等数 専任教員数　専任職員数	78 園　6,292 人 838 人　175 人			138 園　14,479 人 1,635 人　309 人			28 園　2,737 人 331 人　72 人		
科目	金額	構成比率(%)	趨勢構造比率	金額	構成比率(%)	趨勢構造比率	金額	構成比率(%)	趨勢構造比率
（教育活動収支・収入の部）									
学生生徒等納付金	577,995	6.3	0.2	1,929,155	10.0	0.7	582,199	16.8	0.2
手数料	5,990	0.1	0.3	14,156	0.1	0.6	1,638	0.0	0.1
寄付金	11,067	0.1	0.2	108,144	0.6	2.0	119,480	3.5	2.2
経常費等補助金	7,757,232	84.2	1.3	15,139,438	78.3	2.5	2,383,389	68.9	0.4
付随事業収入	510,938	5.5	0.6	1,180,274	6.1	1.4	153,026	4.4	0.2
雑収入	187,346	2.0	0.6	418,199	2.2	1.4	47,272	1.4	0.2
教育活動収入計	9,050,567	98.2	0.9	18,789,366	97.2	1.9	3,287,004	95.0	0.3
（教育活動収支・支出の部）									
人件費	5,818,959	63.2	0.9	12,455,499	64.4	2.0	2,093,959	60.5	0.3
教育研究（管理）経費	2,426,619	26.3	0.8	4,865,991	25.2	1.6	972,038	28.1	0.3
（うち減価償却額）	569,573	6.2	0.7	1,180,498	6.1	1.5	209,801	6.1	0.3
徴収不能額等	6,692	0.1	2.6	22	0.0	0.0	589	0.0	0.2
教育活動支出計	8,252,270	89.6	0.9	17,321,511	89.6	1.8	3,066,586	88.7	0.3
（教育活動外収支・収入の部）									
受取利息・配当金	9,943	0.1	0.3	12,514	0.1	0.4	248	0.0	0.0
その他の教育活動外収入	4,000	0.0	0.6	11,269	0.1	1.8	0	0.0	0.0
教育活動外収入計	13,943	0.2	0.4	23,783	0.1	0.6	248	0.0	0.0
（教育活動外収支・支出の部）									
借入金等利息	13,341	0.1	0.6	52,478	0.3	2.3	12,294	0.4	0.5
その他の教育活動外支出	1	0.0	0.0	5,274	0.0	1.6	0	0.0	0.0
教育活動外支出計	13,342	0.1	0.5	57,752	0.3	2.2	12,294	0.4	0.5

（特別収支）（１０－１０）

（単位：千円）

区分	宮崎県			鹿児島県			沖縄県		
学校数 学生生徒等数 専任教員数 専任職員数	78 園 6,292 人 838 人 175 人			138 園 14,479 人 1,635 人 309 人			28 園 2,737 人 331 人 72 人		
科目	金額	構成比率(%)	趨勢構造比率	金額	構成比率(%)	趨勢構造比率	金額	構成比率(%)	趨勢構造比率
（特別収支・収入の部）									
資産売却差額	166	0.0	0.0	12,067	0.1	0.4	1,500	0.0	0.0
その他の特別収入	147,921	1.6	0.5	507,885	2.6	1.6	170,297	4.9	0.6
（うち寄付金）	443	0.0	0.0	197,099	1.0	3.6	737	0.0	0.0
（うち補助金）	132,155	1.4	0.6	307,141	1.6	1.3	167,565	4.8	0.7
特別収入計	148,087	1.6	0.4	519,952	2.7	1.5	171,797	5.0	0.5
（特別収支・支出の部）									
資産処分差額	36,845	0.4	0.6	111,858	0.6	1.8	942	0.0	0.0
その他の特別支出	3,227	0.0	0.2	20,608	0.1	1.0	899	0.0	0.0
特別支出計	40,072	0.4	0.5	132,466	0.7	1.6	1,841	0.1	0.0
基本金組入前当年度収支差額	906,913	9.8	1.0	1,821,372	9.4	2.0	378,327	10.9	0.4
経常収支差額	798,898	8.7	1.3	1,433,886	7.4	2.3	208,372	6.0	0.3
教育活動収支差額	798,297	8.7	1.3	1,467,855	7.6	2.4	220,418	6.4	0.4
教育活動外収支差額	601	0.0	0.1	-33,969	-0.2	-3.0	-12,046	-0.3	-1.1
特別収支差額	108,015	1.2	0.4	387,486	2.0	1.5	169,956	4.9	0.7
基本金組入額合計	-1,146,445	-12.4	1.1	-1,664,646	-8.6	1.7	-782,835	-22.6	0.8
当年度収支差額	-239,532	-2.6	2.2	156,726	0.8	-1.4	-404,507	-11.7	3.7

（参考）

事業活動収入計	9,212,597	100.0	0.9	19,333,101	100.0	1.9	3,459,049	100.0	0.3
事業活動支出計	8,305,684	90.2	0.9	17,511,730	90.6	1.8	3,080,721	89.1	0.3

（注）構造比率は幼稚園部門合計を100としたものである。

５ヵ年連続資金収支計算書
－幼稚園部門－

（単位：千円）

区分	29年度			30年度			令和元年度			2年度			3年度		
学校数 専任教員数 / 学生生徒等数 専任職員数	8,748 園 118,903 人		1,332,265 人 26,812 人	8,833 園 124,321 人		1,318,891 人 28,556 人	9,223 園 131,556 人		1,312,527 人 30,954 人	9,416 園 141,355 人		1,320,535 人 33,241 人	9,614 園 146,396 人		1,299,482 人 34,894 人
科目	金額	構成比率(%)	趨勢構造比率	金額	構成比率(%)	趨勢構造比率	金額	構成比率(%)	趨勢構造比率	金額	構成比率(%)	趨勢構造比率	金額	構成比率(%)	趨勢構造比率
(収入の部)															
学生生徒等納付金収入	397,028,077	30.5	100.0	392,666,205	29.2	98.9	364,983,935	24.9	91.9	383,728,655	25.1	96.7	376,775,145	23.9	94.9
授業料収入	286,151,076	22.0	100.0	269,652,548	20.0	94.2	182,825,603	12.5	63.9	68,124,260	4.5	23.8	62,914,253	4.0	22.0
入学金収入	21,662,529	1.7	100.0	20,208,254	1.5	93.3	18,132,584	1.2	83.7	15,731,266	1.0	72.6	14,196,264	0.9	65.5
施設設備資金収入	14,630,791	1.1	100.0	13,938,991	1.0	95.3	18,288,914	1.2	125.0	13,426,993	0.9	91.8	12,483,944	0.8	85.3
施設等利用給付費収入	－	***.*	***.*	－	***.*	***.*	－	***.*	***.*	147,778,815	9.7	***.*	141,790,940	9.0	***.*
施設型給付費収入	－	***.*	***.*	－	***.*	***.*	－	***.*	***.*	73,924,973	4.8	***.*	80,882,638	5.1	***.*
その他収入	74,583,682	5.7	100.0	88,866,413	6.6	119.1	145,736,835	10.0	195.4	64,742,347	4.2	86.8	64,507,106	4.1	86.5
手数料収入	2,574,291	0.2	100.0	2,542,519	0.2	98.8	2,711,474	0.2	105.3	2,871,052	0.2	111.5	3,371,609	0.2	131.0
入学検定料収入	1,382,297	0.1	100.0	1,187,702	0.1	85.9	1,153,365	0.1	83.4	1,054,221	0.1	76.3	1,166,319	0.1	84.4
その他収入	1,191,993	0.1	100.0	1,354,816	0.1	113.7	1,558,109	0.1	130.7	1,816,830	0.1	152.4	2,205,290	0.1	185.0
寄付金収入	7,718,105	0.6	100.0	8,128,115	0.6	105.3	6,493,759	0.4	84.1	5,618,715	0.4	72.8	7,710,562	0.5	99.9
補助金収入	655,791,232	50.4	100.0	712,087,436	52.9	108.6	843,797,757	57.7	128.7	896,463,936	58.8	136.7	937,503,429	59.5	143.0
国庫補助金収入	20,939,674	1.6	100.0	22,274,793	1.7	106.4	22,211,406	1.5	106.1	21,227,432	1.4	101.4	19,078,952	1.2	91.1
地方公共団体補助金収入	264,234,201	20.3	100.0	248,322,441	18.5	94.0	232,674,348	15.9	88.1	228,464,685	15.0	86.5	225,227,886	14.3	85.2
授業料等減免費負担金収入	－	***.*	***.*	－	***.*	***.*	－	***.*	***.*	0	0.0	***.*	0	0.0	***.*
その他地方公共団体補助金収入	－	***.*	***.*	－	***.*	***.*	－	***.*	***.*	228,464,685	15.0	***.*	225,227,886	14.3	***.*
施設型給付費収入	370,617,357	28.5	100.0	441,490,202	32.8	119.1	588,912,003	40.2	158.9	646,771,818	42.4	174.5	693,196,591	44.0	187.0
資産売却収入	33,304,755	2.6	100.0	24,980,705	1.9	75.0	28,020,779	1.9	84.1	28,871,448	1.9	86.7	34,052,430	2.2	102.2
付随事業・収益事業収入	95,003,737	7.3	100.0	97,264,922	7.2	102.4	104,135,665	7.1	109.6	103,481,136	6.8	108.9	115,806,169	7.4	121.9
施設等利用給付費収入	－	***.*	***.*	－	***.*	***.*	－	***.*	***.*	10,288,636	0.7	***.*	10,582,293	0.7	***.*
その他付随事業等収入	－	***.*	***.*	－	***.*	***.*	－	***.*	***.*	93,192,500	6.1	***.*	105,223,876	6.7	***.*
受取利息・配当金収入	2,917,953	0.2	100.0	2,705,575	0.2	92.7	2,737,116	0.2	93.8	2,683,685	0.2	92.0	3,253,430	0.2	111.5
雑収入	33,184,789	2.6	100.0	33,381,170	2.5	100.6	33,646,052	2.3	101.4	33,227,402	2.2	100.1	34,266,924	2.2	103.3
借入金等収入	72,559,624	5.6	100.0	72,128,863	5.4	99.4	76,806,841	5.2	105.9	68,879,424	4.5	94.9	62,241,848	4.0	85.8
長期借入金収入	44,965,674	3.5	100.0	44,458,839	3.3	98.9	50,243,220	3.4	111.7	43,159,219	2.8	96.0	40,300,549	2.6	89.6
短期借入金収入	27,444,768	2.1	100.0	27,631,832	2.1	100.7	26,391,386	1.8	96.2	25,637,362	1.7	93.4	21,867,825	1.4	79.7
学校債収入	149,181	0.0	100.0	38,192	0.0	25.6	172,236	0.0	115.5	82,844	0.0	55.5	73,475	0.0	49.3
計	1,300,082,562	100.0	100.0	1,345,885,509	100.0	103.5	1,463,333,378	100.0	112.6	1,525,825,451	100.0	117.4	1,574,981,547	100.0	121.1

（注）趨勢は２９年度を100としたものである。

5ヵ年連続資金収支計算書
―幼稚園部門―

(単位：千円)

区分	29年度			30年度			令和元年度			2年度			3年度		
学校数 学生生徒等数 専任教員数 専任職員数	8,748 園 1,332,265 人 118,903 人 26,812 人			8,833 園 1,318,891 人 124,321 人 28,556 人			9,223 園 1,312,527 人 131,556 人 30,954 人			9,416 園 1,320,535 人 141,355 人 33,241 人			9,614 園 1,299,482 人 146,396 人 34,894 人		
科目	金額	構成比率(%)	趨勢構造比率	金額	構成比率(%)	趨勢構造比率	金額	構成比率(%)	趨勢構造比率	金額	構成比率(%)	趨勢構造比率	金額	構成比率(%)	趨勢構造比率
(支出の部)															
人件費支出	707,142,406	59.3	100.0	761,610,295	60.7	107.7	833,697,612	61.5	117.9	882,509,972	63.4	124.8	930,344,182	64.4	131.6
教員人件費支出	499,188,325	41.8	100.0	534,840,539	42.6	107.1	562,061,104	41.5	112.6	585,117,792	42.0	117.2	604,286,349	41.8	121.1
本務教員	470,132,623	39.4	100.0	502,941,373	40.1	107.0	526,438,681	38.8	112.0	547,003,308	39.3	116.4	563,341,041	39.0	119.8
(うち所定福利費)	59,553,651	5.0	100.0	64,040,846	5.1	107.5	68,989,057	5.1	115.8	72,106,164	5.2	121.1	74,899,076	5.2	125.8
兼務教員	29,055,702	2.4	100.0	31,899,166	2.5	109.8	35,622,422	2.6	122.6	38,114,485	2.7	131.2	40,945,308	2.8	140.9
職員人件費支出	179,809,236	15.1	100.0	197,210,988	15.7	109.7	241,058,024	17.8	134.1	266,368,556	19.1	148.1	292,364,271	20.2	162.6
本務職員	150,030,459	12.6	100.0	164,255,529	13.1	109.5	201,347,791	14.8	134.2	221,843,063	15.9	147.9	243,329,968	16.8	162.2
(うち所定福利費)	17,816,474	1.5	100.0	20,157,354	1.6	113.1	25,369,057	1.9	142.4	27,943,056	2.0	156.8	30,976,319	2.1	173.9
兼務職員	29,778,777	2.5	100.0	32,955,458	2.6	110.7	39,710,233	2.9	133.4	44,525,494	3.2	149.5	49,034,303	3.4	164.7
役員報酬支出	994,754	0.1	100.0	927,124	0.1	93.2	947,136	0.1	95.2	1,176,814	0.1	118.3	1,333,396	0.1	134.0
退職金支出	18,357,756	1.5	100.0	17,952,038	1.4	97.8	18,938,501	1.4	103.2	18,434,629	1.3	100.4	20,258,782	1.4	110.4
その他支出	8,792,335	0.7	100.0	10,679,606	0.9	121.5	10,692,847	0.8	121.6	11,412,181	0.8	129.8	12,101,384	0.8	137.6
教育研究(管理)経費支出	260,412,066	21.8	100.0	272,969,040	21.7	104.8	286,355,737	21.1	110.0	283,474,429	20.4	108.9	300,192,916	20.8	115.3
借入金等利息支出	2,995,057	0.3	100.0	2,954,347	0.2	98.6	3,233,799	0.2	108.0	3,103,393	0.2	103.6	3,105,209	0.2	103.7
借入金等返済支出	59,837,607	5.0	100.0	64,019,571	5.1	107.0	66,229,469	4.9	110.7	64,544,577	4.6	107.9	63,723,525	4.4	106.5
施設関係支出	139,843,666	11.7	100.0	129,873,767	10.3	92.9	140,655,421	10.4	100.6	129,367,666	9.3	92.5	121,239,733	8.4	86.7
土地支出	15,810,564	1.3	100.0	18,689,793	1.5	118.2	21,124,248	1.6	133.6	14,666,434	1.1	92.8	12,766,566	0.9	80.7
建物支出	94,165,064	7.9	100.0	78,662,289	6.3	83.5	80,466,285	5.9	85.5	78,297,113	5.6	83.1	74,946,419	5.2	79.6
構築物支出	12,176,787	1.0	100.0	12,963,003	1.0	106.5	13,884,590	1.0	114.0	13,083,874	0.9	107.4	13,623,226	0.9	111.9
その他支出	17,691,250	1.5	100.0	19,558,681	1.6	110.6	25,180,297	1.9	142.3	23,320,246	1.7	131.8	19,903,522	1.4	112.5
設備関係支出	23,240,466	1.9	100.0	24,293,507	1.9	104.5	25,752,174	1.9	110.8	28,617,637	2.1	123.1	25,929,582	1.8	111.6
教育研究用機器備品支出	10,481,494	0.9	100.0	11,123,393	0.9	106.1	10,969,584	0.8	104.7	12,770,634	0.9	121.8	11,839,327	0.8	113.0
図書支出	339,071	0.0	100.0	416,997	0.0	123.0	327,582	0.0	96.6	319,047	0.0	94.1	370,297	0.0	109.2
その他支出	12,419,900	1.0	100.0	12,753,116	1.0	102.7	14,455,009	1.1	116.4	15,527,955	1.1	125.0	13,719,958	0.9	110.5
計	1,193,471,267	100.0	100.0	1,255,720,527	100.0	105.2	1,355,924,211	100.0	113.6	1,391,617,674	100.0	116.6	1,444,535,147	100.0	121.0
収支差額 (その他法人・個人のみ)	20,923,636		100.0	19,389,540		92.7	29,781,168		142.3	39,259,118		187.6	35,446,502		169.4

(注) 趨勢は29年度を100としたものである。

令和３年度資金収支計算書（設置者別）
ー幼稚園部門ー

（２－１）　　　　（単位：千円）

区分	合計			大学法人			短期大学法人			高校・中等教育法人			中学校法人		
学校数 専任教員数 / 学生生徒等数 専任職員数	9,614 園 146,396 人		1,299,482 人 34,894 人	340 園 4,258 人		54,854 人 649 人	82 園 1,148 人		12,374 人 178 人	270 園 3,696 人		42,986 人 642 人	8 園 78 人		993 人 21 人
科目	金額	構成比率(%)	趨勢構造比率	金額	構成比率(%)	趨勢構造比率	金額	構成比率(%)	趨勢構造比率	金額	構成比率(%)	趨勢構造比率	金額	構成比率(%)	趨勢構造比率
（収入の部）															
学生生徒等納付金収入	376,775,145	23.9	100.0	17,193,026	34.8	4.6	2,890,002	23.3	0.8	12,605,220	28.5	3.3	379,756	38.3	0.1
授業料収入	62,914,253	4.0	100.0	4,232,716	8.6	6.7	777,829	6.3	1.2	2,516,924	5.7	4.0	110,129	11.1	0.2
入学金収入	14,196,264	0.9	100.0	968,878	2.0	6.8	154,506	1.2	1.1	671,210	1.5	4.7	26,080	2.6	0.2
施設設備資金収入	12,483,944	0.8	100.0	709,661	1.4	5.7	77,496	0.6	0.6	592,665	1.3	4.7	28,007	2.8	0.2
施設等利用給付費収入	141,790,940	9.0	100.0	7,866,614	15.9	5.5	1,103,303	8.9	0.8	6,197,717	14.0	4.4	122,495	12.4	0.1
施設型給付費収入	80,882,638	5.1	100.0	414,995	0.8	0.5	218,155	1.8	0.3	567,382	1.3	0.7	37,488	3.8	0.0
その他収入	64,507,106	4.1	100.0	3,000,161	6.1	4.7	558,713	4.5	0.9	2,059,322	4.7	3.2	55,558	5.6	0.1
手数料収入	3,371,609	0.2	100.0	179,606	0.4	5.3	18,787	0.2	0.6	102,199	0.2	3.0	2,679	0.3	0.1
入学検定料収入	1,166,319	0.1	100.0	106,590	0.2	9.1	8,457	0.1	0.7	61,005	0.1	5.2	2,604	0.3	0.2
その他収入	2,205,290	0.1	100.0	73,015	0.1	3.3	10,330	0.1	0.5	41,195	0.1	1.9	76	0.0	0.0
寄付金収入	7,710,562	0.5	100.0	452,458	0.9	5.9	36,027	0.3	0.5	1,491,792	3.4	19.3	9,743	1.0	0.1
補助金収入	937,503,429	59.5	100.0	26,037,719	52.7	2.8	7,715,873	62.2	0.8	21,610,954	48.9	2.3	480,618	48.5	0.1
国庫補助金収入	19,078,952	1.2	100.0	90,587	0.2	0.5	36,405	0.3	0.2	171,406	0.4	0.9	6,467	0.7	0.0
地方公共団体補助金収入	225,227,886	14.3	100.0	11,351,601	23.0	5.0	1,986,083	16.0	0.9	9,357,508	21.2	4.2	416,702	42.1	0.2
授業料等減免費負担金収入	0	0.0	100.0	0	0.0	0.0	0	0.0	0.0	0	0.0	0.0	0	0.0	0.0
その他地方公共団体補助金収入	225,227,886	14.3	100.0	11,351,601	23.0	5.0	1,986,083	16.0	0.9	9,357,508	21.2	4.2	416,702	42.1	0.2
施設型給付費収入	693,196,591	44.0	100.0	14,595,531	29.5	2.1	5,693,386	45.9	0.8	12,082,039	27.3	1.7	57,450	5.8	0.0
資産売却収入	34,052,430	2.2	100.0	549,789	1.1	1.6	10,710	0.1	0.0	1,296,814	2.9	3.8	0	0.0	0.0
付随事業・収益事業収入	115,806,169	7.4	100.0	3,141,267	6.4	2.7	920,507	7.4	0.8	2,741,572	6.2	2.4	99,468	10.0	0.1
施設等利用給付費収入	10,582,293	0.7	100.0	87,350	0.2	0.8	30,043	0.2	0.3	56,687	0.1	0.5	5,626	0.6	0.1
その他付随事業等収入	105,223,876	6.7	100.0	3,053,917	6.2	2.9	890,464	7.2	0.8	2,684,885	6.1	2.6	93,841	9.5	0.1
受取利息・配当金収入	3,253,430	0.2	100.0	205,572	0.4	6.3	48,683	0.4	1.5	80,115	0.2	2.5	16	0.0	0.0
雑収入	34,266,924	2.2	100.0	1,454,149	2.9	4.2	293,819	2.4	0.9	1,470,951	3.3	4.3	18,250	1.8	0.1
借入金等収入	62,241,848	4.0	100.0	229,300	0.5	0.4	476,240	3.8	0.8	2,822,028	6.4	4.5	0	0.0	0.0
長期借入金収入	40,300,549	2.6	100.0	125,800	0.3	0.3	392,980	3.2	1.0	1,710,346	3.9	4.2	0	0.0	0.0
短期借入金収入	21,867,825	1.4	100.0	86,000	0.2	0.4	83,260	0.7	0.4	1,111,682	2.5	5.1	0	0.0	0.0
学校債収入	73,475	0.0	100.0	17,500	0.0	23.8	0	0.0	0.0	0	0.0	0.0	0	0.0	0.0
計	1,574,981,547	100.0	100.0	49,442,886	100.0	3.1	12,410,649	100.0	0.8	44,221,645	100.0	2.8	990,531	100.0	0.1

（注）構造比率は幼稚園部門合計を 100 としたものである。

令和３年度資金収支計算書（設置者別）

－幼稚園部門－

（２－１）　　　　　　　　　　　　　　　　　　　　　　　　　　　　　　　　　（単位：千円）

区分	合計			大学法人			短期大学法人			高校・中等教育法人			中学校法人		
学校数　学生生徒等数 専任教員数　専任職員数	9,614 園 146,396 人		1,299,482 人 34,894 人	340 園 4,258 人		54,854 人 649 人	82 園 1,148 人		12,374 人 178 人	270 園 3,696 人		42,986 人 642 人	8 園 78 人		993 人 21 人
科目	金額	構成比率(%)	趨勢構造比率	金額	構成比率(%)	趨勢構造比率	金額	構成比率(%)	趨勢構造比率	金額	構成比率(%)	趨勢構造比率	金額	構成比率(%)	趨勢構造比率
（支出の部）															
人件費支出	930,344,182	64.4	100.0	32,664,629	68.5	3.5	7,465,443	67.4	0.8	25,040,874	59.0	2.7	723,208	74.1	0.1
教員人件費支出	604,286,349	41.8	100.0	26,068,415	54.7	4.3	6,055,133	54.7	1.0	19,749,190	46.5	3.3	507,477	52.0	0.1
本務教員	563,341,041	39.0	100.0	23,118,730	48.5	4.1	5,359,598	48.4	1.0	17,822,977	42.0	3.2	446,295	45.7	0.1
（うち所定福利費）	74,899,076	5.2	100.0	2,929,532	6.1	3.9	684,722	6.2	0.9	2,560,407	6.0	3.4	53,664	5.5	0.1
兼務教員	40,945,308	2.8	100.0	2,949,685	6.2	7.2	695,534	6.3	1.7	1,926,213	4.5	4.7	61,182	6.3	0.1
職員人件費支出	292,364,271	20.2	100.0	5,524,763	11.6	1.9	1,166,804	10.5	0.4	4,165,566	9.8	1.4	190,783	19.5	0.1
本務職員	243,329,968	16.8	100.0	3,435,278	7.2	1.4	800,701	7.2	0.3	2,981,825	7.0	1.2	149,569	15.3	0.1
（うち所定福利費）	30,976,319	2.1	100.0	430,983	0.9	1.4	104,180	0.9	0.3	423,408	1.0	1.4	17,872	1.8	0.1
兼務職員	49,034,303	3.4	100.0	2,089,485	4.4	4.3	366,103	3.3	0.7	1,183,741	2.8	2.4	41,214	4.2	0.1
役員報酬支出	1,333,396	0.1	100.0	360	0.0	0.0	0	0.0	0.0	0	0.0	0.0	0	0.0	0.0
退職金支出	20,258,782	1.4	100.0	1,065,545	2.2	5.3	241,660	2.2	1.2	1,055,732	2.5	5.2	24,949	2.6	0.1
その他支出	12,101,384	0.8	100.0	5,546	0.0	0.0	1,846	0.0	0.0	70,387	0.2	0.6	0	0.0	0.0
教育研究（管理）経費支出	300,192,916	20.8	100.0	10,997,557	23.1	3.7	2,451,473	22.1	0.8	8,365,122	19.7	2.8	142,728	14.6	0.0
借入金等利息支出	3,105,209	0.2	100.0	29,078	0.1	0.9	9,457	0.1	0.3	56,588	0.1	1.8	2,104	0.2	0.1
借入金等返済支出	63,723,525	4.4	100.0	694,186	1.5	1.1	366,150	3.3	0.6	1,753,837	4.1	2.8	45,556	4.7	0.1
施設関係支出	121,239,733	8.4	100.0	2,554,719	5.4	2.1	649,924	5.9	0.5	6,564,141	15.5	5.4	43,119	4.4	0.0
土地支出	12,766,566	0.9	100.0	81,121	0.2	0.6	330,423	3.0	2.6	100,943	0.2	0.8	0	0.0	0.0
建物支出	74,946,419	5.2	100.0	1,352,581	2.8	1.8	273,727	2.5	0.4	5,185,310	12.2	6.9	41,423	4.2	0.1
構築物支出	13,623,226	0.9	100.0	472,957	1.0	3.5	39,242	0.4	0.3	674,885	1.6	5.0	471	0.0	0.0
その他支出	19,903,522	1.4	100.0	648,060	1.4	3.3	6,532	0.1	0.0	603,003	1.4	3.0	1,225	0.1	0.0
設備関係支出	25,929,582	1.8	100.0	735,249	1.5	2.8	128,903	1.2	0.5	652,819	1.5	2.5	19,880	2.0	0.1
教育研究用機器備品支出	11,839,327	0.8	100.0	470,604	1.0	4.0	95,772	0.9	0.8	410,135	1.0	3.5	6,381	0.7	0.1
図書支出	370,297	0.0	100.0	6,532	0.0	1.8	1,814	0.0	0.5	7,309	0.0	2.0	3,283	0.3	0.9
その他支出	13,719,958	0.9	100.0	258,113	0.5	1.9	31,318	0.3	0.2	235,375	0.6	1.7	10,217	1.0	0.1
計	1,444,535,147	100.0	100.0	47,675,418	100.0	3.3	11,071,349	100.0	0.8	42,433,382	100.0	2.9	976,595	100.0	0.1
収支差額 （その他法人・個人のみ）	35,446,502		100.0	0		0.0	0		0.0	0		0.0	0		0.0

（注）構造比率は幼稚園部門合計を 100 としたものである。

令和3年度資金収支計算書（設置者別）
－幼稚園部門－

（2－2）　　　　　　　　　　　　　　　　　　　　（単位：千円）

区分	小学校法人			幼稚園法人			その他の法人			個人		
学校数 学生生徒等数 専任教員数 専任職員数	31 園 4,548 人 365 人 85 人			6,091 園 894,741 人 86,802 人 18,669 人			2,568 園 258,895 人 47,633 人 14,076 人			224 園 30,091 人 2,416 人 574 人		
科目	金額	構成比率(%)	趨勢構造比率	金額	構成比率(%)	趨勢構造比率	金額	構成比率(%)	趨勢構造比率	金額	構成比率(%)	趨勢構造比率
（収入の部）												
学生生徒等納付金収入	1,750,286	37.1	0.5	234,485,872	23.3	62.2	99,846,810	23.3	26.5	7,624,173	28.5	2.0
授業料収入	356,131	7.5	0.6	44,146,993	4.4	70.2	7,014,192	1.6	11.1	3,759,340	14.0	6.0
入学金収入	115,395	2.4	0.8	10,924,178	1.1	77.0	624,455	0.1	4.4	711,561	2.7	5.0
施設設備資金収入	116,157	2.5	0.9	8,952,337	0.9	71.7	1,696,933	0.4	13.6	310,687	1.2	2.5
施設等利用給付費収入	822,266	17.4	0.6	118,493,950	11.8	83.6	5,914,516	1.4	4.2	1,270,078	4.7	0.9
施設型給付費収入	0	0.0	0.0	19,171,772	1.9	23.7	59,729,856	14.0	73.8	742,991	2.8	0.9
その他収入	340,336	7.2	0.5	32,796,641	3.3	50.8	24,866,858	5.8	38.5	829,516	3.1	1.3
手数料収入	12,139	0.3	0.4	1,918,352	0.2	56.9	986,558	0.2	29.3	151,288	0.6	4.5
入学検定料収入	5,234	0.1	0.4	723,945	0.1	62.1	218,293	0.1	18.7	40,191	0.1	3.4
その他収入	6,905	0.1	0.3	1,194,408	0.1	54.2	768,264	0.2	34.8	111,097	0.4	5.0
寄付金収入	39,293	0.8	0.5	4,740,616	0.5	61.5	884,938	0.2	11.5	55,696	0.2	0.7
補助金収入	2,024,070	42.9	0.2	579,311,720	57.5	61.8	285,428,952	66.7	30.4	14,893,522	55.6	1.6
国庫補助金収入	3,768	0.1	0.0	11,896,669	1.2	62.4	6,638,141	1.6	34.8	235,508	0.9	1.2
地方公共団体補助金収入	891,832	18.9	0.4	179,459,956	17.8	79.7	19,159,686	4.5	8.5	2,604,519	9.7	1.2
授業料等減免費負担金収入	0	0.0	0.0	0	0.0	0.0	0	0.0	0.0	0	0.0	0.0
その他地方公共団体補助金収入	891,832	18.9	0.4	179,459,956	17.8	79.7	19,159,686	4.5	8.5	2,604,519	9.7	1.2
施設型給付費収入	1,128,470	23.9	0.2	387,955,096	38.5	56.0	259,631,125	60.6	37.5	12,053,495	45.0	1.7
資産売却収入	400,955	8.5	1.2	30,935,379	3.1	90.8	795,711	0.2	2.3	63,073	0.2	0.2
付随事業・収益事業収入	411,446	8.7	0.4	78,174,315	7.8	67.5	28,377,114	6.6	24.5	1,940,481	7.2	1.7
施設等利用給付費収入	14,704	0.3	0.1	7,068,907	0.7	66.8	3,045,038	0.7	28.8	273,936	1.0	2.6
その他付随事業等収入	396,742	8.4	0.4	71,105,408	7.1	67.6	25,332,075	5.9	24.1	1,666,545	6.2	1.6
受取利息・配当金収入	225	0.0	0.0	2,781,928	0.3	85.5	124,765	0.0	3.8	12,125	0.0	0.4
雑収入	80,322	1.7	0.2	26,820,710	2.7	78.3	3,566,510	0.8	10.4	562,213	2.1	1.6
借入金等収入	0	0.0	0.0	49,106,543	4.9	78.9	8,115,939	1.9	13.0	1,491,799	5.6	2.4
長期借入金収入	0	0.0	0.0	29,565,868	2.9	73.4	7,152,442	1.7	17.7	1,353,113	5.0	3.4
短期借入金収入	0	0.0	0.0	19,491,154	1.9	89.1	957,043	0.2	4.4	138,686	0.5	0.6
学校債収入	0	0.0	0.0	49,520	0.0	67.4	6,455	0.0	8.8	0	0.0	0.0
計	4,718,736	100.0	0.3	1,008,275,433	100.0	64.0	428,127,296	100.0	27.2	26,794,371	100.0	1.7

（注）構造比率は幼稚園部門合計を100としたものである。

令　和　3　年　度　資　金　収　支　計　算　書（設置者別）

ー 幼 稚 園 部 門 ー

（2－2）　　　　　　　　　　　　　　　　　　　　　　　　　　　　　　　（単位：千円）

区分	小学校法人			幼稚園法人			その他の法人			個人		
学校数　学生生徒等数 専任教員数　専任職員数	31 園　4,548 人 365 人　85 人			6,091 園　894,741 人 86,802 人　18,669 人			2,568 園　258,895 人 47,633 人　14,076 人			224 園　30,091 人 2,416 人　574 人		
科目	金額	構成比率(%)	趨勢構造比率	金額	構成比率(%)	趨勢構造比率	金額	構成比率(%)	趨勢構造比率	金額	構成比率(%)	趨勢構造比率
(支出の部)												
人件費支出	2,454,777	70.0	0.3	564,206,893	61.4	60.6	281,649,134	71.5	30.3	16,139,225	63.5	1.7
教員人件費支出	1,913,548	54.5	0.3	437,554,219	47.6	72.4	99,490,336	25.2	16.5	12,948,031	50.9	2.1
本務教員	1,694,492	48.3	0.3	407,385,160	44.3	72.3	94,944,068	24.1	16.9	12,569,721	49.5	2.2
(うち所定福利費)	202,648	5.8	0.3	56,181,798	6.1	75.0	10,855,016	2.8	14.5	1,431,289	5.6	1.9
兼務教員	219,057	6.2	0.5	30,169,059	3.3	73.7	4,546,268	1.2	11.1	378,311	1.5	0.9
職員人件費支出	496,789	14.2	0.2	105,394,201	11.5	36.0	173,050,839	43.9	59.2	2,374,526	9.3	0.8
本務職員	379,365	10.8	0.2	82,277,964	8.9	33.8	151,246,753	38.4	62.2	2,058,514	8.1	0.8
(うち所定福利費)	49,941	1.4	0.2	10,191,132	1.1	32.9	19,561,745	5.0	63.2	197,059	0.8	0.6
兼務職員	117,425	3.3	0.2	23,116,237	2.5	47.1	21,804,086	5.5	44.5	316,013	1.2	0.6
役員報酬支出	0	0.0	0.0	974,539	0.1	73.1	305,957	0.1	22.9	52,539	0.2	3.9
退職金支出	44,439	1.3	0.2	14,416,969	1.6	71.2	3,132,978	0.8	15.5	276,511	1.1	1.4
その他支出	0	0.0	0.0	5,866,965	0.6	48.5	5,669,024	1.4	46.8	487,616	1.9	4.0
教育研究（管理）経費支出	737,241	21.0	0.2	205,658,440	22.4	68.5	66,244,870	16.8	22.1	5,595,486	22.0	1.9
借入金等利息支出	24,837	0.7	0.8	2,204,193	0.2	71.0	682,945	0.2	22.0	96,007	0.4	3.1
借入金等返済支出	69,192	2.0	0.1	48,367,559	5.3	75.9	11,452,067	2.9	18.0	974,977	3.8	1.5
施設関係支出	118,708	3.4	0.1	83,211,308	9.1	68.6	25,960,065	6.6	21.4	2,137,750	8.4	1.8
土地支出	0	0.0	0.0	9,162,828	1.0	71.8	2,707,458	0.7	21.2	383,793	1.5	3.0
建物支出	22,599	0.6	0.0	52,115,162	5.7	69.5	14,607,514	3.7	19.5	1,348,102	5.3	1.8
構築物支出	89,820	2.6	0.7	9,186,926	1.0	67.4	2,910,905	0.7	21.4	248,021	1.0	1.8
その他支出	6,289	0.2	0.0	12,746,392	1.4	64.0	5,734,187	1.5	28.8	157,835	0.6	0.8
設備関係支出	104,110	3.0	0.4	15,745,982	1.7	60.7	8,067,717	2.0	31.1	474,923	1.9	1.8
教育研究用機器備品支出	66,191	1.9	0.6	7,766,691	0.8	65.6	2,880,922	0.7	24.3	142,633	0.6	1.2
図書支出	1,219	0.0	0.3	239,685	0.0	64.7	95,908	0.0	25.9	14,547	0.1	3.9
その他支出	36,700	1.0	0.3	7,739,606	0.8	56.4	5,090,886	1.3	37.1	317,743	1.3	2.3
計	3,508,864	100.0	0.2	919,394,374	100.0	63.6	394,056,797	100.0	27.3	25,418,367	100.0	1.8
収支差額（その他法人・個人のみ）	0		0.0	0		0.0	34,070,499		96.1	1,376,003		3.9

（注）構造比率は幼稚園部門合計を100としたものである。

５ ヵ 年 連 続 財 務 比 率 表
ー 幼 稚 園 部 門 ー

分類		区分 比率	算式（×100）	２９年度	３０年度	令和元年度	２年度	３年度
		学校数		6,985	6,818	6,801	6,785	6,822
		学生生徒等数		1,135,212	1,103,420	1,068,116	1,043,009	1,010,496
		専任教員数		90,088	91,370	91,966	94,499	96,347
			専任職員数	18,519	19,198	19,115	19,646	20,244
事業活動収支計算書	1	人件費比率	人件費 / 経常収入	% 59.8	% 60.7	% 61.4	% 62.0	% 62.8
	2	人件費依存率	人件費 / 学生生徒等納付金	162.3	171.9	196.9	221.0	235.2
	3	教育研究（管理）経費比率	教育研究（管理）経費 / 経常収入	31.5	31.7	31.3	30.1	30.7
	4	借入金等利息比率	借入金等利息 / 経常収入	0.3	0.3	0.3	0.2	0.2
	5	事業活動収支差額比率	基本金組入前当年度収支差額 / 事業活動収入	11.4	9.7	9.4	9.8	8.6
	6	基本金組入後収支比率	事業活動支出 / 事業活動収入－基本金組入額	100.1	103.1	102.4	100.4	101.2
	7	学生生徒等納付金比率	学生生徒等納付金 / 経常収入	36.9	35.3	31.2	28.0	26.7
	8	寄付金比率	寄付金 / 事業活動収入	1.3	1.6	0.9	0.8	1.0
	8-2	経常寄付金比率	教育活動収支の寄付金 / 経常収入	0.7	0.9	0.6	0.5	0.5
	9	補助金比率	補助金 / 事業活動収入	51.0	52.1	56.6	60.8	61.1
	9-2	経常補助金比率	経常費等補助金 / 経常収入	50.0	51.5	56.0	60.3	60.8
	10	基本金組入率	基本金組入額 / 事業活動収入	11.6	12.5	11.5	10.2	9.6
	11	減価償却額比率	減価償却額 / 経常支出	8.1	8.2	8.1	8.3	8.2
	12	経常収支差額比率	経常収支差額 / 経常収入	8.3	7.3	7.0	7.6	6.3
	13	教育活動収支差額比率	教育活動収支差額 / 教育活動収入計	8.3	7.3	7.0	7.6	6.2

（注）1.区分欄の数字は、上から順に学校数、学生生徒等数、専任教員数、専任職員数を表している。
2.寄付金＝教育活動収支の寄付金＋特別収支の寄付金
3.補助金＝経常費等補助金＋特別収支の補助金

令和３年度財務比率表（都道府県別）
－幼稚園部門－

（４－１）

分類		区分 比率	算式（×100）	合計	北海道	青森県	岩手県	宮城県	秋田県	山形県	福島県	茨城県	栃木県	群馬県	埼玉県	千葉県	東京都	神奈川県
		学校数		6,822	414	97	76	145	61	83	141	184	170	109	506	383	543	535
		学生生徒等数		1,010,496	44,305	6,319	8,428	22,490	6,123	8,821	17,419	26,157	27,501	13,727	90,047	62,090	95,954	95,116
		専任教員数		96,347	5,666	923	1,025	2,053	1,055	1,251	2,146	2,475	3,970	1,816	6,855	4,546	7,617	7,797
		専任職員数		20,244	1,540	283	240	475	333	306	485	511	1,015	304	1,409	893	1,695	1,543
事業活動収支計算書	1	人件費比率	人件費 / 経常収入	% 62.8	% 64.5	% 68.2	% 67.0	% 62.1	% 68.5	% 64.5	% 61.1	% 63.7	% 65.0	% 66.3	% 62.4	% 61.9	% 63.6	% 61.8
	2	人件費依存率	人件費 / 学生生徒等納付金	235.2	737.3	898.0	727.9	186.5	708.0	623.9	288.6	554.2	446.8	622.4	171.6	171.9	152.3	210.7
	3	教育研究（管理）経費比率	教育研究（管理）経費 / 経常収入	30.7	27.5	27.8	29.8	33.1	28.0	30.6	33.6	28.1	30.1	30.8	34.3	31.0	30.8	29.7
	4	借入金等利息比率	借入金等利息 / 経常収入	0.2	0.2	0.2	0.3	0.2	0.2	0.3	0.3	0.3	0.3	0.2	0.2	0.2	0.3	0.2
	5	事業活動収支差額比率	基本金組入前当年度収支差額 / 事業活動収入	8.6	12.3	11.2	3.0	8.2	4.4	8.1	9.0	10.7	7.1	6.4	5.1	10.2	6.9	11.1
	6	基本金組入後収支比率	事業活動支出 / 事業活動収入－基本金組入額	101.2	101.8	100.0	97.7	96.9	100.5	103.7	104.9	97.0	103.9	108.1	104.6	99.9	101.3	97.1
	7	学生生徒等納付金比率	学生生徒等納付金 / 経常収入	26.7	8.8	7.6	9.2	33.3	9.7	10.3	21.2	11.5	14.6	10.7	36.4	36.0	41.8	29.3
	8	寄付金比率	寄付金 / 事業活動収入	1.0	2.3	0.7	0.3	0.3	0.2	0.4	1.2	0.1	0.3	0.4	1.3	0.7	1.0	2.2
	8-2	経常寄付金比率	教育活動収支の寄付金 / 経常収入	0.5	0.3	0.4	0.2	0.2	0.2	0.3	0.4	0.1	0.3	0.4	0.6	0.3	0.7	0.9
	9	補助金比率	補助金 / 事業活動収入	61.1	82.4	85.0	79.5	54.1	82.2	78.3	66.0	77.5	78.6	82.8	45.1	51.9	43.6	55.6
	9-2	経常補助金比率	経常費等補助金 / 経常収入	60.8	83.7	84.1	79.5	54.0	82.0	78.6	65.4	76.7	78.2	82.1	45.3	51.2	42.8	56.5
	10	基本金組入率	基本金組入額 / 事業活動収入	9.6	13.8	11.2	0.6	5.3	4.8	11.4	13.2	7.9	10.6	13.4	9.3	10.1	8.0	8.5
	11	減価償却額比率	減価償却額 / 経常支出	8.2	7.6	7.3	8.7	8.5	8.2	8.7	8.9	7.5	10.1	9.0	9.6	8.4	8.1	8.1
	12	経常収支差額比率	経常収支差額 / 経常収入	6.3	7.7	3.8	2.9	4.6	3.4	4.7	4.8	7.5	4.5	2.7	3.1	6.9	5.3	8.2
	13	教育活動収支差額比率	教育活動収支差額 / 教育活動収入計	6.2	7.9	3.9	2.9	4.6	3.4	4.9	4.8	7.3	4.5	2.8	2.9	6.7	5.1	7.8

（注）1.区分欄の数字は、上から順に学校数、学生生徒等数、専任教員数、専任職員数を表している。
2.寄付金＝教育活動収支の寄付金＋特別収支の寄付金
3.補助金＝経常費等補助金＋特別収支の補助金

令和３年度財務比率表（都道府県別）
ー幼稚園部門ー

（４－２）

分類		区分 比率	算式（×100）	新潟県	富山県	石川県	福井県	山梨県	長野県	岐阜県	静岡県	愛知県	三重県	滋賀県	京都府	大阪府	兵庫県	奈良県
		学校数		99	45	56	29	56	82	95	210	387	60	24	140	388	211	43
		学生生徒等数		10,195	4,921	5,994	3,108	5,888	8,316	15,656	31,388	68,212	10,764	2,627	18,199	75,740	38,098	4,940
		専任教員数		1,666	664	823	454	779	1,126	1,373	2,931	5,111	985	331	1,706	6,451	3,243	492
		専任職員数		474	116	127	97	135	241	397	598	704	178	35	412	998	561	62
事業活動収支計算書	1	人件費比率	人件費 / 経常収入	% 68.4	% 63.1	% 62.4	% 62.5	% 64.4	% 63.6	% 59.5	% 62.9	% 61.5	% 60.5	% 69.5	% 65.6	% 61.1	% 62.6	% 63.8
	2	人件費依存率	人件費 / 学生生徒等納付金	631.1	501.3	290.4	414.3	422.2	319.1	143.5	258.4	167.8	193.6	390.5	165.0	187.0	201.6	136.7
	3	教育研究（管理）経費比率	教育研究（管理）経費 / 経常収入	29.7	33.9	31.0	31.6	29.8	29.6	31.3	31.0	30.5	32.2	30.1	33.6	33.9	31.2	33.7
	4	借入金等利息比率	借入金等利息 / 経常収入	0.4	0.2	0.1	0.2	0.1	0.3	0.1	0.3	0.2	0.2	0.1	0.4	0.1	0.1	0.1
	5	事業活動収支差額比率	基本金組入前当年度収支差額 / 事業活動収入	7.7	4.8	8.4	5.8	5.5	7.4	11.2	8.1	10.2	6.4	5.1	1.6	5.4	7.1	6.2
	6	基本金組入後収支比率	事業活動支出 / 事業活動収入－基本金組入額	104.3	104.9	103.5	102.9	103.2	106.5	100.4	105.1	100.5	97.2	105.0	104.7	102.4	102.4	98.0
	7	学生生徒等納付金比率	学生生徒等納付金 / 経常収入	10.8	12.6	21.5	15.1	15.2	19.9	41.5	24.4	36.6	31.3	17.8	39.7	32.7	31.0	46.7
	8	寄付金比率	寄付金 / 事業活動収入	0.5	2.5	0.2	1.7	0.1	0.4	0.1	3.2	0.6	0.3	0.9	1.7	0.5	0.5	0.9
	8-2	経常寄付金比率	教育活動収支の寄付金 / 経常収入	0.4	0.6	0.2	1.7	0.1	0.3	0.1	1.9	0.4	0.2	0.9	1.3	0.5	0.4	1.0
	9	補助金比率	補助金 / 事業活動収入	82.6	78.6	71.8	74.9	73.8	72.0	49.6	63.2	51.9	54.3	74.1	44.7	53.2	55.5	43.3
	9-2	経常補助金比率	経常費等補助金 / 経常収入	81.3	80.2	71.2	74.9	74.1	71.8	48.3	63.7	50.7	54.2	72.8	44.7	53.0	55.3	40.7
	10	基本金組入率	基本金組入額 / 事業活動収入	11.5	9.2	11.5	8.4	8.5	13.1	11.6	12.5	10.6	3.7	9.6	6.0	7.6	9.3	4.2
	11	減価償却額比率	減価償却額 / 経常支出	8.5	9.9	7.9	9.3	7.2	9.0	8.8	8.3	7.8	8.6	9.4	8.8	7.6	7.3	6.5
	12	経常収支差額比率	経常収支差額 / 経常収入	1.5	2.8	6.5	5.3	5.7	6.4	9.0	5.8	7.5	7.1	0.3	0.5	4.8	5.8	2.4
	13	教育活動収支差額比率	教育活動収支差額 / 教育活動収入計	1.8	2.8	6.7	4.8	5.6	6.5	8.5	5.9	7.7	6.9	0.3	0.3	4.5	5.6	2.4

（注）1.区分欄の数字は、上から順に学校数、学生生徒等数、専任教員数、専任職員数を表している。
2.寄付金＝教育活動収支の寄付金＋特別収支の寄付金
3.補助金＝経常費等補助金＋特別収支の補助金

令和３年度財務比率表（都道府県別）
ー幼稚園部門ー

（4－3）

分類		比率	算式（×100）	和歌山県	鳥取県	島根県	岡山県	広島県	山口県	徳島県	香川県	愛媛県	高知県	福岡県	佐賀県	長崎県	熊本県	大分県
		学校数		35	26	8	36	187	94	10	35	80	27	323	82	101	104	58
		学生生徒等数		5,391	3,777	578	6,199	26,039	10,741	1,197	4,900	10,451	2,615	46,875	9,331	10,922	11,901	7,528
		専任教員数		501	519	72	608	2,739	1,051	145	500	1,057	344	4,214	1,092	1,437	1,188	746
		専任職員数		92	114	32	96	568	208	37	75	294	106	783	265	404	248	199
事業活動収支計算書	1	人件費比率	人件費 / 経常収入	% 63.8	% 72.5	% 62.7	% 59.7	% 60.9	% 63.6	% 66.3	% 59.6	% 61.6	% 70.2	% 56.7	% 62.5	% 64.3	% 65.2	% 63.4
	2	人件費依存率	人件費 / 学生生徒等納付金	212.9	599.1	684.4	326.6	266.5	493.6	222.6	322.0	372.3	503.5	168.5	511.9	620.9	536.3	397.1
	3	教育研究（管理）経費比率	教育研究（管理）経費 / 経常収入	30.0	29.7	28.5	26.8	30.6	28.5	26.9	29.0	29.7	31.5	31.5	27.4	27.1	25.0	27.3
	4	借入金等利息比率	借入金等利息 / 経常収入	0.1	0.3	0.3	0.3	0.2	0.2	0.2	0.2	0.4	0.3	0.3	0.2	0.3	0.2	0.3
	5	事業活動収支差額比率	基本金組入前当年度収支差額 / 事業活動収入	5.8	1.7	8.6	13.2	11.2	10.0	6.7	10.9	9.1	-7.7	12.0	16.7	9.2	11.4	9.3
	6	基本金組入後収支比率	事業活動支出 / 事業活動収入－基本金組入額	98.6	105.7	98.5	96.7	98.9	97.0	103.5	100.3	106.1	113.6	99.6	90.1	102.9	96.5	101.1
	7	学生生徒等納付金比率	学生生徒等納付金 / 経常収入	30.0	12.1	9.2	18.3	22.9	12.9	29.8	18.5	16.6	13.9	33.6	12.2	10.4	12.2	16.0
	8	寄付金比率	寄付金 / 事業活動収入	0.4	0.2	0.4	0.5	3.1	0.3	0.5	0.2	0.3	0.4	0.2	0.2	0.1	0.4	0.2
	8-2	経常寄付金比率	教育活動収支の寄付金 / 経常収入	0.4	0.3	0.4	0.4	0.9	0.2	0.5	0.2	0.2	0.3	0.2	0.2	0.1	0.1	0.2
	9	補助金比率	補助金 / 事業活動収入	57.4	76.5	85.1	69.1	64.1	76.7	61.2	69.1	71.9	78.0	53.1	81.3	81.1	82.7	74.4
	9-2	経常補助金比率	経常費等補助金 / 経常収入	57.4	75.5	85.2	69.1	64.9	76.1	61.2	69.1	71.9	77.7	52.7	79.5	80.9	82.7	74.3
	10	基本金組入率	基本金組入額 / 事業活動収入	4.5	7.0	7.2	10.2	10.2	7.2	9.8	11.1	14.4	5.2	11.6	7.6	11.8	8.2	10.2
	11	減価償却額比率	減価償却額 / 経常支出	7.7	7.8	13.3	9.5	8.4	8.1	8.3	7.6	7.4	9.3	8.7	7.9	7.7	7.1	8.3
	12	経常収支差額比率	経常収支差額 / 経常収入	6.0	-2.5	8.4	13.1	8.3	7.7	6.6	11.0	8.2	-2.0	11.5	9.9	8.3	9.5	8.9
	13	教育活動収支差額比率	教育活動収支差額 / 教育活動収入計	6.0	-2.3	8.7	13.4	8.2	7.8	6.0	10.9	8.5	-1.9	11.6	9.8	8.5	9.6	9.1

（注）1.区分欄の数字は、上から順に学校数、学生生徒等数、専任教員数、専任職員数を表している。
2.寄付金＝教育活動収支の寄付金＋特別収支の寄付金
3.補助金＝経常費等補助金＋特別収支の補助金

令和３年度財務比率表（都道府県別）
－幼稚園部門－

（4－4）

分類		比率	算式（×100）	宮崎県	鹿児島県	沖縄県
		学校数		78	138	28
		学生生徒等数		6,292	14,479	2,737
		専任教員数		838	1,635	331
		専任職員数		175	309	72
事業活動収支計算書	1	人件費比率	人件費 / 経常収入	64.2%	66.2%	63.7%
	2	人件費依存率	人件費 / 学生生徒等納付金	1,006.7	645.6	359.7
	3	教育研究（管理）経費比率	教育研究（管理）経費 / 経常収入	26.8	25.9	29.6
	4	借入金等利息比率	借入金等利息 / 経常収入	0.1	0.3	0.4
	5	事業活動収支差額比率	基本金組入前当年度収支差額 / 事業活動収入	9.8	9.4	10.9
	6	基本金組入後収支比率	事業活動支出 / 事業活動収入－基本金組入額	103.0	99.1	115.1
	7	学生生徒等納付金比率	学生生徒等納付金 / 経常収入	6.4	10.3	17.7
	8	寄付金比率	寄付金 / 事業活動収入	0.1	1.6	3.5
	8-2	経常寄付金比率	教育活動収支の寄付金 / 経常収入	0.1	0.6	3.6
	9	補助金比率	補助金 / 事業活動収入	85.6	79.9	73.7
	9-2	経常補助金比率	経常費等補助金 / 経常収入	85.6	80.5	72.5
	10	基本金組入率	基本金組入額 / 事業活動収入	12.4	8.6	22.6
	11	減価償却額比率	減価償却額 / 経常支出	6.9	6.8	6.8
	12	経常収支差額比率	経常収支差額 / 経常収入	8.8	7.6	6.3
	13	教育活動収支差額比率	教育活動収支差額 / 教育活動収入計	8.8	7.8	6.7

（注）1.区分欄の数字は、上から順に学校数、学生生徒等数、専任教員数、専任職員数を表している。
2.寄付金＝教育活動収支の寄付金＋特別収支の寄付金
3.補助金＝経常費等補助金＋特別収支の補助金

4. 特別支援学校部門

■事業活動収支計算書

■資金収支計算書

■財 務 比 率 表

５ ヵ 年 連 続 事 業 活 動 収 支 計 算 書
ー 特 別 支 援 学 校 部 門 ー

（教育活動収支及び教育活動外収支）　　　　（単位：千円）

区分	２９年度			３０年度			令和元年度			２年度			３年度		
学校数 専任教員数 / 学生生徒等数 専任職員数	14校 297人		775人 86人	14校 304人		773人 83人	14校 303人		814人 85人	14校 307人		824人 89人	15校 310人		855人 93人
科目	金額	構成比率(%)	趨勢構造比率	金額	構成比率(%)	趨勢構造比率	金額	構成比率(%)	趨勢構造比率	金額	構成比率(%)	趨勢構造比率	金額	構成比率(%)	趨勢構造比率
（教育活動収支・収入の部）															
学生生徒等納付金	255,284	6.7	100.0	249,954	7.2	97.9	267,808	7.3	104.9	285,488	7.6	111.8	299,541	7.4	117.3
手数料	1,675	0.0	100.0	2,038	0.1	121.7	1,734	0.0	103.5	1,663	0.0	99.3	2,385	0.1	142.4
寄付金	130,135	3.4	100.0	101,317	2.9	77.9	265,447	7.2	204.0	96,868	2.6	74.4	151,456	3.7	116.4
経常費等補助金	2,631,919	69.2	100.0	2,714,553	78.0	103.1	2,753,592	75.2	104.6	2,955,641	79.2	112.3	3,102,029	76.7	117.9
付随事業収入	150,812	4.0	100.0	139,252	4.0	92.3	138,739	3.8	92.0	111,850	3.0	74.2	137,729	3.4	91.3
雑収入	212,326	5.6	100.0	191,473	5.5	90.2	135,595	3.7	63.9	225,295	6.0	106.1	170,775	4.2	80.4
教育活動収入計	3,382,151	88.9	100.0	3,398,587	97.7	100.5	3,562,915	97.3	105.3	3,676,804	98.5	108.7	3,863,915	95.5	114.2
（教育活動収支・支出の部）															
人件費	2,656,911	69.9	100.0	2,740,744	78.8	103.2	2,755,498	75.2	103.7	2,874,210	77.0	108.2	2,939,943	72.7	110.7
教育研究（管理）経費	1,076,861	28.3	100.0	1,082,520	31.1	100.5	1,096,791	29.9	101.9	1,041,431	27.9	96.7	1,216,279	30.1	112.9
（うち減価償却額）	269,581	7.1	100.0	302,229	8.7	112.1	301,166	8.2	111.7	306,275	8.2	113.6	369,160	9.1	136.9
徴収不能額等	38	0.0	100.0	0	0.0	0.0	0	0.0	0.0	38	0.0	99.5	0	0.0	0.0
教育活動支出計	3,733,809	98.2	100.0	3,823,264	109.9	102.4	3,852,289	105.2	103.2	3,915,678	104.9	104.9	4,156,223	102.8	111.3
（教育活動外収支・収入の部）															
受取利息・配当金	494	0.0	100.0	418	0.0	84.7	435	0.0	88.1	559	0.0	113.1	425	0.0	85.9
その他の教育活動外収入	0	0.0	100.0	0	0.0	0.0	0	0.0	0.0	0	0.0	0.0	0	0.0	0.0
教育活動外収入計	494	0.0	100.0	418	0.0	84.7	435	0.0	88.1	559	0.0	113.1	425	0.0	85.9
（教育活動外収支・支出の部）															
借入金等利息	13,041	0.3	100.0	13,472	0.4	103.3	13,242	0.4	101.5	7,338	0.2	56.3	8,429	0.2	64.6
その他の教育活動外支出	0	0.0	100.0	0	0.0	0.0	0	0.0	0.0	0	0.0	0.0	0	0.0	0.0
教育活動外支出計	13,041	0.3	100.0	13,472	0.4	103.3	13,242	0.4	101.5	7,338	0.2	56.3	8,429	0.2	64.6

(特別収支)

(単位：千円)

区分	29年度			30年度			令和元年度			2年度			3年度		
学校数 専任教員数 / 学生生徒等数 専任職員数	14校 297人		775人 86人	14校 304人		773人 83人	14校 303人		814人 85人	14校 307人		824人 89人	15校 310人		855人 93人
科目	金額	構成比率(%)	趨勢構造比率	金額	構成比率(%)	趨勢構造比率	金額	構成比率(%)	趨勢構造比率	金額	構成比率(%)	趨勢構造比率	金額	構成比率(%)	趨勢構造比率
(特別収支・収入の部)															
資産売却差額	86	0.0	100.0	0	0.0	0.0	664	0.0	769.0	1,126	0.0	1,303.5	2,083	0.1	2,411.4
その他の特別収入	420,000	11.0	100.0	79,599	2.3	19.0	99,545	2.7	23.7	54,040	1.4	12.9	177,882	4.4	42.4
(うち寄付金)	42,207	1.1	100.0	59,422	1.7	140.8	51,413	1.4	121.8	24,622	0.7	58.3	58,572	1.4	138.8
(うち補助金)	365,773	9.6	100.0	19,924	0.6	5.4	48,127	1.3	13.2	29,191	0.8	8.0	110,496	2.7	30.2
特別収入計	420,086	11.0	100.0	79,599	2.3	18.9	100,209	2.7	23.9	55,166	1.5	13.1	179,966	4.4	42.8
(特別収支・支出の部)															
資産処分差額	1,092	0.0	100.0	102	0.0	9.3	1,946	0.1	178.2	667	0.0	61.0	1,505	0.0	137.8
その他の特別支出	11,569	0.3	100.0	29	0.0	0.3	279	0.0	2.4	0	0.0	0.0	198	0.0	1.7
特別支出計	12,661	0.3	100.0	131	0.0	1.0	2,225	0.1	17.6	667	0.0	5.3	1,704	0.0	13.5

基本金組入前当年度収支差額	43,220	1.1	100.0	-358,262	-10.3	-828.9	-204,197	-5.6	-472.5	-191,155	-5.1	-442.3	-122,050	-3.0	-282.4
経常収支差額	-364,205	-9.6	100.0	-437,730	-12.6	120.2	-302,181	-8.2	83.0	-245,654	-6.6	67.4	-300,312	-7.4	82.5
教育活動収支差額	-351,658	-9.2	100.0	-424,677	-12.2	120.8	-289,374	-7.9	82.3	-238,875	-6.4	67.9	-292,307	-7.2	83.1
教育活動外収支差額	-12,547	-0.3	100.0	-13,053	-0.4	104.0	-12,807	-0.3	102.1	-6,779	-0.2	54.0	-8,005	-0.2	63.8
特別収支差額	407,425	10.7	100.0	79,468	2.3	19.5	97,984	2.7	24.0	54,499	1.5	13.4	178,262	4.4	43.8
基本金組入額合計	-578,356	-15.2	100.0	-202,955	-5.8	35.1	-309,224	-8.4	53.5	-269,973	-7.2	46.7	-505,795	-12.5	87.5
当年度収支差額	-535,135	-14.1	100.0	-561,216	-16.1	104.9	-513,421	-14.0	95.9	-461,128	-12.4	86.2	-627,845	-15.5	117.3

(参考)

事業活動収入計	3,802,732	100.0	100.0	3,478,604	100.0	91.5	3,663,560	100.0	96.3	3,732,529	100.0	98.2	4,044,306	100.0	106.4
事業活動支出計	3,759,511	98.9	100.0	3,836,866	110.3	102.1	3,867,756	105.6	102.9	3,923,684	105.1	104.4	4,166,356	103.0	110.8

(注) 趨勢は２９年度を 100 としたものである。

令和３年度事業活動収支計算書（設置者別）

ー特別支援学校部門ー

（教育活動収支及び教育活動外収支）　　　　　　（単位：千円）

区分	合計			大学・特別支援学校法人		
学校数　学生生徒等数 専任教員数　専任職員数	15校 310人		855人 93人	15校 310人		855人 93人
科目	金額	構成比率(%)	趨勢構造比率	金額	構成比率(%)	趨勢構造比率
（教育活動収支・収入の部）						
学生生徒等納付金	299,541	7.4	100.0	299,541	7.4	100.0
手数料	2,385	0.1	100.0	2,385	0.1	100.0
寄付金	151,456	3.7	100.0	151,456	3.7	100.0
経常費等補助金	3,102,029	76.7	100.0	3,102,029	76.7	100.0
付随事業収入	137,729	3.4	100.0	137,729	3.4	100.0
雑収入	170,775	4.2	100.0	170,775	4.2	100.0
教育活動収入計	3,863,915	95.5	100.0	3,863,915	95.5	100.0
（教育活動収支・支出の部）						
人件費	2,939,943	72.7	100.0	2,939,943	72.7	100.0
教育研究（管理）経費	1,216,279	30.1	100.0	1,216,279	30.1	100.0
（うち減価償却額）	369,160	9.1	100.0	369,160	9.1	100.0
徴収不能額等	0	0.0	100.0	0	0.0	0.0
教育活動支出計	4,156,223	102.8	100.0	4,156,223	102.8	100.0
（教育活動外収支・収入の部）						
受取利息・配当金	425	0.0	100.0	425	0.0	100.0
その他の教育活動外収入	0	0.0	100.0	0	0.0	0.0
教育活動外収入計	425	0.0	100.0	425	0.0	100.0
（教育活動外収支・支出の部）						
借入金等利息	8,429	0.2	100.0	8,429	0.2	100.0
その他の教育活動外支出	0	0.0	100.0	0	0.0	0.0
教育活動外支出計	8,429	0.2	100.0	8,429	0.2	100.0

（特別収支）

（単位：千円）

区分	合計			大学・特別支援学校法人		
学校数 学生生徒等数 専任教員数 専任職員数	15 校 855 人 310 人 93 人			15 校 855 人 310 人 93 人		
科目	金額	構成比率(%)	趨勢構造比率	金額	構成比率(%)	趨勢構造比率
（特別収支・収入の部）						
資産売却差額	2,083	0.1	100.0	2,083	0.1	100.0
その他の特別収入	177,882	4.4	100.0	177,882	4.4	100.0
（うち寄付金）	58,572	1.4	100.0	58,572	1.4	100.0
（うち補助金）	110,496	2.7	100.0	110,496	2.7	100.0
特別収入計	179,966	4.4	100.0	179,966	4.4	100.0
（特別収支・支出の部）						
資産処分差額	1,505	0.0	100.0	1,505	0.0	100.0
その他の特別支出	198	0.0	100.0	198	0.0	100.0
特別支出計	1,704	0.0	100.0	1,704	0.0	100.0

基本金組入前当年度収支差額	-122,050	-3.0	100.0	-122,050	-3.0	100.0
経常収支差額	-300,312	-7.4	100.0	-300,312	-7.4	100.0
教育活動収支差額	-292,307	-7.2	100.0	-292,307	-7.2	100.0
教育活動外収支差額	-8,005	-0.2	100.0	-8,005	-0.2	100.0
特別収支差額	178,262	4.4	100.0	178,262	4.4	100.0
基本金組入額合計	-505,795	-12.5	100.0	-505,795	-12.5	100.0
当年度収支差額	-627,845	-15.5	100.0	-627,845	-15.5	100.0

（参考）

事業活動収入計	4,044,306	100.0	100.0	4,044,306	100.0	100.0
事業活動支出計	4,166,356	103.0	100.0	4,166,356	103.0	100.0

（注）構造比率は特別支援学校部門合計を 100 としたものである。

令和３年度事業活動収支計算書（都道府県別）
－特別支援学校部門－

（教育活動収支及び教育活動外収支）

（単位：千円）

区分	合計			北海道・岩手・宮城県			群馬・埼玉・神奈川県			東京都			静岡・三重・高知県		
学校数 学生生徒等数 専任教員数 専任職員数	15 校 310 人		855 人 93 人	4 校 86 人		253 人 38 人	4 校 81 人		193 人 23 人	4 校 87 人		233 人 20 人	3 校 56 人		176 人 12 人
科目	金額	構成比率(%)	趨勢構造比率	金額	構成比率(%)	趨勢構造比率	金額	構成比率(%)	趨勢構造比率	金額	構成比率(%)	趨勢構造比率	金額	構成比率(%)	趨勢構造比率
（教育活動収支・収入の部）															
学生生徒等納付金	299,541	7.4	100.0	103,878	9.9	34.7	41,443	3.8	13.8	122,764	10.2	41.0	31,457	4.4	10.5
手数料	2,385	0.1	100.0	1,392	0.1	58.4	143	0.0	6.0	665	0.1	27.9	185	0.0	7.8
寄付金	151,456	3.7	100.0	3,383	0.3	2.2	29,502	2.7	19.5	78,288	6.5	51.7	40,284	5.7	26.6
経常費等補助金	3,102,029	76.7	100.0	758,379	72.4	24.4	942,682	87.2	30.4	812,272	67.3	26.2	588,695	83.1	19.0
付随事業収入	137,729	3.4	100.0	54,914	5.2	39.9	49,121	4.5	35.7	16,413	1.4	11.9	17,281	2.4	12.5
雑収入	170,775	4.2	100.0	20,121	1.9	11.8	12,886	1.2	7.5	120,218	10.0	70.4	17,550	2.5	10.3
教育活動収入計	3,863,915	95.5	100.0	942,066	89.9	24.4	1,075,778	99.5	27.8	1,150,621	95.3	29.8	695,451	98.2	18.0
（教育活動収支・支出の部）															
人件費	2,939,943	72.7	100.0	839,842	80.2	28.6	772,078	71.4	26.3	850,455	70.5	28.9	477,568	67.4	16.2
教育研究（管理）経費	1,216,279	30.1	100.0	414,057	39.5	34.0	299,915	27.7	24.7	332,579	27.6	27.3	169,728	24.0	14.0
（うち減価償却額）	369,160	9.1	100.0	197,375	18.8	53.5	55,687	5.2	15.1	62,870	5.2	17.0	53,228	7.5	14.4
徴収不能額等	0	0.0	100.0	0	0.0	0.0	0	0.0	0.0	0	0.0	0.0	0	0.0	0.0
教育活動支出計	4,156,223	102.8	100.0	1,253,899	119.7	30.2	1,071,993	99.2	25.8	1,183,034	98.0	28.5	647,296	91.4	15.6
（教育活動外収支・収入の部）															
受取利息・配当金	425	0.0	100.0	206	0.0	48.4	190	0.0	44.7	17	0.0	4.0	12	0.0	2.8
その他の教育活動外収入	0	0.0	100.0	0	0.0	0.0	0	0.0	0.0	0	0.0	0.0	0	0.0	0.0
教育活動外収入計	425	0.0	100.0	206	0.0	48.4	190	0.0	44.7	17	0.0	4.0	12	0.0	2.8
（教育活動外収支・支出の部）															
借入金等利息	8,429	0.2	100.0	6,481	0.6	76.9	1,102	0.1	13.1	0	0.0	0.0	846	0.1	10.0
その他の教育活動外支出	0	0.0	100.0	0	0.0	0.0	0	0.0	0.0	0	0.0	0.0	0	0.0	0.0
教育活動外支出計	8,429	0.2	100.0	6,481	0.6	76.9	1,102	0.1	13.1	0	0.0	0.0	846	0.1	10.0

(特別収支)

(単位：千円)

区分	合計			北海道・岩手・宮城県			群馬・埼玉・神奈川県			東京都			静岡・三重・高知県		
学校数 専任教員数 / 学生生徒等数 専任職員数	15 校 310 人		855 人 93 人	4 校 86 人		253 人 38 人	4 校 81 人		193 人 23 人	4 校 87 人		233 人 20 人	3 校 56 人		176 人 12 人
科目	金額	構成比率(%)	趨勢構造比率	金額	構成比率(%)	趨勢構造比率	金額	構成比率(%)	趨勢構造比率	金額	構成比率(%)	趨勢構造比率	金額	構成比率(%)	趨勢構造比率
(特別収支・収入の部)															
資産売却差額	2,083	0.1	100.0	0	0.0	0.0	73	0.0	3.5	0	0.0	0.0	2,011	0.3	96.5
その他の特別収入	177,882	4.4	100.0	105,217	10.0	59.1	5,110	0.5	2.9	56,482	4.7	31.8	11,074	1.6	6.2
(うち寄付金)	58,572	1.4	100.0	5,012	0.5	8.6	0	0.0	0.0	53,560	4.4	91.4	0	0.0	0.0
(うち補助金)	110,496	2.7	100.0	100,107	9.6	90.6	3,846	0.4	3.5	2,912	0.2	2.6	3,631	0.5	3.3
特別収入計	179,966	4.4	100.0	105,217	10.0	58.5	5,183	0.5	2.9	56,482	4.7	31.4	13,084	1.8	7.3
(特別収支・支出の部)															
資産処分差額	1,505	0.0	100.0	81	0.0	5.4	1,424	0.1	94.6	0	0.0	0.0	1	0.0	0.1
その他の特別支出	198	0.0	100.0	198	0.0	100.0	0	0.0	0.0	0	0.0	0.0	0	0.0	0.0
特別支出計	1,704	0.0	100.0	279	0.0	16.4	1,424	0.1	83.6	0	0.0	0.0	1	0.0	0.1
基本金組入前当年度収支差額	-122,050	-3.0	100.0	-213,171	-20.4	174.7	6,632	0.6	-5.4	24,086	2.0	-19.7	60,404	8.5	-49.5
経常収支差額	-300,312	-7.4	100.0	-318,109	-30.4	105.9	2,873	0.3	-1.0	-32,396	-2.7	10.8	47,321	6.7	-15.8
教育活動収支差額	-292,307	-7.2	100.0	-311,833	-29.8	106.7	3,784	0.4	-1.3	-32,413	-2.7	11.1	48,155	6.8	-16.5
教育活動外収支差額	-8,005	-0.2	100.0	-6,276	-0.6	78.4	-912	-0.1	11.4	17	0.0	-0.2	-834	-0.1	10.4
特別収支差額	178,262	4.4	100.0	104,938	10.0	58.9	3,759	0.3	2.1	56,482	4.7	31.7	13,083	1.8	7.3
基本金組入額合計	-505,795	-12.5	100.0	-267,804	-25.6	52.9	-52,732	-4.9	10.4	-162,803	-13.5	32.2	-22,457	-3.2	4.4
当年度収支差額	-627,845	-15.5	100.0	-480,975	-45.9	76.6	-46,100	-4.3	7.3	-138,717	-11.5	22.1	37,947	5.4	-6.0

(参考)

事業活動収入計	4,044,306	100.0	100.0	1,047,488	100.0	25.9	1,081,150	100.0	26.7	1,207,120	100.0	29.8	708,547	100.0	17.5
事業活動支出計	4,166,356	103.0	100.0	1,260,659	120.4	30.3	1,074,519	99.4	25.8	1,183,034	98.0	28.4	648,143	91.5	15.6

(注) 構造比率は特別支援学校部門合計を 100 としたものである。

5ヵ年連続資金収支計算書
－特別支援学校部門－

（単位：千円）

区分	29年度			30年度			令和元年度			2年度			3年度		
学校数 学生生徒等数 専任教員数 専任職員数	14校 775人 297人 86人			14校 773人 304人 83人			14校 814人 303人 85人			14校 824人 307人 89人			15校 855人 310人 93人		
科目	金額	構成比率(%)	趨勢構造比率	金額	構成比率(%)	趨勢構造比率	金額	構成比率(%)	趨勢構造比率	金額	構成比率(%)	趨勢構造比率	金額	構成比率(%)	趨勢構造比率
（収入の部）															
学生生徒等納付金収入	255,284	6.5	100.0	249,954	6.9	97.9	267,808	7.1	104.9	285,488	7.2	111.8	299,541	7.0	117.3
授業料収入	174,669	4.5	100.0	182,374	5.0	104.4	192,129	5.1	110.0	212,192	5.3	121.5	222,221	5.2	127.2
入学金収入	16,075	0.4	100.0	14,780	0.4	91.9	19,550	0.5	121.6	16,825	0.4	104.7	18,850	0.4	117.3
施設設備資金収入	27,428	0.7	100.0	31,708	0.9	115.6	30,570	0.8	111.5	31,552	0.8	115.0	31,612	0.7	115.3
施設等利用給付費収入	—	***.*	***.*	—	***.*	***.*	—	***.*	***.*	0	0.0	***.*	0	0.0	***.*
施設型給付費収入	—	***.*	***.*	—	***.*	***.*	—	***.*	***.*	0	0.0	***.*	0	0.0	***.*
その他収入	37,112	0.9	100.0	21,092	0.6	56.8	25,558	0.7	68.9	24,919	0.6	67.1	26,858	0.6	72.4
手数料収入	1,675	0.0	100.0	2,038	0.1	121.7	1,734	0.0	103.5	1,663	0.0	99.3	2,385	0.1	142.4
入学検定料収入	1,614	0.0	100.0	1,974	0.1	122.3	1,677	0.0	103.9	1,614	0.0	100.0	1,938	0.0	120.1
その他収入	61	0.0	100.0	64	0.0	104.8	57	0.0	93.6	49	0.0	80.6	447	0.0	734.1
寄付金収入	150,441	3.8	100.0	159,311	4.4	105.9	311,267	8.2	206.9	114,706	2.9	76.2	218,180	5.1	145.0
補助金収入	2,997,692	76.6	100.0	2,734,277	75.4	91.2	2,801,719	73.9	93.5	2,984,832	75.2	99.6	3,212,525	74.7	107.2
国庫補助金収入	1,115,625	28.5	100.0	1,102,200	30.4	98.8	1,121,596	29.6	100.5	1,310,457	33.0	117.5	1,378,556	32.1	123.6
地方公共団体補助金収入	1,834,617	46.9	100.0	1,578,946	43.5	86.1	1,639,934	43.2	89.4	1,674,375	42.2	91.3	1,833,969	42.7	100.0
授業料等減免費負担金収入	—	***.*	***.*	—	***.*	***.*	—	***.*	***.*	0	0.0	***.*	0	0.0	***.*
その他地方公共団体補助金収入	—	***.*	***.*	—	***.*	***.*	—	***.*	***.*	1,674,375	42.2	***.*	1,833,969	42.7	***.*
施設型給付費収入	47,451	1.2	100.0	53,131	1.5	112.0	40,189	1.1	84.7	0	0.0	0.0	0	0.0	0.0
資産売却収入	86	0.0	100.0	0	0.0	0.0	664	0.0	768.9	1,190	0.0	1,376.8	2,083	0.0	2,411.4
付随事業・収益事業収入	150,812	3.9	100.0	139,252	3.8	92.3	138,739	3.7	92.0	111,391	2.8	73.9	131,572	3.1	87.2
施設等利用給付費収入	—	***.*	***.*	—	***.*	***.*	—	***.*	***.*	0	0.0	***.*	0	0.0	***.*
その他付随事業等収入	—	***.*	***.*	—	***.*	***.*	—	***.*	***.*	111,391	2.8	***.*	131,572	3.1	***.*
受取利息・配当金収入	494	0.0	100.0	418	0.0	84.7	435	0.0	88.1	559	0.0	113.1	425	0.0	85.9
雑収入	221,910	5.7	100.0	191,478	5.3	86.3	135,595	3.6	61.1	224,296	5.6	101.1	170,099	4.0	76.7
借入金等収入	132,600	3.4	100.0	151,000	4.2	113.9	135,500	3.6	102.2	247,244	6.2	186.5	262,500	6.1	198.0
長期借入金収入	1,600	0.0	100.0	0	0.0	0.0	0	0.0	0.0	69,600	1.8	4,350.0	110,000	2.6	6,875.0
短期借入金収入	131,000	3.3	100.0	151,000	4.2	115.3	135,500	3.6	103.4	177,644	4.5	135.6	152,500	3.5	116.4
学校債収入	0	0.0	100.0	0	0.0	0.0	0	0.0	0.0	0	0.0	0.0	0	0.0	0.0
計	3,910,995	100.0	100.0	3,627,729	100.0	92.8	3,793,462	100.0	97.0	3,971,368	100.0	101.5	4,299,310	100.0	109.9

（注）趨勢は２９年度を100としたものである。

５ ヵ 年 連 続 資 金 収 支 計 算 書
ー 特 別 支 援 学 校 部 門 ー

（単位：千円）

区分	29年度			30年度			令和元年度			2年度			3年度		
学校数 学生生徒等数 専任教員数 専任職員数	14校 297人		775人 86人	14校 304人		773人 83人	14校 303人		814人 85人	14校 307人		824人 89人	15校 310人		855人 93人
科目	金額	構成比率（%）	趨勢 構造比率	金額	構成比率（%）	趨勢 構造比率	金額	構成比率（%）	趨勢 構造比率	金額	構成比率（%）	趨勢 構造比率	金額	構成比率（%）	趨勢 構造比率
（支出の部）															
人件費支出	2,663,452	64.2	100.0	2,737,846	70.9	102.8	2,770,118	68.9	104.0	2,902,892	71.7	109.0	2,918,985	66.3	109.6
教員人件費支出	2,102,254	50.6	100.0	2,190,762	56.7	104.2	2,231,026	55.5	106.1	2,252,870	55.6	107.2	2,339,366	53.2	111.3
本務教員	1,948,170	46.9	100.0	2,029,539	52.5	104.2	2,058,214	51.2	105.6	2,067,301	51.0	106.1	2,135,261	48.5	109.6
（うち所定福利費）	280,263	6.8	100.0	276,493	7.2	98.7	301,285	7.5	107.5	310,998	7.7	111.0	323,779	7.4	115.5
兼務教員	154,085	3.7	100.0	161,223	4.2	104.6	172,812	4.3	112.2	185,570	4.6	120.4	204,104	4.6	132.5
職員人件費支出	441,687	10.6	100.0	430,816	11.2	97.5	441,308	11.0	99.9	445,240	11.0	100.8	492,097	11.2	111.4
本務職員	312,307	7.5	100.0	299,126	7.7	95.8	308,008	7.7	98.6	306,648	7.6	98.2	354,660	8.1	113.6
（うち所定福利費）	43,966	1.1	100.0	39,139	1.0	89.0	43,389	1.1	98.7	43,626	1.1	99.2	51,545	1.2	117.2
兼務職員	129,381	3.1	100.0	131,689	3.4	101.8	133,299	3.3	103.0	138,592	3.4	107.1	137,437	3.1	106.2
役員報酬支出	6,298	0.2	100.0	4,513	0.1	71.7	4,395	0.1	69.8	6,793	0.2	107.9	8,115	0.2	128.9
退職金支出	112,811	2.7	100.0	111,362	2.9	98.7	64,230	1.6	56.9	164,686	4.1	146.0	79,013	1.8	70.0
その他支出	402	0.0	100.0	394	0.0	98.0	29,160	0.7	7,249.6	33,304	0.8	8,279.8	395	0.0	98.1
教育研究（管理）経費支出	804,073	19.4	100.0	779,951	20.2	97.0	765,927	19.1	95.3	701,722	17.3	87.3	861,669	19.6	107.2
借入金等利息支出	13,041	0.3	100.0	13,472	0.3	103.3	13,242	0.3	101.5	7,338	0.2	56.3	8,429	0.2	64.6
借入金等返済支出	131,906	3.2	100.0	208,492	5.4	158.1	179,258	4.5	135.9	274,424	6.8	208.0	194,584	4.4	147.5
施設関係支出	472,014	11.4	100.0	74,408	1.9	15.8	217,546	5.4	46.1	97,640	2.4	20.7	357,063	8.1	75.6
土地支出	0	0.0	100.0	0	0.0	0.0	0	0.0	0.0	20,000	0.5	0.0	13,541	0.3	0.0
建物支出	455,047	11.0	100.0	68,687	1.8	15.1	187,973	4.7	41.3	43,612	1.1	9.6	83,110	1.9	18.3
構築物支出	16,967	0.4	100.0	5,721	0.1	33.7	29,573	0.7	174.3	5,443	0.1	32.1	39,157	0.9	230.8
その他支出	0	0.0	100.0	0	0.0	0.0	0	0.0	0.0	28,584	0.7	0.0	221,255	5.0	0.0
設備関係支出	66,196	1.6	100.0	48,767	1.3	73.7	73,835	1.8	111.5	66,816	1.6	100.9	60,572	1.4	91.5
教育研究用機器備品支出	36,722	0.9	100.0	26,550	0.7	72.3	43,217	1.1	117.7	46,912	1.2	127.7	41,072	0.9	111.8
図書支出	1,419	0.0	100.0	1,172	0.0	82.6	740	0.0	52.1	2,332	0.1	164.3	1,529	0.0	107.8
その他支出	28,055	0.7	100.0	21,045	0.5	75.0	29,878	0.7	106.5	17,572	0.4	62.6	17,971	0.4	64.1
計	4,150,683	100.0	100.0	3,862,935	100.0	93.1	4,019,927	100.0	96.8	4,050,832	100.0	97.6	4,401,303	100.0	106.0
収支差額（その他法人・個人のみ）	0		100.0	0		0.0	0		0.0	0		0.0	0		0.0

（注）趨勢は２９年度を100としたものである。

令和３年度資金収支計算書（設置者別）

－特別支援学校部門－

（単位：千円）

区分	合計			大学・特別支援学校法人		
学校数 学生生徒等数 専任教員数 専任職員数	15 校 855 人 310 人 93 人			15 校 855 人 310 人 93 人		
科目	金額	構成比率（%）	趨勢構造比率	金額	構成比率（%）	趨勢構造比率
（収入の部）						
学生生徒等納付金収入	299,541	7.0	100.0	299,541	7.0	100.0
授業料収入	222,221	5.2	100.0	222,221	5.2	100.0
入学金収入	18,850	0.4	100.0	18,850	0.4	100.0
施設設備資金収入	31,612	0.7	100.0	31,612	0.7	100.0
施設等利用給付費収入	0	0.0	100.0	0	0.0	0.0
施設型給付費収入	0	0.0	100.0	0	0.0	0.0
その他収入	26,858	0.6	100.0	26,858	0.6	100.0
手数料収入	2,385	0.1	100.0	2,385	0.1	100.0
入学検定料収入	1,938	0.0	100.0	1,938	0.0	100.0
その他収入	447	0.0	100.0	447	0.0	100.0
寄付金収入	218,180	5.1	100.0	218,180	5.1	100.0
補助金収入	3,212,525	74.7	100.0	3,212,525	74.7	100.0
国庫補助金収入	1,378,556	32.1	100.0	1,378,556	32.1	100.0
地方公共団体補助金収入	1,833,969	42.7	100.0	1,833,969	42.7	100.0
授業料等減免費負担金収入	0	0.0	100.0	0	0.0	0.0
その他地方公共団体補助金収入	1,833,969	42.7	100.0	1,833,969	42.7	100.0
施設型給付費収入	0	0.0	100.0	0	0.0	0.0
資産売却収入	2,083	0.0	100.0	2,083	0.0	100.0
付随事業・収益事業収入	131,572	3.1	100.0	131,572	3.1	100.0
施設等利用給付費収入	0	0.0	100.0	0	0.0	0.0
その他付随事業等収入	131,572	3.1	100.0	131,572	3.1	100.0
受取利息・配当金収入	425	0.0	100.0	425	0.0	100.0
雑収入	170,099	4.0	100.0	170,099	4.0	100.0
借入金等収入	262,500	6.1	100.0	262,500	6.1	100.0
長期借入金収入	110,000	2.6	100.0	110,000	2.6	100.0
短期借入金収入	152,500	3.5	100.0	152,500	3.5	100.0
学校債収入	0	0.0	100.0	0	0.0	0.0
計	4,299,310	100.0	100.0	4,299,310	100.0	100.0

（注）構造比率は特別支援学校部門合計を 100 としたものである。

令和3年度資金収支計算書（設置者別）
－特別支援学校部門－

（単位：千円）

区分	合計			大学・特別支援学校法人		
学校数 学生生徒等数 専任教員数 専任職員数	15校 855人 310人 93人			15校 855人 310人 93人		
科目	金額	構成比率（%）	趨勢構造比率	金額	構成比率（%）	趨勢構造比率
（支出の部）						
人件費支出	2,918,985	66.3	100.0	2,918,985	66.3	100.0
教員人件費支出	2,339,366	53.2	100.0	2,339,366	53.2	100.0
本務教員	2,135,261	48.5	100.0	2,135,261	48.5	100.0
（うち所定福利費）	323,779	7.4	100.0	323,779	7.4	100.0
兼務教員	204,104	4.6	100.0	204,104	4.6	100.0
職員人件費支出	492,097	11.2	100.0	492,097	11.2	100.0
本務職員	354,660	8.1	100.0	354,660	8.1	100.0
（うち所定福利費）	51,545	1.2	100.0	51,545	1.2	100.0
兼務職員	137,437	3.1	100.0	137,437	3.1	100.0
役員報酬支出	8,115	0.2	100.0	8,115	0.2	100.0
退職金支出	79,013	1.8	100.0	79,013	1.8	100.0
その他支出	395	0.0	100.0	395	0.0	100.0
教育研究（管理）経費支出	861,669	19.6	100.0	861,669	19.6	100.0
借入金等利息支出	8,429	0.2	100.0	8,429	0.2	100.0
借入金等返済支出	194,584	4.4	100.0	194,584	4.4	100.0
施設関係支出	357,063	8.1	100.0	357,063	8.1	100.0
土地支出	13,541	0.3	100.0	13,541	0.3	100.0
建物支出	83,110	1.9	100.0	83,110	1.9	100.0
構築物支出	39,157	0.9	100.0	39,157	0.9	100.0
その他支出	221,255	5.0	100.0	221,255	5.0	100.0
設備関係支出	60,572	1.4	100.0	60,572	1.4	100.0
教育研究用機器備品支出	41,072	0.9	100.0	41,072	0.9	100.0
図書支出	1,529	0.0	100.0	1,529	0.0	100.0
その他支出	17,971	0.4	100.0	17,971	0.4	100.0
計	4,401,303	100.0	100.0	4,401,303	100.0	100.0
収支差額 （その他法人・個人のみ）	0		100.0	0		0.0

（注）構造比率は特別支援学校部門合計を100としたものである。

５　ヵ　年　連　続　財　務　比　率　表
－特別支援学校部門－

分類		比率	算式（×100）	２９年度	３０年度	令和元年度	２年度	３年度
		学校数		14	14	14	14	15
		学生生徒等数		775	773	814	824	855
		専任教員数		297	304	303	307	310
		専任職員数		86	83	85	89	93
事業活動収支計算書	1	人件費比率	人件費 / 経常収入	% 78.5	% 80.6	% 77.3	% 78.2	% 76.1
	2	人件費依存率	人件費 / 学生生徒等納付金	1,040.8	1,096.5	1,028.9	1,006.8	981.5
	3	教育研究（管理）経費比率	教育研究（管理）経費 / 経常収入	31.8	31.8	30.8	28.3	31.5
	4	借入金等利息比率	借入金等利息 / 経常収入	0.4	0.4	0.4	0.2	0.2
	5	事業活動収支差額比率	基本金組入前当年度収支差額 / 事業活動収入	1.1	-10.3	-5.6	-5.1	-3.0
	6	基本金組入後収支比率	事業活動支出 / 事業活動収入－基本金組入額	116.6	117.1	115.3	113.3	117.7
	7	学生生徒等納付金比率	学生生徒等納付金 / 経常収入	7.5	7.4	7.5	7.8	7.8
	8	寄付金比率	寄付金 / 事業活動収入	4.5	4.6	8.6	3.3	5.2
	8-2	経常寄付金比率	教育活動収支の寄付金 / 経常収入	3.8	3.0	7.4	2.6	3.9
	9	補助金比率	補助金 / 事業活動収入	78.8	78.6	76.5	80.0	79.4
	9-2	経常補助金比率	経常費等補助金 / 経常収入	77.8	79.9	77.3	80.4	80.3
	10	基本金組入率	基本金組入額 / 事業活動収入	15.2	5.8	8.4	7.2	12.5
	11	減価償却額比率	減価償却額 / 経常支出	7.2	7.9	7.8	7.8	8.9
	12	経常収支差額比率	経常収支差額 / 経常収入	-10.8	-12.9	-8.5	-6.7	-7.8
	13	教育活動収支差額比率	教育活動収支差額 / 教育活動収入計	-10.4	-12.5	-8.1	-6.5	-7.6

（注）1.区分欄の数字は、上から順に学校数、学生生徒等数、専任教員数、専任職員数を表している。
2.寄付金＝教育活動収支の寄付金＋特別収支の寄付金
3.補助金＝経常費等補助金＋特別収支の補助金

令和３年度財務比率表（都道府県別）
―特別支援学校部門―

分類		区分 比率	算式（×100）	合計	北海道・岩手・宮城県	群馬・埼玉・神奈川県	東京都	静岡・三重・高知県
		学校数		15	4	4	4	3
		学生生徒等数		855	253	193	233	176
		専任教員数		310	86	81	87	56
		専任職員数		93	38	23	20	12
事業活動収支計算書	1	人件費比率	人件費 / 経常収入	% 76.1	% 89.1	% 71.8	% 73.9	% 68.7
	2	人件費依存率	人件費 / 学生生徒等納付金	981.5	808.5	1,863.0	692.8	1,518.2
	3	教育研究（管理）経費比率	教育研究（管理）経費 / 経常収入	31.5	43.9	27.9	28.9	24.4
	4	借入金等利息比率	借入金等利息 / 経常収入	0.2	0.7	0.1	0.0	0.1
	5	事業活動収支差額比率	基本金組入前当年度収支差額 / 事業活動収入	-3.0	-20.4	0.6	2.0	8.5
	6	基本金組入後収支比率	事業活動支出 / 事業活動収入－基本金組入額	117.7	161.7	104.5	113.3	94.5
	7	学生生徒等納付金比率	学生生徒等納付金 / 経常収入	7.8	11.0	3.9	10.7	4.5
	8	寄付金比率	寄付金 / 事業活動収入	5.2	0.8	2.7	10.9	5.7
	8-2	経常寄付金比率	教育活動収支の寄付金 / 経常収入	3.9	0.4	2.7	6.8	5.8
	9	補助金比率	補助金 / 事業活動収入	79.4	82.0	87.5	67.5	83.6
	9-2	経常補助金比率	経常費等補助金 / 経常収入	80.3	80.5	87.6	70.6	84.6
	10	基本金組入率	基本金組入額 / 事業活動収入	12.5	25.6	4.9	13.5	3.2
	11	減価償却額比率	減価償却額 / 経常支出	8.9	15.7	5.2	5.3	8.2
	12	経常収支差額比率	経常収支差額 / 経常収入	-7.8	-33.8	0.3	-2.8	6.8
	13	教育活動収支差額比率	教育活動収支差額 / 教育活動収入計	-7.6	-33.1	0.4	-2.8	6.9

（注）1.区分欄の数字は、上から順に学校数、学生生徒等数、専任教員数、専任職員数を表している。
2.寄付金＝教育活動収支の寄付金＋特別収支の寄付金
3.補助金＝経常費等補助金＋特別収支の補助金

日本私立学校振興・共済事業団

融資のご案内

私学事業団では、私立学校の施設・設備の整備事業に対して融資を行っています。
整備計画に事業団融資の活用を、ぜひご検討ください！

対象事業

校舎、園舎、体育館、クラブハウス、講堂、図書館、遊戯室、寄宿舎、研究所　等	の 建築・改修
校地、園地、運動場用地、寄宿舎用地　等	の 購入・造成
機器備品、大型設備、スクールバス　等	の 購入

など

私学事業団融資の特徴

固定金利20年間の借入が可能！

長　期　**低　利**　**固　定**

✓ 国の財政融資資金や私学共済の年金積立金を原資としている事業団ならではの**長期にわたる低利・固定金利**

✓ 国の補助制度と連携した優遇融資、大規模災害時には借入期間最長２５年、５年無利子の復旧支援融資を実施

本来発生するコストの削減！

元金均等返済

✓ 元利均等返済と比べ元金残高が早く減少するため、同じ金利であっても**返済総額は少額**

非課税

✓ 抵当権設定登記時に必要な**登録免許税**（融資額の4/1000）が事業団融資だと必要なし

お問い合わせ

融資部 融資課　03（3230）7862～7867　yushi@shigaku.go.jp

私学　融資　検索

最新の金利などは
私学事業団ホームページにてご覧いただけます

令和４年度版

今日の私学財政

幼稚園・特別支援学校 編

令和５年８月　発行

定　　価	本体 1,819 円＋税
編集・発行	日本私立学校振興・共済事業団 私学経営情報センター　私学情報室
印　刷　者	株式会社ハップ

発 売 所　**特定非営利活動法人**
学校経理研究会
〒102-0074
東京都千代田区九段南４−６−１−203
電話 03−3239−7903　FAX 03−3239−7904

ISBN978-4-908714-47-4 c3034　　Printed in Japan　無断転載禁止
落丁・乱丁本はお取替えいたします。